Printed in the USA
CPSIA information can be obtained
at www.ICGtesting.com
LVHW012337250124
769471LV00081B/2757

9 789358 727647

جمیل شیدائی
کی علمی و ادبی خدمات

ڈاکٹر محمد شفیع الدین ظفر
ایم۔اے،بی۔ایڈ

© Taemeer Publications

Jameel Shaidai ki Elmi wo Adabi Khidmaat

by: Dr. Mohammed Shafiuddin Zafar

Edition: January '2024

Publisher :

Taemeer Publications LLC (Michigan, USA / Hyderabad, India)

ISBN 978-93-5872-764-7

9 789358 727647

مصنف یا ناشر کی پیشگی اجازت کے بغیر اس کتاب کا کوئی بھی حصہ کسی بھی شکل میں بشمول ویب سائٹ پر اَپ لوڈنگ کے لیے استعمال نہ کیا جائے۔ نیز اس کتاب پر کسی بھی قسم کے تنازع کو نمٹانے کا اختیار صرف حیدرآباد (تلنگانہ) کی عدلیہ کو ہو گا۔

© تعمیر پبلی کیشنز

کتاب	:	**جمیل شیدائی کی علمی و ادبی خدمات**
مصنفہ	:	**ڈاکٹر محمد شفیع الدین ظفر**
صنف	:	تحقیق و تنقید
ناشر	:	تعمیر پبلی کیشنز (حیدرآباد، انڈیا)
سالِ اشاعت	:	۲۰۲۴ء
صفحات	:	۳۲۰
ملنے کے پتے	:	ھدیٰ بک ڈپو، پرانی حویلی، حیدرآباد دکن ٹریڈرس، حیدرآباد ہمالیہ بک ڈپو، نامپلی، حیدرآباد

3

فہرست

ابواب	عنوان	صفحہ نمبر
پیش لفظ	ڈاکٹر محمد اسلم فاروقی	05
کچھ اس کتاب کے بارے میں	ڈاکٹر محمد شفیع الدین ظفر	06
پہلا باب	جمیل شیدائی۔ حالات زندگی فن اور شخصیت	14
دوسرا باب	جمیل شیدائی بہ حیثیت ڈراما نگار	33
تیسرا باب	جمیل شیدائی بہ حیثیت انشائیہ نگار	143
چوتھا باب	جمیل شیدائی بہ حیثیت مترجم	156
پانچواں باب	جمیل شیدائی بہ حیثیت نقاد و تبصرہ نگار	229
چھٹا باب	جمیل شیدائی کا اسلوب نگارش	2259
ساتواں باب	جمیل شیدائی مشاہیر کی نظر میں	267
آٹھواں باب	حرف آخر	315
کتابیات	کتابیات	318

انتساب!

جامعہ عثمانیہ کے ان فرزندان کے نام
جن کے علمی وادبی کارناموں نے
ساری دنیا میں اس مادر علمیہ کا نام روشن کیا!

ڈاکٹر محمد شفیع الدین ظفر

پیش لفظ

علم وہ روشنی ہے جس سے جہالت کے اندھیرے دور ہوتے ہیں۔شہر اردو حیدرآباد کی مادر علمیہ جامعہ عثمانیہ نے ایسے فرزندان پیدا کئے جنہوں نے اپنی غیر معمولی علمی وادبی خدمات اور کارناموں سے ملک وقوم کا نام روشن کیا ہے۔اردو ڈراما اور ترجمہ نگاری سے ادب کا دامن وسیع کرنے والوں میں ایک اہم نام جمیل شیدائی کا ہے۔ وہ اپنی ذات میں ایک انجمن مشہور ڈراما نگار،ترجمہ نگار،انشائیہ نگار اور ادیب تھے۔ بنیادی طور پر وہ سائنس کے گرائجویٹ تھے۔اور ڈسٹلری میں کام کرتے رہے۔ چونکہ ان کے والد سے ان کی ادبی تربیت ہوئی تھی انہوں نے ڈراما نگاری پر توجہ دی اور دلچسپ ڈرامے لکھے۔انہوں نے اپنی عملی زندگی کے کرداروں کو ڈراموں میں پیش کیا ان کے ڈراموں کے کردار نوجوان پڑھے لکھے اور ادبی نوک جھونک والے ہوتے ہیں۔انہوں نے ڈراموں میں شعروشاعری اور فلسفیانہ باتیں پیش کیں۔جمیل شیدائی کو ترجمہ نگاری پر عبور تھا انہوں نے انگریزی ادب کے فن پاروں کو اردو میں اس انداز میں پیش کیا کہ ان کے تراجم تخلیق لگتے ہیں۔جمیل شیدائی نے صحافتی خدمات بھی انجام دیں اور اپنے دوست پروفیسر رحمت یوسف زئی کے کہنے پر یونیورسٹی کے صحافتی ڈپلوما کورس کے لیے کتابیں ترتیب دیں۔جمیل شیدائی کے فکروفن پر ڈاکٹر مجید بیدار ڈاکٹر قطب سرشار اور دیگر نے مضامین لکھے ان کی یاد میں عدسہ کی جانب سے خاص نمبر شائع کیا گیا۔نظام آباد سے تعلق رکھنے والے قلمکار واستاد ڈاکٹر محمد شفیع الدین ظفر جمیل شیدائی کی حیات اور علمی وادبی خدمات پر اس تحقیقی کتاب کے ساتھ پیش ہورہے ہیں۔امید کی جاتی ہے کہ اس کتاب کی مشمولات کو اہل اردو پسند کریں گے۔میں فاضل مصنف کو ان کے تحقیقی کارنامے پر مبارکباد پیش کرتا ہوں اور امید کرتا ہوں کہ ادبی حلقوں میں اس کتاب کی پذیرائی ہوگی۔

ڈاکٹر محمد اسلم فاروقی

کچھ اس کتاب کے بارے میں

اردو دلوں کو جوڑنے والی میٹھی زبان ہے۔ مجھے فخر ہے کہ میں نے اردو زبان میں تعلیم حاصل کی۔ اس کے ادب کا مطالعہ کیا۔ ادب کی اصناف کہانی اور مضمون لکھنے کی کوشش کی اور ایک ایسے دور میں جب کہ تفریح کے عصری ذرائع موجود نہیں تھے اردو کی اچھی کتابوں اور رسائل کا مطالعہ کرنا اور اردو رسائل کے لیے کچھ لکھتے رہنا میرے مشاغل میں شامل تھا۔ اردو کی عظیم مادر علمیہ جامعہ عثمانیہ سے ایم اے کی ڈگری حاصل کرنے کے بعد شوق پیدا ہوا کہ اردو میں کچھ تحقیقی کام کیا جائے۔ حیدرآباد میں بیسویں صدی کی آخری دو تین دہائیوں میں کئی ادبی شخصیات نے اپنی تخلیقات سے دنیائے علم و ادب کو منور کیا۔ اردو ڈرامے اور ترجمہ نگاری میں حیدرآباد سے جس شخصیت کا نام ابھرتا ہے وہ جمیل شیدائی ہیں۔ جمیل شیدائی ایک اچھے ڈراما نگار تھے ان کے ڈرامے آل انڈیا ریڈیو پر نشر ہو کر مقبولیت حاصل کر چکے تھے۔ ترجمہ نگاری، تبصرہ نگاری اور دیگر اصناف میں ان کی تخلیقات اور علمی کارنامے آئے دن اردو اخبارات اور رسائل کی زینت بنتے رہے۔ چنانچہ جمیل شیدائی کی علمی و ادبی خدمات پر یہ تحقیقی کتاب باذوق قارئین کے لیے پیش کی جارہی ہے۔ اس کتاب سے دکن کی علمی و ادبی تاریخ کی جھلک بھی محسوس کی جاسکتی ہے۔

زیر نظر تحقیقی کتاب میں جمیل شیدائی کے حالات زندگی اور ان کی علمی و ادبی خدمات کا احاطہ کیا گیا ہے۔ جمیل شیدائی حیدرآباد دکن سے تعلق رکھنے والے نامور ڈراما نگار، انشائیہ نگار، نقاد، مترجم، صحافی ادیب اور شاعر گزرے ہیں۔ ۱۹۴۳ء میں حیدرآباد کے ایک معزز علمی گھرانے میں آنکھ کھولی۔ ان کے والد کا نام شیدا محمد تھا۔ اپنے والد کے نام کی مناسبت سے جمیل نے اپنے نام کے ساتھ شیدائی کی اضافت استعمال کی۔ اور جمیل شیدائی کے نام سے دکن کے ادبی حلقوں میں مشہور ہوئے۔ جمیل کے والد ماجد حضرت شیدا محمد بہت ہی زود گو پر گو

شاعر تھے۔اور شیدا تخلص استعمال کرتے تھے۔رباعی گوئی میں کمال رکھتے تھے۔دنیائے ادب مرحوم کو ان کی دو شعری تصانیف ''سرمایہ دل'' اور ''جہانِ خیال'' کے حوالے سے جانتی ہے۔ اُردو کے علاوہ انگریزی، فارسی اور عربی زبانیں بخوبی جانتے تھے۔انہیں ترجمہ نگاری کے فن سے خاصا شغف تھا۔انہوں نے موپاساں کی کہانیاں اور رومیو جولیٹ کے ڈرامے کا ترجمہ کیا۔وہ کل (۲۲) کتابوں کے مصنف تھے۔جمیل نے اپنے والد کی صحبت میں رہ کر ان سے بہت کچھ سیکھا اور والد کے نقش قدم پر چلتے ہوئے ایک اچھے ڈرامانگار اور مترجم بنے۔دلچسپ بات یہ ہے کہ جمیل کے خسر حمید حاصلؔ بھی ایک اچھے شاعر تھے اور اقلیم ادب کے اجلاسوں میں پابندی سے شریک ہوا کرتے تھے۔انہیں فلسفے سے بھی دلچسپی تھی ان کی ایک کتاب'' کائناتی بہاؤ'' بھی ہے۔جمیل شیدائی کے بچپن میں حیدرآباد میں پولیس ایکشن ہوا تھا۔اور ایک خون ریز لڑائی کے بعد ریاست حیدرآباد کا ہند یونین میں انضمام عمل میں آیا تھا۔پولیس ایکشن کی تباہ کاریوں کی داستانیں جمیل نے اپنے والد سے سنی تھیں۔اس وقت وہ بہ مشکل پانچ برس کے تھے مگر پھر بھی کچھ واقعات ان کے لاشعور میں محفوظ تھے۔جمیل کے والد نے مستقیم انداز میں ان کی پرورش کی اور انہیں انگریزی اور فارسی ادب سے روشناس کروایا تھا۔جمیل کی اسکولی تعلیم حیدرآباد میں ہوئی۔ انہوں نے طالب علمی کے زمانے میں اردو کو بہ طور زبان اول اختیار کیا اور انٹرمیڈیٹ میں اردو مضمون میں پوری ریاست آندھرا پردیش میں سر فہرست رہے تھے۔بعد میں انہوں نے عثمانیہ یونیورسٹی سے بی ایس سی کی ڈگری حاصل کی۔ اور انڈسٹریل کمسٹری میں ڈپلوما کیا اور بالانگر کی ایک مشہور کمیکل فرم (ڈسٹلری) میں کوالٹی کنٹرول کمسٹ کی حیثیت سے وابستہ ہو گئے تھے۔

جمیل شیدائی نے آندھرا پردیش کے علاوہ مہاراشٹرا اور کیرالا کی ریاستوں میں بھی ملازمت انجام دی تھی۔اپنی پیشہ وارانہ مصروفیات کے ساتھ دامن ادب کو وسیع کرتے تھکتے نہیں تھے بلکہ انہوں نے کئی کتابیں اور بیش قیمت مضامین اہل اردو کو دیں۔انگریزی نظموں کا

سلیس اور جامع ترجمہ انہیں ایک بہترین مترجم ٹھہراتا ہے۔

جمیل شیدائی دوران ملازمت پروفیسر رحمت یوسف زئی کے دوست رہے تھے جو ابتداء میں جمیل شیدائی کی کمپنی سے قریب ملازم تھے بعد میں یونیورسٹی آف حیدرآباد کے شعبہ اردو سے وابستہ ہوگئے تھے۔ جمیل شیدائی کی علمی لیاقت اور ترجمہ نگاری میں ان کی مہارت کو دیکھتے ہوئے پروفیسر رحمت یوسف زئی نے ان سے یونیورسٹی آف حیدرآباد کے فاصلاتی پروگرام پی جی ڈپلوما ان جرنلزم کی کتابوں کی تیاری میں مدد لی۔ انہیں کورس کوآرڈینیٹر بنایا گیا۔ جرنلزم ڈپلوما کے نصاب میں ترجمہ کے مختلف اقسام اور مسائل کے علاوہ ریڈیو اور ٹی وی اسکرپٹ اور اس کی فنی باریکیوں پر مبنی آپ کے لکھے اسباق شامل رہے۔ اور انہوں نے اردو میں صحافت' ماس میڈیا اور ترجمہ نگاری سے متعلق کورس کے لیے مضامین لکھے۔ اس سے قبل بھی ڈاکٹر بی آر امبیڈکر اوپن یونیورسٹی کے ڈگری اور پی جی اردو فاصلاتی کورس کے لیے بھی پروفیسر رحمت یوسف زئی کی فرمائش پر جمیل نے کئی مضامین لکھے۔ جب مولانا آزاد نیشنل اردو یونیورسٹی نے ذرائع ابلاغ اور اردو ترجمہ پر فاصلاتی کورس شروع کیا تو حیدرآباد میں اخبار سیاست کے دفتر میں طلباء کے لیے ہراتوار کو ہونے والے تدریسی پروگرام کی ذمہ داری ان کو سپرد کی گئی اور جمیل نے اس ذمہ داری کو نہایت تن دہی سے سنبھالا۔

جمیل شیدائی کی شادی اعزاز فاطمہ سے ہوئی۔ وہ ایک تعلیم یافتہ خاتون ہیں۔ وہ ضلع محبوب نگر میں لیکچرر تھیں اور جمیل شیدائی نے سکریٹریٹ میں نمائندگی کر کے ان کا تبادلہ شہر حیدرآباد کے قریب کروالیا۔ جمیل شیدائی کی چار بیٹیاں ہیں۔ انجم نازنین ایم بی اے ہاسپٹل مینجمنٹ کناڈا' منیزہ گلناز ایم کام کناڈا' سیما گلناز ڈاکٹر آف فارمیسی امریکہ اور نازیہ جان ایم سی اے ٹولی چوکی حیدرآباد ہیں۔

وہ اپنے بچوں کے چاہنے والے باپ تھے چنانچہ انہیں اچھی تعلیم اور اچھا ماحول عطا کرنے کی خاطر یاقوت پورہ کے امام باڑے کو خیرباد کہہ کر تارنا کہ جیسے پاش مقام پر کرائے کے

گھر میں رہنا گوارا کرلیا۔ جہاں جدید طرز تعلیم کے انگریزی میڈیم مدارس تھے۔ جمیل شیدائی کا یہ ایثار دراصل ان کے بچوں پر احسان تھا۔ جمیل شیدائی کے ہاں چار لڑکیوں نے جنم لیا۔ انہیں اولاد نرینہ نہیں تھی اس کے باوجود انہوں نے اولاد نرینہ سے محرومی کا کبھی شکوہ نہیں کیا۔

جمیل شیدائی کو بچپن ہی سے پڑھنے لکھنے کا شوق تھا۔ اور اخبارات اور رسائل میں ان کی تخلیقات شائع ہونے لگیں۔ ان کا تحریر کردہ پہلا ڈراما ۱۹۶۴ء میں ماہنامہ ''شاعر'' میں شائع ہوا تھا۔ پھر یہ سلسلہ چل پڑا تو ماہنامہ ''گل نو'' حیدرآباد، ''شب خون'' الہ آباد، ''کتاب'' لکھنو کے صفحات پر جمیل کے ڈرامے نظر آنے لگے۔ ان کے تحریر کردہ ڈرامے اور افسانے جہاں ماہ نامہ ''شاعر'' ممبئی میں اہتمام سے شائع ہوتے تھے وہیں جدید ادب کے نمائندہ رسالہ ''شب خون'' میں بھی اسی وقار سے چھاپے جاتے تھے۔ جمیل شیدائی کے بیشتر ڈرامے میلوڈرامے ہوا کرتے تھے اور نہ صرف آل انڈیا ریڈیو حیدرآباد بلکہ آکاش وانی دلی کے علاوہ ''ہوا محل'' میں بھی پیش کیے جاتے تھے۔ جمیل شیدائی کے ریڈیائی ڈرامے آل انڈیا ریڈیو کے لیے ناگریز ہو گئے تھے۔ آل انڈیا ریڈیو حیدرآباد (نیرنگ پروگرام) میں جمیل شیدائی کے پچاسوں ڈرامے نشر ہوئے اور اتنے مقبول عام ہوئے کہ عوام کے اصرار پر انہیں بار بار ریلے کیا جاتا رہا ہے۔ بلاشبہ ایک سے زائد دہے تک جمیل شیدائی نے ریڈیو پر حکومت کی۔ جمیل شیدائی کا شمار ان خوش نصیب ڈراما نگاروں میں ہوتا ہے جنہیں بہت زیادہ شہرت نصیب ہوئی۔

جمیل شیدائی کے ڈراموں کی پہلی کتاب ''لب گفتار'' اپنے عہد کی مشہور ادبی تنظیم ''اقلیم ادب'' کے زیر اہتمام ۱۹۸۰ء میں شائع ہوئی تھی۔ اس کتاب میں ان کے پندرہ (۱۵) ڈرامے شامل ہیں۔ ''غالب خستہ کے بغیر'' ان کے ڈراموں کا دوسرا مجموعہ تھا جو ادارہ اقلیم ادب کے زیر اہتمام ۱۹۸۷ء میں حیدرآباد سے شائع ہوا۔ یہ ریڈیائی ڈراموں پر مشتمل ہے۔ اس مجموعے میں جمیل شیدائی کے تحریر کردہ پانچ طویل ریڈیائی ڈرامے ہیں۔ یہ ڈرامے آل

انڈیا ریڈ یو حیدرآباد پر نشر ہو کر مقبول ہوئے۔ جمیل شیدائی کی زیر طبع تصانیف میں ''ڈرامے کی تنقید''، ''ڈرامہ کیسے لکھیں'' اور یوجین اونیل کے ڈراموں کا ترجمہ ''افق کے پار'' جیسی وقیع کتابیں شامل ہیں۔ جمیل شیدائی ان کتابوں کی ترتیب و طباعت کی جانب بھی متوجہ تھے۔ لیکن مختلف یونیورسٹیز کے کاموں اور ناگہانی افتادوں کے باعث ان کی تکمیل نہیں کر سکے۔

ڈراما نگاری کے علاوہ ترجمہ نگاری جمیل شیدائی کا دوسرا بڑا علمی میدان عمل تھا۔ جمیل شیدائی نے انگریزی سے اردو اور اردو سے انگریزی میں کئی شاہکار تراجم کیے۔ انہوں نے لگ بھگ (۲۰) اُردو افسانہ نگاروں کی منتخب کہانیوں کے ترجمے انگریزی زبان میں کیے ہیں۔ جن میں مظہر الزماں خاں کی پانچ کہانیوں کے علاوہ ڈاکٹر بیگ احساس، قاضی مشتاق احمد، سعید سہروردی اور یٰسین احمد کی کہانیاں شامل ہیں۔ غیر ملکی ادب کے شاہکاروں کے تراجم کی طرف توجہ کی تو موپاساں، ارنسٹ ہیمنگ وے، ٹفنی ماس، پمیلا موشر کی کہانیوں کو اُردو قالب میں ڈھالا۔ UNICEF کی تین کتابوں کا جو ایڈز سے متعلق ہیں ترجمہ انگریزی سے اُردو میں کیا۔ ان کے علاوہ چار کتابوں کا تعلیم بالغان کے لیے ترجمہ کیا ہے۔ یونیورسٹی آف حیدرآباد کے پی جی ڈپلوما ان جرنلزم کی صحافت کی کتاب کے لیے انگریزی مواد سے استفادہ کرتے ہوئے اردو میں صحافتی مضامین لکھے۔

جمیل شیدائی نے شاعری کی طرف بھی دھیان دیا تھا۔ ان کی کچھ نظمیں فیس بک پر پیش ہوئی ہیں۔ ان کی ایک نظم جس کا عنوان ''سنو'' ہے اس طرح ہے:

سنو

لاشوں کا انبار لگائے
تم کیا ایسا سوچ رہے ہو
خونِ ناحق چھپ جائے گا
تم کو یہ معلوم نہیں ہے

لاشوں کے انبار تلے سے
خون ناحق بہہ نکلے گا
اور پھر ایک انبار لگے گا
جس میں تمہاری لاش بھی ہوگی (جمیل شیدائی)

ان کا ایک اور شعر اس طرح ہے۔

ایک ہی بار سہی بات کا پہلو نکلے   اجنبی تجھ سے ملاقات کا پہلو نکلے

جمیل شیدائی بنیادی طور پر انگریزی داں تھے۔مگر گھر کے ماحول نے انہیں اردو شعر و ادب کی جانب مائل کر دیا تھا۔جہاں دوران تعلیم آپ کو کئی قابل اساتذہ کی رہنمائی و سرپرستی حاصل رہی۔جمیل شیدائی کے یوں تو کئی ادبی کارنامے رہے مگر وہ اردو رائٹرز فورم آندھرا پردیش میں بہ حیثیت معتمد بہت کارکرد رہے۔ اسی تنظیم کے زیر اہتمام ڈسمبر ۱۹۸۸ء میں ایک ایسی دستاویز منظر عام پر آئی جس میں سکندرآباد کے ادیب وشعراء کے ذکر رفتگاں کے علاوہ علمی' ادبی و تہذیبی اداروں کا تذکرہ شامل ہے۔یہ حسین مرقع سکندرآباد کی ادبی دستاویز کے زیر عنوان شائع ہوا تھا۔ڈاکٹر محسن جلگانوی بھی اس کتاب کی اشاعت میں پیش پیش رہے تھے۔ سکندرآباد کے ادبی منظر نامہ سے متعلق یہ ایک یادگار ادبی کاوش تھی جس نے سکندرآباد کے کئی گمنام ادیبوں اور شعراء کو اردو حلقوں میں متعارف کروایا۔

کمپنی کی ملازمت سے سبکدوشی کے بعد جمیل شیدائی تصنیف و تالیف میں لگ گئے۔ ۲۰۱۴ء میں وہ سوشل میڈیا فیس بک کے گروپ ''ادبی محاذ'' میں شامل ہو گئے تھے۔اور بہت سے دوست احباب کے ساتھ ادبی گفتگو میں شریک رہنے لگے تھے۔ان کی ٹائم لائن پر آج بھی ان کے دلچسپ پوسٹ اور تبصرے موجود ہیں۔ جب ان کی صحت بگڑنے لگی تو انہوں نے ۹ مارچ ۲۰۱۴ء کو اپنے پوسٹ میں یہ لکھا کہ ''محترم ڈاکٹر سید فضل اللہ مکرّم صاحب۔السلام علیکم۔میں آپ کا ممنون ہوں کہ فیس بک سے آپ ہی نے مجھے متعارف کرایا تھا جس کی وجہ سے کئی مکرم و

محترم شخصیتوں سے نیاز کا شرف حاصل رہا اور اس باہمی ربط سے مجھے اپنی معلومات میں اضافے کا زرین موقع بھی ملا۔ اللہ کا بڑا کرم ہے کہ ''ادبی محاذ'' اور ''میری بیاض'' کے سارے ہی اراکین مہذب، شائستہ، قابل اور خوش مزاج ہیں۔ اللہ کا یہ بھی بڑا کرم ہے کہ ان دونوں گروپ کے اراکین کی تعداد میں دن بدن خاطر خواہ اضافہ بھی ہو رہا ہے۔ مجھے افسوس ہے کہ میں مصروفیت کی بنا پر اپنی حاضری سے معذور ہوں، اس لئے مجھے ان دونوں ہی گروپس سے خارج سمجھا جائے۔ شکریہ (بہ حوالہ فیس بک گروپ ادبی محاذ)۔

جمیل شیدائی کے قریبی دوست ڈاکٹر فضل اللہ مکرم نے فیس بک پر ہی ۱۷۔ فروری ۲۰۱۵ء کو اطلاع دی کہ جمیل شیدائی کی بنگلور کے ایک ہاسپٹل میں بائی پاس سرجری ہوئی۔ اس کے بعد سے وہ بیمار رہنے لگے تھے اور پھر ادبی محفلوں میں واپس نہیں آسکے۔ عمر کے آخری ایام میں وہ کینسر جیسے موذی مرض کا شکار ہو گئے۔ ان کی بیٹیوں کے زیر نگرانی ان کا علاج کروایا گیا تاہم وہ اس بیماری سے جانبر نہ ہو سکے اور ۶/ اگست ۲۰۱۵ کو ان کا انتقال ہو گیا۔ فیس بک پر ڈاکٹر فضل اللہ مکرم نے ان کے انتقال کی خبر دی جس پر ان کے حلقہ احباب نے اظہار تعزیت کیا۔ حیدرآباد میں دوستوں اور سوگواروں کے درمیان انہیں سپرد لحد کیا گیا۔

جمیل شیدائی کے چاہنے والوں نے ان کے انتقال پر اپنے طور پر تاثراتی مضامین لکھے۔ ڈاکٹر محسن جلگانوی، ڈاکٹر مجید بیدار، ڈاکٹر قطب سرشار، ڈاکٹر رؤف خیر اور دیگر نے ان کے بارے میں جو تاثراتی مضامین لکھے ان کے مطالعے سے اندازہ ہوتا ہے جمیل شیدائی کس طرح حیدرآباد کے ادبی حلقوں میں مقبول تھے۔ جمیل شیدائی کو خراج عقیدت پیش کرنے کے لیے ان کے ایک دیرینہ رفیق مدیر ''عدسہ'' میر فاروق علی نے اپنے شمارے کا ایک خصوصی گوشہ ''عدسہ جمیل شیدائی نمبر'' ڈسمبر ۲۰۲۱ء میں شائع کیا جس کے مشمولات میں تاثراتی مضامین کے علاوہ جمیل شیدائی کی تحریروں اور ان کے مقبول عام تراجم کا انتخاب پیش کیا گیا ہے۔ اس شمارے کی اشاعت سے بھی اردو حلقوں میں جمیل شیدائی کی مقبولیت میں اضافہ ہوا۔

جمیل شیدائی ہمہ جہت شخصیت کے مالک تھے۔ وہ اپنی بیوی کے لیے ایک سچے رفیق سفر ثابت ہوئے تو انہوں نے اپنی لڑکیوں کی تعلیم و تربیت کا خاص لحاظ رکھا۔ وہ دوستوں میں بہت مقبول تھے۔ اپنی علمیت و ادبی معلومات کے سبب اکثر محفلوں میں اچھی عالمانہ اور دانشورانہ گفتگو کرتے تھے۔ ان کا حلقہ احباب کافی وسیع تھا۔ حیدرآباد کی ادبی محفلوں اقلیم ادب اور دیگر تنظیموں سے وابستگی کے ساتھ انہوں نے اردو ادب کی بہت خدمت کی۔

جمیل شیدائی روحانیت کے بہت قائل تھے عمر کے پندرہ سولہ سال میں آپ بحر العلوم حضرت عبدالقدیر صدیقی حسرتؔ کے دست حق پرست پر بیعت کر چکے تھے۔ اولیائے عظام سے آپ کو ایک خاص انسیت تھی۔ ان کی خوش قسمتی یہ رہی کہ ملازمت کے سلسلے میں ان کو مختلف علاقوں میں مختلف مذاہب کے لوگوں سے قریب رہنے کا موقع ملا۔ ان کے مسائل اور نفسیات سے آگہی حاصل ہوئی۔ ان کے ڈرامے بھی ان ہی تناظر میں لکھے ہوئے ہیں۔ جن میں معاشرتی مسائل کو بڑی چابک دستی کے ساتھ پیش کیا گیا۔ جمیل شیدائی کی شخصیت کے یہ ہمہ جہت پہلو ان کی عظمت کی دلیل ہیں۔ امید کی جاتی ہے کہ ان کی حیات اور ان کی علمی و ادبی خدمات اردو کی نئی نسل کے لیے مشعل راہ ثابت ہوگی۔ اس کتاب کی اشاعت کے لیے میں تعمیر پبلی کیشنز حیدرآباد' جناب مکرم نیاز صاحب' ڈاکٹر محمد اسلم فاروقی' ڈاکٹر فضل اللہ مکرم' ڈاکٹر شجاعت علی راشد اور دوست احباب کی نیک خواہشات پر شکریہ ادا کرتا ہوں۔ امید کی جاتی ہے کہ اس کتاب کی مشمولات اہل اردو کو پسند آئیں گی۔

ڈاکٹر محمد شفیع الدین ظفر

ایم۔اے' بی۔ایڈ

☆ پہلا باب

جمیل شیدائی، حالات زندگی، فن اور شخصیت

جمیل شیدائی حیدرآباد دکن سے تعلق رکھنے والے نامور ڈراما نگار، انشائیہ نگار، نقاد، مترجم، صحافی ادیب اور شاعر گزرے ہیں۔ ۱۹۴۳ء میں حیدرآباد کے ایک معزز علمی گھرانے میں آنکھ کھولی۔ ان کے والد کا نام شید احمد تھا۔ اپنے والد کے نام کی مناسبت سے جمیل نے اپنے نام کے ساتھ شیدائی کی اضافت استعمال کی۔ اور جمیل شیدائی کے نام سے دکن کے ادبی حلقوں میں مشہور ہوئے۔ جمیل کے والد ماجد حضرت سید شید احمد بہت ہی زود گو اور پر گو شاعر تھے۔ اور شیدؔا تخلص استعمال کرتے تھے۔ رباعی گوئی میں کمال رکھتے تھے۔ دنیائے ادب مرحوم کو ان کی دو شعری تصانیف ''سرمایہ دل'' اور ''جہانِ خیال'' کے حوالے سے جانتی ہے۔ اُردو کے علاوہ انگریزی، فارسی اور عربی زبانیں بخوبی جانتے تھے۔ انہیں ترجمہ نگاری کے فن سے خاصا شغف تھا۔ انھوں نے موپاساں کی کہانیاں اور رومیو جولیٹ کے ڈرامے کا ترجمہ کیا۔ وہ کل (۲۲) کتابوں کے مصنف تھے۔ ان کی کتاب ''ہماری نفسیات'' ٹیچرس ٹریننگ کے نصاب میں شامل تھے۔ وہ نظام کالج کے گرائجویٹ تھے ان کے اساتذہ میں سر براؤن بھی شامل تھے۔ سکریٹریٹ کے روینیو بورڈ میں اسسٹنٹ سکریٹری کے عہدے پر وظیفے سے سبکدوش ہوئے۔ وہ رشوت کے سخت خلاف تھے۔ جمیل کے والد سید شید احمد صاحب اور والدہ شریفہ بیگم کی کل گیارہ اولادیں تھیں جن میں پانچ اولادیں تین لڑکے اور دو لڑکیاں ہی زندہ رہیں۔ سید شید احمد صاحب نے سو سال عمر پائی تھی۔ اور پچاسی سال کی عمر میں انہوں نے تلگو زبان سیکھی۔ کافی تعلیم یافتہ اور ادبی گھرانہ تھا۔ نانا تعلق دار تھے۔ ان کے

ہاں لڑکیوں کو پڑھانے کا ماحول نہیں تھا۔ اس لیے والدہ کی تعلیم ان کے بچپن میں گھر پر ہی ہوئی۔ انہوں نے اردو فارسی پڑھی تھی۔ پھوپھی نے جواں سال فرزند کی موت پر مرثیہ لکھا تھا۔ جمیل کے بھائیوں میں بڑے بھائی امیر الدین وٹرنری سرجن تھے۔ وظیفہ پر سبکدوشی کے بعد نعت گوئی اور غزل گوئی کرنے لگے۔ منجھلے بھائی حمید الدین ڈی ای او آفس حیدر آباد میں ملازم تھے۔ تیسرے بھائی جمیل الدین المعروف جمیل شیدائی ڈسٹلری فیکٹری میں ملازم تھے۔ جمیل کی دو بہنوں میں بڑی بہن جن کی ایس ایس سی کے بعد شادی ہوئی (35) سال کی عمر میں قرآن شریف حفظ کیا وہ ان دنوں امریکہ میں مقیم ہیں جن کے چار لڑکے اور چار لڑکیاں ہیں۔ نواسہ ہارورڈ میڈیکل اسکول میں اسکالرشپ پر تعلیم حاصل کر رہا ہے۔ وہ بھی حافظ قرآن ہے۔ جمیل شیدائی بھائیوں میں سب سے چھوٹے تھے اور ان کی بہن انیسہ بیگم بھائیوں اور بہنوں میں سب سے چھوٹی تھیں۔ اس لیے جمیل شیدائی ان کی ہر فرمائش پوری کیا کرتے تھے۔ انیسہ بیگم نے علمی گھرانے سے تعلق رکھنے کی بدولت ایم اے انگریزی کرنے کے بعد سیفل سے پی جی ٹی ای کی تعلیم حاصل کی۔ اور ڈگری کالج میں انگریزی لیکچرر کی حیثیت سے خدمات انجام دینے کے بعد وظیفہ پر سبکدوش ہوئیں۔ ان کے شوہر حیدر عبدالوحید قریشی کاکتیہ یونیورسٹی کے ڈگری کالج میں زوالوجی کے لیکچرر رہ چکے ہیں۔

جمیل نے اپنے والد کی صحبت میں رہ کر ان سے بہت کچھ سیکھا اور والد کے نقش قدم پر چلتے ہوئے ایک اچھے ڈراما نگار اور مترجم بنے۔ دلچسپ بات یہ ہے کہ جمیل کے خسر حمید حاصلؔ بھی ایک اچھے شاعر تھے اور اقلیم ادب کے اجلاسوں میں پابندی سے شریک ہوا کرتے تھے۔ انہیں فلسفے سے بھی دلچسپی تھی ان کی ایک کتاب ''کائناتی بہاؤ'' بھی ہے۔ جمیل شیدائی کے بچپن میں حیدر آباد میں پولیس ایکشن ہوا تھا۔ اور ایک خون ریز لڑائی کے بعد ریاست حیدر آباد کا ہند یونین میں انضمام عمل میں آیا تھا۔ پولیس ایکشن کی تباہ کاریوں کی داستانیں جمیل نے اپنے والد سے سنی تھیں۔ اس وقت وہ بہ مشکل پانچ برس کے تھے مگر پھر بھی کچھ

واقعات ان کے لاشعور میں محفوظ تھے۔جمیل کے والد نے مستقیم انداز میں ان کی پرورش کی اورانہیں انگریزی اورفارسی ادب سے روشناس کروایا تھا۔۔جمیل شیدائی کی اسکولی تعلیم چنچل گوڑہ اسکول حیدرآباد میں ہوئی تھی۔انھوں نے طالب علمی کے زمانے میں اردوکو بہ طورزبان اول اختیار کیا اور انٹرمیڈیٹ میں اردو مضمون میں پوری ریاست آندھرا پردیش میں سر فہرست رہے تھے۔ سیف آباد سائنس کالج عثمانیہ یونیورسٹی سے بی ایس سی کیا ۔ اور انڈسٹریل کمسٹری میں ڈپلوما کیا اوراور بالانگر کی ایک مشہور کیمیکل فرم (ڈسٹلری) میں کوالٹی کنٹرول کمسٹ کی حیثیت سے وابستہ ہوگئے تھے۔جمیل شیدائی کی ملازمت کے احوال بیان کرتے ہوئے معروف شاعرڈاکٹر رؤف خیر لکھتے ہیں:

> ’’جمیل بھائی شراب کی ایک بڑی کمپنی میں کیمسٹ تھےان کی تصدیق کے بغیرشراب بازار کا منہ دیکھ نہ پاتی تھی جتنے شرابی دوست تھے سب جمیل بھائی سے بوتلیں حاصل کرکے مزے اڑایا کرتے تھےآج کے سفید پوش پروفیسر بھی جمیل بھائی کی کمپنی سے سیراب ہوا کرتے تھے۔ کچھ شاعروں کی شاعری میں اثر اور کچھ افسانہ نگاروں کے چہرہ انور پرنور بھی جمیل بھائی کے فیض کا مظہر تھا۔کچھ بھائی تو جمیل بھائی کواس قدرعزیز رکھتے تھے کہ امام باڑے کا طواف کرتے دیکھے گئے۔ کچھ شاعروں نے جام جم کی جگہ جام جمیل سے یائے معروف کی نسبت اختیار کی۔جمیل کے شیدائی ہوکرکچھ لوگوں نے شاعری تو کچھ لوگوں نے ساحری اور کچھ نے یوسفی اپنائی جوان پر برق بن کرگری۔ بلا امتیاز مذہب وملت ورنگ ونسل راجہ وپرجا سب جمیل بھائی کی دریا

دلی سے فیض یاب ہوتے تھے'' ۔ [1]

جمیل شیدائی نے آندھراپردیش کے علاوہ مہاراشٹرا اور کیرالا کی ریاستوں میں بھی ملازمت انجام دی تھی ۔ اپنی پیشہ وارانہ مصروفیات کے ساتھ دامن ادب کو وسیع کرتے تھکتے نہیں تھے بلکہ انہوں نے کئی کتابیں اور بیش قیمت مضامین اہل اردو کو دیئے ۔ انگریزی نظموں کا سلیس اور جامع ترجمہ انہیں ایک بہترین مترجم ٹھہراتا ہے ۔

جمیل شیدائی کے دوست احباب میں اسلم فرشوری، جعفر علی خان، رحمت یوسف زئی، رؤوف خیر، قطب سرشار، مظہر الزماں خاں، تاتار خان، رحمٰن جامی اور شاذ تمکنت شامل تھے ۔ جمیل شیدائی دوران ملازمت پروفیسر رحمت یوسف زئی کے دوست رہے تھے جو ابتداء میں جمیل شیدائی کی کمپنی سے قریب ملازم تھے بعد میں یونیورسٹی آف حیدرآباد کے شعبہ اردو سے وابستہ ہوگئے تھے ۔ جمیل شیدائی کی علمی لیاقت اور ترجمہ نگاری میں ان کی مہارت کو دیکھتے ہوئے پروفیسر رحمت یوسف زئی نے ان سے یونیورسٹی آف حیدرآباد کے فاصلاتی پروگرام پی جی ڈپلوما ان جرنلزم کی کتابوں کی تیاری میں مدد لی ۔ انہیں کورس کو آرڈینیٹر بنایا گیا ۔ جرنلزم ڈپلوما کے نصاب میں ترجمہ کے مختلف اقسام اور مسائل کے علاوہ ریڈیو اور ٹی وی اسکرپٹ اور اس کی فنی باریکیوں پر مبنی آپ کے لکھے اسباق شامل رہے ۔ اور انہوں نے اردو میں صحافت، ماس میڈیا اور ترجمہ نگاری سے متعلق کورس کے لیے مضامین لکھے ۔ اس سے قبل بھی ڈاکٹر بی آر امبیڈکر اوپن یونیورسٹی کے ڈگری اور پی جی اردو فاصلاتی کورس کے لیے بھی پروفیسر رحمت یوسف زئی کی فرمائش پر جمیل نے کئی مضامین لکھے ۔ جب مولانا آزاد نیشنل اردو یونیورسٹی نے ذرائع ابلاغ اور اردو ترجمہ پر فاصلاتی کورس شروع کیا تو حیدرآباد میں اخبار سیاست کے دفتر میں طلباء کے لیے ہراتوار کو ہونے والے تدریسی پروگرام کی ذمہ داری ان کو سپرد کی گئی اور جمیل نے اس ذمہ داری کو نہایت تن دہی سے سنبھالا ۔

جمیل شیدائی کی شادی اعزاز فاطمہ سے ہوئی ۔ وہ ایک تعلیم یافتہ خاتون ہیں ۔ وہ ضلع

محبوب نگر میں لیکچرر تھیں اور جمیل شیدائی نے سکریٹریٹ میں پیروی کرکے ان کا تبادلہ شہر حیدرآباد کے قریب کروالیا۔ جمیل شیدائی کو چار لڑکیاں ہیں۔

۱۔ انجم نازنین۔ایم بی اے۔ہاسپٹل مینجمنٹ حال مقیم کناڈا

۲۔ منیزہ گل ناز۔ایم کام۔حال مقیم کناڈا

۳۔ سیما ناز۔بی فارما ایم ایس۔حال مقیم ڈلاس امریکہ

۴۔ نازیہ جان۔ایم سی اے۔مقیم ٹولی چوکی حیدرآباد۔گوگل میں ملازم

جمیل شیدائی اپنے بچوں کے لیے ایک شفیق باپ تھے۔ وہ اپنی لڑکیوں کی ضرورتیں ان کے مشورے کے ذریعے پورا کیا کرتے تھے۔ان کی چاروں بیٹیاں ان کی والدہ سے زیادہ والد سے کسی بھی کام میں مشورہ کیا کرتی تھیں۔ چاروں لڑکیاں والد سے انگریزی زبان سیکھنے میں مستفید ہوئیں۔ کیوں کہ جمیل شیدائی نے اپنی بچیوں کی اعلیٰ تعلیم کے لیے انہیں بہترین انگریزی اسکول میں تعلیم دلوائی۔ان کی خواہش تھی کہ لڑکیوں کو بہترین تعلیم دلوا کر انہیں اس قابل بنایا جائے کہ وہ اپنے پیروں پر کھڑی ہوسکیں۔ان کی لڑکیوں نے کبھی اپنے والدین کو بیٹے کی کمی کا احساس ہونے نہیں دیا۔جمیل شیدائی نے اپنی لڑکیوں کو اچھی تعلیم اور اچھا ماحول عطا کرنے کی خاطر یاقوت پورہ کے امام باڑے کے گھر کو خیر باد کہہ کر تارنا کہ جیسے پاش مقام پر کرائے کے گھر میں رہنا گوارا کر لیا۔ جہاں جدید طرز تعلیم کے انگریزی میڈیم مدارس تھے۔جمیل شیدائی کا یہ ایثار دراصل ان کے بچوں پر احسان تھا۔انہیں اولاد نرینہ نہیں تھی اس کے باوجود انہوں نے اولاد نرینہ سے محرومی کا کبھی شکوہ نہیں کیا۔

جمیل شیدائی کا پسندیدہ مشغلہ مطالعہ تھا۔ ہمیشہ کتابوں کے مطالعہ میں منہمک رہا کرتے تھے۔ ریاضی اور سائنس میں بہت دلچسپی تھی مظہر الزماں خاں صاحب کی تحریروں کو بہت پسند کیا کرتے تھے۔اردو کے علاوہ انگریزی کہانیاں بھی بہت دلچسپی سے پڑھا کرتے تھے وہ او۔ ہنری کی کہانیوں کو بہت پسند کرتے تھے۔ انگریزی ہارر شو اور تھرل انہیں بہت پسند تھے اپنی

لڑکیوں کی تعلیم کے ساتھ دلچسپی سے خاندان کے ہر بچے سے اس کی تعلیمی پیشرفت کے بارے میں دریافت کیا کرتے تھے۔ زیادہ وقت تارنا کہ میں گزارا سوشل شخصیت کے مالک تھے جب دوست احباب میں رہتے تو ان کی زندہ دل شخصیت ابھر کر سامنے آتی تھی یار باش آدمی تھے محفل کی رونق ہوا کرتے تھے دیکھنے میں بہت خوبرو شخصیت کے مالک تھے اور جوانی کے دنوں تو کافی فیشن ایبل ہوا کرتے تھے اور اپنا خاص خیال رکھتے تھے کبھی ہار نہ ماننا ان کا وطیرہ تھا۔ اسکوٹر ویسپا چلاتے تھے اور کافی چاق و چوبند رہا کرتے تھے جب بھی وقت ملتا اپنے دوست مظہر الزماں خاں صاحب کے پاس پہنچ جاتے تھے اور گھنٹوں وہاں پر وقت گزارتے تھے ان کے ایک اور خاص دوست غلام علی صاحب تھے جو ورنگل کے ایک اسکول میں فزیکل ایجوکیشن کے ٹیچر تھے جن کا اردو سے کوئی خاص لگاؤ نہیں تھا لیکن جمیل شیدائی کے بچپن کے دوست تھے۔ جنہیں وہ بہت عزیز رکھتے تھے۔ اور بھائی کی طرح چاہتے تھے دونوں ایک دوسرے کو بہت عزیز تھے اور وہ فیملی فرینڈز میں شامل تھے۔

جمیل شیدائی کو شطرنج کے کھیل میں بہت دلچسپی تھی۔ ان کے ایک دوست اورنگ آباد سے خاص طور پر شطرنج کھیلنے کے لیے آیا کرتے تھے۔ جمیل شیدائی کی شطرنج کے کھیل سے دلچسپی کا اندازہ اس بات سے لگایا جاسکتا ہے کہ انہوں نے خاندان کے ہر فرد کو شطرنج کھیلنا سکھا دیا تھا۔ جمیل شیدائی غزلوں کے شیدائی تھے۔ غلام علی اور منی بیگم کی غزلیں اکثر سنا کرتے تھے۔ فرصت کے اوقات میں ٹیلی ویژن پر خبریں دیکھنا کرکٹ کے میچ دیکھنا ان کا مشغلہ تھا۔ کھیلوں میں شطرنج کے علاوہ کرکٹ بہت پسند تھا۔ ان کے پسندیدہ فلمی اداکاروں میں مینا کماری اور دلیپ کمار تھے۔ شاہ رخ خان کی اداکاری کو بھی بہت پسند کرتے تھے۔ شاہ رخ خان کے سیریئل سرکس کو دیکھ کر انہوں نے کہا تھا کہ یہ لڑکا آگے بہت ترقی کرے گا۔ راحت اندوری کی شاعری بھی پسند کرتے تھے۔ جمیل شیدائی کی شخصیت کا ایک اور پہلو یہ تھا کہ وہ رشتے داروں پڑوسیوں سے بہت خلوص سے ملتے تھے جب کوئی اپنا دکھ درد سناتا تو وہ نہایت صبر سے سنتے اور اپنی طرف

سے حتی المقدور اس کی مدد کیا کرتے تھے۔ طالب علموں کے ساتھ نہایت شفقت سے پیش آتے۔ اور انہیں مفت ٹیوشن دیا کرتے تھے پالتو جانوروں سے بھی بہت دلچسپی رکھتے تھے انہوں نے ایک بلی پال رکھی تھی۔ ایک مرتبہ بارش میں بھیگ جانے کی وجہہ سے بیمار ہوگئی تو جمیل شیدائی نے رات بھر اس کی دیکھ بھال کی اور صبح ڈاکٹر کے پاس لے جا کر اس کا علاج کروایا۔ تو وہ ٹھیک ہوگئی۔ اور چودہ سال تک زندہ رہی۔ وہ اپنی آمدنی کا بہت سا حصہ پالتو جانوروں پر خرچ کرتے تھے ان کا بلی پالنے کا شوق ان کی بیٹی نازیہ جان میں بھی آیا جس کے پاس دو تین پرشین بلیاں ہیں۔ جمیل شیدائی نہایت ہی سادہ لوح انسان تھے ہمیشہ سادگی اختیار کرتے تھے سادہ غذا استعمال کرتے تھے انتقال سے ایک ہفتہ قبل اپنی اہلیہ سے امباڑہ گوشت پکانے کی خواہش کی اور تھوڑا ہی چکھ پائے۔ ہمیشہ مثبت انداز فکر رکھتے تھے۔

جمیل شیدائی کو بچپن ہی سے پڑھنے لکھنے کا شوق تھا۔ اور اخبارات اور رسائل میں ان کی تخلیقات شائع ہونے لگیں۔ ان کا تحریر کردہ پہلا ڈرامہ ۱۹۶۴ء کو ماہنامہ ''شاعر'' میں شائع ہوا تھا۔ پھر یہ سلسلہ چل پڑا تو ماہنامہ ''گل نو'' حیدر آباد، ''شب خون'' الہ آباد، ''کتاب'' لکھنو کے صفحات پر جمیل کے ڈرامے نظر آنے لگے۔ ان کے تحریر کردہ ڈرامے اور افسانے جہاں ماہ نامہ ''شاعر'' ممبئی میں اہتمام سے شائع ہوتے تھے وہیں جدید ادب کے نمائندہ رسالہ ''شب خون'' میں بھی اسی وقار سے چھاپے جاتے تھے۔ جمیل شیدائی کے بیشتر ڈرامے میلو ڈرامے ہوا کرتے تھے اور نہ صرف آل انڈیا ریڈیو حیدر آباد بلکہ آکاش وانی دلی کے علاوہ ''ہوا محل'' میں بھی پیش کیے جاتے تھے۔ جمیل شیدائی کے ریڈیائی ڈرامے آل انڈیا ریڈیو کے لیے ناگریز ہو گئے تھے۔ آل انڈیا ریڈیو حیدر آباد (نیرنگ پروگرام) میں جمیل شیدائی کے پچاسوں ڈرامے نشر ہوئے اور اتنے مقبول عام ہوئے کہ عوام کے اصرار پر انہیں بار بار ریلے کیا جاتا رہا ہے۔ بلاشبہ ایک سے زائد دہوں تک جمیل شیدائی نے ریڈیو پر حکومت کی۔ جمیل شیدائی کا شمار ان خوش نصیب ڈرامہ نگاروں میں ہوتا ہے جنہیں بہت زیادہ شہرت نصیب

ہوئی۔

جمیل شیدائی کے ڈراموں کی پہلی کتاب ''لب گفتار'' اپنے عہد کی مشہور ادبی تنظیم ''اقلیم ادب'' کے زیر اہتمام ۱۹۸۰ء میں شائع ہوئی تھی۔ اس کتاب میں ان کے پندرہ (۱۵) ڈرامے شامل ہیں۔ ''غالب خستہ کے بغیر'' ان کے ڈراموں کا دوسرا مجموعہ تھا جو ادارہ اقلیم ادب کے زیر اہتمام ۱۹۸۷ء میں حیدرآباد سے شائع ہوا۔ یہ ریڈیائی ڈراموں پر مشتمل ہے۔ اس مجموعے میں جمیل شیدائی کے تحریر کردہ پانچ طویل ریڈیائی ڈرامے ہیں۔ یہ ڈرامے آل انڈیا ریڈیو حیدرآباد پر نشر ہو کر مقبول ہوئے۔ جمیل شیدائی کی زیر طبع تصانیف میں ''ڈرامے کی تنقید'' ''ڈرامہ کیسے لکھیں'' اور یوجین ونبل کے ڈراموں کا ترجمہ ''افق کے پار'' جیسی وقیع کتابیں شامل ہیں۔ جمیل شیدائی ان کتابوں کی ترتیب وطباعت کی جانب بھی متوجہ تھے۔ لیکن مختلف یونیورسٹیز کے کاموں اور ناگہانی افتادوں کے باعث ان کی تکمیل نہیں کر سکے۔

ڈراما نگاری کے علاوہ ترجمہ نگاری جمیل شیدائی کا دوسرا بڑا علمی میدان عمل تھا۔ جمیل شیدائی نے انگریزی سے اردو اور اردو سے انگریزی میں کئی شاہکار تراجم کیے۔ انہوں نے لگ بھگ (۲۰) اُردو افسانہ نگاروں کی منتخب کہانیوں کے ترجمے انگریزی زبان میں کیے ہیں۔ جن میں مظہر الزماں خاں کی پانچ کہانیوں کے علاوہ ڈاکٹر بیگ احساس، قاضی مشتاق احمد، سعید سہروردی اور یٰسین احمد کی کہانیاں شامل ہیں۔ غیر ملکی ادب کے شاہکاروں کے تراجم کی طرف توجہ کی تو موپاساں، ارنسٹ ہیمنگ وے، ٹفنی ماس، پمیلا موشر کی کہانیوں کو اُردو قالب میں ڈھالا۔ UNICEF کی تین کتابوں کا جو ایڈز سے متعلق ہیں ترجمہ انگریزی سے اُردو میں کیا۔ ان کے علاوہ چار کتابوں کا تعلیم بالغان کے لیے ترجمہ کیا ہے۔ یونیورسٹی آف حیدرآباد کے پی جی ڈپلوما ان جرنلزم کی صحافت کی کتاب کے لیے انگریزی مواد سے استفادہ کرتے ہوئے اردو میں صحافتی مضامین لکھے۔ ڈاکٹر منموہن سنگھ کے دوست پروفیسر شیو کے کمار پروفیسر آکسفورڈ یونیورسٹی اور وائس چانسلر حیدرآباد سنٹرل یونیورسٹی جو کہ ایک اچھے شاعر اور ناول نگار ہیں نے مظہر

الزماں خاں صاحب کی کہانیوں کا ترجمہ جسے جمیل شیدائی نے کیا تھا پڑھ کر بہت تعریف کی۔ پروفیسر سیتا نارائنا سنگھ، پروفیسر سراج الرحمٰن، پروفیسر یوسف کمال، پروفیسر شمس الرحمٰن فاروقی، پروفیسر اے بی فاروقی (یو کے) رخشندہ جلیل، دختر آل احمد سرور نے جمیل شیدائی کے تراجم کو پڑھ کر بہت تعریف کی۔ ان کے تراجم The Last Century اور The Eyes of Sun نامی کتابوں میں شامل ہیں۔

جمیل شیدائی نے شاعری کی طرف بھی دھیان دیا تھا۔ ان کی کچھ نظمیں فیس بک پر پیش ہوئی ہیں۔ ان کی ایک نظم جس کا عنوان ''سنو'' ہے اس طرح ہے:

سنو
لاشوں کا انبار لگائے
تم کیا ایسا سوچ رہے ہو
خون ناحق چھپ جائے گا
تم کو یہ معلوم نہیں ہے
لاشوں کے انبار تلے سے
خون ناحق بہہ نکلے گا
اور پھر ایک انبار لگے گا
جس میں تمہاری لاش بھی ہوگی (جمیل شیدائی)

ان کا ایک اور شعر اس طرح ہے۔

ایک ہی بار سہی بات کا پہلو نکلے   اجنبی تجھ سے ملاقات کا پہلو نکلے

جمیل شیدائی بنیادی طور پر انگریزی داں تھے۔ مگر گھر کے ماحول نے انہیں اردو شعر و ادب کی جانب مائل کر دیا تھا۔ جہاں دوران تعلیم آپ کو کئی قابل اساتذہ کی رہنمائی و سرپرستی

حاصل رہی۔ جمیل شیدائی کے یوں تو کئی ادبی کارنامے رہے مگر اردو رائٹرز فورم آندھرا پردیش میں بہ حیثیت معتمد وہ بہت کارکرد رہے۔ اسی تنظیم کے زیر اہتمام ڈسمبر ۱۹۸۸ء میں ایک ایسی دستاویز منظر عام پر آئی جس میں سکندر آباد کے ادیب وشعرا کا ذکر رفتگاں کے علاوہ علمی ٬ادبی و تہذیبی اداروں کا تذکرہ شامل ہے۔ یہ حسین مرقع سکندر آباد کی ادبی دستاویز کے زیر عنوان شائع ہوا تھا۔ ڈاکٹر محسن جلگانوی بھی اس کتاب کی اشاعت میں پیش پیش رہے تھے۔ سکندر آباد کے ادبی منظر نامہ سے متعلق یہ ایک یادگار ادبی کاوش تھی جس نے سکندر آباد کے کئی گمنام ادیبوں اور شعراء کو اردو حلقوں متعارف کروایا۔

کمپنی کی ملازمت سے سبکدوشی کے بعد جمیل شیدائی تصنیف و تالیف میں لگ گئے۔ ۲۱۰۴ء میں وہ سوشل میڈیا فیس بک کے گروپ ''ادبی محاذ'' میں شامل ہو گئے تھے۔ اور بہت سے دوست احباب کے ساتھ ادبی گفتگو میں شریک رہنے لگے تھے۔ ان کی ٹائم لائن پر آج بھی ان کے دلچسپ پوسٹ اور تبصرے موجود ہیں۔ جب ان کی صحت بگڑنے لگی تو انہوں نے ۹ مارچ ۲۰۱۴ء کو اپنے پوسٹ میں یہ لکھا کہ ''محترم ڈاکٹر سید فضل اللہ مکرّم صاحب۔ السلام علیکم۔ میں آپ کا ممنون ہوں کہ فیس بک سے آپ ہی نے مجھے متعارف کرایا تھا جس کی وجہ سے کئی مکرم و محترم شخصیتوں سے نیاز کا شرف حاصل رہا اور اس باہمی ربط سے مجھے اپنی معلومات میں اضافے کا زرین موقع بھی ملا۔ اللہ کا بڑا کرم ہے کہ ''ادبی محاذ'' اور ''میری بیاض'' کے سارے ہی اراکین مہذب، شائستہ، قابل اور خوش مزاج ہیں۔ اللہ کا یہ بھی بڑا کرم ہے کہ ان دونوں گروپ کے اراکین کی تعداد میں دن بدن خاطر خواہ اضافہ بھی ہو رہا ہے۔ مجھے افسوس ہے کہ میں مصروفیت کی بنا پر اپنی حاضری سے معذور ہوں، اس لئے مجھے ان دونوں ہی گروپس سے خارج سمجھا جائے۔ شکریہ (بہ حوالہ فیس بک گروپ ادبی محاذ)۔

جمیل شیدائی کے قریبی دوست ڈاکٹر فضل اللہ مکرم نے فیس بک پر ہی ۱۷۔ فروری ۲۰۱۵ء کو اطلاع دی کہ جمیل شیدائی کی بنگلور کے ایک ہاسپٹل میں بائی پاس سرجری ہوئی۔ اس

کے بعد سے وہ بیمار رہنے لگے تھے اور پھر ادبی محفلوں میں واپس نہیں آسکے۔عمر کے آخری ایام میں وہ کینسر جیسے موذی مرض کا شکار ہوگئے۔ان کی بیٹیوں کے زیر نگرانی ان کا علاج کروایا گیا تاہم وہ اس بیماری سے جانبر نہ ہوسکے اور ۶/ اگست ۲۰۱۵ کو ان کا انتقال ہوگیا۔فیس بک پر ڈاکٹر فضل اللہ مکرم نے ان کے انتقال کی خبر دی جس پر ان کے حلقہ احباب نے اظہار تعزیت کیا۔ حیدر آباد میں دوستوں اور سوگواروں کے درمیان انہیں سپرد لحد کیا گیا۔جمیل شیدائی کی علالت اور ان کے انتقال پر پرسہ دینے کے سلسلے میں اپنے تاثرات بیان کرتے ہوئے پروفیسر رحمت یوسف زئی لکھتے ہیں:

> ’’ایک دن ’’اردو کلچر‘‘ نامی ایک گروپ میں جمیل شیدائی کے نام سے ایک پیغام بھیجا گیا جو جمیل کی بیٹی نے بنگلور سے بھیجا تھا۔اسی سے معلوم ہوا کہ جمیل کی طبعیت ٹھیک نہیں ہے اور انہیں شاید دوسرے دن ہسپتال میں داخل کرنا پڑے۔ یہ پڑھ کر میں سن ہوکر رہ گیا۔اس وقت میں حیدر آباد سے باہر تھا۔اور فوری واپس آنا ممکن نہ تھا۔میں نے جمیل کی دختر سے فون پر رابطہ کرنے کی کوشش کی لیکن رابطہ اس لیے قائم نہ ہوسکا کہ وہ لڑکی اس وقت اپنے دفتر میں تھی اور فون بنگلور میں جمیل کی بہن کے مکان پر تھا۔میری کال جمیل کے بھانجے نے اٹھائی۔میں چاہتا تھا کہ لڑکی سے بات کر کے تفصیل معلوم کروں چنانچہ میں نے شام میں پھر سے فون کیا۔جب بات ہوئی تو پتہ چلا کہ جمیل کو ہسپتال میں داخل کر دیا گیا ہے۔ مجھے دن بھر جمیل کا خیال ستاتا رہا۔پھر ۶ گسٹ ۲۰۱۵ کو ڈاکٹر فضل اللہ مکرم سے اطلاع ملی کہ جمیل ہم

میں نہیں رہے۔ میرے حیدرآباد پہنچنے تک نماز جنازہ ہو چکی تھی۔ اور تدفین بھی انجام پا چکی تھی۔ رات گیارہ بجے گھر پہنچ کر میں نے رحمٰن جامی کو فون کیا۔ میں چاہتا تھا کہ کم از کم جمیل کے گھر پہنچ کر اہل خانہ کو تسلی دی جائے لیکن معلوم ہوا کہ جمیل کا مکان کوکٹ پلی میں واقع ہے۔ اور وہاں پہنچنا مشکل ہے میں نے فضل اللہ مکرم سے خواہش کی کہ وہ مکان کا پتہ مجھے مسیج کے ذریعے بھیج دیں انہوں نے فوراً مسیج کیا۔ میں نے جامی صاحب سے کہا تو انہوں نے مشورہ دیا کہ اس وقت جانا مناسب نہیں ہے بہتر ہے کہ ہم کل چلیں۔ چنانچہ دوسرے دن میں اور جامی صاحب کوکٹ پلی گئے اور کافی ڈھونڈنے کے بعد مکان تک پہنچ گئے۔ غمزدہ ماحول میں ہم نے جمیل کی اہلیہ کو پرسہ دیا۔ اور انہوں نے اور ان کی بیٹیوں نے ہم کو پرسہ دیا۔ سارے اہل خانہ میری اور جمیل کی قربت سے واقف تھے کیوں کہ بیسویں صدی کی آٹھویں دہائی سے اکیسویں صدی کی دوسری دہائی تک جمیل اور میں ایک دوسرے سے بے حد قریب تھے۔ وہ اپنے ہر ذاتی مسئلہ پر مجھ سے گفتگو کرتے تھے'' ۔۲

جمیل شیدائی کے چاہنے والوں نے ان کے انتقال پر اپنے طور پر تاثراتی مضامین لکھے۔ ڈاکٹر محسن جلگانوی، ڈاکٹر مجید بیدار، ڈاکٹر قطب سرشار، ڈاکٹر رؤف خیر اور دیگر نے ان کے بارے میں جو تاثراتی مضامین لکھے ان کے مطالعے سے اندازہ ہوتا ہے جمیل شیدائی کس طرح حیدرآباد کے ادبی حلقوں میں مقبول تھے۔ جمیل شیدائی کو خراج عقیدت پیش کرنے کے لیے ان کے ایک

دیرینہ رفیق مدیر ''عدسہ'' میر فاروق علی نے اپنے شمارے کا ایک خصوصی گوشہ ''عدسہ جمیل شیدائی نمبر'' ڈسمبر ۲۰۲۱ء میں شائع کیا جس کے مشمولات میں تاثراتی مضامین کے علاوہ جمیل شیدائی کی تحریروں اوران کے مقبول عام تراجم کا انتخاب پیش کیا گیا ہے۔اس شمارے کی اشاعت سے بھی اردو حلقوں میں جمیل شیدائی کی مقبولیت میں اضافہ ہوا۔عدسہ کے اس خصوصی شمارے کے ادریے میں میر فاروق علی جمیل شیدائی کے بارے میں لکھتے ہیں:

''جمیل شیدائی اردو دنیا کے حق میں نعمت غیر مترقبہ تھے ان کے بعد اس خلاء کو کوئی بھی پر نہیں کر پایا۔جمیل شیدائی کی شخصیت اور قلم کی توانائی یکساں توازن کے حامل رہے۔اخلاص مہر ومروت ایسے کہ انہیں کسی کی بھی شخصیت میں کوئی عیب نظر نہیں آتا تھا پھر وہ عیبوں سے قطع نظر محاسن کو پیش نظر رکھتے ہوئے ہر کسی کے ساتھ خوشگوار تعلقات استوار رکھے تھے۔انہوں نے اپنی شخصیت اور فن کے ناقد کے بجائے وکیل پیدا کیے ان کا ظاہر اور باطن دونوں بڑے شفاف تھے سائنس کے گریجویٹ تھے مگر اردو ادب سے ان کا ذہنی و قلبی رشتہ دیوانہ وار تھا۔بہ یک وقت ادیب 'شاعر'ڈرامہ نگار'ترجمہ نگار اور تنقیدی بصیرت کے حامل جمیل شیدائی نے بیش تر شاعروں اور ادیبوں کی تحریروں کے تجزیے لکھے۔ایک زمانہ تھا آل انڈیا ریڈیو سے جمیل شیدائی کے ریڈیائی ڈراموں کا بڑا شہرہ تھا۔انہیں انگریزی زبان پر قدرت حاصل تھی صحافت کے موضوع پر انہوں نے کئی لیکچر دیئے''۔[۳]

جمیل شیدائی ایک مرنجاں صفت، دوستوں کے یار اور اردو ادب کا ستھرا رکھنے والے شخص تھے۔ ان کا سراپا بیان کرتے ہوئے ڈاکٹر جہاں گیر احساس لکھتے ہیں:

"آج جمیل شیدائی صاحب کے بارے میں کچھ لکھنے بیٹھا ہوں تو میری نگاہوں کے سامنے ان کا وہ کتابی چہرہ، ستواں ناک، اونچی پیشانی، جس سے علمیت ٹپکتی ہوئی مجسم حالت میں ہونٹوں پر ہلکی سی مسکراہٹ لیے نظر آتا ہے۔ ان کے نام کے آگے مرحوم تحریر کرتے ہوئے کلیجہ منہ کو آتا ہے۔ کیسی باغ و بہار شخصیت تھی کہ یکا یک ہمارے درمیان سے اٹھ گئی۔ جمیل شیدائی صاحب کا تعلق خالصتاً حیدرآباد سے رہا ہے۔ اسی وجہ سے آپ کے مزاج میں حیدرآباد کی تہذیبی روایات جس میں بڑوں سے حد درجہ ادب و احترام اور چھوٹوں سے مشفقانہ انداز میں پیش آنے کا جذبہ کارفرما رہتا ہے۔ آپ میں یہ جذبہ کوٹ کوٹ کر بھرا ہوا تھا"۔ ۴

ڈاکٹر مجید بیدار نے جمیل شیدائی کی شخصیت کے اخلاقی پہلوؤں کو اجاگر کرتے ہوئے لکھا کہ:

"کبھی کسی کو کمتر سمجھ کر بات نہیں کرتے بلکہ ہر ایک کی عزت کا پاس و لحاظ رکھ کر اظہار وخیال کرتے اور فرد کی دلچسپیوں میں رکاوٹ بننے کے بجائے صاحبِ شخصیت کی فطری دلچسپیوں کی مناسبت سے بات چیت کر کے دوسروں کے دل کو موہ لینے کا ہنر جمیل شیدائی کو خوب آتا تھا۔ انسانوں کی عزت اور انسانیت کی قدر دانی ان کی فطرت کا خاصا تھا،

پتہ نہیں انہوں نے یہ ہنر کہاں سے سیکھا تھا۔ اور اس ہنر کو دوسروں میں تقسیم کر کے خوش ہوتے اور فخریہ طور پر لوگوں کی خدمت کو اپنا شعار بنا کر زندگی گذارنے کو عیش کا ذریعہ سمجھتے تھے۔ انہوں نے پُر وقار زندگی گذاری لیکن اپنی زندگی کے عیش کو ادب سے وابستہ رکھا جس میں اخلاق وتہذیب ہی نہیں بلکہ انسانوں کی قدر کے جذبے کو اولیت حاصل تھی۔ وہ ہر فرقے' ذات اور مذہب کے افراد سے ملاقات کرتے اور ان میں خلوص و محبت کا بیج بو کر ایسا ماحول تیار کرتے تھے کہ جس کی وجہ سے ہر فرد ان کی صلاحیتوں کا معترف اور ان کی خدمات کا ستائش کرنے والا بن جاتا تھا''۔ ۵

ڈاکٹر مجید بیدار نے بہت عرصہ اورنگ آباد میں قیام کیا تھا۔ دوران ملازمت جمیل شیدائی بھی کچھ عرصہ کے لیے اورنگ آباد گئے تھے۔ جمیل شیدائی کے بچپن اور جوانی کی باتوں کو یاد کرتے ہوئے ڈاکٹر مجید بیدار نے جمیل شیدائی کی شخصیت کے کئی پہلوؤں کو اجاگر کیا۔ اس ضمن میں وہ لکھتے ہیں:

''یہ تو ٹھیک طرح سے یاد نہیں کہ جمیل شیدائی سے پہلی ملاقات حیدرآباد میں کب ہوئی اور کہاں ہوئی' لیکن ذہن کے گوشوں میں اتنا ضرور محفوظ ہے کہ مغل پورہ کے مشہور علاقے خواجہ کے چھلے کے قریب ڈاکٹر راہی کا دواخانہ غالباً ۱۹۶۰ء میں جمیل شیدائی کی ادبی سرگرمیوں کا مرکز تھا۔ یہ ایسا دور تھا جبکہ مغل پورہ کی سرزمین سے مذہبی ماہنامہ ''ارشاد'' پابندی سے شائع ہوتا تھا' جس کی ادارت مشہور کانگریسی لیڈر اور جاوید ماڈل اسکول کے بانی جاوید قادری کے والد انجام دیا کرتے تھے۔ اس دور میں مغل پورہ جیسے محلے کو ادبی سرگرمیوں ہی نہیں بلکہ تعلیمی مرکز کا درجہ حاصل تھا۔ مغل پورہ کے ہر کونے میں ایک مدرسہ موجود تھا۔ جاوید ماڈل اسکول کے علاوہ لوڈال

اسکول، نجمی ہائی اسکول، ڈیز لنگ اسکول اور کئی چھوٹے چھوٹے دینی مدارس بھی مغل پورہ کا حصہ تھے۔ اسی مغل پورہ میں مشاعروں کی روایت بھی موجود تھی۔ مجلس شہر ادب کی محفلیں اور نئے سال کا سالانہ مشاعرہ ۳۱۔ دسمبر کی رات کو وزیر داخلہ نواب میر احمد علی خان کی دیوڑھی میں پابندی سے منعقد ہوا کرتا تھا۔ جس کی صدارت عام طور پر مشہور کمیونسٹ شاعر مخدوم محی الدین کے سپرد ہوا کرتی تھی۔ رام پرساد کی حویلی میں بھی مشاعرے منعقد ہوتے تھے اور دودھ خانہ اللہ رکھی بیگم کے احاطہ میں بھی مشاعروں کی سرگرمیاں جاری رہتی تھیں۔ تمام تر مغل پورہ، نوابوں کی دیوڑھیوں اور مسجدوں سے آباد تھا۔ مساجد میں سیرت کے جلسوں کا اہتمام اور اس موقع پر مقررین کو پیش کرنے سے پہلے نعتیہ کلام پیش کرنے کی روایت عام تھی۔ اس اہم دور میں یہ دیکھا گیا کہ ماہانہ ''ارشاد'' کے دفتر کے قریب شام کے وقت جمیل شیدائی اپنی دراز زلفوں کے ساتھ برآمد ہوتے اور کسی نہ کسی ادبی موضوع پر گفتگو شروع ہوتی اور محفل کے دیگر افراد کو متوجہ کر لیتے تھے۔ اس دور میں حقیر مغل پورہ مڈل اسکول کی طالب علمی سے گذر رہا تھا۔ خود مدرسہ میں طلبہ کی ذہن سازی کے لئے ریڈنگ روم کے علاوہ بچوں کا کتب خانہ موجود تھا، اس کتب خانے سے کلاس ٹیچر ہمیشہ کتابیں تقسیم کرتے اور ہفتہ عشرے کے بعد کتابیں واپس حاصل کر کے کتاب کے مواد کے بارے میں دریافت کیا کرتے تھے۔ سب سے پہلی مرتبہ جمیل شیدائی کو صوفیائے کرام اور مسلمان بادشاہوں کے بارے میں گفتگو کرتے ہوئے سنا۔ انہوں نے اورنگ زیب کے ہاتھ سے لکھے ہوئے قرآن اور بابا یوسف شریف صاحب کے علاوہ حضرت خواجہ حسن برہنہ شاہ کے واقعات اور ان کے کرامات کو کچھ اس انداز سے نمایاں کیا کہ طالب علمانہ ذہنیت میں مطالعہ کا سودا سمایا، اور اس دور سے ادب کے علاوہ مذہب اور پھر تاریخ کی کتابوں کے مطالعے کی طرف توجہ مرکوز ہوئی۔ ویسے طالب علمی کے زمانے میں والد بزرگوار کی لائبریری سے حاصل کئے ہوئے رسالے جیسے ''مولوی''، ''آستانہ'' اور ''دین دنیا'' کے مطالعہ سے مذہب، تاریخ اسلام اور مسلمانوں کی حریت سے واقفیت حاصل ہوتی رہی تھی، لیکن جمیل شیدائی نے پہلی مرتبہ توجہ کو عوامی خدمت کی طرف

مائل کیا اور اورنگ زیب جیسے متقی بادشاہ ہی نہیں بلکہ حضرت بابا یوسف شریف صاحب اور خواجہ حسن برہنہ شاہ کی زندگی کے واقعات سے ان کی علم دوستی اور ادب پروری کے علاوہ انسانیت دوستی کو بھی واضح کیا۔ جس کی وجہ سے ادب سے دلچسپی کے ساتھ مذہب اور تاریخ سے دلچسپی کا رجحان بھی پیدا ہونے لگا۔ اس طرح طالب علمی کے زمانے سے ہی ادب کے علاوہ مذہب اور روحانیات سے دلچسپی کی طرف رغبت دلانے کا کارنامہ جمیل شیدائی کی کوششوں کا نتیجہ رہا۔ کچھ وقفے بعد جب سٹی ملٹی پرپز ہائی اسکول کے طالب علم ہوئے تو اسٹیٹ سنٹرل لائبریری، افضل گنج کے کتب خانے سے استفادے کے دوران مذہبیات، روحانیات اور ہندوستانی تاریخ ہی نہیں بلکہ اسلامی تاریخ اور عالمی تاریخ کے تناظر میں کتابوں کے مطالعے کا ذوق بڑھتا گیا۔ اس وقت بھی جمیل شیدائی مغل پورہ کی نکڑ پر نمودار ہوتے، کسی نہ کسی اہم موضوع پر تبادلہ خیال کر کے حیرت میں مبتلا کر دیتے تھے، غرض ہم یہ محسوس کرتے تھے کہ ہمارے مطالعے کے مقابلے میں جمیل شیدائی کا مطالعہ وسیع اور مشاہدہ حد سے زیادہ گہرا ہے۔ طویل عرصے تک مغل پورہ کی نکڑ پر جمیل شیدائی سے ملاقات کا سلسلہ ٹوٹ گیا اور نشستوں کو بھول بھال بھی گئے لیکن پھر اچانک ایسا ہوا کہ اورنگ آباد کی سرزمین میں ملازمت انجام دیتے ہوئے جب اقبال بک ڈپو پر شام کے اوقات کو استعمال کرنے کے لئے کتابوں کی تلاش کا سلسلہ جاری رہا تو اس بک ڈپو پر جمیل شیدائی سے دوبارہ ملاقات ہوگئی۔ یہ دور ہماری ملازمت اور عملی زندگی کا تھا، جو کچھ پڑھا تھا اُسی کو بنیاد بنا کر مضامین لکھتے تھے اخبارات اور رسائل ہی نہیں بلکہ خاص جریدوں میں بھی مقالے کی حیثیت سے شائع ہوا کرتے تھے۔ ابتدائی دو تین کتابیں شائع ہو چکی تھیں۔ اورنگ آباد کی سرزمین میں جمیل شیدائی سے ملاقات پر حیرت بھی ہوئی لیکن انہوں نے واضح کر دیا کہ کچھ عرصے کے لئے اپنی ملازمت کی تکمیل کے سلسلے میں وہ اورنگ آباد آئے ہوئے ہیں۔ پھر رفتہ رفتہ ملاقاتوں میں تیزی آنے لگی۔ جمیل شیدائی فطری طور پر بھیڑ بھاڑ سے دور اور محفلوں سے گریز برتنے والے شخص واقع ہوئے تھے، اس لئے نجی محفلوں میں ہی خوب کھلتے اور دل کھول کر بحث میں حصہ لیا کرتے تھے۔

جس وقت مجھے ۲۰۰۰ء میں ہارٹ اٹیک ہوا اور میں نے یونانی ہارٹ کلینک کی دوا سے استفادہ کا آغاز کیا تو اس وقت جمیل شیدائی تارنا کہ کے علاقے میں قیام پذیر تھے۔ ہر روز یونانی ہارٹ کلینک سے دوا لانے کے لئے وہ میرے گھر لکڑی کا پل پہنچتے اور اپنی اسکوٹر پر مجھے بٹھا کر ٹولی چوکی لے جاتے اور دوا پلا کر واپس گھر چھوڑ کر چلے جاتے تھے۔ یہ اخلاص اور محبت آج کے دور میں حقیقی برادرزادوں میں بھی دکھائی نہیں دیتا۔ حقیقت یہ ہے کہ جمیل شیدائی کو ان کے ماں باپ سے جو تربیت حاصل ہوئی تھی، اسی تربیت کو وہ اپنی زندگی کا وسیلہ بنا چکے تھے۔ جن ماں باپ کے زیر سایہ اولاد کی صحیح تربیت ہو جانے پر اولاد ہی نہیں بلکہ ان کے والدین بھی اپنی صحیح تربیت کی وجہ سے جنت کے حقدار بن جاتے ہیں۔ غرض جمیل شیدائی نے خدا کے بندوں کی بندگی کا حق ادا کر کے جنت حاصل کرنے کا موقع فراہم کر لیا، لازمی ہے کہ ادب دوستوں کے درمیان سے ان کا گذر جانا بہت بڑا سانحہ ہے لیکن اس سے بڑا سانحہ یہ ہے کہ آج کے اس پرُ آشوب دور میں انسانیت کی خدمت کرنے والے ایک انسان کو خدا نے اپنی بارگاہ میں بلا کر ہزارہا ضرورت مندوں کو محروم کرنے کے بجائے انہیں ہزارہا اعزازات سے نوازا ہوگا، غرض جمیل شیدائی نے دنیا کے کسی اعزاز کے حصول کے لئے کوشش نہیں کی۔ تمام زندگی میں جمیل شیدائی کی دنیا سے دوری اور بندوں سے قربت سے اندازہ ہوتا ہے کہ جمیل شیدائی کی رحلت ایک ادیب، ڈراما نگار، مترجم اور ادب دوست کی رحلت ہی نہیں بلکہ انسانیت پر اپنی ذات کو نچھاور کرنے والے کی موت سے تعبیر کیا جائے گا''[٦]۔

ڈاکٹر مجید بیدار نے بہت ہی دلچسپ انداز میں جمیل شیدائی کے ساتھ گزارے اپنے بچپن اور جوانی کے دنوں کی باتیں پیش کرتے ہوئے واضح کیا کہ کس طرح جمیل شیدائی کو مطالعے کا شوق تھا اور مجلسوں میں وہ کس طرح اپنی علمیت پیش کرتے تھے۔ مجموعی طور پر جمیل شیدائی بے حد ملنسار اور بے پناہ خوبیوں کے مالک تھے۔ کبھی کبھی ان کی ملنساری، خاکساری، کی حدوں کو چھونے لگتی تھی۔ اس لیے بعض فرد مایہ لوگ اپنی حیثیت کی خوش گمانی میں مبتلا ہو جاتے تھے تاہم وہ

نہایت باریک بین دوررس نگاہ رکھنے والے اور انسانی نفسیات اور عصری آگہی رکھنے والے تخلیق کار تھے۔

روحانیت کے بہت قائل تھے عمر کے پندرہ سولہ سال میں آپ بحر العلوم حضرت عبدالقدیر صدیقی حسرت کے دست حق پرست پر بیعت کر چکے تھے۔ اولیائے عظام سے ایک خاص انسیت تھی آپ کو۔۔ ان کی خوش قسمتی یہ رہی کہ ملازمت کے سلسلے میں ان کو مختلف علاقوں میں مختلف مذاہب کے لوگوں سے قریب رہنے کا موقع ملا۔ ان کے مسائل اور نفسیات سے آگہی حاصل ہوئی۔ ان کے ڈرامے بھی ان ہی تناظر میں لکھے ہوئے ہیں۔ جن میں معاشرتی مسائل کو بڑی چابک دستی کے ساتھ پیش کیا گیا۔ جمیل شیدائی کی شخصیت کے یہ ہمہ جہت پہلوان کی عظمت کی دلیل ہیں۔ امید کی جاتی ہے کہ ان کی حیات اور ان کی علمی و ادبی خدمات اردو کی نئی نسل کے لیے مشعل راہ ثابت ہوگی۔

حواشی

۱۔ رؤف خیر۔ مضمون۔ شیدائے علم و ادب۔ مشمولہ۔ عدسہ۔ جمیل شیدائی نمبر۔ ص۔ ۱۸۔ ڈسمبر ۲۰۲۱

۲۔ رحمت یوسف زئی۔ مضمون۔ آہ! جمیل۔ مشمولہ۔ عدسہ۔ جمیل شیدائی نمبر۔ ص۔ ٦

۳۔ میر فاروق علی۔ اداریہ عدسہ جمیل شیدائی نمبر۔ ص۔ ۴

۴۔ جہاں گیر احساس۔ مضمون۔ اک دھوپ تھی کہ ساتھ گئی آفتاب کے۔ مشمولہ عدسہ جمیل شیدائی نمبر۔ ص۔ ۱۵

۵۔ مجید بیدار۔ مضمون۔ جمیل شیدائی۔ ویب سائٹ جہان اردو مید فضل اللہ مکرم

٦۔ مجید بیدار۔ مضمون۔ جمیل شیدائی۔ ویب سائٹ جہان اردو مید فضل اللہ مکرم

☆ دوسرا باب

جمیل شیدائی بہ حیثیت ڈراما نگار

جمیل شیدائی حیدر آباد دکن کے ایک مشہور و معروف ڈراما نگار، مترجم، نقاد، ادیب اور شاعر گزرے ہیں۔ اردو ڈراما نگاری میں انہیں شہرت حاصل ہوئی۔ انہوں نے کئی اسٹیج اور ریڈیائی ڈرامے لکھے۔ انہوں نے اردو ڈرامے کو ایک نئی زندگی دی اور اس فن میں نکھار پیدا کیا۔ جمیل شیدائی کے ڈرامے زندگی پر محیط کہانیوں کا احاطہ کرتے ہیں۔ اور ان ڈراموں میں انہوں نے اپنی صلاحیتوں، نفسیاتی نکتوں اور تجربات و مشاہدات کو پیش کیا ہے۔ انہوں نے زندگی کو قریب سے دیکھا اور زندگی میں ہر طرح کے کرداروں کا مشاہدہ کرنے کے بعد اپنے ڈراموں کے لیے کہانی کی مناسبت سے کردار تخلیق کیئے اور ان کرداروں کے اعتبار سے انہوں نے حقیقت پر مبنی مکالمے لکھے یہی وجہ ہے کہ ان کے ڈرامے حقیقت سے قریب لگتے ہیں اور ان کے ڈرامے پڑھنے والے اور سننے والے ان کرداروں میں اپنی جھلک دیکھنے لگتے ہیں۔ جمیل شیدائی نے حیدر آباد دکن میں اردو ڈرامے کی روایت کو پروان چڑھانے میں اہم کردار ادا کیا۔ جمیل شیدائی کے ڈراموں میں برجستگی، مطالعے کی وسعت، عمیق مشاہدے اور تجربے کی گہرائی دیکھی جا سکتی ہے۔ جمیل شیدائی نے اسٹیج ڈراموں سے ہٹ کر ٹیلی ویژن کے لیے بھی ڈرامے لکھے۔ انہوں نے ریڈیو کے لیے بھی بے شمار مقبول ڈرامے لکھے۔ ان کے تحریر کردہ ڈرامے آل انڈیا ریڈیو حیدر آباد، اورنگ آباد ریڈیو اور یواوانی حیدر آباد پر کافی عرصے تک نشر ہوتے رہے۔ اور لوگ انہیں پسند کرتے رہے۔ جمیل شیدائی نے اردو کے علاوہ دوسری زبانوں سے ترجمہ شدہ ڈرامے بھی لکھے اور اردو ڈرامے کی اس روایت کو آگے بڑھایا

جو آغا حشر کاشمیری، امتیاز علی تاج وغیرہ نے چھوڑی تھی۔ جمیل شیدائی وہ خوش نصیب ڈراما نگار ہیں جنہیں ان کی حیات میں ہی کافی مقبولیت حاصل ہوئی تھی۔ جمیل شیدائی کی ڈراما نگاری کے تنقیدی جائزے سے قبل آیئے دیکھیں کے ڈراما کسے کہتے ہیں اس کے فنی لوازم کیا ہیں اور اردو میں ڈراما نگاری کی روایت کس قدر مضبوط ہے۔

انسان سماجی حیوان ہے وہ سماج کے بغیر نہیں رہ سکتا۔ قدیم انسانی تاریخ کے مطالعے سے پتہ چلتا ہے کہ قصہ سننا اور قصہ سنانا انسان کا محبوب مشغلہ تھا۔ قدیم پتھر کے دور سے ہی پتہ چلتا ہے کہ انسان اپنے شکار کے واقعات اور اپنی زندگی سے متعلق واقعات کو شام کے اوقات اپنے جیسے لوگوں کو سناتا تھا اور دوسروں سے اس طرح کے واقعات سنتا تھا۔ قصہ سنانے کا یہ عمل جب حرکت و عمل کے ساتھ ہونے لگا تو ڈراما وجود میں آیا۔

ڈرامے کی تعریف:

لفظ ڈراما یونانی زبان کے لفظ Draw سے بنا ہے۔ جس کے معنی ''کر کے دکھانا'' ہے۔۔ دوسرے لفظوں میں ڈراما ایک کہانی ہے جو کرداروں کے عمل سے اور زبان سے ادا ہوتی ہے۔ گویا ڈراما، الفاظ اور عمل کے مجموعے کا نام ہے۔ ڈرامے کی اس تعریف کے تعلق سے وقار عظیم لکھتے ہیں:

> ''یونانیوں نے ڈرامے کو جو کچھ سمجھا اس کا اظہار خود اس لفظ کی ساخت سے ہوتا ہے۔ لفظ ڈراما کی اصل یونانی ہے اور اس زبان میں اس کے معنی ہیں کر کے دکھانا۔ گویا یونانیوں کے نزدیک ڈرامے کا سب سے بڑا امتیاز اور اس کا بنیادی عنصر اس کی یہی خصوصیت ہے کہ جو کچھ لکھا جائے اسے کر کے دکھایا جائے۔ یہ ڈرامے کی بڑی سیدھی سادی لیکن بڑی واضح اور روشن تعریف ہے اور اس میں کسی

شاعرانہ تخیلی اور فلسفیانہ تاویل یا موشگافی کی ضرورت نہیں

ہے۔[1]

ڈرامے کی ابتداء نقالی سے ہوئی۔ انسان کبھی کبھی کسی کی نقل کرتا ہے۔ ڈرامے میں کرداروں اور مکالمے کے ذریعہ کوئی کہانی پیش کی جاتی ہے۔ ڈرامے کے لیے اسٹیج (Stage) اور منظر بھی ضروری ہے۔ ڈرامے کی تعریف کرتے ہوئے کہا گیا کہ یہ ادب کی ایسی صنف ہے جس میں انسانی زندگی کی حقیقت اور صداقت کو اسٹیج (Stage) پر نقل کے ذریعہ پیش کیا جاتا ہے۔ ڈراما اسٹیج پر فطرت کی نقالی کا ایک ایسا فن ہے جس میں اداکاروں کے ذریعے زندگی کے غیر معمولی اور غیر متوقع حالات کے عمل میں ''قوتِ ارادی'' کا مظاہرہ تماشائیوں کے روبرو ایک معین وقت اور مخصوص انداز میں کیا جاتا ہے۔ ڈرامے کی اس تعریف میں جہاں کہانی، کردار، عمل اور مکالمے کو ضروری عناصر قرار دیا گیا ہے، وہاں اسٹیج اور تماشائی بھی اس کے دو اہم کردار ہیں، جس طرح اسٹیج کی ضرورتوں کا خیال رکھے بغیر اچھا ڈراما نہیں لکھا جا سکتا۔ اس طرح تماشائی، نفسیات اور اس کی پسند کو دھیان میں رکھے بغیر بھی ڈرامے کی کامیابی ممکن نہیں۔ پہلے ڈرامے Stage پر ہوا کرتے تھے آج ریڈیو، ٹیلی ویژن اور سنیما میں ریکارڈ شدہ ڈرامے پیش کیے جا رہے ہیں۔ ڈرامہ سننا یا دیکھنا انسان کو بہت پسند ہے۔ ڈرامے کے فن کے بارے میں ڈاکٹر قمر رئیس لکھتے ہیں:

> ''ارسطو نے ڈراما کو کسی عمل کی نقالی سے تعبیر کیا ہے۔ یہ نقالی اپنے مخصوص معنی میں دراصل زندگی کی عکاسی کا نام ہے۔ ڈراما خود زندگی نہیں مگر انسانی زندگی کو پیش کرنے کا ذریعہ ہے۔ ناول بھی تقریباً یہی کام انجام دیتا ہے۔ مگر ڈراما ناول سے یوں مختلف ہے کہ اس میں مختلف اشخاص کردار اور سیرتوں کو پیش کرتے ہیں۔ خود انسان ہی ہمارے سامنے

آتے ہیں اور کشش ناول کی طرح بے جان نہیں ہوتی۔ بلکہ
اس میں زندگی کی تاب وتب اسے حقیقت سے قریب تر لے
آتی ہے۔ اس طرح عمل دراصل ڈرامے کی جان ہے۔
ڈرامے میں صرف الفاظ ہی ہمارے تخیل پر اثر انداز نہیں
ہوتے بلکہ ان کے ساتھ عمل کی قوت بھی کارفرما ہوتی ہے۔
۔۔مکالمے اور عمل کے ذریعے ان سب کیفیات کو پیش کرنا
ہی ڈرامے کا مقصد ہوتا ہے۔ گویا ڈراما کی بنیاد ہی الفاظ کی
گفتار اور کردار کے عمل پر رکھی جاتی ہے۔ گویا ڈراما ایک ایسی
صنف ادب ہے جس میں زندگی کے حقائق اور مظاہر کو
اشخاص اور مکالموں کے وسیلے سے عملاً پیش کیا جاتا ہے۔''

[۲]

موضوع اور پیشکشی کے اعتبار سے ڈرامے کی کئی قسمیں ہیں، ان میں سے چند درجِ ذیل ہیں:

☆ المیہ یا ٹریجڈی:۔ وہ ڈراما جس میں پیش کیے جانے والے حادثات و واقعات دردناک ہوں یا اس کا انجام المیہ یا حزنیہ ہو، ٹریجڈی (Tragedy) یا المیہ کہلاتا ہے۔

☆ طربیہ یا کامیڈی:۔ وہ ڈراما جس کی اساس معاشرے کی کوئی ناہمواری یا کمزوری ہو اور اسے طنزیہ ِمزاحیہ انداز میں پیش کیا گیا ہو، طربیہ یا کامیڈی کہلاتا ہے۔ جس ڈرامے کا انجام طربیہ ہو، وہ بھی ڈرامے کی اس قسم کے تحت شمار کیا جاتا ہے۔

☆ میلوڈراما:۔ ڈرامے کی یہ قدیم صورت ہے۔ اس میں شاعری اور موسیقی کا بہت عمل دخل ہوتا ہے اور اس کی فضا رومانی اور جذباتی ہوتی ہے۔ ڈرامے کا انجام عموماً طربیہ ہوتا ہے۔ میلو ڈراما یونانی لفظ "Melos" بمعنی موسیقی اور فرانسیسی لفظ ڈراما سے مل کر بنا ہے۔ کرداروں کی

خود کلامی بھی میلوڈرامے میں پائی جاتی ہے۔ڈرامے کی یہ قسم محبت اور عقیدت کے اظہار کے لیے موزوں ترین ہے۔

☆ فارس:۔ڈراما کا وہ روپ ہے جس کا بڑا مقصد ناظر کے لیے تفریحِ طبع کا سامان پیدا کرتا ہے۔اس مقصد کے لیے عموماً سطحی ظرافت اور مضحکہ خیز واقعات کا سہارا لیا جاتا ہے۔عوام میں ڈرامے کی یہ قسم بہت مقبول ہے۔

☆ برلیسک :۔ برلیسک (Burlasque) ڈرامے کی ایسی قسم ہے جس میں پست اور گھٹیا درجے کا مزاح پیش کیا جاتا ہے۔اس میں بھانڈوں کی طرح مشہور شخصیات کی نقلیں اتاری جاتی ہیں اور ناظرین کی تفننِ طبع کا سامان مہیا کیا جاتا ہے۔

☆ اوپیرا:۔اوپیرا (Opera) ایک منظوم ڈراما ہوتا ہے جس کی کہانی اور پلاٹ المیہ بھی ہوسکتا ہے اور طربیہ بھی۔ڈرامے کی فضا اور ماحول جزوی یا کلی طور پر غنائیت (موسیقیت) کی حامل ہوتی ہے۔ڈراما کی یہ قسم بھی بڑی قدیم ہے۔

دورِ حاضر کی ضرورت کے مطابق ڈرامے میں درجِ ذیل قسموں کا اضافہ بھی ہوا ہے:

☆ یک بابی ڈراما(ONE ACT PLAY): یک بابی ڈرامے میں کسی ایک کہانی کو اختصار کے ساتھ پیش کیا جاتا ہے۔یہ ڈرامے ۱۵ منٹ یا ایک گھنٹے کے ہوتے ہیں اور یہ بغیر وقفے کے پیش کیے جاتے ہیں۔

☆ ۔ریڈیو ڈراما: یہ ڈرامے سمعی ہوتے ہیں اس لیے ریڈیو ڈراموں کو تھیٹر آف دی بلائنڈز (Theatre of the Blinds) یعنی اندھوں کا تھیٹر کہا جاتا ہے۔اس میں کرداروں کو مائیک کے سامنے مکالمے بولنے ہوتے ہیں۔صداکار مکالموں میں جان ڈالنے کے لیے اپنی آواز کے اتار چڑھاؤ کا سہارا لیتا ہے۔ان ڈراموں میں موسیقی کا اہم رول ہوتا ہے۔موسیقی کے ذریعے سامعین کے دل میں مختلف جذبات ابھارے جاتے ہیں۔

☆ ٹیلی ویژن ڈراما: یہ سمعی و بصری ڈرامے ہوتے ہیں۔ان کو پہلے شوٹ کیا جاتا ہے۔بعد

میں ٹی وی پر نشر کیا جاتا ہے۔آج سب سے زیادہ ٹیلی ویژن کے لئے ہی ڈرامے لکھے جاتے ہیں۔موجوہ دور میں یہ ایک بہت بڑی صنعت بن چکی جو لوگوں کے لئے تفریح کا ذریعہ بن چکی ہیں۔

ارسطو نے اپنی کتاب بوطیقا میں ڈرامے کے لیے تین وحدتوں کا ذکر کیا ہے۔ وہ اس طرح ہیں۔

وحدت عمل: ارسطو کا خیال ہے کہ ڈرامے میں صرف ایک ہی عمل کی نقل ہونا چاہیے جو واحد اور مکمل ہو۔اس کے اجزا اس طرح باہم مربوط ہوں کہ اگر ان میں سے کسی ایک کی بھی ترتیب بدل دی جائے یا اسے خارج کر دیا جائے تو پورا عمل یا تباہ ہو جائے گا یا بالکل بدل جائے گا۔

2۔ وحدت مکاں: ڈرامے میں صرف ایک ہی مقام کی عکاسی کرنی چاہیے اس میں مختلف مقامات کی عکاسی نہیں ہونی چاہے یعنی اسٹیج پر صرف ایک مقام بنایا جائے۔

3- وحدت زماں: ڈرامے میں عمل کی اتنی ہی دیر عکاسی ہونی چاہیے جتنی دیر کا وہ ڈراما ہے۔ لیکن اگر ڈراما دو گھنٹے کا ہے تو ڈرامائی واقعات بھی دو گھنٹے ہی کے ہونے چاہیے۔

ایک کامیاب ڈرامے میں جن عناصر کا ہونا ضروری ہے اس کا خلاصہ بیان کرتے ہوئے وقار عظیم لکھتے ہیں:

"سب سے بڑی اور اہم بات پابندی وقت کی ہے یعنی ڈراما لکھنے والا کسی بڑے سے بڑے مسئلے کے متعلق بھی کچھ لکھنا چاہتا ہے تو اسے اپنی ساری بات اتنے لفظوں میں ادا کرنی پڑتی ہے کہ اس کا ڈراما ڈھائی تین یا ساڑھے تین گھنٹے میں اسٹیج کیا جائے۔اس مختصر سے وقت میں اسے کئی کام کرنے ہیں۔فن کے نقطہ نظر سے اچھے پلاٹ اور اچھی کردار نگاری کے جتنے لوازم ہیں وہ انہیں پیش نظر رکھے

۔یعنی اس کا پلاٹ پیچیدہ ہونے کے بجائے سادہ ہو‘صداقت اور حقیقت کا مظہر ہو‘زندگی کا ترجمان ہونے کے باوجود جدت کا حامل ہو اور دلچسپ ہو اس کے کرداروں میں نہ عمومیت ہو نہ مثالیت وہ زندگی کا صحیح نمونہ تو معلوم ہوں لیکن ان میں انفرادیت ہو۔ اور یہ انفرادیت ان کی رفتار اور گفتار پر چھائی ہوئی ہو جس مسئلے پر ڈرامے کے موضوع اور پلاٹ کی بنیاد ہے وہ ڈرامے کے واقعات اور کرداروں کی گفتگو سے برابر واضح ہوتا ہے اور ڈراما ختم ہوتے ہوئے دیکھنے والے اس سے پوری طرح متاثر ہو چکے ہیں۔ ڈرامے کے مختلف اجزاء اپنی اپنی جگہ مکمل ہو کر بھی باہم اس طرح مربوط اور ہم آہنگ ہوں کہ ڈرامے کا مجموعی تاثر دیکھنے والوں پر شدید بھی ہو اور عمیق بھی ہو۔لوگ ڈراما دیکھ کر باہر نکلیں تو اس کے ایک یا دو کرداروں کی شخصیت کا نقش ان کے دلوں پر اتنا گہرا ہو کہ خواہ وقتی طور پر ہی سہی وہی کردار اس کے ذہن اور یاد پر چھائے ہوئے معلوم ہوں یہ سب کچھ ڈراما نگار کو لفظوں کی ایک مقررہ حد کے اندر رہ کر کرنا ہے۔[۳۱]

ڈرامے کے اجزائے ترکیبی:

داستان اور ناول کی طرح ڈرامے کی بھی کچھ اجزاء ہیں۔ جیسے مرکزی خیال، پلاٹ، کردار نگاری، مکالمے، منظر نگاری اور کشمکش و تصادم وغیرہ۔ جن کی تفصیل ذیل میں دی جارہی ہے۔

مرکزی خیال: کسی بھی ڈرامے میں مرکزی خیال کی بڑی اہمیت ہے۔ ہر ڈرامے کا کوئی نہ کوئی مرکزی خیال ہوتا ہے۔ کوئی تاریخی واقعہ سماجی زندگی کا کوئی حادثہ یا زندگی سے

متعلق کوئی بھی قصہ ڈرامے کا مرکزی خیال ہوسکتا ہے۔ مشہور ڈرامہ ''انارکلی'' کا مرکزی خیال عشق کی ناکامی ہے۔ عشق کے موضوع پر کئی ڈرامے لکھے گئے۔

پلاٹ: ناول کی طرح ڈرامے میں بھی پلاٹ کی اہمیت ہے۔ کسی ڈرامے میں کرداروں کے عمل کے ذریعہ پیش ہونے والے واقعات کی ترتیب کو پلاٹ کہتے ہیں۔ کامیاب ڈرامے کے پلاٹ میں واقعات کی ترتیب میں ربط اور تسلسل پیدا ہوتا ہے۔ جس سے کہانی میں دلچسپی آتی ہے۔ ڈرامے کے پلاٹ کو پانچ حصوں میں تقسیم کیا گیا ہے (۱) آغاز، (۲) ارتقاء، (۳) نقطہ عروج، (۴) تنزل، (۵) انجام۔ ڈرامہ انارکلی میں سلیم اور انارکلی کے تعارف سے ان کے عشق کا آغاز ہوتا ہے۔ مختلف واقعات کے ذریعے دونوں کے عشق کا ارتقاء ہوتا ہے۔ انارکلی کو حاصل کرنے کے لیے شہزادہ سلیم کی اپنے باپ اکبراعظم سے بغاوت ڈرامے کا ''نقطہ عروج'' ہے۔ سلیم کو بے ہوش کر کے انارکلی سے دور کر دینا ڈراما کا ''تنزل'' ہے اور انارکلی کو ملک بدر کر دینا اس کہانی کے پلاٹ کا ''انجام'' ہے۔ ڈرامہ کا اچھا پلاٹ وہی ہے جس میں کہانی میں دلچسپی برقرار رہے۔ پلاٹ میں ربط وآہنگ کے سلسلے میں وقار عظیم لکھتے ہیں:

> ''پلاٹ کے سلسلے میں سب سے پہلی بات تو یہ ہے کہ ڈراما نگار کو اپنے پلاٹ کی ترتیب اور اس کے مختلف اجزاء میں ربط اور آہنگی پیدا کرتے وقت بڑے اختصار اور ایجاز سے کام لینا پڑتا ہے۔ وہ پلاٹ کو مرتب کرتے وقت کوئی ایک لفظ بھی ایسا استعمال نہیں کر سکتا جو کسی نہ کسی طرح پلاٹ کو آگے بڑھنے میں مدد نہ دے یا جس سے کسی نہ کسی طرح واقعات کی وضاحت یا کردار کی صراحت نہ ہوتی ہو۔ اسے اختصار کو ملحوظ رکھتے ہوئے بھی اس بیانیہ اظہار کی تلافی کرنی پڑتی ہے جو ناول نگار ایک بے حد مفید موثر اور نتیجہ خیز فنی آلہ کار ہے۔''[۴]

کردار: کوئی بھی ڈراما کرداروں کے بغیر وجود میں نہیں آتا۔ ڈرامے کے کردار اپنی گفتگو، حرکت اور عمل کے ذریعہ کہانی کو پیش کرتے ہیں۔ ڈرامے میں ہیرو ہیروئن کے مرکزی کرداروں کے علاوہ دیگر ضمنی کردار ہوتے ہیں اور یہ کردار کہانی کی مناسبت سے لباس اور مکالموں کے ذریعہ بات کو آگے بڑھاتے ہیں۔ کرداروں میں کشمکش ہوتی ہے اور کردار انجام کو پہنچتے ہیں۔ ڈرامے میں خیر وشر کے کردار ہوتے ہیں اکثر شر پر خیر کی فتح دکھائی جاتی ہے۔

مکالمے: مکالمے ڈرامے کا اہم حصہ ہیں۔ جب ڈرامے کے کردار آپس میں بات کرتے ہیں تو ان کی گفتگو سے قارئین کے سامنے یا ناظرین کے سامنے کہانی کا پلاٹ منظر وغیرہ سامنے آتا ہے۔ ریڈیو، ڈرامے میں چوں کہ عمل نہیں ہوتا اس لیے کرداروں کے ایسے مکالمے لکھے جاتے ہیں جن سے ڈرامے کا منظر زماں و مکاں اور کرداروں کی نفسیات ظاہر ہوتی ہے۔ مکالمے کردار کی سماجی حیثیت کے مطابق ہونے چاہیے۔ مکالموں سے ڈرامے کی مقبولیت بڑھتی ہے۔ ڈرامہ انارکلی کی مقبولیت کی ایک اہم وجہ اس کے دل کو چھو لینے والے مکالمے ہیں۔ کرداروں کے ذریعے ڈراما نگار کی ترجمانی کے ضمن میں وقار عظیم لکھتے ہیں:

> ''ڈرامے میں کرداروں کو ایک اور اہم خدمت بھی انجام دینی پڑتی ہے چونکہ ڈراما نگار ناول نگار کی طرح کسی ایک جگہ بھی خود کچھ نہیں کہتا یا ناظرین کے سامنے نہیں آتا یا یوں کہیے کہ فن اسے سامنے آنے کی اجازت نہیں دیتا اس لیے وہ کسی مسئلے سے متعلق اپنے نقطہ نظر کی وضاحت کسی نہ کسی کردار کی زبانی کرنے پر مجبور ہے اسی فنی مجبوری اور ضرورت کی بنا وہ ڈرامے کے بہت سے کرداروں میں سے کسی ایک کو اپنا ترجمان بناتا ہے اور اس لیے اس کردار کو ایک طرف تو اس فرض کی تکمیل کرنی پڑتی ہے جو قصے کے کردار کی

حیثیت سے اس پر عائد ہوتا ہے اور دوسری طرف اس اہم
منصب کو پورا کرنا پڑتا ہے جو مصنف نے اپنا ترجمان ہونے
کی حیثیت سے اسے اس کے سپرد کیا تھا۔۵

منظر نگاری: ڈرامے اسٹیج (Stage) پر اور اسکرین پر پیش ہوتے ہیں۔ ڈرامے میں اثر پیدا کرنے کے لیے منظر کا ہونا بہت ضروری ہے۔ اگر ڈراما (Stage) پر ہو رہا ہو تو کہانی کے حساب سے اسٹیج پر سامنے منظر لگایا جائے گا۔ جس سے معلوم ہوگا کہ ڈرامے کا کوئی سین گھر کے کسی کمرے کا ہے، دفتر کا ہے، بازار کا ہے یا قدیم دور کے کسی گاؤں کا ہے۔ کہانی کی ضرورت کے مطابق منظر نگاری ڈرامے میں ہوتی ہے۔ منظر نگاری سے کہانی کو سمجھنے میں مدد ملتی ہے۔

کشمکش تصادم: ڈرامے کے آغاز میں کسی مقصد کے حصول کے لیے کرداروں کے درمیان کشمکش شروع ہوتی ہے اور جب بات آگے بڑھتی ہے تو تصادم کی صورت اختیار کر لیتی ہے۔ یہ کرداروں کے درمیان اور سماج کے درمیان ٹکراؤ ہے۔ اس کے بعد کبھی خیر کی شر پر اور کبھی شر کی خیر پر فتح ہوتی ہے اور ڈراما انجام کو پہنچتا ہے۔ ڈراما ''انارکلی'' میں سلیم انارکلی کو حاصل کرنے کے لیے کشمکش شروع کرتا ہے اور اپنے باپ سے ٹکر لیتا ہے۔ لیکن کہانی کے انجام پر اسے کامیابی نہیں ملتی یہ ڈرامے کا المیہ انجام ہے۔ کشمکش اور تصادم کہانی میں دلچسپی پیدا کرتے ہیں۔ اس طرح ڈرامہ کے یہ اجزاء کسی ڈرامہ کو کامیاب بناتے ہیں۔ ڈرامے میں کشمکش اور تصادم کے بارے میں وقار عظیم لکھتے ہیں:

''کشمکش یا تصادم کا اظہار کئی صورتوں میں ہوتا ہے
کبھی نیکی اور بدی کی صورت میں (یعنی ڈرامے میں خیر و شر
کے عناصر آپس میں برسرِ پیکار ہوتے ہیں) کبھی انسان اپنی
قسمت سے نبرد آزمائی کرتا نظر آتا ہے۔ کبھی اس کی ٹکر

> معاشرے کے رسم و رواج سے ہوتی ہے۔ کبھی یہ کشمکش خود انسان کی اپنی ذات میں رونما ہوتی ہے غرض اس کشمکش یا تصادم کو ڈرامے کا ایک لازمی جز وسمجھا گیا۔ اور اسی لیے کہا جاتا ہے کہ اس کشمکش یا تصادم کی ابتداء اور انتہا کے بیچ میں واقعات کا اتار چڑھاؤ' کرداروں کی حالتوں میں تبدیلی' کبھی جیت' کبھی تذبذب' الجھن' سلجھاؤ غرض پورے ڈرامے میں واقعات اور کرداروں کی یہی کیفیت رہتی ہے۔[٦]

کامیاب ڈراموں کے بارے میں کہا جاتا ہے کہ ان میں زندگی کے حقائق کا ذکر کیا گیا ہے۔ ڈرامے کا تعلق انسانی زندگی سے ہوتا ہے اور وہی ڈرامے کامیاب سمجھے جاتے ہیں جو اس کے ناظرین کی زندگی کی حقیقتوں کی عکاسی کرتے ہیں۔ اس ضمن میں وقار عظیم لکھتے ہیں:

''ڈراما اسٹیج پر دکھایا جا رہا ہے۔ ڈراما نگار نے واقعات اور کرداروں کے باہمی ربط سے جو کہانی مرتب کی ہے اسے کردار اپنے عمل اور گفتگو سے اپنی حرکات وسکنات سے اسٹیج پر پیش کر رہے ہیں۔ اور ہر لمحے وہ جو کچھ کر یا کہہ رہے ہیں اس کا اثر تماشائیوں کے دل ودماغ پر پڑ رہا ہے اس فوری اثر کے تحت وہ ڈرامے کے متعلق اپنی پسند اور ناپسندیدگی کا اظہار اس وقت کر سکتے ہیں اور پسند یا ناپسندیدگی کے اظہار کی نوعیت ڈرامے کی کامیابی یا ناکامی کا سبب بن سکتی ہے''۔ [۷]

اردو میں ڈراما نگاری کی روایت:

اردو میں ڈراما نگاری کی روایت دلچسپ ہے۔ وقار عظیم اس ضمن میں لکھتے ہیں:

> ''ایک بڑی دلچسپ روایت مشہور ہے کہتے ہیں کہ ایک مرتبہ دیوتاؤں کے دل میں اپنی ہموار سپاٹ بے تغیر اور

بے لطف زندگی سے ایسی اکتاہٹ پیدا ہوئی کہ وہ سب مل کر راجا اندر کے پاس گئے اور اپنی بے کیف اور بے مزہ زندگی کے لیے کسی دلچسپ مشغلے کے طالب ہوئے راجا اندر نے کہا کہ چلو برہما کے پاس چلیں۔ ممکن ہے کہ کوئی صورت نکلے چنانچہ سب برہما کی خدمت میں حاضر ہوئے اور اپنی عرض داشت پیش کی برہما نے تھوڑے سے سوچ بچار کے بعد ایک ترکیب نکالی۔ انہوں نے رگ وید سے رقص سام وید سے سرود یجر وید سے حرکات وسکنات اور اتھر وید سے اظہار جذبات کا طریقہ اخذ کیا اور ایک پانچواں وید ترتیب دیا اور ''نٹ وید'' اس کا نام ہوا۔ یہ عجیب وغریب نسخہ دیوتاؤں کے ہاتھ آیا تو وہ خوش خوش واپس آئے اس نسخہ کیمیا اثر کو عملی طور پر آزمایا گیا اور یہی نسخہ آگے چل کر دنیا والوں کے لیے بھی شمع ہدایت بنا اور اس کی بنیاد پر شکنتلا جیسے ناٹک لکھے گئے ۔8

ہندوستان میں باضابطہ ڈرامانگاری سے قبل اس کی ابتدائی شکلیں نوٹنکی، بھانڈ، کٹھ پتلی وغیرہ تھے۔ اس ضمن میں عطیہ نشاط لکھتی ہیں:

''اردو اسٹیج کی ابتداء میں ڈرامے جن صورتوں میں پیش کیے گئے ان میں نوٹنکی، سنگیت، جنگ نامہ، بھانڈوں کی نقل، کٹھ پتلیوں کا تماشا اور آلھا وغیرہ آتے ہیں۔ یہ شکلیں صوبہ متحدہ اور وسط ہند سے پھیل کر پورے شمالی ہند اور پنجاب تک میں رائج ہوگئی تھیں دوسری طرف بنگال میں یاترا

میلا دو غیرہ کا رواج تھا۔ رفتہ رفتہ ان ہی کی ترقی یافتہ شکلیں
ڈرامے اور تھیٹر میں تبدیل ہوتی گئیں''9ـ

ڈرامے کی ان ابتدائی شکلوں کے بعد انیسویں صدی میں لکھنو میں واجد علی شاہ کے دور میں ڈراموں کی پیشکشی کی باضابطہ کوشش ہوئی۔ واجد علی شاہ اردو کے پہلے ڈراما نگار تھے۔ ڈرامے سے ان کی دلچسپی کے بارے میں عطیہ نشاط لکھتی ہیں :

''واجد علی شاہ کو رقص اور موسیقی سے دلچسپی تھی اور
ان کی یہی دلچسپی ان کو راس لیلاؤں کی طرف لے گئی۔ اس
لیے کہ راس لیلاؤں میں کرشن جی اور گوپیوں کی چھیڑ چھاڑ کو
دلچسپ رقص کے انداز میں دکھایا جاتا ہے۔ وہ حسن پرست
اور نفاست پسند تھے رقص و موسیقی کا ذوق انتہا کو پہنچا ہوا تھا
فرصت کے اوقات میسر تھے اور پھر دولت کی فراوانی تھی رقص
و موسیقی کے ماہرین کے قدر دان ہونے کے ساتھ ساتھ خود
بھی ان چیزوں میں اچھی دستگاہ رکھتے تھے۔ اتفاق سے ان
کا زمانہ حکومت ایسا تھا کہ انگریزوں نے انتظام مملکت میں
ان کا دخل دینا مناسب نہیں سمجھا اس لیے ادھر سے مجبور ہو کر
فرصت کے ان اوقات کو انہوں نے فنون لطیفہ میں صرف
کیا۔ اور انہوں نے رہس پر مبنی ڈرامے ترتیب دینے شروع
کیے''10ـ

واجد علی شاہ اردو کے پہلے ڈراما نگار تھے اور ان کا ڈراما ''رادھا کنہیا کا قصہ'' اردو کا پہلا ڈراما سمجھا جاتا ہے۔ ''رادھا کنہیا'' کا قصہ کئی استادوں کی مدد سے اور کئی لاکھ روپے کے صرفے سے تیار کیا گیا۔ کئی مہینے اداکاری کی تعلیم دی گئی۔ یہ ڈراما پہلی مرتبہ 1843ء میں شاہی محل

میں کھیلا گیا۔اس کی تیاری پر لاکھوں روپیہ خرچ کیا گیا۔رادھا کنھیا کے قصے کے بارے میں عطیہ نشاط لکھتی ہیں:

''رادھا کنھیا کا قصہ ایک معمولی کہانی ہے اس کے خاص کردار رادھا اور کنھیا ہیں جن کے گرد کہانی کے تانے بانے نظر آتے ہیں۔صحرا ایک غم زدہ عورت ہے۔جس نے جوگ لے لیا ہے۔غربت جوگن کا خادم ہے۔صحرا غربت سے بتاتی ہے کہ وہ اس لیے غم زدہ ہے کہ اس نے برسوں سے رادھا کنھیا کا ناچ نہیں دیکھا۔غربت عفریت سے ملتا ہے اور اس کی مدد سے رادھا کنھیا کا ناچ ہوتا ہے۔جس میں چند پریاں شریک ہوتی ہیں ۔رادھا اور کنھیا کے ناچ میں جو گانا ہوتا ہے یا جس واقعہ کو لے کر ناچ رچایا جاتا ہے۔ وہ یوں ہے کنھیا کو رادھا سے پیار ہے اور رادھا کنھیا پر فدا ہیں۔کبریٰ ایک دوسری معشوقہ ہے جسے کنھیا نے حسن کی دولت عطا کی تھی اور اس کا کبڑا پن دور کیا تھا۔ناچ کے درمیان رادھا روٹھ جاتی ہے۔وجہ پوچھنے پر بتاتی ہے کہ مرلی کہاں چھوڑ آئے ضرور کبریٰ کو دے آئے ہونگے ۔کنھیا صفائی پیش کرتے ہیں لیکن بے سود اس کے بعد رام چیرا ایک تجویز پیش کرتا ہے کہ للتا کو بلا کر گواہی دلائی جائے تب رادھا کو یقین آئے گا۔اس کے بعد کافی ہنسی مذاق ہوتا ہے اور تب مرلی مل جاتی ہے رادھا خوش ہوتی ہے اس طرح قصہ تمام ہوتا ہے'' [11]

واجد علی شاہ نے اور تین ڈرامے ''غزال اور ماہ رو کا قصہ''، ''میم تن اور ماہ پیکر کا قصہ''، ''ماہ پروین اور مہر پرور کا قصہ'' لکھے اردو کے مشہور شاعر آغا حسن امانت نے اردو کا پہلا منظوم ڈراما ''اندرسبھا'' ۱۸۵۲ء میں مکمل کیا یہ ڈراما ۱۸۵۳ء میں پہلی مرتبہ اسٹیج کیا گیا اور کافی مقبول ہوا۔ اندرسبھا کے طرز پر کئی اور سبھائیں لکھی گئیں لیکن امانت کی اندرسبھا جیسی شہرت کسی کو نہیں ملی۔ ۱۸۶۴ء میں اندرسبھا کو ممبئی میں اسٹیج پر کیا گیا۔ اس کی مقبولیت نے اردو ڈراموں کی کامیابی کے امکانات واضح کیے۔ جس کے نتیجے میں اردو کے تجارتی تھیٹر کا آغاز ہوا۔ اندرسبھا کو جدید تکنیک سے پیش کرنے کے ضمن میں عطیہ نشاط لکھتی ہیں:

> ''۱۸۷۰ء میں جب وکٹوریہ الفریڈ وغیرہ کمپنیاں تجارتی نقطہ نظر سے ڈرامے کھیلنے لگیں تو ہر کمپنی اندرسبھا ضرور دکھاتی تھی۔ ۱۸۷۳ء میں انفنسٹن ناٹک منڈلی نے اندرسبھا بڑی خوبی کے ساتھ پیش کی۔ مصور پردوں کا استعمال کیا گیا۔ اور مشین کے ذریعے سوتے ہوئے گلفام کو اڑا کر لاتے ہوئے دکھایا گیا۔ اور اس کے کمالات کو دیکھ کر لوگوں کو حیرت ہوتی تھی''۔ ۱۲

''خورشید'' اردو تھیٹر کا پہلا ڈراما ہے۔ جس کو فریدوں جی مرزباں نے گجراتی سے اردو میں ترجمہ کیا تھا۔ اس ڈرامے میں نثر کے استعمال کے سلسلے میں عطیہ نشاط لکھتی ہیں:

> ''مکالمے نثر میں ہیں اور اس لحاظ سے یہ اردو کا پہلا ڈراما ہے جس میں نثر میں مکالمے رکھے گئے ہیں۔ کہیں کہیں پر بعض کرداروں نے اشعار بھی پڑھ دیئے ہیں۔ مکالموں کی زبان میں اردو محاوروں کی غلطیاں بھی ہیں اور بعض دوسری کمزوریاں بھی مگر پھر بھی مترجم نے انہیں پرزور بنانے کی

کوشش کی ہے'' ۱۳؎

نسر دان جی مہرواں جی آرام نے بھی کامیاب ڈرامے لکھے۔ان کی ڈراما نگاری کی خصوصیات بیان کرتے ہوئے عطیہ نشاط لکھتی ہیں:

''آرام اردو کے پہلے ڈراما نویس ہیں جنہوں نے تھیٹروں سے وابستہ ہوکر اس کام کو بہ طور پیشے کے اختیار کیا۔ اور بہت سے ڈرامے ترجمہ وتصنیف کیے۔ آرام نے ایک ڈراما ''لعل و گوہر'' کے نام سے لکھا تھا۔نصیرالدین ہاشمی نے ''دکن میں اردو'' میں عارف الدین ہاشمی کی ایک مثنوی ''لعل وگوہر'' کا ذکر کیا ہے۔ ہوسکتا ہے کہ آرام نے اپنے ڈرامے ''لعل وگوہر'' کا پلاٹ اسی دکنی مثنوی سے اخذ کیا ہو۔ آرام ایک پارسی ڈراما نگار تھے۔ ان کا شمار اردو کے ابتدائی ڈراما نگاروں میں کیا جاتا ہے۔ ان کا تعلق وکٹوریہ ناٹک منڈلی سے تھا۔ اس ناٹک منڈلی کے منتظم کنورجی ناظر اور داؤ دی پٹیل تھے۔ یہ تھیٹر کمپنی تھی جس نے اردو کے طویل ڈرامے بمبئی میں بھی باقاعدہ پیش کرنا شروع کیے تھے۔ اسی کمپنی نے اردو کا پہلا ڈراما ''خورشید'' پیش کیا تھا۔'' ۱۴؎

سید ابوالفضل فیاض نے ڈرامہ ''صولت عالم گیری'' 1876ء میں تحریر کیا۔ اردو ڈرامے کی تاریخ میں اس ڈراما کو خاص اہمیت حاصل ہے۔ اس کے بعد ڈراما پارسی تھیٹریکل کمپنیوں کی ملکیت بن گیا۔ مہدی حسن احسن لکھنوی، رونق بنارسی، ونائک پرشاد طالب بنارسی، بیتاب وغیرہ نے پارسی تھیٹر کے لیے عمدہ ڈرامے لکھے۔ طالب بنارسی کی ڈراما نگاری کے بارے میں عطیہ نشاط لکھتی ہیں:

''طالبؔ نے ۱۸۸۴ء سے ڈرامے لکھنا شروع کیے اور یہ سلسلہ ۱۹۱۱ء تک چلتا رہا۔ اس طرح کم و بیش ۲۸ برس تک انھوں نے تجارتی کمپنیوں کی خدمت کی اور ڈراما نگاری میں پرانی روایت کے پابند رہے۔ طالبؔ نے اپنے سب ڈرامے پارسی وکٹوریہ کمپنی کے لیے لکھے اور تمام زندگی اسی کمپنی سے متوسل رہے وہ اپنے وقت کے کامیاب ڈراما نگاروں میں شمار کیے جاتے تھے۔ اور ان کے ڈراموں کو تھیٹر کی دنیا میں کافی مقبولیت حاصل تھی''۔ ۱۵؎

اس دور کے ایک اور اہم ڈراما نگار مہدی حسن تھے جنھوں نے کئی ڈرامے جیسے اوتھیلو ۱۹۰۴ء۔ بزم فانی ۱۸۹۸ء۔ بھول بھلیاں ۱۹۰۱ء۔ تاج نیکی' چلتا پرزہ اور گلستان عصمت ۱۹۰۹ء لکھے۔ آغا حشر کاشمیری کا نام اردو ڈرامے کی تاریخ میں ہمیشہ باقی رہے گا۔ انھوں نے ۱۹۰۱ء سے ۱۹۳۲ء تک ۲۹ ڈرامے لکھے۔ اپنے عہد کے دوسرے ڈرامہ نگاروں کی طرح آغا حشر کاشمیری بھی تھیٹر کمپنیوں سے وابستہ رہے۔ انھوں نے اپنے فن کو زمانے کی ضرورت کے مطابق ڈھالا۔ مرید شک، مار آستین، اسیر حرص، سیتا بن باس، آنکھ کا شیشہ، دل کی پیاس، یہودی کی لڑکی وغیرہ ان کی مشہور ڈرامے ہیں۔ ان کے ڈراموں میں نظم اور نثر کا امتزاج ملتا ہے۔ آغا حشر کے بعد اسٹیج ڈرامے میں ایک خلا پیدا ہوگیا۔ آغا حشر کی ڈراما نگاری کا جائزہ لیتے ہوئے عطیہ نشاط لکھتی ہیں:

''حشرؔ نے تقریباً ۳۲، ۳۳ سال تک فن ڈراما نگاری کو سنوارا۔ اس کو نئی راہوں سے آشنا کیا۔ اسے وسعت بخشی اور خاطر خواہ کامیابی حاصل کی۔ انھوں نے شیکسپیر کے بعض ڈراموں کا آزاد ترجمہ کیا۔ پلاٹ کا ماخذ مغربی ڈرامے

تھےلیکن ان کا ماحول اوراس کے کردار ہندوستانی تھے۔مغربی
ڈراموں کے علاوہ ان کے بعض ڈراموں کے ماخذ مشرقی
بھی ہیں۔مثال کےطور پر''سیتا کا بن باس'' کا پلاٹ رامائن
سے لیا گیا۔ اسی طرح ''بھیشم پرتگیا'' کا ماخذ مہا بھارت
سے اور''رستم وسہراب'' کا پلاٹ فردوسی کے شاہنامے سے
ماخوذ ہے۔ان کی ڈراما نگاری کے دورکو چار حصوں میں تقسیم
کرلیا گیا ہے تا کہ مختلف ادوارکو سمجھنے میں آسانی ہو۔۔آغا
حشر میں یہ صلاحیت تھی کہ انہوں نے خودکو کمپنی کے مالکوں
کے ہاتھوں میں کٹھ پتلی نہیں بنایا۔ بلکہ پہلے سے بہتر بناتے
رہے۔ آغا حشر ڈراما نگاری کی دنیا میں اس لیے شہرت
جاوداں کے مالک ہوئے کہ انہوں نے اپنے فن میں اتنی
لچک پیدا کرلی تھی کہ ہر دور میں عوام کے مزاج کے مطابق
اس میں کچھ نہ کچھ مل جاتا تھا''۔[۱۶]

آغا حشر کے بعد اردو ڈراموں کے ادبی دور کا آغاز ہوتا ہے جس میں اردو کے ادیبوں نے کچھ ڈرامے لکھے۔ محمد حسین آزاد نے ڈراما ''اکبر''مرزا محمد ہادی رسوا نے ڈراما ''مرقع لیلیٰ مجنوں'' عبدالحلیم شررنے ڈراما ''شہید وفا'' عبدالماجد دریابادی نے ڈراما ''زود پشیماں'' پنڈت برج موہن دتاتریہ کیفی نے ڈراما ''راج دلاری'' پریم چند نے ڈراما ''کربلا'' شب تار' اور روحانی شادی' برج نارائن چکبست نے ڈراما ''کملا'' جیسے ڈرامے لکھے۔ کاروباری نوعیت سے ہٹ کر یہ ادبی نوعیت کے ڈرامے تھے جس میں اس دور کے ادیبوں نے نئے تجربے کرنے کی کوشش کی۔ یہ ڈرامے چونکہ روایت سے ہٹ کر لکھے گئے تھے اس لیے مقبول نہیں ہو سکے۔

بیسویں صدی کی دو دہائیوں میں فلم کا آغاز بھی ہونے لگا تھا۔ پہلی فلم راجہ ہرش چندر کے پیش ہونے کے بعد پارسی تجارتی تھیٹر کا زوال ہوا۔ اس وقت کے ڈرامہ نگاروں میں اشتیاق حسین قریشی، فضل الرحمٰن، عابد حسین، امتیاز علی تاج اور محمد مجیب وغیرہ ہیں۔

امتیاز علی تاج نے ڈراما ''انارکلی'' ۱۹۲۲ء میں لکھا جو دس سال بعد کتابی شکل میں شائع ہوا۔ اردو ڈراما کی تاریخ میں ''انارکلی'' سنگ میل کی حیثیت رکھتا ہے۔ انارکلی کی مقبولیت کے بارے میں عطیہ نشاط لکھتی ہیں:

> ''انارکلی اردو کا مشہور ترین ڈراما ہے۔ اسے ادبی حلقوں میں جتنا سراہا گیا وہ شاید اور کسی ڈرامے کے حصے میں نہیں آیا۔ اور اس سے انکار بھی نہیں کیا جا سکتا کہ یہ ڈراما اپنے دل کش مکالموں اور ماحول آفرینی کے باعث پڑھنے والوں کو مسحور کر لیتا ہے۔ انارکلی کی خوبی یہ ہے کہ صدیوں پہلے کی مغلیہ شان و شوکت اور شاہی قلعہ کی زندگی کی ایسی دل کش تصویر پیش کی گئی ہے جس سے لوگ بہت متاثر ہوتے ہیں اور اگرچہ ابتدائی مناظر میں عمل کی رفتار بہت سست ہے لیکن اردو کے وہ پڑھنے والے جو عموماً ناول اور افسانے کے عادی ہیں ابتدائی سست رفتار مناظر کو بھی ناول کی طرح پڑھ کر اس میں محو ہو جاتے ہیں۔ اس کی کہانی امتیاز علی تاج نے بڑی چابک دستی سے بنائی ہے اور عشق و محبت کے تصادم کی متعدد صورتیں پیش کر کے کہانی کو دلچسپ بنایا ہے'' [کے]

امتیاز علی تاج نے بعد میں ''چچا چھکن کے کارنامے'' کے عنوان سے بھی کئی ڈرامے لکھے۔ اردو ڈرامے کے اس تشکیلی دور میں جو دیگر ادبی ڈرامے لکھے گئے ان میں ظفر علی خان کا ''جنگ

روس و جاپان''، اشتیاق حسین قریشی کے ''صید زبوں''، ''گنہ کی دیوار'' اور ''نقش آخر''، حکیم احمد شجاع کا ''بھارت کا لال''، ''امراؤ علی کا ''البرٹ بل'' وغیرہ شامل ہیں۔ ان ڈراموں میں تمام تر توجہ مکالموں پر ہے عمل پر نہیں ہے۔ زبان معیاری اور مزاج شائستہ ہے۔ بیسویں صدی کے ابتدائی پچیس برسوں میں ڈراما فنی شعور اور اسٹیج کی ضروریات سے آشنا ہوا۔ ڈاکٹر عابد حسین کا ''پردۂ غفلت''، فضل الرحمٰن کا ''حشرات الارض''، محمد مجیب کے ''انجام''، ''خانہ جنگی'' اور ''آزمائش'' اہم ڈرامے ہیں۔ ڈراما ''خانہ جنگی'' کے بارے میں عطیہ نشاط لکھتی ہیں:

> ''خانہ جنگی ۱۹۴۰ء میں لکھا گیا۔ اس میں نفاق کی برائیوں اور خانہ جنگی کی تباہیوں کا انجام دکھایا گیا ہے۔ اور اتحاد کی خوبیوں سے روشناس کرایا گیا ہے۔ اس کے افراد اپنی انا کے تحفظ کا خیال رکھتے ہوئے اپنے عقائد اور عزائم کے ساتھ پوری قوت سے ٹکراتے نظر آتے ہیں۔ ان کے مکالموں سے عتاب بھی نازل ہوتا ہے اور مقاصد کی مصلحتیں بھی جھلکتی ہیں۔ اور ان کے اعمال کا سلسلہ ڈرامے کو ایسے خاتمے پر پہنچا دیتا ہے جیسے راز ان قصوں کی تہوں میں پوشیدہ ہے۔ڈرامے کا اصل موضوع ان دونوں فرقوں کے مختلف اقدار کی کشمکش ہے ایک طرف دارا اور سرمد ہیں جو ہندو مسلم اتحاد اور روشن خیالی و بے تعصبی کی مثال ہیں''۔[۱۸]

انجمن ترقی پسند مصنفین کے ذریعہ انڈین پیپلز تھیٹر ایسوسی ایشن کا قیام عمل میں آیا۔ اپٹا کے زیر اہتمام خواجہ احمد عباس نے ''یہ امرت ہے''، ''لال گلاب کی واپسی''، سردار جعفری نے ''یہ کس کا خون ہے''، بلراج ساہنی نے ''جادو کی کرسی'' اور عصمت چغتائی نے ''دھانی

بانکپن'' جیسے اہم اسٹیج ڈرامے لکھے۔اس دور میں نثری ڈرامے کوفروغ ہوااور'' یکبابی'' ڈرامے کورواج ہوا۔انجمن ترقی پسند مصنفین نے ڈراما کی ترقی میں اہم خدمات انجام دیں۔کرشن چندر، سعادت حسن منٹو، خواجہ احمد عباس، عصمت چغتائی، اپندر ناتھ اشک، مرزا ادیب، راجندر سنگھ بیدی، ریوتی سرن شرما، حیات اللہ انصاری، کرتار سنگھ دگل اہم ڈرامہ نگار ہیں۔ پرتھوی راج کپور نے پرتھوی تھیٹر قائم کیا اور'' دیوار''، ''پٹھان'' اور'' پیسہ'' جیسے ڈرامے پیش کیے۔قدسیہ زیدی نے ہندوستانی تھیٹر قائم کیا اور'' گڑیا گھر'' اور'' شکنتلا'' جیسے ڈرامے پیش کیے۔حبیب تنویر کا ڈراما'' آگرہ بازار'' بھی بہت مقبول ہوا۔ڈراما'' آگرہ بازار'' کی مقبولیت کے بارے میں عطیہ نشاط لکھتی ہیں:

> حبیب تنویر کا'' آگرہ بازار'' ۱۹۵۴ء میں لکھا گیا اور یوم نظیر کے موقع پر انجمن ترقی پسند مصنفین جامعہ ملیہ کی طرف سے ۱۴ مارچ ۱۹۵۴ء کو جامعہ ملیہ میں کھیلا گیا اور تب سے بہت بار کھیلا جارہا ہے پچاسویں بار دسمبر ۱۹۷۰ء میں کھیلا گیا۔کسی ڈرامے کی مقبولیت کا اندازہ لگانے کے لیے یہی کافی ہے کہ ۱۶ برس کی مدت میں وہ پچاس بار اسٹیج پر پیش کیا جاچکا ہے۔۔۔ڈراما پڑھنے سے ایسا معلوم ہوتا ہے کہ حبیت تنویر کے سامنے دو مقاصد ایک ساتھ چل رہے ہیں۔ پہلا نظیر کو آگرے کے عوامی شاعر کی حیثیت سے پیش کرنا اور دوسرا آگرے کی زبوں حالی اور اقتصادی زوال کو پیش کرنا۔ یہ دونوں مقاصد ایسے ہیں جن میں ڈراما کی فضا پیدا ہونے کے امکان تو بہت ہیں۔لیکن کشمکش اور تصادم کی وہ کیفیت جس سے ڈرامے میں غفلت پیدا ہوتی ہے اس کی گنجائش کم ہے۔

> اس کمی کو پورا کرنے کے لیے حبیب تنویر نے تخیل سے کام لیا ہے اور عوام کی روزمرہ کی زندگی سے وہ مواقع چن لیے ہیں جن سے اس دور کی کشمکش اور بدحالی کا اندازہ ہوتا ہے"۱۹

اس دور کے ڈراما نگاروں میں ڈاکٹر محمد حسن نے بھی ڈرامے لکھے ان کے ڈراموں کے مجموعے "پیسہ اور پرچھائی" اور "میرے اسٹیج ڈرامے" مقبول ہوئے۔ محمد حسن کے ڈراموں میں تنوع ہے۔ ایک طرف انھوں نے تاریخی ڈرامے تحریر کیے ہیں تو دوسری جانب علمی وادبی شخصیتوں پر بھی کئی ڈرامے لکھے۔ علاوہ ازیں حالات کے مطابق سیاسی وسماجی ڈرامے بھی منظر عام پر آئے دراصل ان کے ڈراموں کا بنیادی موضوع باطنی اور بیرونی دنیا کے باہمی رشتے کی تلاش ہے۔ ان کے ڈراموں میں نہ خارج سے دامن بچایا جاسکتا ہے نہ باطن سے۔ ان کے تخلیق کردہ ڈراموں کی ایک طویل فہرست ہے۔ ان میں 'مورپنکھی'، 'داراشکوہ'، 'اکبر اعظم'، 'تماشا اور تماشائی'، 'کہرے کا چاند' اور 'ضحاک' وغیرہ کافی اہم ہیں۔ محمد حسن کے ڈراموں میں ضحاک سب سے زیادہ مشہور اور متنازعہ ڈراما ہے۔ اس ڈرامے کو ان کے فن کا کامیاب ترین نمونہ قرار دیا جاسکتا ہے۔ ڈرامے میں ایک ظالم اور جابر بادشاہ کی کہانی کو عصری تناظر میں رکھتے ہوئے اسٹیج کے ترسیلی میڈیم کو بڑی ہنرمندی سے استعمال کیا اور اردو ڈرامے کی روایت کو مزید تقویت دی اور علامتی ڈراما نگاروں کے لیے ایک نئی راہ متعین کی۔ محمد حسن نے علمی وادبی شخصیتوں سے متاثر ہوکر 'نظیر اکبرآبادی'، 'میر تقی میر' اور غالب کے حالات زندگی پر بھی ڈرامے لکھے۔ اردو ڈراما نگاروں میں ابراہیم یوسف بھی قابل ذکر ہیں۔ ان کے ڈراموں کے تین مجموعے "سوکھا درخت"، "طنزیہ ڈرامے" اور "دھویں کے آنچل" شائع ہو چکے ہیں۔ کرشن چندر کا ڈراما "دروازے کھول دو" بھی اردو ڈرامے کی تاریخ میں کافی مقبولیت رکھتا ہے۔ اس ڈرامے کا موضوع قومی یکجہتی ہے۔ یہ ایک ایکٹ کا ڈراما ہے۔ قدسیہ زیدی کا نام بھی اردو ڈراما کے موجودہ دور میں اہمیت رکھتا ہے۔ انھوں نے بعض ملی اور غیرملکی

ڈراموں کو اردو کا قالب دیا۔ گڑیا گھر' خالد کی خالہ اور شکنتلا ان کے مشہور ڈرامے ہیں ۔ ہندوستانی تھیٹر کے نام سے انہوں نے دہلی میں ایک ادارہ بھی قائم کیا تھا۔ جس میں حبیب تنویر کا عملی تعاون شامل تھا۔

اس دور کی ڈراما نگاری میں سماجی مسائل ڈراما نگاروں کا موضوع بنے۔ حب وطن' انسان دوستی' امن ' گھریلو زندگی' الجھنیں' اقتصادی عدم مساوات' جنسی گھٹن' بے روزگاری' سرمایہ دار اور محنت کش کی کشمکش' سرمایہ داروں کا استحصال' قومی یکجہتی' فرقہ واریت کے خلاف آواز وغیرہ اس دور کے ڈراموں کے اہم موضوعات تھے جنہیں عوامی مقبولیت حاصل ہوئی۔

۱۹۸۰ء کے بعد اردو ڈراموں کے حوالے سے ساگر سرحدی کا ایک بلند مقام ہے انھوں نے کئی اچھے ڈرامے تحریر کیے۔ ساگر سرحدی کا اسٹیج سے گہرا رشتہ ہے۔ انھوں نے ڈرامے لکھے، ہدایت کاری کی اور فلمی ڈائیلاگ لکھنے کا کام بھی انجام دیا۔ اردو ڈراما نگاری میں سرحدی کا مقام بلند ہونے کی وجہ یہ بھی ہے کہ انھوں نے مراٹھی ، گجراتی ، کنڑ ، تیلگو، پنجابی اور اڑیہ ڈراموں کو ترجمے کے ذریعے اردو میں منتقل کیا۔

ساگر سرحدی کے ڈراموں کا مجموعہ 'خیال کی دستک' ہے جس میں ڈرامے خیال کی دستک ، مسیحا، بھوکے بھجن نہ ہوئے گوپالا ، مرزا صاحب ، ایک بنگلہ بنے نیارا، کسی سیما کی ایک معمولی سی گھٹنا شامل ہیں ۔ اس کے علاوہ تنہائی ، دوسرا آدمی ، گرو، ہندوستان ہمارا، عورت ، بھگت سنگھ کی واپسی ، انٹرنیشنل کلب ، راج دربار، دائرہ ، ایک شام گزر گئی ، زمانہ ، دیش ، نگرم ، شوالہ ، میرے دیس کے گاؤں ، احساس کی چبھن ، کوئی اکیلا نہیں ، اجنبی ، ہنگامہ ، کفن جیسے ڈرامے بھی ہیں ۔ ساگر سرحدی کو تھیٹر کے ساتھ فلم سے بھی لگاؤ تھا ان کی لکھی کامیاب فلموں میں کبھی کبھی ، نوری ، کہو نہ پیار ہے، لوری ، دیوانہ ، سلسلہ ، تیرے شہر میں ، دوسرا آدمی 'چاندنی' ہیں۔

سید محمد مہدی اردو کے ان ڈراما نگاروں میں سے ہیں جنھوں نے باضابطہ طور

پرڈرامے کو اپنے لیے مخصوص کیا اور ڈرامے کی بہت خدمت کی۔انھوں نے اس فن کے ساتھ پورا انصاف کیا اور کئی اچھے ڈرامے لکھے۔جن میں 'غالب کون ہے؟' غالب کے اڑیں گے پرزے، منی بائی حجاب، مارے گئے گلفام، اقبال، جان غزل، گاندھی کی لاٹھی اور مرزا غالب وغیرہ ہیں۔اس کے علاوہ مہدی نے ابراہیم القاضی کے لیے یونانی ڈراموں کو اردو روپ بھی دیا۔

بلقیس پروین یوں تو ایک شاعرہ اور افسانہ نگار ہیں لیکن ڈرامے سے بھی کافی دلچسپی رکھتی ہیں۔انھوں نے کئی ڈرامے لکھے۔علاوہ ازیں بہت سے اچھے غیر ملکی ڈراموں کے ترجمے بھی کیے۔ان کا ڈراما 'بجھی ہوئی کھڑکیوں میں کوئی چراغ' نہایت اہم ہے۔اس ڈرامے میں شمالی ہندوستان کے مسلم گھرانے کی تہذیب خاص طور پر آزادی کے بعد کے ہندوستان کا معاشرتی نقشہ پیش کیا گیا ہے۔جو تہذیبی اختلاف دکھا کر یکجہتی کا سبق سکھاتا ہے۔بلقیس نے اپنے فن کے ذریعے سماجی زندگی کے مختلف پہلوؤں مثلاً عورتوں کی کشمکش اور ان کے ذاتی مسائل کے علاوہ غنڈہ گردی و بدحالی، تقسیم وطن کا کرب، انسانی استحصال وغیرہ کو آسان اور سلیس الفاظ میں کردار کی مناسبت سے خوبصورتی کے ساتھ پیش کیا ہے۔

یوگ راج کا تعلق پیشہ ورانہ طور پر ریڈیو اور ٹیلی ویژن سے رہا ہے لیکن تھیٹر اور اسٹیج سے بھی لگاؤ اور دلچسپی ہے بلکہ یوں کہا جائے کہ تھیٹر سے ان کو ایک طرح کی فطری مناسبت ہے۔اس لیے انھوں نے ریڈیو، ٹی۔وی یا اسٹیج کا جو بھی میڈیم اختیار کیا ان کی کارکردگی لائق تحسین رہی۔یوگ راج کے اسٹیج ڈراموں کا مجموعہ 'رنگ زندگی' نام سے شائع ہو چکا ہے۔اس کے علاوہ ان کے ریڈیو ڈراموں کا مجموعہ 'آواز کے رنگ' بھی شائع ہو چکا ہے۔ان کا مجموعہ 'رنگ زندگی' کے پہلے تین ڈرامے، 'بھٹی'، 'آخری رات' اور 'گونگا ساز' قیام بمبئی کے دوران لکھے گئے۔

۱۹۸۰ء کے بعد اردو ڈرامے کو جن لوگوں نے ایک نیا رخ دیا ان میں جاوید صدیقی کا نام اہم ہے وہ قومی نائب صدر کی حیثیت سے اپٹا سے وابستہ رہے۔ان کا لکھا ہوا 'تمھاری امرتا' سپر ہٹ ڈراما تھا۔ان کے مقبول ڈرامے آپ کی سونیا، سالگرہ، شیام رنگ، بیگم جان، ہمیشہ، کچے لمحے، اندھے

چو ہے اور پی کے سیٹھ نے پی کے بولا ہیں۔ اگر ہم بنگال کے اُردو ڈرامے پر نظر ڈالتے ہیں تو دو بہت ہی اہم نام اس دور میں نظر آتے ہیں جن کی شناخت بنگال ہی نہیں بلکہ ہندوستانی سطح پر ہے۔ ایک کمال احمد اور دوسرے ظہیر انور۔ کمال احمد نے ڈراموں کی جو فضا تیار کی ہے اس سے ڈرامے کے امکانات کو تقویت ملی ہے۔ ان کے ڈراموں کے کئی مجموعے منظر عام پر آ چکے ہیں۔ انھوں نے بہت ہی مختصر مدت میں چالیس سے زائد ڈرامے تحریر کیے جو کئی مرتبہ اسٹیج کی زینت بھی بنے۔ ان کے ڈراموں کے مجموعے 'کشکول'، 'مور کے پاؤں'، 'گرداب'، 'اُلٹی گنگا'، 'اور ایسا نہیں تھا وہ' ہیں۔ اس کے علاوہ 'پدیاترا'، 'ایک تھا راجا' 'مرض بڑھتا گیا'، 'اور پھر بیاں اپنا'، 'ریلیف'، 'کوئی تعبیر نہیں' وغیرہ ڈرامے ہیں۔ اردو ڈراما اور تھیٹر کو فروغ دینے میں جو لوگ کوشاں ہیں ان میں ایک نمایاں نام نادرہ ظہیر ببر کا ہے۔ نادرہ نے ۱۹۸۱ء میں ایک جٹ کے نام سے ممبئی میں اپنا ایک تھیٹر گروپ قائم کیا۔ انھوں نے ممبئی میں رہ کر اسی کے بینر تلے کئی کامیاب ڈرامے اسٹیج کیے۔ جس کی پہلی پیشکش 'یہودی کی لڑکی' تھی جو پارسی تھیٹر کے اسٹائل میں تھا۔ یہ پیشکش بہت عمدہ تھی۔ نادرہ نے اس کے علاوہ کئی ڈرامے لکھے اور ہدایت کاری بھی کی جن میں شرافت چھوڑ دی میں نے، دیا شنکر کی ڈائری، سکوبائی، سمن اور سنا، دل ہی تو ہے، اور جی جیسے آپ کی مرضی وغیرہ کافی اہم ہیں۔

عصر حاضر کے ایک اہم ڈراما نگار ہدایت کار اور نقاد ظہیر انور ہیں۔ ان کے طبع زاد ڈراموں پر مشتمل 'انگاروں کا شہر' (۱۹۹۳)، انتظار اور ابھی، سحر ہونے تک، قیدی، صلیب (۱۹۸۵)، آخری موڑ، نقارہ، فیصلے آسمانوں کے، نئے موسم کا پہلا دن ہیں۔ ان کے ترجمہ کیے ہوئے ڈراموں میں ایک انارکسٹ کی اتفاقیہ موت، نیلامی ایک سلطان کی، چاہوں گا میں تجھے اور شہزادی توراں ڈوٹ، سلیم شیروانی کی شادی، انصاف، اور شادی ایک دیوانے کی جیسے ڈرامے شامل ہیں۔ ان کے چار ڈراموں کے مجموعے 'انگاروں کا شہر' صلیب، فرانسیسی ڈرامے اور نئے موسم کا پہلا دن شائع ہو چکے ہیں۔ ان کی مقبول ٹیلی فلموں میں 'خوابوں کا سویرا' ہے۔ ظہیر

انور نے اس کی ہدایت کاری کی ہے۔

شاہد انور یوں تو صحافت سے منسلک تھے لیکن ان کا اصل میدان ڈراما تھا۔ ڈرامے لکھنے اور انھیں اسٹیج کرنے کی سرگرمی سے شاہد انور کی دلچسپی پختہ ہوئی۔ دہلی آنے کے بعد پہلے تو انگریزی، ہندی اور اردو کے نامور اور اہم اخبار ورسائل میں مسلسل ڈرامے پر تبصرہ، تجزیہ اور تنقید لکھتے رہے۔ ان کی تنقید زمانے کی رائج تنقید سے مختلف نظر آتی ہے۔ شاہد انور نے اپنی ڈراما نگاری کی شروعات ایڈپٹیشن سے کی۔ انھوں نے اردو کی اہم کہانیوں پر مبنی ڈرامے لکھے۔ جن میں ایک اہم ڈراما شموئل احمد کی کہانی 'سنگھار دان' پر مبنی ہے۔ اس ڈرامے کو اردو اکیڈمی دہلی کے ڈراما نگاری مقابلے میں نہ صرف پہلا انعام ملا تھا بلکہ اسے نہایت ہی طمطراق سے پیش کیا گیا تھا اور اسے حبیب تنویر نے اپنی ہدایت میں دوبارہ پیش کرنے کی خواہش ظاہر کی تھی۔ اس کے بعد کئی اہم ڈرامے منظر عام پر آئے جن میں درج ذیل ڈرامے شامل ہیں: سنگھار دان، فائنل سولوشن، دیکھ تماشا دیکھ، کالے کوے نے کہا، زہر قند، ایک کہانی ایسی بھی، غیر ضروری لوگ، سوپنا کا سپنا، شیرنی نے کہا، ہمارے سمے میں اور بی تھری وغیرہ۔ شاہد انور نے کئی تھیٹر کے میگزین کی ادارت بھی کی جن میں بہروپ تھیٹر ڈائجسٹ شامل ہے۔ اس کا ہر شمارہ ایک خاص موضوع پر مبنی ہوتا ہے یہی اس رسالے کی خوبی ہے۔ بیسویں صدی کی آخری دو دہائیوں میں اردو ڈراما نگاروں نے موضوع اور اسلوب کی سطح پر اُردو ڈرامے کے دامن کو وسیع کیا جس کی وجہ سے یہ تمام تخلیقات اُردو ڈرامے کی تاریخ میں اہم اضافے کی حیثیت رکھتی ہیں۔ یہ سلسلہ ابھی جاری وساری ہے او ران دنوں بہت سے اچھے اور سنجیدہ ڈراما نگار اپنے طور پر اُردو ڈرامے کی آبیاری کر رہے ہیں۔

اسٹیج ڈراموں کے بعد ملک میں جب ریڈیو نشریات کو مقبولیت حاصل ہوئی تو اردو میں بھی ریڈیو ڈرامے پیش ہونے لگے۔ ریڈیو ڈراما جسے ریڈیو پلے، ریڈیائی ڈراما، نشری ڈراما، حتیٰ کہ اسے یک بابی اور ایک ایکٹ ڈراما کے نام سے بھی جانا جاتا ہے۔ ان سب کا مطلب صرف یہ کہ وہ ڈراما جو ریڈیو کے ذریعے لوگوں کے گوش گزار کیا جاتا ہے۔ رفعت سروش ریڈیو

ڈراما سے متعلق اپنے مضمون ''ریڈیو ڈراما نگاری کا فن'' میں لکھتے ہیں:

''ریڈیائی ڈراما اپنی الگ حیثیت رکھتا ہے۔ اسٹیج کے ڈرامے سے بالکل مختلف فنی اعتبار سے دونوں کے میدان الگ الگ ہیں ریڈیو آواز کی دنیا ہے۔ آواز صرف انسانوں کی آواز۔ سازوں کی آواز۔ موسم کی آواز۔ پانی کی آواز۔ ہوا کی آواز۔ بجلی کی آواز۔ بھیڑ بھاڑ کی آواز۔ خاموشی اور سناٹے کی آواز۔ آواز صرف آواز۔ آوازوں کے اتار چڑھاؤ اور پیچ وخم سے ہی ریڈیائی ڈرامہ مرتب کیا جاتا ہے۔''۲۰

ریڈیو ڈراما کی شروعات کے سلسلے میں کہا جاتا ہے کہ ۱۹۲۷ء میں جب انڈین براڈ کاسٹنگ کمپنی کا قیام ہوا، اسی کے بعد سے ریڈیو کے ذریعے ڈرامے نشر ہونا شروع ہوئے۔ ڈاکٹر محمد شکیل اختر لکھتے ہیں:

''ہندوستان میں انڈین براڈ کاسٹنگ کمپنی کے قیام سے باقاعدہ ریڈیو ڈرامے کی نشریات کا آغاز ہوا۔ ۱۰ جنوری ۱۹۲۸ء سے پابندی سے ریڈیو ڈراما نشر کیا جارہا ہے۔ اس دور میں ڈرامے لگ بھگ دو تین گھنٹے کے ہوتے تھے، جس میں تھوڑی دیر کے بعد وقفہ ہوتا تھا۔ یہ ڈرامے اسٹیج کی طرح مقبول تھے۔ اس میں موسیقی زیادہ استعمال ہوتی تھی۔ ممبئی میں تھیٹر کی روایت کافی مستحکم تھی اور زبان کا مسئلہ تھا، اس لیے جولائی ۱۹۳۰ء تک ڈرامے پر کوئی خاص توجہ نہیں دی گئی، لیکن آہستہ آہستہ ریڈیو ڈراما عوام میں

مقبول ہونے لگا اور اس کی مانگ بھی بڑھتی گئی۔ ۱۹۳۴ء
میں ممبئی سے ۷ گجراتی ڈرامے، ایک مراٹھی ڈراما اور سات
ہندوستانی زبان میں ڈرامے نشر کیے گئے، ۱۹۳۸ میں یہ
تعداد بڑھ کر اور زیادہ ہوگئی۔'' ۲۱

اردو میں ریڈیو ڈرامے لکھنے والوں میں سیّد امتیاز علی تاج، سعادت حسن منٹو، کرشن چندر، راجندر سنگھ بیدی، عصمت چغتائی، سیّد عابد علی عابد اور مرزا ادیب قابل ذکر ہیں۔ سعادت حسن منٹو نے تقریباً ایک سو ڈرامے لکھے جو ریڈیو سے نشر ہو چکے ہیں۔ منٹو کے ریڈیائی ڈراموں کے مجموعے: آؤ، تین عورتیں، کروٹ اور نیلی رگیں قابل ذکر ہیں۔ کرشن چندر کے ریڈیائی ڈراموں کا مجموعہ ''دروازہ'' آزادی سے پہلے لاہور سے شائع ہو چکا ہے۔ اس میں چھ٦ ڈرامے شامل ہیں، (۱) ایک شام (۲) دروازہ (۳) حجامت (۴) بیکاری (۵) نیل کنٹھ (٦) سرائے کے باہر۔ ان کے علاوہ بھی کرشن چندر نے متعدد ریڈیائی ڈرامے لکھے ہیں جو ریڈیو سے نشر ہو چکے ہیں۔ بیدی کے ریڈیائی ڈراموں کا پہلا مجموعہ ''بے جان چیزیں'' ۱۹۴۳ء میں ادارہ پنج دریا، نسبت روڈ لاہور سے شائع ہوا اس میں چھ٦ ڈرامے شامل ہیں۔ دوسرا مجموعہ ''سات کھیل'' ۱۹۸۱ء میں مکتبہ جامعہ سے شائع ہوا ہے۔ عصمت چغتائی نے بھی ریڈیو کے لیے ڈرامے لکھے ہیں۔ ان کے ڈراموں کا مجموعہ ''شیطان'' شائع ہو چکا ہے جس میں چھ٦ ریڈیائی ڈرامے شامل ہیں۔ مرزا ادیب نے بے شمار یک بابی ڈرامے لکھے ہیں اور یہ ڈرامے ریڈیو سے نشر بھی ہو چکے ہیں۔ ڈراموں کے مجموعے: آنسو اور ستارے، لہو اور قالین اور ستون قابل ذکر ہیں۔

آزادی کے بعد ملک دو حصوں میں تقسیم ہوگیا۔ اس طرح پاکستان اور ہندوستان دونو ں جگہ ریڈیائی ڈراما نگاری کی متوازی تاریخ سامنے آتی ہے۔ قدیم ڈراما نگاروں کے ساتھ کچھ نئے لوگ اس قافلہ میں شامل ہوئے۔ پاکستان میں انتظار حسین، حاجرہ مسرور، بانو قدسیہ، عشرت رحمانی، شوکت تھانوی اور جاوید اقبال اہم ہیں۔ اسی طرح ہندوستان میں سلام مچھلی شہری، اوپیندر

ناتھ اشک، کرتار سنگھ دگّل، رفعت سروش، عمیق حنفی، محمد حسن اور شمیم حنفی قابل ذکر ہیں۔ انتظار حسین آل انڈیا ریڈیو لکھنو میں ملازم تھے۔ تقسیم ملک کے بعد پاکستان چلے گئے۔ ان کے ریڈیائی ڈراموں کا مجموعہ ''دل سے قریب'' ۱۹۴۷ء میں شائع ہوا۔ اس کے علاوہ ان کے ریڈیائی ڈراموں میں ''خرد کا نام جنوں'' اور ''سائبان کے نیچے'' بہت مقبول ہوئے۔ عشرت رحمانی کے یک بابی ڈراموں کے مجموعے ''دکھیا سنسار''، ''پریم سنسار'' اور انوکھا سنسار شائع ہو چکے ہیں جو ریڈیو سے نشر بھی ہوئے۔ شوکت تھانوی ریڈیو پاکستان لاہور میں ملازمت کرتے تھے۔ وہ ۱۹۶۳ء تک ریڈیو پاکستان سے جڑے رہے۔ ان کے بہت سے ریڈیائی ڈرامے نشر ہوئے اور ان کے مجموعے شائع ہوئے جن میں منشی جی، سنی سنائی، غالب کے ڈرامے، قاضی جی، کھی کھی اور ''مجھے خرید لو'' کا ذکر ہے۔ جاوید اقبال ریڈیو کے بہترین ڈراما نگار ہیں۔ آپ کے ڈرامے: دارالسلام، پہلو، گردش، لٹھا، آقا اور مگر مچھ کے بوٹ مقبول ڈراموں میں شمار کیے جاتے ہیں۔ اوپندر ناتھ اشک کا مقبول ڈراما ''پاپی'' لاہور اسٹیشن سے متعدد بار نشر ہو چکا ہے۔ آپ دلّی ریڈیو اسٹیشن میں ملازم تھے۔ آپ کے ریڈیائی ڈراموں کے مجموعے: دیوتاؤں کی چھاؤں میں، چرواہے، پکّا گانا، پردہ اٹھاؤ پردہ گراؤ، اندھی گلی اور صاحب کو زکام ہے شائع ہو چکے ہیں۔ کرتار سنگھ دگّل آل انڈیا ریڈیو میں اسٹیشن ڈائرکٹر رہ چکے ہیں۔ ان کے ڈراموں کا مجموعہ ''اوپر کی منزل'' شائع ہوا جس میں پانچ ڈرامے شامل ہیں۔ رفعت سروش ایک عرصہ تک ریڈیو سے وابستہ رہے ہیں۔ پروڈیوسر رہنے کے ساتھ متعدد ریڈیائی ڈرامے لکھے ہیں۔ ان کے ریڈیائی ڈراموں کے دو مجموعے ''ڈگر پنگھٹ کی'' اور ''زندگی اک سفر'' شائع ہو چکے ہیں۔ محمد حسن نے اسٹیج، ریڈیو اور ٹی وی تینوں کے لیے ڈرامے لکھے ہیں۔ ان کے ریڈیائی ڈراموں کا مجموعہ ''پیسہ اور پرچھائیں'' بڑی اہمیت رکھتا ہے۔ شمیم حنفی ایک اچھے شاعر، نقاد اور ڈراما نگار ہیں۔ ریڈیائی ڈراما نگاری میں ایک بلند مقام رکھتے ہیں۔ ان کے ریڈیائی ڈراموں کے چار مجموعے شائع ہو چکے ہیں۔ مٹی کا بلاوا، مجھے گھر یاد آتا ہے، زندگی کی طرف اور بازار میں نیند۔ ریڈیو ڈراما لکھنے والوں میں عشرت

رحمانی، شوکت تھانوی، عابد علی عابد، کنہیالال کپور، اظہر افسر، رشید قریشی، منجو قمر، رفیعہ منظور الامین؛ اقبال مجید اور جمیل شیدائی وغیرہ شہرت رکھتے ہیں۔

بیسویں صدی کی آخری دہائی میں ریڈیو ڈراموں کو بھی مقبولیت حاصل ہوئی۔ ریڈیو کے نشری ڈراموں کی مقبولیت کی سب سے بڑی وجہ یہ ہے کہ اسے تھیٹر ہال کی ضرورت نہیں ہے۔ دوسرے مختلف اوقات میں ڈرامے نشر کیے جا سکتے ہیں۔ اس لیے نئے نئے ڈراموں کی ضرورت ہوتی ہے۔ اردو کے نئے اور اچھے لکھنے والے نشری ڈراموں کی طرف توجہ دے رہے ہیں۔

آج جبکہ ٹیلی ویژن ڈرامے اور فلموں کا دور دورہ ہے۔ ریڈیو کے پرائمری چینلوں کی جگہ ایف ایم ریڈیو کا چلن زیادہ ہو چلا ہے، ابھی اس کے ذریعے کم از کم اردو کے ریڈیو ڈرامے پیش نہیں کیے جا سکے ہیں۔ پھر بھی آل انڈیا ریڈیو کی اردو سروس اور دیگر مختلف شہروں کے ریڈیو اسٹیشنوں سے اردو ڈرامے پیش کیے جاتے ہیں، جو سامعین کے دلچسپی کا مظہر ہے۔ موجودہ دور میں اردو کے ریڈیائی ڈراما نگاروں میں ریوتی شرن شرما دہلی، زبیر رضوی۔ دہلی، علی محمد لون ۔سری نگر، اقبال مجید۔ بھوپال اور نثار نسیم۔ سری نگر قابل ذکر ہیں۔

جمیل شیدائی کی ڈرامانگاری

لبِ گفتار

جمیل شیدائی کا پہلا ڈراما ۱۹۶۴ء میں ماہنامہ ''شاعر'' میں شائع ہوا۔ اس کے بعد ان کے تحریر کردہ ڈرامے ''مہ گل نو'' حیدرآباد۔ ''شب خون'' الہ آباد۔ اور ''کتاب'' لکھنو جیسے رسائل میں شائع ہونے لگے۔ ان کے ڈراموں پر مشتمل پہلی تصنیف ''لب گفتار'' مطبوعہ ڈراموں پر مشتمل ہے۔ جسے انہوں نے اپنے والد بزرگوار شیدا صاحب کے نام معنون کیا۔ کتاب کے انتساب کے بارے میں جمیل شیدائی لکھتے ہیں:

مربی و مشفقی والد بزرگوار (شیدا محمد صاحب) کے

نام جن کی ہمہ لسانی ادبی قابلیت سے میں نے اکتساب کیا ہے۔[۲۲]

''لب گفتار'' ڈراموں کے مجموعے میں ''ذکر جمیل'' کے عنوان سے غنی نعیم صاحب جمیل شیدائی کے بارے میں لکھتے ہیں:

''جمیل محتاج تعاف نہیں ہیں۔ گزشتہ پندرہ برسوں سے ہندو پاک کے موقر ادبی رسالوں میں اس کے ڈرامے شائع ہو کر نہ صرف باذوق قارئین سے بلکہ معتبر ناقدین فن سے بھی خراج تحسین وصول کر چکے ہیں۔ اس کے علاوہ ریڈیائی ڈرامے آل انڈیا ریڈیو سے بھی نشر ہو کر عوام الناس کے انشراح قلب کا باعث بھی بن چکے ہیں۔ جمیل کے پندرہ ڈراموں کا پہلا مجموعہ ''لب گفتار'' کتابی صورت میں اقلیم ادب پبلی کیشنز کی جانب سے صاحبان نقد و نظر کے ذوق ادب کی تسکین کا سامان فراہم کر رہا ہے۔ جمیل کے ڈراموں کے مطالعے سے یہ بات واضح ہوتی ہے کہ ان ڈراموں کی کامیابی کا حقیقی راز موضوع کی نفاست' رفعت' جامعیت اور کشش میں پوشیدہ ہے۔ اس کے ڈراموں کے پلاٹ طبع زاد ہیں بلکہ اقتضائے وقت سے ہم آہنگ ہو کر تاریخی دستاویز بن گئے ہیں۔ اور سماج کے کھوکھلی اقدار کا مظہر ہیں۔ جمیل حقیقی زندگی کی تصویر کشی میں بے حد چابک دست ہیں اس کے ساتھ ہی نفسیات انسانی سے گہری واقفیت نے اسے باطنی صداقتوں کے اظہار میں بھی کامیابی سے ہمکنار کیا

ہے۔اس کے ڈراموں کے متعلق بلاخوف تردید یہ کہا جاسکتا ہے کہ جمیل اپنے ڈراموں میں کہانی نہیں سناتا بلکہ کہانی کو وجود میں لاتا ہے۔اوران کہانیوں کا ماخذ زندگی ہے۔اس طرح اس کے ڈراموں میں کہانی پھر سے زندگی بن جاتی ہے۔۔۔ جمیل اپنے ڈراموں میں منتخب واقعات کی ترتیب بڑے اہتمام سے کرتے ہیں۔نقطہ عروج تک ناظر اور قاری تشویش اور اضطراب آمیز ذہنی کیفیات سے دوچار رہتا ہے۔ڈرامے کے معاملے میں جمیل شیدائی ایسے کوہ کن تھے جوتنہا ہی جوئے شیر لانے کا فریضہ انجام دیتے رہے۔ ان کے ڈراموں کے مکالمے برجستگی ،اختصار،سادگی ،صفائی،بیان اور صورت حال کے عین مطابق ہونے کے باعث فطرت انسانی کے غماز ہیں جو ڈرامے کی کامیابی کی ضمانت بھی ہیں جمیل کی فنکاری کا احساس ڈراموں میں کردار کی پیشکشی سے ہوتا ہے۔ڈرامے کا ہر کردار اپنی فطرت اور نفسیات کا برملا اظہار اپنے مکالموں سے کرتا ہے''۔[۲۳]

ڈراموں کے مجموعے'' لب گفتار'' میں شامل ڈراموں کے عنوانات واردات۔کلورین کا دھواں۔اعتراف۔ اغوا۔برتر از اندیشہ۔شکار۔دس وولٹ کا شاک۔نقش قدم۔ شریر۔جائیں کہاں۔روشن دان۔انتخاب۔سگریٹ برانڈی بگونہ۔اپروچ (۱)۔اپروچ (۲)۔

واردات

ڈراموں کے مجموعے ''لب گفتار'' کا پہلا ڈراما ''واردات'' کافی دلچسپ ڈراما ہے۔ اس ڈرامے میں سلیم نامی ایک چور کا فسانہ بیان کیا گیا ہے جو ایک اندھیرے گھر میں چوری کے لیے داخل ہوتا ہے گھر میں اس کا سابقہ نور نامی ایک لڑکی سے ہوتا ہے جو کافی نڈر اور باتونی ہوتی ہے سلیم چاقو دکھا کر اسے ڈرانے کی کوشش کرتا ہے تب نور کہتی ہے کہ کیسے چور ہو بندوق کیوں نہیں لائے۔ ترکاری کاٹنے کی چاقو سے کسے ڈرا رہے ہو۔ ڈرامے میں سلیم کی بے بسی اور نور کے چلبلے پن کو دکھایا گیا ہے۔ نور سلیم کی باتوں کے دلچسپ جوابات دیتی ہے جس سے سلیم کا ناطقہ بند ہو جاتا ہے۔ سلیم کو پتہ چلتا ہے کہ اس نے غلط گھر میں چوری کا ارادہ کیا کیوں کہ یہ گھر پولس انسپکٹر کا تھا جو شہر سے کہیں باہر گیا تھا۔ نور اسے بے باکی سے اپنے گھر میں بٹھاتی ہے چائے پلاتی ہے اور باتوں سے سلیم کا دل اس قدر موہ لیتی ہے کہ سلیم اس پر فدا ہو جاتا ہے اور اسے گھر سے بھگا کر لے جانے پر آمادہ ہو جاتا ہے۔ ڈرامے میں سلیم کے مقابلے میں نور کا کردار کافی جاندار ہے جو نڈر بے باک اور باتونی ہے اسے ابن صفی کا فریدی پسند ہے وہ بات بات میں اشعار سناتی ہے اور سلیم کو بے وقوف بناتی ہے۔

ڈراما واردات کے آغاز میں جمیل شیدائی نے انسپکٹر کے گھر کی تفصیلات پیش کی ہیں یہ سلیم کا موقع واردات تھا۔ جمیل شیدائی لکھتے ہیں:

''گیٹ کے اندر دور تک لان کا حصہ ہے اور چار دیواری کے وسط میں مکان۔ مکان کی کھڑکیوں میں کہیں روشنی نظر نہیں آتی اور بے کراں سناٹا ہے۔ سامنے والی سڑک سے سلیم مکان کی طرف بڑھ رہا ہے وہ کبھی کبھی رک کر ادھر ادھر دیکھ لیتا ہے یوں محسوس ہوتا ہے جیسے وہ آہٹ لے رہا ہو وہ پھاٹک کو پھلانگ کر مکان کی طرف بڑھتا ہے پورٹیکو سے

گزر کر وہ ورانڈے میں آ جاتا ہے اور کچھ دیر ٹھہر کر صدر دروازے کے قفل کو چند اوزاروں سے کھولنے کی کوشش کرتا ہے دفعتاً روشنی ہوتی ہے وہ سہم کر سیدھا کھڑا ہو جاتا ہے ہاتھ سے اوزار چھوٹ کر فرش پر گرتے ہیں اور ان سے بلند آواز پیدا ہوتی ہے۔روشنی میں ہمیں سلیم کے خدو خال دکھائی دیتے ہیں۔اس کی عمر

(۲۶۔۲۷) سال کے قریب ہے صورت سے چوراچکا نظر نہیں آتا بلکہ اس کے چہرے پر وہ بات ہے جو کسی تعلیم یافتہ شخص کے چہرے پر عموماً پائی جاتی ہے۔سیاہ پتلون اور سوئیٹر میں اس کا صاف رنگ غیر معمولی کھلی رنگت کا اظہار کرتا ہے چہرے پر پریشانی کے آثار ہیں۔وہ ایک تیز چمک دار چاقو کھولتا ہے اور اپنے اطراف دیکھتا ہے۔اس کی نظر سوئچ بورڈ کے نیچے کھڑی نور پر پڑتی ہے اس لڑکی کی عمر ۲۰۔یا ۲۲ سال ہے۔یہ بہت خوبصورت ہے اور اس کے چہرے پر مسکراہٹ ہے وہ یوں کھڑی ہے جیسے وہ ان حالات سے زندگی میں اکثر دو چار ہوتی رہتی ہے سلیم تیزی سے اس کی طرف بڑھتا ہے''۔[۲۴]

ڈرامے میں ابتداء ہی سے نور سلیم کے کردار پر حاوی ہے جب نور کو دیکھ کر سلیم چاقو نکالتا ہے اور اپنی جگہ سے نہ ہلنے کے لیے کہتا ہے تو نور مذاق میں کہتی ہے کہ یہ تو ترکاری کاٹنے کا چاقو ہے۔سلیم دروازے کی کنجی طلب کرتا ہے نور فوری کنجی لانے کے لیے آگے بڑھتی ہے جس پر سلیم گھبرا جاتا ہے کہ کہیں وہ پولیس کو فون نہ کر دے۔سلیم نور کو اس کے دوپٹے سے باندھ دیتا

ہے دوران گفتگو نور کہتی ہے کہ تم نے چوری کے لیے جس گھر کا انتخاب کیا ہے وہ پولیس انسپکٹر کا ہے یہ سن کر سلیم پریشان ہو جاتا ہے۔نور اور سلیم کی عجیب گفتگو کا سلسلہ جاری رہتا ہے ملاحظہ کریں سلیم اور نور کی گفتگو

سلیم۔ اور کیا کہاں ہے؟

نور۔ کیا کہاں ہے؟

سلیم۔ زیوارت۔

نور۔ (ہنستی ہے) جیسے میں تمہارے انتظار میں زیوارت ہتھیلی پر سجائے کھڑی تھی ''کہاں ہے'' اونہہ جہاں بھی انہیں ہونا چاہیے وہاں بہ حفاظت ہوں گے۔

سلیم۔ (صدر دروازے کی طرف اشارہ کرتا ہے) مجھے اس دروازے کی کنجی چاہئے۔

نور۔اچھا میں ابھی لائی (وہ جانے کے لیے مڑتی ہے) سلیم اسے پیچھے سے اپنی طرف کھینچ لیتا ہے) یہ کیا بدتمیزی ہے چھوڑو مجھے۔

سلیم۔ بہت بھولی بنتی ہو۔کنجی کے بہانے تم پولیس کو فون کرو گی۔

نور۔(قہقہہ لگاتی ہے) کیا خوب پہچانا۔تم بہت ہوشیار ہو۔

سلیم۔ خاموش

نور۔ جب کوئی بات سمجھ میں نہ آئے تو کہہ دیا خاموش۔خاموش۔خاموش۔تم جیسے بے وقوف چور میری نظر سے کم ہی گزرے ہیں۔[۲۵]

سلیم نور کو اس کی بے باکانہ گفتگو سے پسند کرنے لگتا ہے اور اسے حاصل کرنے کا ارادہ رکھتا ہے اس ضمن میں ڈرامے کے آخر میں سلیم اور نور کی گفتگو ملاحظہ کریں۔

سلیم۔ ہاں۔کیا میں تم سے کل بھی مل سکتا ہوں؟

نور۔ نہیں کل انسپکٹر صاحب مکان میں ہوں گے۔میں ان کے ساتھ رہوں

گی۔

سلیم۔ اگر میں تمہارا اغواء کر دوں تو

نور۔ اچھا تو میں تمہیں اتنی پسند آگئی۔

سلیم۔ اتنی زیادہ کہ اب میں شاید تمہارے بغیر زندہ نہ رہ سکوں۔

نور۔ میرا بھی یہی حال ہے۔ تمہاری باتوں سے مجھے اندازہ ہوتا ہے کہ تم شریف ہو میرے کردار اتنے اچھے نہیں کہ میں اپنے آپ کو تمہارے ساتھ منسوب کروں۔

سلیم۔ تو کیا ہوا۔ میرے کردار کچھ اتنے اچھے ہیں کہ تمہاری لغزشوں کی تلافی کے لیے کافی ہیں۔

نور۔ میں نہیں چاہتی کہ میری وجہ سے تمہاری زندگی خراب ہو۔

سلیم۔ میری زندگی خراب کیسے ہوگی؟ ہاں اتنا ضرور ہے کہ تمہیں کچھ دن تکلیف میں گزارنے پڑیں گے۔

نور۔ اس کے لیے میں پست ہمت نہیں۔

سلیم۔ تو دیر کس بات کی ہے۔ چلو یہاں سے چلیں (وہ نور کا ہاتھ پکڑ کر دروازے کی طرف کھینچتا ہے۔)

نور۔ ٹھہرو۔ ارے ٹھہرو۔ تم انسان ہو یا فاختہ۔

سلیم۔ انسان نہیں چور۔

نور۔ مجھے کچھ سامان تو لینے دو۔

سلیم۔ اس کی ضرورت نہیں۔ چلو (دونوں باہر کی طرف بڑھتے ہیں) پردہ گرتا ہے۔—۲۶

سلیم اور نور کی گفتگو سے اندازہ ہوتا ہے کہ کس طرح جمیل شیدائی نے نور کے کردار کو ڈھالا ہے جو چور کے ہاتھ میں چاقو دیکھ کر بھی نہیں ڈرتی اور اپنی دلچسپ باتوں سے اسے بے

وقوف بناتی رہتی ہے۔سارے ڈرامے میں نور کے دلچسپ جوابات اس ڈرامے میں قاری کو دلچسپی کا سامان فراہم کرتے ہیں۔اس ڈرامے سے جمیل شیدائی نے سماج میں پائی جانے والی نڈر اور بے لاگ گفتگو کرنے والی لڑکیوں کے کردار کو فطری انداز میں پیش کیا ہے۔جمیل شیدائی نے چونکہ ڈرامے اسٹیج کے لیے تحریر کیئے چنانچہ ڈرامے کے آغاز میں اندھیری رات' سڑک اور اندھیرے مکان جیسے الفاظ لکھتے ہوئے ڈرامے کے منظر کو بھی اجاگر کیا اور سلیم اور نور کے مکالموں سے ڈرامے کی کہانی آگے بڑھ کر انجام تک پہنچتی ہے۔اسلوب کی چاشنی اور انداز بیان کی ندرت اس ڈرامے کو مقبول بناتی ہے۔اس ڈرامے میں جمیل شیدائی نے مکالمہ نگاری میں بھی جان ڈال دی ہے خاص طور سے انہوں نے نور کی زبانی بے باکانہ اور دلچسپ مکالمے پیش کیے ہیں جس سے ڈرامے میں دلچسپی آگئی ہے۔ڈرامے کا موضوع ایک بیروزگار پڑھے لکھے نوجوان کی چوری کی واردات ہے لیکن جس طرح سلیم کا سامنا نور سے ہوتا ہے اور نور جیسی نڈر لڑکی سلیم کو اپنی باتوں سے بے وقوف بناتی ہے اور اس کی محبت میں گرفتار ہو کر ایک چور کے ساتھ بھاگنے کے لیے مجبور ہو جاتی ہے۔یہ واقعات ڈرامے کی کہانی میں جان ڈالتے ہیں اور دلچسپی کا عنصر پیدا کرتے ہیں۔

کلورین کا دھواں

ڈراموں کے مجموعے ''لب گفتار'' میں شامل دوسرے ڈرامے کا عنوان ''کلورین کا دھواں'' ہے جس میں ایک کیمیکل فرم کا منظر بیان کیا گیا ہے ۔ ڈرامے کے کرداروں میں واصف ۔فرزانہ۔مینیجر وغیرہ ہیں۔اس ڈرامے میں بھی کیمیکل کمپنی میں کام کر رہے دو کرداروں واصف اور فرزانہ کے عشق کو ظاہر کیا گیا ہے چونکہ جمیل شیدائی ادبی ذوق رکھنے والے تھے اس لیے ان کے ڈراموں کے مرد اور خاتون کردار اکثر اپنی گفتگو میں ادبی انداز اختیار کرتے ہیں جس سے جمیل شیدائی کے ڈرامے مقبول ہوتے جاتے ہیں۔اس ڈرامے میں کردار واصف ایک ایسی حرکت کرتا ہے کہ کلورین گیس کے اخراج سے فرزانہ بے

ہوش ہو جاتی ہے کمپنی کا مینیجر اس واقعے پر اسے ملازمت سے برطرف کر دیتا ہے۔ واصف کو اصل میں کسی اور کمپنی میں زیادہ تنخواہ پر ملازمت مل گئی تھی اور وہ کسی طرح اس کمپنی کو چھوڑنا چاہتا تھا۔ فرزانہ بھی کہتی ہے کہ اگر دوسری کمپنی میں کمسٹ کی ایک اور جائیداد خالی ہے تو وہ بھی وہاں آ جائے گی اس طرح ایک جذباتی منظر کے ساتھ ڈرامے کا اختتام ہوتا ہے۔

ڈرامہ ''کمیکل کا دھواں'' کے آغاز میں جمیل شیدائی کمیکل فرم کا منظر کچھ ان الفاظ میں بیان کرتے ہیں:

> ''جب پردہ اٹھتا ہے تو کمیکل فرم کا وہ حصہ نظر آتا ہے۔ جس کو تجربہ گاہ کہتے ہیں۔ یہاں مختلف قسم کے آلات ہیں۔ آلات اور شیشوں میں جمع شدہ مرکبات کو دیکھنے سے اس بات کا اندازہ بخوبی ہوتا ہے کہ فرم اچھی ہے اور خاص ڈھنگ سے چلائی جاتی ہے۔ تجربہ گاہ اور آفس کے درمیان شیشے کا پارٹیشن ہے جس سے بہ یک وقت تجربہ گاہ اور آفس دونوں دکھائی دیتے ہیں۔ آفس کشادہ ہے جس میں واصف بیٹھا ہوا ہے۔ یہ طویل القامت نوجوان ہے کچھ دیر بعد ایک خوب صورت سی لڑکی فرزانہ ایپرن کو ہاتھ پر لٹکائے داخل ہوتی ہے۔ وہ مسکراتی ہوئی واصف کی طرف دیکھتی ہے۔ واصف فائل رکھ دیتا ہے'' [۲۷]

واصف ایک پڑھا لکھا اور ادب کا جاننے والا نوجوان ہے وہ فرزانہ سے گفتگو کے دوران ادبی لہجہ اختیار کرتا ہے ملاحظہ ہو فرزانہ اور واصف کی گفتگو۔

واصف۔ تم سمجھتیں کیوں نہیں۔ جیسے ہی تم آ جاتی ہو کام کرنے کو دل نہیں چاہتا۔

فرزانہ۔ کیوں؟

واصف   اس کیوں کا بھی جواب نہیں۔تم کمیسٹ ہو۔ایم ایس سی ہو۔یہ بات تو ایسی ہے جیسے ایک جاہل اور گنوار بھی سمجھ سکتا ہے۔مجھے تو یوں لگتا ہے جیسے تم تجاہل عارفانہ سے کام لے رہی ہو۔

فرزانہ۔   یہ تجاہل عارفانہ کیا ہوتا ہے؟

واصف۔ ویسے مجھے بھی اس کے معنی نہیں معلوم۔کچھ نہ کچھ تو ضرور ہوتا ہوگا۔

فرزانہ۔   جس لفظ کے معنی معلوم نہ ہوں اسے کیوں استعمال کرتے ہو؟

واصف۔ ٹھیک ہے غلطی ہوگئی مجھے ایک لفظ کے معنی بتاؤ؟

فرزانہ۔   بولو۔

واصف۔ عشق؟

فرزانہ۔ عشق۔۔عشق کے دراصل معنی ہیں کسی اچھے سبب سے محبت یا اس کے حصول کے لیے متعین کردہ راہ عمل سے پیار۔

واصف۔ بس۔

فرزانہ۔   اور کیا؟ تمہارے ذہن میں کوئی اور معنی ہیں؟

واصف۔ میں عشق کے یہ معنی سمجھ رہا تھا کہ ایسی محبت جو کسی مرد کو۔۔۔

فرزانہ۔   (جملہ پورا کرنے سے پہلے) میں سمجھ گئی۔

واصف۔ شکر ہے۔[۲۸]

اس طرح جمیل شیدائی نے واصف کے روپ میں خود کو اس ڈرامے میں پیش کیا ہے۔جمیل شیدائی کے حالات زندگی سے پتہ چلتا ہے کہ وہ سائنس کے اچھے گراجویٹ تھے یہی وجہ ہے کہ انہوں نے اپنے ڈراموں میں جا بجا سائنسی معلومات کا اظہار کیا ہے۔چونکہ اس ڈرامے کا نام ''کلورین کا دھواں'' ہے اس لیے کیمیکل کمپنی کے لیب کے ایک واقعے کو

ڈرامے کا مرکزی خیال بنایا گیا ہے۔ چونکہ واصف کو کسی دوسری کمپنی میں زیادہ اجرت کی تنخواہ مل گئی تھی اس لیے وہ کمپنی سے نکالے جانے کی وجہ کے طور پر لیب میں شیشے میں غلط گیس اور تیزاب رکھ دیتا ہے۔ اس منظر کو جمیل شیدائی نے یوں بیان کیا ہے؟

فرزانہ۔ آج پہلی تاریخ ہے۔

واصف۔ تو میں کیا کروں؟

فرزانہ۔ تنخواہ۔

واصف۔ میں نے ابھی ابھی ایک نوٹس جاری کی ہے جس کی رو سے تمہیں تنخواہ تین بجے ملے گی۔ اس سے پہلے نہیں۔

فرزانہ۔ چلو نکالو۔

واصف۔ یہ تمہاری زیادتی ہے۔

فرزانہ۔ کیا بلا کی گرمی ہے۔

واصف۔ اسی لیے تو میں نے تمہارے لیے لیبارٹری میں پنکھے لگوائیے ہیں۔ (وہ اندر کی طرف دیکھتی ہے)

فرزانہ۔ شکریہ۔

واصف۔ اور ہوا کے لیے بھی تمہیں میرے پاس ہی آنا ہوگا۔ ان پنکھوں کے پن یہاں ہیں۔

فرزانہ۔ وہاں کیوں نہیں لگوائے۔

واصف۔ میری مرضی یہاں میرا حکم چلتا ہے۔

فرزانہ۔ باس سے کہہ دوں تو کیسی رہے؟

واصف۔ کیا کہو گی؟

فرزانہ۔ یہی کہ تم مجھے ستاتے رہتے ہو۔

واصف۔ مجھے باس کی پرواہ نہیں۔

فرزانہ۔ یہ بات کنٹریکٹ ختم ہونے کے بعد کرنا۔ جب تک تمہارا کنٹریکٹ ہے تمہیں اس کی پرواہ ہونی چاہیئے۔

واصف۔ کنٹریکٹ کو میں باس کے ہاتھوں تلف کرا سکتا ہوں۔

فرزانہ۔ اب تو تم ہوا میں اڑنے لگے ذرا اختیارات کیا مل گئے کہ سمجھنے لگے اپنے آپ کو۔

واصف۔ اس بارے میں بھی ایک شرط ہو جائے۔ تم خود دیکھ لینا وہ اپنے ہی ہاتھوں میرا کنٹریکٹ تلف کر دے گا۔

فرزانہ۔ ٹھیک ہے تنخواہ نکالو۔

واصف۔ یہ لو وہ لفافہ فرزانہ کو دیتا ہے۔ فرزانہ نوٹ گنتی ہے۔ برابر ہیں؟

واصف۔ اب آدھے نکال کر رکھ دو

فرزانہ۔ کام ہی کیا رہ گیا ہے (وہ جاتی ہے)

واصف۔ محترمہ دستخط تو کیجئے۔ (وہ پن کو اپنی آستین پر جھٹکتا ہے۔ وہ پلٹتی ہے) ارے روشنائی آستین پر گر گئی۔ فرزانہ اسٹرانگ کلورین سلوشن تو لینا ورنہ دھبہ نہیں نکلے گا۔

فرزانہ۔ اسٹرانگ کلورین سلوشن سے کپڑا پھٹ جائے گا۔

واصف۔ تم کوئی ٹکسٹائل کمیسٹ تو ہو نہیں کہ تمہاری بات کا بھروسہ کرلوں۔

فرزانہ۔ اگر پھٹ گیا تو؟

واصف۔ میری آدھی تنخواہ لے لینا۔

فرزانہ۔ آج پہلی تاریخ ہے بعد کو مکر نہیں جانا۔

واصف۔ یہ مرد کی زبان ہے۔

فرزانہ۔ میں ابھی لے آئی۔

واصف۔ یہ لو۔اس ٹسٹ ٹیوب میں تھوڑا سا لے آؤ (وہ ٹسٹ ٹیوب لیے چلی جاتی ہے۔واصف پھرتی سے اپنی جگہ سے اٹھتا ہے اور پنکھوں کے پن کو پلگ کے قریب لے جاتا ہے فرزانہ الماری کھول کر کلورین سلوشن نکالتی ہے اور اس کا کاگ علٰحیدہ کرتی ہے شیشے سے دھوئیں کا طوفان اٹھتا ہے اور فرزانہ کی چیخ ابھرتی ہے۔وہ دونوں ہاتھوں سے اپنی آنکھیں ڈھانپ لیتی ہے واصف پن پلگ میں لگادیتا ہے اور لیبارٹری کی طرف بھاگتا ہے وہ لڑکھڑاتی ہوئی فرزانہ کو اٹھالیتا ہے کچھ اور لوگ جمع ہوجاتے ہیں ارے ذرا راستہ تو دو فرزانہ کراہتی ہے۔دیکھو ذرا ڈاکٹر کو بلاؤ (وہ فرزانہ کو نیچے لٹادیتا ہے اور لیبارٹری کی طرف جاتا ہے)۔۲۹ے

ڈرامے کے تیسرے سین میں کمیکل کمپنی کا مینیجر واصف کو بلا کر ڈانٹتا ہے کہ اس نے لیبارٹری میں کلورین کی جگہ امونیا بھردی تھی برف منگایا تھا گیس کے اثر کو کم کرنے کے لیے پنکھے لگائے تھے مینیجر ایک ماہ کی مزید تنخواہ دے کر واصف کو نوکری سے نکال دیتا ہے اور واصف کے پوچھنے پر کنٹریکٹ بھی تلف کر دیتا ہے۔اس طرح واصف اپنی چالاکی سے کمپنی سے نکلنے کا راستہ اختیار کرتا ہے۔ڈرامے کے آخر میں فرزانہ واصف سے پوچھتی ہے کہ وہ جس کمپنی میں جارہا ہے کیا فرزانہ کے لیے بھی نوکری مل سکتی ہے۔واصف کہتا ہے کہ یہ غضب نہ کرنا اب کے اگر کوئی اور بڑی خواہش پیدا ہوجائے تو مشکل ہوجائے گی (وہ دونوں آگے بڑھتے ہیں)

اس طرح ایک سائنسی موضوع کو جمیل شیدائی نے دلچسپ انداز میں اس ڈرامے میں برتا ہے۔ڈرامے میں مکالموں کے علاوہ منظر نگاری اہم ہے اور سائنسی انداز میں موضوع کو برتا گیا ہے۔اس ڈرامے میں واصف اہم کردار ہے اور فرزانہ کے ساتھ اس کی گفتگو سے ڈراما آگے بڑھتا ہے۔اس ڈرامے میں بھی جمیل شیدائی نے ادبی چاشنی دی ہے کرداروں کی آپسی گفتگو سے ادبی رنگ جھلکتا ہے اور نوجوان کرداروں کی نوک جھونک سے ڈرامے میں دلچسپی پیدا کی گئی ہے۔

اعتراف

ڈراموں کے مجموعے ''لب گفتار'' میں شامل تیسرے ڈرامے کا عنوان ''اعتراف'' ہے۔ یہ ایک نفسیاتی ڈراما ہے جس میں عشق اور مرد اور عورت کے تعلقات اور محبت اور شادی کے فلسفے کے بارے میں کرداروں کی گفتگو پیش کی گئی ہے۔ ڈرامے کے کردار عائشہ۔ شکیل اور افسر ہیں۔ ابتداء میں عائشہ اور شکیل آپس میں عشق و محبت کے موضوع پر گفتگو کرتے ہیں۔ بعد میں افسر اس گفتگو میں شامل ہوتا ہے۔ شکیل کو کسی اور لڑکی سے محبت ہے وہ عائشہ کی جسمانی بناوٹ پر طنز کرتا ہے۔ افسر دل پھینک قسم کا نوجوان ہے وہ عائشہ کو اپنانا چاہتا ہے۔ شکیل اس خیال کا اظہار کرتا ہے کہ عورت کی محبت بے لوث نہیں ہوتی اور اسے اپنے جسم سے پیار ہوتا ہے۔ افسر جب عائشہ کے بارے میں اپنے خیالات کا اظہار کرتا ہے تو عائشہ کو اعتراف ہوتا ہے کہ عشق کے بارے میں شکیل کے خیالات درست ہیں۔ ڈرامے کے آغاز میں ہر ڈرامے کی طرح جمیل شیدائی ڈرامے کا منظر بیان کرتے ہیں۔ ڈراما ''اعتراف'' کا منظر بیان کرتے ہوئے وہ کہتے ہیں:

> ''پردہ اٹھتا ہے تو ہمیں دالان نظر آتا ہے۔ مکان قدیم طرز کا ہے دالان میں ایک ہی قطار میں پانچ چوبی ستون ہیں۔ ہر ستون سے ایک آرام کرسی لگادی گئی ہے۔ اور اس کے وسط میں چوکیوں پر چاندنی کا فرش ہے چوکیوں سے ذرا پرے سنگھار میز ہے چوکی سے پاؤں لٹکائے عائشہ بیٹھی ہے یہ صورت سے سنجیدہ اور خوب صورت لگتی ہے۔ اس کے مقابل شکیل نیم دراز ہے یہ متین نوجوان ہے بات کرتے کرتے رک جانا اس کی عادت ہے۔ یوں لگتا ہے جیسے یہ دونوں کسی بحث میں الجھے ہوئے ہیں''۔ ۳۰

ڈرامے میں شکیل اور عائشہ محبت، مرد اور عورت میں الفت کی وجہ اور عائشہ کے بارے میں شکیل کے خیالات اہم ہیں دونوں کی گفتگو ملاحظہ ہو۔

"شکیل۔ میں نے کچھ ہی دیر پہلے کہا کہ محبت جس مفہوم میں اب معرض بحث میں ہے بے لوث نہیں بکہ اس میں جنسی لگاوٹ شامل ہے۔ایک مرد جوان لڑکیوں سے کیوں محبت کرتا ہے۔اس محبت کا مقصد کیا ہوتا ہے یہ جو محبت کی شادی ہے وہ آخر کیا ہے؟

عائشہ۔ٹھیک ہے آپ یوں سمجھئے۔فرض کیجئے کہ کوئی چیز مثلاً کوئی کتاب پسند ہے تو آپ اس کے حصول کے لیے کوشاں ہوں گے اور آپ جب اسے حاصل کرلیں گے تو پڑھیں گے بھی اور کتاب اچھی ہو تو بار بار پڑھنے کی دل میں آرزو بھی ہوگی اور جب یہ آپ کے پاس رہے گی تو آپ بار بار پڑھیں گے۔

شکیل۔ اتفاق سے تم نے اچھی مثال دی۔میں کتاب کو حاصل کرنے کی کوشش کیوں کروں گا؟

عائشہ۔ ظاہر ہے اس میں آپ کو دلچسپی ہے۔

شکیل۔ دلچسپی کیوں ہے؟

عائشہ۔ ظاہر ہے وہ اچھی کتاب ہے۔

شکیل۔ کسی لڑکے کا کسی لڑکی کی طرف مائل ہونا زندگی کا تقاضا ہے اس کو تم جسم کا تقاضا یا عمر کا تقاضا بھی کہہ سکتی ہو اس تقاضے کو اگر تم محبت کہو تو میں نہیں مانتا۔[۱۳۱]

شکیل اور عائشہ کی گفتگو جاری رہتی ہے جس میں عائشہ شکیل سے پوچھتی ہے کہ وہ کس لڑکی سے محبت کرتا ہے اس کی محبت کی وجہ کیا ہے شکیل کہتا ہے کہ جس لڑکی سے میں محبت کرتا ہوں وہ خوبصورت ہے اور اس کا جسم سڈول ہے پھر وہ عائشہ پر طنز کرتا ہے کہ اس کا سینہ آگے کی جانب نکلا ہوا ہے اور اس کا جسم شکیل کے اعتبار سے سڈول نہیں ہے۔عائشہ شکیل کے خیالات سے اتفاق نہیں کرتی۔کچھ دیر بعد شکیل کی جگہ افسر سے عائشہ کی بات چیت ہوتی

ہے۔افسر شکیل کو لاابالی شخص کہتا ہے وہ عائشہ کی آنکھوں کی تعریف کرتا ہے اور وہ شادی کر کے اسے حاصل کرنا چاہتا ہے۔شکیل اور افسر کے خیالات کے تضاد پر ڈرامے کا اختتام ہوتا ہے کہ ہر مرد کو کسی لڑکی کو دیکھنے کی وجہہ الگ الگ ہوتی ہے۔اس ڈرامے میں نوجوان ڈراما نگار جمیل شیدائی نے نوجوان کرداروں کے ذریعہ محبت' شادی اور پسند ناپسند کے نظریے کو پیش کیا ہے عائشہ کے سینے پر طنز کرنا ڈرامے میں کچھ حد تک فحش نگاری کا تاثر پیش کرتا ہے۔عائشہ بار بار اصرار کرتی ہے کہ محبت صرف جسمانی تقاضے کے لیے نہیں کی جاتی لیکن شکیل کہتا ہے کہ تمہیں کبھی اس بات کا اعتراف ہوگا اور افسر کے خیالات سے اس بات کا اعتراف ہو جاتا ہے۔یہ ڈراما مرد و عورت کے تعلقات کے بیچ دو کرداروں کا مکالمہ ہے جس میں ڈراما نگار نے اس موضوع پر اپنے فلسفے کو بیان کرنے کی کوشش کی ہے۔

اغوا

ڈراموں کے مجموعے ''لب گفتار'' میں شامل چوتھے ڈرامے کا عنوان ''اغوا'' ہے۔ اس ڈرامے کے کردار منصور اور عابدہ ہیں۔اس ڈرامے میں منصور عابدہ کا اغوا اس کی مرضی سے کراتا ہے۔تاکہ عابدہ اس کے شوہر سے طلاق لے اور منصور اور عابدہ کی شادی ہو۔ ڈرامے کا منظر بیان کرتے ہوئے جمیل شیدائی لکھتے ہیں:

> ''شام کا وقت ہے' صحن میں پانی کا چھڑکاؤ کیا گیا ہے۔اس کے وسط میں دو کرسیاں اور ایک میز ہے۔میز پر کشتی ہے جس میں چائے کی خالی پیالیاں اور کچھ بسکٹ ہیں۔کرسیوں پر عابدہ اور منصور بیٹھے ہیں۔عابدہ قبول صورت ۲۵'۲۶ سالہ عورت ہے۔اس کی آنکھیں بڑی بڑی اور پرکشش ہیں۔بال گھنگھریالے ہیں ساڑی بلوز میں ملبوس یہ کسی سوچ میں غرق ہے۔منصور طویل القامت ورزشی جسم

والا نوجوان ہے بش شرٹ اور پتلون پہنا ہوا ہے۔ پاؤں
میں چپل ہیں''۔ ۳۲؎

عابدہ اور منصور کے سراپے کے بیان سے اندازہ ہوتا ہے کہ یہ اچھی پختہ عمر کے لوگ ہیں۔ اور عابدہ کی باتوں سے اندازہ ہوتا ہے کہ اس کا شوہر یزدانی دوسری لڑکی کی محبت میں گرفتار ہے جس سے عابدہ کی زندگی دوزخ ہوگئی ہے۔ اور وہ دوزخ سے نکلنے کے لیے منصور کے ساتھ گھر سے نکل گئی ہے۔ منصور اور عابدہ باتیں کرتے ہوئے کہتے ہیں کہ مجھے گھر پر نہ پاکر یزدانی سمجھے گا کہ میں اپنے میکے گئی ہوں وہاں مجھے نہ پاکر وہ پریشان ہوگا منصور کہتا ہے کہ میں یزدانی کی خبر لوں گا اس طرح یزدانی کا دوسری لڑکی سے تعلق بھی سامنے آئے گا۔ منصور عابدہ کو شہر سے دور کسی ویران مکان میں لاکر رکھتا ہے۔ عابدہ نڈر خاتون ہے وہ مکان میں تنہا بھی رہ سکتی ہے۔ منصور واپس اپنے گھر جاکر وہاں عابدہ کی گمشدگی کے بعد کے احوال جاننا چاہتا ہے۔ ڈرامے کے دوسرے سین میں منصور اور عابدہ کی گفتگو ملاحظہ کریں۔

منصور۔ ادھر کے حالات سنو گی تو چکرا جاؤ گی۔

عابدہ۔ بتاؤ نا۔

منصور۔ میں پہلے تمہارے مکان گیا۔ پڑوسیوں سے معلوم ہوا کہ وہ پانچ دن سے گھر نہیں آیا۔ دفتر میں معلوم ہوا کہ اس نے ایک ماہ کی رخصت لے رکھی ہے۔ اور وہ اپنی محبوبہ کو لے کر غائب ہوگیا ہے۔

عابدہ۔ سچ!

منصور۔ ہاں اب تم فوراً اپنے گھر پہنچو اور قانونی چارہ جوئی کرو۔

عابدہ۔ اگر انہوں نے شادی کرلی ہو تو؟

منصور۔ نہیں کریں گے۔ بائی گیمی کا کیس بن جائے گا۔ اور یزدانی کو ملازمت سے ہاتھ دھونا پڑے گا۔

عابدہ۔ تمہارا کیا خیال ہے؟ (وہ مسکراتی ہوئی اس کی طرف دیکھتی ہے)

منصور۔ عابدہ۔میرے خیال کی یہاں کوئی اہمیت نہیں تمہارے مسکرانے نے ایک داستان بیان کردی۔

عابدہ۔ شکر ہے کچھ تو سمجھے تم ورنہ میں تمہیں چغد سمجھ رہی تھی۔

منصور۔ چغد ہی سہی ۔تم تو گانٹھ کی پوری ہو۔طلاق تو تمہیں یقیناً ہوگی۔بغیر طلاق کے بات آگے نہیں بڑھے گی۔

عابدہ۔ یہ بات تو ہے۔

منصور۔ اب تو بانس اچھلو

عابدہ۔ کس لیے؟

منصور۔ اس لیے کہ تمہارے بھاگوں چھینکا ٹوٹا ہے۔ذرا پیاڈ تو دینا۔تنسیخ نکاح کے لیے درخواست لکھ دوں۔

عابدہ۔ آفریں باد بریں ہمت مردانہ تو (وہ اندر کی طرف جاتی ہے)''۔۳۴؎

اس طرح کی گفتگو سے ڈرامے کا اختتام عمل میں آتا ہے۔ڈرامے میں شادی شدہ لوگوں کی ناکام شادی اور ایک طلاق کے بعد دوسری شادی کی خواہش کو مرکزی خیال بنایا گیا ہے۔جمیل شیدائی نے مسلم سماج میں ہو رہے اس طرح کے واقعات پر طنز کرنے کے لیے یہ ڈراما ''اغوا'' لکھا ہے۔ عابدہ اور منصور جیسے کردار ہمارے سماج میں موجود ہیں۔ جو اپنی پہلی شادی کے باوجود دوسری شادی کے خواہاں رہتے ہیں اور اس کے لیے غلط طریقے اختیار کرتے ہیں۔ڈرامے میں بیانیہ اور مکالموں کے ذریعے کہانی کو آگے بڑھایا گیا ہے۔جمیل شیدائی کے کردار آپس میں بات کرتے ہوئے کہانی کو آگے بڑھاتے ہیں۔ڈرامے میں کہانی اور منظر نگاری کم ہے صرف کرداروں کی گفتگو سے کہانی آگے بڑھتی ہے۔

برتر از اندیشہ

ڈراموں کے مجموعے ''لب گفتار'' میں شامل پانچویں ڈرامے کا عنوان ۔''برتر از اندیشہ'' ہے۔اس ڈرامے کے کردار نجمہ۔نور۔فرید ہیں۔ڈرامے میں ناول نگار فرید اور اس کی بیوی اور اس کی سہیلی کے زندگی کے تعلق سے مختلف خیالات کو کرداروں کی گفتگو کے ذریعے پیش کیا گیا ہے۔ڈرامے کا منظر بیان کرتے ہوئے جمیل شیدائی لکھتے ہیں:

''شام کا وقت ہے نجمہ صحن میں پلنگ پر بیٹھی ہوئی ہے اس کا چہرہ حسین ہے اور ماتھا کشادہ ہونے کی وجہ سے اس کے بال خاص طور سے ان کو سنوارنے کا انداز دلکش ہوگیا ہے۔اس کی آنکھیں غیر معمولی طور پر بڑی اور پر کشش ہیں اس وجہ سے ان سے اس کی دلی کیفیت کا اندازہ آسانی سے ہوجاتا ہے اس کا دہانہ چوڑا اور ہونٹ پتلے ہیں۔وہ پلنگ سے اٹھ کر سامنے رکھے ہوئے میز سے پاندان اٹھاتی ہے اور پھر پلنگ پر بیٹھ کر پان بناتی ہے باہر کے دروازے سے نور داخل ہوتی ہے۔وہ انیس بیس سال کی قبول صورت لڑکی ہے طویل القامت اور مضبوط جسم کی مالک اس کی شخصیت سادہ ہے اور اسے دیکھنے سے یوں محسوس ہوتا ہے جیسے اس کی سادگی میں احمقانہ پن بھی شامل ہے۔چوڑے شانے اور متناسب الاعضا ہونے کی وجہ سے وہ دیکھنے والوں کو متاثر کرتی ہے۔ دونوں میں سلام کا تبادلہ ہوتا ہے''۔۳۴

نور اور نجمہ کی گفتگو سے اندازہ ہوتا ہے کہ نجمہ اسکول ٹیچر ہے اس کا شوہر فرید ناول

نگار ہے۔ نجمہ کچھ دیر گفتگو کے بعد بیماری کے سبب دوائی لینے کہیں باہر جاتی ہے۔فرید گھر میں داخل ہوتا ہے نور فرید سے گفتگو کرتی ہے کہ اس کا اگلا ناول کب آنے والا ہے۔نور اور فرید آپس میں گفتگو کرنے لگتے ہیں۔فرید کہتا ہے کہ اس کے ناولوں میں حقیقی زندگی کی عکاسی کی گئی ہے۔فرید کے آزادانہ خیالات سے نور کہتی ہے کہ آپ کے اس طرح کے رویے سے نجمہ بیمار رہنے لگی ہے۔فرید کہتا ہے کہ بیماری احساس کی پیداوار ہے ایسے لوگ جو یہ سمجھتے ہیں کہ ان سے کوئی محبت نہیں کرتا بیمار رہتے ہیں۔اور اس طرح وہ لوگ ہمدردی چاہتے ہیں کہ ہر کس و ناکس بس ان ہی کی جانب متوجہ رہے۔نور اور فرید کی گفتگو سے اندازہ ہوتا ہے کہ نجمہ کی عمر پینتیس سال اور فرید کی عمر چھبیس سال ہے۔فرید نور سے کہتا ہے کہ نجمہ خوش قسمت ہے کہ اسے ایک کم عمر جوان شوہر ملا ہے۔ ڈرامے کے دوسرے سین میں نور اور نجمہ فرید کے ناول ''کون کہاں'' کے بارے میں گفتگو کرتی ہیں۔ نجمہ کی بیماری کی وجہ اس کے شوہر فرید کی لاپرواہی اور دل پھینک قسم کی عادت ہے ایک دن وہ گھر دیر سے آنے کی وجہ یہ بتاتا ہے کہ راستے میں اس کی ملاقات ایک خوبصورت لڑکی سے ہوگئی تھی وہ اس کے ساتھ ہوٹل گیا تھا اس لیے گھر پہنچنے میں تاخیر ہوگئی۔فرید نے اپنے ناول میں کہیں لکھا تھا کہ ''زندگی مختصر سی ہے اور اس کے لمحات قیمتی ہیں''۔ نجمہ اپنے شوہر کا ناول پڑھنے لگتی ہے اور وہ اس کے خیالات سے اختلاف کے بعد اتفاق کرنے لگتی ہے۔ نجمہ کہتی ہے۔

> ''اب میں بغور مطالعہ کی کوشش کر رہی ہوں۔یہ بات سمجھ میں آتو رہی ہے کہ فرید نے ٹھیک ہی لکھا ہے۔مختصر مگر قیمتی زندگی کا پورا لطف اٹھایا جانا چاہئے۔ یہ پیراگراف تو سنو۔ ہیرو ایک آرتھوڈاکس قسم کی عورت سے کہہ رہا ہے (وہ ناول کھول کر پڑھتی ہے) ''تم جس ماحول کی پروردہ ہو اس میں ہر انسانی جذبے کا گلا گھونٹ دیا جاتا ہے۔تمہارا معاشرہ

گناہ وثواب عذاب اوراس قسم کی غلط باتوں کی تعلیم دے کر
تمہیں بزدل بنا چکا ہے تمہارا ہر قدم اپنے اندر وسوسے اور
خدشات لیے ہوتا ہے۔فطرت تمہارے وجود میں سسک
سسک کر دم توڑ رہی ہے۔اور تم اسے راہ فرار نہیں
دیتیں۔ میں نہیں چاہتا کہ میرا بھی یہی حال ہو۔تم میرا ساتھ
چاہتی ہوتو یہ اچھی طرح ذہن نشین کرلو کہ دنیا کے اصول و
ضوابط ہم نے بنائے ہیں اور ہم میں اتنی قوت ہونی چاہیے
کہ ہم انہیں توڑ بھی سکیں۔'' نور۔ جب میں نے فرید سے
شادی کی تھی تو وہ مجھے دنیا کا سب سے عقل مند انسان لگتا
تھا۔اور جب اس کی بوالعجبی کا انکشاف مجھ پر ہوتا تو مجھے
یوں محسوس ہوتا ہے جیسے میں نے اس سے شادی کرکے دنیا
کی عظیم غلطی کی ہو۔سچ پوچھوتو میرے لیے اب کوئی راہ بھی
نہیں۔(وہ اداس اداس خلاء میں گھورتی ہے)یوں لگتا ہے یہ
پیراگراف میرے لیے لکھا گیا ہے''میں عمر کی اس منزل میں
ہوں جہاں معاشرہ محض ایک ہیولیٰ نہیں اس کی واضح شکل
ہے اس کے اصولوں کی افادیت میرے نزدیک مسلم ہے
میں کیا کروں (وہ رونے لگتی ہے)۔۳۵

ڈرامے کے اختتام پر نور کے کہنے پر نجمہ زندگی کو نئے عزم کے ساتھ گزارنے کے ارادے سے اٹھ کھڑی ہوتی ہے وہ نور کو ایک لفافہ دے کر کہتی ہے کہ وہ اسے فرید کے حوالے کردے اور کہے کہ نجمہ کو اب فرید کی کوئی ضرورت نہیں۔ نجمہ فرید کا ناول پھاڑ ڈالتی ہے۔نور اخبار کی سرخی پڑھتی ہے کہ چھاؤنی کے قریب کنویں سے ایک عورت کی لاش برآمد ہوئی ہے

پولس کوشبہ ہے کہ خاتون نے خودکشی کی ہے۔اس طرح ڈرامے میں مرداورعورت کے نازک رشتوں کوفلسفیانہ انداز میں پیش کیا گیا ہے۔ ڈراما نگار جمیل شیدائی نے ان ڈراموں میں کرداروں کی نفسیات کے تعلق سے اپنے مشاہدات اور تجربات کو ان ڈراموں میں پیش کرنے کی کوشش کی ہے۔جمیل شیدائی کے ڈراموں میں کردارکم ہوتے ہیں ان کے اکثر کردار پڑھے لکھے‘نوجوان اورشادی بیاہ اور زندگی کے فلسفے کو بیان کرتے رہتے ہیں۔ان کے ڈراموں میں کہانی پن کم ہوتا ہے۔اور منظرنگاری اور جذبات نگاری بھی کم ہوتی ہے۔

شکار

ڈراموں کے مجموعے ’’لب گفتار‘‘ میں شامل چھٹے ڈرامے کاعنوان ’’شکار‘‘ ہے۔اس ڈرامے کے کرداروں میں سعیدہ اس کا شوہرشفیق‘فیروز جوسعیدہ کا چچازاد بھائی ہےاورفوزیہ جوسعیدہ کی بہن اور ایم اے کی طالبہ ہے۔ڈرامے کا منظر بیان کرتے ہوئے جمیل شیدائی لکھتے ہیں:

> ’’مکان کا اندرونی حصہ۔وسیع دالان سے ملحقہ بڑے بڑے ہال ہیں۔پیش دالان سے باغ کا حصہ شروع ہوتا ہے ۔باغ اور پیش دالان کو ملانے والی سیڑھیوں کے دونوں جانب موتیا اور گلاب کے درخت لگائے گئے ہیں۔ آرام کرسی پر سعیدہ دراز ہے۔اس کا رخ دالان سے سیدھے جانب والے کمرے کی طرف ہے یہ سونے کا کمرہ دکھائی دیتا ہے۔مسہری پر آرام دہ بستر ہےاوراس کمرے کی دیواروں پرخوب صورت قدرتی مناظر کی تختیاں آویزاں کی گئی ہیں دوعورتیں اور دوکمسن بچیاں مختلف قسم کے کاموں میں مصروف ہیں‘‘۔۳٦؎

اس ڈرامے میں سعیدہ وار فوزیہ کی جانب سے فیروز کو فوزیہ کی شادی کے لیے راضی کرانے ایک دلچسپ تکنیک کے استعمال کو موضوع بنایا گیا ہے۔ فیروز ایم اے کر چکا ہے۔ وہ شفیق اور سعیدہ کے گھر رہنے کے لیے آتا ہے۔ فیروز کا تعارف فوزیہ سے ہوتا ہے۔ باتوں باتوں میں سعیدہ فیروز سے کہتی ہے کہ اسے فوزیہ کے مرد بیزار رویے سے پریشانی ہے وہ ہر قسم کے مردوں کو ناپسند کرتی ہے یہ فطرت کے خلاف ہے کہ نوجوان لڑکی مردوں سے بیزار رہے۔ فوزیہ کے بارے میں جان کر فیروز فوزیہ سے گفتگو کرنے کا ارادہ کرتا ہے ایک دن گھر کے لان میں بیٹھے فیروز ملازمہ کے ذریعے فوزیہ کو طلب کرتا ہے۔ جمیل شیدائی نے فیروز اور فوزیہ کی آپسی گفتگو کے ذریعے دونو جوان کرداروں کی نفسیات کو اجاگر کیا ہے۔ جمیل شیدائی لکھتے ہیں:

فیروز۔ میں ابھی آفس سے لوٹا ہوں سوچا تم سے کچھ باتیں کروں۔

فوزیہ۔ میں جانتی ہوں آپ کیا باتیں کرنا چاہتے ہیں۔

فیروز۔ یہ میرے لیے نیا انکشاف ہے اچھا بتاؤ تو میں تم سے کیا کہنے والا ہوں۔

فوزیہ۔ وہی جو عام طور پر مرد کسی لڑکی سے کہتے ہیں۔

فیروز۔ مجھے نہیں معلوم کہ مرد کیا کہتے ہیں۔

فوزیہ۔ یہی کہ تم بہت اچھی ہو بہت خوب صورت ہو اور نہ جانے کیا کیا۔

فیروز۔ بالکل غلط، میرے ذہن کے کسی گوشے میں بھی اس قسم کا کوئی خیال نہیں تھا۔ بلکہ میں تو خوفزدہ تھا کہ کہیں تم بھی دیگر عورتوں کی طرح وہی جملے نہ دہراؤ۔ جن کو سن کر میرے کان پک گئے ہیں۔

فوزیہ۔ (اسی کے لہجے کی نقل کرتے ہوئے) اب میں کیا جانوں کہ عورتیں کیا کہتی ہیں۔

فیروز۔ یہی کہ میں خوب صورت ہوں ویل بلٹ ہوں مسکولر ہوں مردانگی کا

شاہکار ہوں۔

فوزیہ۔ (ہنستی ہے)۔مردانگی کا شاہکار تو میں نہیں کہتی۔غلط فہمی کا شکار ضرور ہیں۔

فیروز۔ جن باتوں کا تذکرہ میں نے کیا کیا وہ مجھ میں نہیں ہیں۔

فوزیہ۔ فوزیہ بالکل نہیں بلکہ آپ میں اور ایک سطحی انسان میں مجھے ذرہ برابر بھی فرق محسوس نہیں ہوتا۔

فیروز۔ بعض عورتیں مردوں سے کیوں خار کھاتی ہیں وہ چاہتی ہیں کہ مردوں کا تذکرہ ان سے نہ کیا جائے ایسا کیوں ہوتا ہے؟

فوزیہ۔ میری سمجھ میں ایسی عورتیں بڑی عقلمند ہوتی ہیں کیوں کہ ان مخلوق کے تذکرے میں رکھا ہی کیا ہے۔ ۳۷

فوزیہ اور فیروز کی گفتگو سے اندازہ ہوتا ہے کہ فوزیہ ایم اے کی طالبہ ہے جس میں ایک مضمون نفسیات کا ہے۔دوران گفتگو فیروز فوزیہ سے کہتا ہے کہ وہ پہلے ہی نفسیات پڑھ چکا ہے اور فوزیہ کو نفسیات پڑھا سکتا ہے۔فیروز فوزیہ کی نفسیات جان چکا تھا وہ اس سے شادی کر کے اسے سدھارنا چاہتا تھا۔وہ سعیدہ سے کہتا ہے کہ فوزیہ نفسیاتی مریضہ ہے اس کی جلد سے جلد شادی کر دی جائے اگر وہ شادی کے لیے راضی نہ ہو تو ذبردستی اس کی شادی کرادی جائے۔سعیدہ کہتی ہے کہ فوزیہ کے لیے مناسب لڑکے کی تلاش ہے تب فیروز اپنے آپ کو فوزیہ کے لیے پیش کرتا ہے۔یہاں سے ڈراما ایک دلچسپ موڑ اختیار کرتا ہے ملاحظہ ہو فوزیہ اور سعیدہ کی گفتگو ملاحظہ ہو:

سعیدہ۔وہ تو بڑا بے وقوف نکلا۔

فوزیہ۔ہاں باجی۔میں ڈر رہی تھی کہ نہ جانے کتنے دن تک مجھے ''مرد بیزار'' عورت کا پارٹ ادا کرنا پڑے گا۔

سعیدہ۔تم خوش قسمت ہوفوزیہ وہ پڑھا لکھا ہے ملازم ہے تنخواہ خاصی اچھی ہے۔

فوزیہ۔ان چیزوں کے علاوہ ایک اور چیز بھی تو قابل تعریف ہے جس کا تذکرہ آپ نے نہیں کیا۔

سعیدہ۔وہ کیا؟

فوزیہ۔وہ یہ کہ حضرت بے وقوف بھی ہیں۔

سعیدہ۔ہاں! عورت کے نقطہ نظر سے تو یہ بہت اچھا ہے ہر بات کی وہ نفسیاتی تاویل دیتا بیٹھا رہے گا اور تم اپنی من مانی کرسکو گی۔

فوزیہ۔وہ تو ہے باجی مگر یہ مجھے اچھا نہیں لگتا کہ کسی سادہ لوح انسان کو اس طرح اُلو بنایا جائے۔

سعیدہ۔مجبوری ہے نا فوزیہ۔اگر ہم پراپر چینل سے آتے تو یہ قریب قریب ناممکن تھا۔

فوزیہ۔وہ کیوں؟

سعیدہ۔کئی باتیں اٹھ کھڑی ہوتیں اور پھر ہمارا اپنا ارادہ اور اشتیاق پس پردہ نہ رہتا ہمارے نقطہ نظر سے کچھ ٹھیک نہ ہوتا ہمارا پلان بڑا کارگر رہا۔تم نے پڑھا ہوگا (Curiosity kill a cat) بس اسی کے مصداق کام ہوتا گیا۔

فوزیہ۔مگر پھر بھی۔

سعیدہ۔تو پاگل ہے ارے اچھے لڑکوں کا کال ہے کال (وہ جاتی ہے) پردہ گرتا ہے۔۳۸

ڈرامہ ''شکار'' کے انجام سے اندازہ ہوتا ہے کہ کس طرح دو چالاک خواتین نے ایک بھولے بھالے نوجوان کو بے وقوف بنایا اور اس کے لیے نفسیاتی حربہ استعمال کیا۔اس ڈرامے کے مرکزی خیال کو دیکھتے ہوئے اندازہ ہوتا ہے کہ جمیل شیدائی کو ڈرامے لکھنے کے فن

پر عبور حاصل تھا اور نوجوان کرداروں سے ہی وہ مختلف قسم کی کہانیاں پیش کرتے ہیں اور اپنی ڈرامہ نگاری کو فروغ دیتے ہیں۔

دس وولٹ کا شاک

ڈراموں کے مجموعے ''لب گفتار'' میں شامل ساتویں ڈرامے کا عنوان ''دس وولٹ کا شاک'' ہے۔ ڈرامے کے کرداروں میں اختر' عروج' سعید اور سلطانہ ہیں۔ ڈرامے کا منظر بیان کرتے ہوئے جمیل شیدائی لکھتے ہیں:

> ''جب پردہ اٹھتا ہے تو ہمیں نئے تعمیر شدہ مکان کا ایک وسیع حصہ نظر آتا ہے۔ پلاسٹر دیواروں پر لگا دیا گیا ہے۔ کھڑکیاں اور دروازے رنگ سے بے نیاز ہیں۔ کہیں کہیں ان پر برش کے ہلکے سے نشانات ملتے ہیں یوں لگتا ہے کسی نے رنگ دیکھنے کے لیے اس کا کچھ حصہ استعمال کیا ہو۔ کمرے کے ایک کونے میں کیسنگ' برقی تار کے بنڈل' ٹرانسفارمرس اور مختلف قسم کے اوزار رکھے ہوئے ہیں۔ اندرونی دروازے سے عروج آتی ہے وہ نوجوان ہے اس لیے خوبصورت بھی ہے۔ وہ دیوار سے لگے سنگھار میز کے روبرو کھڑی ہو کر آئینہ میں اپنا جائزہ لیتی ہے دروازے پر دستک ہوتی ہے) کون ہے آجاؤ (دروازے سے سعید اور اختر داخل ہوتے ہیں) سعید سن رسیدہ ہے چہرے پر جھریاں ہیں اختر وجیہہ جوان ہے اور اس کے مضبوط جسم میں وہی کس بل ہے جو اکثر محنت کش طبقے کے نوجوانوں میں نظر آتا ہے۔ یہ طبعیت کا سیدھا سادہ ہنس مکھ انسان لگتا ہے۔ وہ

دونوں کمرے کے اس کونے کی طرف جاتے ہیں جہاں بجلی کا
سامان رکھا ہوا ہے سعید کچھ اوزار اور تار لیے باہر چلا جاتا
ہے)۳۹

ڈراما ''دس وولٹ کا شاک''، میں جمیل شیدائی نے ڈرامہ نگاری کے اپنے فن کو زندگی کے مشاہدات اور تجربات میں ڈھالنے کی کوشش کی ہے۔ ڈرامے کی کہانی بس اتنی ہے کہ عروج کے گھر میں برقی کی ایک جگہ سے دوسری جگہ پہنچانے کے لیے الیکٹریشن کام کر رہے ہیں ایک نوجوان الیکٹریشن اختر اور گھر میں موجود نوجوان خاتون عروج کے درمیان نوک جھونک ہوتی ہے۔ چونکہ جمیل شیدائی ادبی مزاج رکھتے تھے اور انہوں نے اپنے ڈراموں میں جتنے بھی نوجوان کردار پیش کیے ہیں وہ باتوں میں بے باک نڈر اور ادبی ذوق رکھنے والے ہوتے ہیں اس ڈرامے میں بھی اختر اور عروج کے درمیان ایک دوسرے کے تعلق سے دلچسپ مکالمہ آرائی ہوتی ہے اختر میکانک ہے لیکن اسے پڑھنے کا شوق ہے دوسری طرف عروج اچھے گھر سے تعلق رکھتی ہے لیکن باتوں میں چلبلا پن ہے وہ اختر سے کام جلد کرنے کے ضمن میں بات کرتی رہتی ہے اختر عروج کو باتوں باتوں میں اس کے حسن اور خوبصورتی کے اشارے کرتا ہے۔ ڈرامے کے آخر میں جب عروج پوچھتی ہے کہ برقی شاک کیسا ہوتا ہے تو وہ ٹرانسفر لگنے کے بعد کم برقی کے ایک ننگے تار کو جان بوجھ کر عروج پر چھوڑ دیتا ہے جس سے اسے شاک لگتا ہے یہ دس وولٹ کا شاک تھا جس سے کوئی خاص نقصان نہیں ہوتا ہے لیکن عروج کی چیخ نکل جاتی ہے تب اختر کہتا ہے کہ شاک کمزور ہو یا طاقت ور برقی شاک کا جھٹکا تو لگتا ہے۔ ڈرامے میں اختر اور عروج کی نوک جھونک ملاحظہ ہو:

اختر۔ ایک دن میں تو میں بھی کام ختم کر سکتا ہوں لیکن میں نہیں چاہتا۔ کیا فائدہ کچے کام سے۔ دوسرے دن ہی آپ کو پریشانی لاحق ہو جائے گی۔

عروج۔ باتیں بنانا تو کوئی تم سے سیکھے۔

اختر۔ جی نہیں اگر کوئی مجھ سے کچھ سیکھنا ہی چاہتا ہے تو وہ بجلی کا کام سیکھے۔

عروج۔ کیا مجھے سکھاؤ گے۔

اختر۔ آپ سیکھ کے کیا کریں گی؟

عروج۔ تمہاری طرح میں بھی کام کروں گی۔

اختر۔ پھر تو میرے لیے مشکل ہو جائے گی۔

عروج۔ کیوں؟

اختر۔ اس لیے کہ سارا کام تو آپ کے ہاتھ لگے گا اور مجھے بھوکوں مرنا پڑے گا۔

عروج۔ سارا کام میرے ہاتھ کیوں لگے گا؟

اختر۔ اس لیے کہ آپ کی کی ہوئی فٹنگ سے بجلی کا بل کم آئے گا

عروج۔ وہ کیسے؟

اختر۔ بس آپ کا ہاتھ جو لگ جائے گا۔

عروج۔ تم بدمعاش لگتے ہو۔

اختر۔ (مسکراتے ہوئے) ذرہ نوازی ہے آپ کی۔

عروج۔ مجھے کتنے عرصے میں کام سکھا دو گے؟

اختر۔ میں عورتوں کو کام نہیں سکھاتا۔ آپ کو کام سیکھنا ہی ہے تو استاد سے سیکھئے۔ وہی جو میرے ساتھ کام کر رہے ہیں۔

عروج۔ تم کیوں نہیں سکھاتے؟

اختر۔ عورتوں کا دماغ تیز ہوتا ہے اس لیے انہیں کوئی سمجھ دار اور دار ندہ ہی سکھائے۔

عروج۔ تم سمجھ دار نہیں؟

اختر۔ اگر ہوتا تو آج یہ کام کرنے کے بجائے کسی آفس میں سکریٹری ہوتا یا کسی بنک کا مینیجر

عروج۔اونہہ اس سے کیا ہوتا ہے؟

اختر۔ اس سے بہت کچھ ہوتا ہے نقشہ ہی بدل جاتا ہے۔

عروج۔اچھا ایک بات بتاؤ جب شاک لگتا ہے تو کیا محسوس ہوتا ہے۔

اختر۔ ایسا لگتا ہے جیسے کوئی سینے کے اندر ہاتھ ڈال کر جگر پھیپھڑے اپنی پوری قوت سے کھینچ رہا ہے۔

عروج۔پھر کیا ہوتا ہے؟

اختر۔ پھر کیا ہوتا ہے؟ وہی ہوتا ہے جو منظور خدا ہوتا ہے۔

عروج۔ مجھے آج تک شاک نہیں لگا۔

اختر۔ (زیر لب) بجلی کو شاک کہاں لگتا ہے۔

عروج۔کیا کہا؟[۴۰]

دوران گفتگو اختر اور عروج میں دلچسپ نوک جھونک جاری رہتی ہے۔عروج کہتی ہے کہ اس کے والد کے پانی کے جہاز ہیں اور اس نے زندگی میں کئی مما لک کا سفر بھی کیا ہے۔عروج کی والدہ سلطانہ سے معلوم ہوتا ہے کہ عروج نے جھوٹ کہا ہے۔اختر جان بوجھ کر عروج کو شاک کا جھٹکا دیتا ہے۔اس منظر کو ملاحظہ کریں:

سلطانہ۔ ٹھہرو میں کرسی تھامنے کے لیے عروج کو بھیجتی ہوں (سلطانہ اندرونی حصے میں چلی جاتی ہے۔اختر تیزی سے باہر کی طرف بھاگتا ہے اور کچھ دیر بعد ٹرانس فارمر پن اور تار لیے آتا ہے۔وہ دیوار پر لگے دو پلگوں کے بیچ میں ٹرانسفارمر لگاتا ہے پن سے نکلے ہوئے تاروں کو ہاتھ لگا کر دیکھتا ہے عروج مسکراتی ہوئی آتی ہے اور کرسی کو مضبوطی سے پکڑتی ہے۔اختر جھک کر ننگے تاروں کو اس کے ہاتھ سے چھو دیتا ہے۔وہ چیخ مار کر پیچھے ہٹ جاتی

ہے)

اختر۔ کیا ہوا۔؟

عروج۔ شیطان کہیں کے۔کتنی زور کا شاک لگا ہے۔

اختر۔ کیا محسوس ہوا؟

عروج۔ تم واقعی کمینے ہو۔

اختر۔ دس وولٹ کے شاک سے اتنی پریشانی۔جانتی ہو اسے کیا کہتے ہیں۔اسے کہتے ہیں دس وولٹ کا چم چم۔یہ تو خیر جھوٹ کی سزا تھی۔اب پانی کے جہاز کا حساب بھی بے باق کردوں(وہ تار لیے اس طرف بڑھتا ہے) گھبرانے کی ضرورت نہیں ۔صرف ایک شاک اور۔۔[۱۴۱]

اس طرح ڈراما دس وولٹ کا شاک میں اختر اور عروج کی دلچسپ نوک جھونک کو ڈرامے کا موضوع بنایا گیا ہے۔جمیل شیدائی اپنے کرداروں کے مکالموں سے ڈرامے میں جان ڈال دیتے ہیں۔ان کے ڈراموں میں کہانی سے زیادہ کرداروں کے مکالمے‘ان کے ادبی ذوق کا اظہار اور نوجوان کرداروں کی نفسیات ڈراموں میں اہمیت کے حامل ہوتے ہیں۔

نقش قدم

ڈراموں کے مجموعے ’’لب گفتار‘‘ میں شامل آٹھویں ڈرامے کا عنوان ’’نقش قدم‘‘ ہے۔اس ڈرامے کے عنوان کے ساتھ نیچے قوسین میں (مرکزی خیال انگریزی سے) سے لکھا ہے یعنی جمیل شیدائی نے اس ڈرامے کے خیال کو کسی انگریزی ڈراما یا کہانی سے اخذ کیا ہے۔ڈرامے کے کرداروں میں

سلیم حیدر۔بساط ادب کا مدیر

سکینہ حیدر۔سلیم حیدر کی بیوی

مہدی حسن۔ایک عمر رسیدہ شاعر

شبیر، زرینہ کبیر۔سلیم حیدر کے بیٹے اور بیٹی شامل ہیں۔

ڈرامے کا منظر بیان کرتے ہوئے جمیل شیدائی لکھتے ہیں:

'فرنیچر سے آراستہ ڈرائنگ روم۔اس کے وسط میں میز ہے جس پر مختلف زبانوں کے رسالے رکھے ہوئے ہیں۔سلیم حیدر کرسی پر دراز ہے۔اس کے ہاتھ میں بجھا ہوا پائپ ہے اس کے مقابل اس کی بیوی سکینہ حیدر بیٹھی ہے۔سلیم حیدر ماہنامہ ''بساط ادب'' کا ایڈیٹر ہے۔مشرقی تہذیب سے اسے بیر سا ہے اور وہ اس کو اپنے رسالے کے ذریعے مغربی تہذیب سے بدلنا چاہتا ہے۔اور اس کی ساری توانائیاں اسی جانب صرف ہوتی ہیں۔ اس کوشش کا عملی ثبوت اس کا رہن سہن ہے اور اس کی بیوی سکینہ حیدر ہے جس نے آکسفورڈ سے گریجویشن کرنے کے بعد جرنلزم کا ڈپلوما لیا ہے۔ یہ اردو سے نابلد ہے صرف بول لیتی ہے حرف آشنا نہیں''۔۴۲

ڈرامہ ''نقش قدم'' کے منظر نامے سے اندازہ ہوتا ہے کہ جمیل شیدائی نے اس ڈرامے میں مغربی تہذیب کے دلدادہ گھرانے کا تعارف پیش کیا ہے۔اور حقیقت بھی یہ ہے کہ ڈرامے میں شامل سارے کردار اپنی گفتگو اور عمل سے مغربی تہذیب کو اختیار کیے دکھائی دیتے ہیں۔ ڈرامے کے ابتداء میں حیدر اپنی بیوی سکینہ سے کہتا ہے کہ وہ روایتی شاعری سے نفرت کرتا ہے لیکن اس کا پڑوسی مہدی حسن رسالے میں شائع کرانے کے لیے ایسی شاعری بھیجتا ہے جس میں گل وبلبل، گلستان وصحرا ومحبوب رقیب نامہ بر کے تذکرے ہوتے ہیں میں

نہ چاہتے ہوئے بھی مہدی حسن کا کلام اس لیے شائع کرتا ہوں کہ وہ رسالے کے لیے اشتہارات لاتا ہے جس سے اس کے رسالے کے مالی اخراجات کی تکمیل ہوتی ہے۔ سکینہ اور حیدر پھر اپنے بیٹے کبیر کے بارے میں باتیں کرنے لگتے ہیں۔ جسے مطالعے کا شوق ہوگیا تھا اور وہ اردو شعر و ادب کی کتابیں پڑھنے لگتا ہے جب کہ سکینہ اردو پڑھ نہیں سکتی۔ اس سلسلے میں سکینہ اور حیدر کی گفتگو ملاحظہ ہو۔

سکینہ۔ اپنا کبیر ہے نا۔ اسے پڑھنے کی بیماری لگ گئی ہے۔ چوبیس گھنٹے کتاب آنکھوں کے سامنے رہتی ہے اس نے کتابیں وہاں ڈریسنگ شلف کے پیچھے چھپا کے رکھ دی ہیں مجھے اردو نہیں آتی میں وہ کتابیں لے آتی ہوں دیکھو تو کیا کتابیں ہیں۔

حیدر۔ اس کی عمر سترہ سال ہوگئی ہے اب اسے آزادی ہے کہ اپنی ایک الگ لائبریری بنالے۔

سکینہ۔ پھر بھی ہمارا جاننا ضروری ہے (وہ جاتی ہے اور کچھ دیر بعد کتابیں لے آتی ہے۔ یہ دیکھو (وہ ایک ایک کتاب اس کی طرف بڑھاتی ہے اور سلیم حیدر نام پڑھتا ہے)

حیدر۔ رباعیات عمر خیام، بہت خوب کلیات جگر، واہ نقش فریادی اور یہ بانگ درا

سکینہ۔ یہ سب کیا ہیں؟

حیدر۔ یہ شاعری کی کتابیں ہیں اس کا ذوق کافی نکھرا ہوا دکھائی دیتا ہے۔ سب کے سب اردو کے نامور شاعر ہیں۔

سکینہ۔ بے وقوف ہے۔ میں نے اسے بائرن، شیلے، کیٹس اور براؤننگ پڑھنے کو دیئے اسے تو ان سے دل چسپی مطلق نہیں۔ اردو شاعری میں کیا دھرا ہے۔ [۴۳]

ڈرامے کے اگلے منظر میں مہدی اور حیدر کی گفتگو پیش کی گئی ہے۔ مہدی حیدر کے گھر آتا ہے اور اس کے بیٹے کی شکایت کرتا ہے کہ وہ مہدی کی بیٹی کے نام پیار بھرے خط لکھ رہا ہے۔ حیدر اور اس کی بیوی اپنے بیٹے کی حرکتوں کو زمانے کے مطابق قرار دیتے ہیں جب

کہ مہدی اسے آوارہ گردی قرار دیتا ہے مہدی کے خیالات ملاحظہ ہوں:

مہدی۔ تم سمجھتے نہیں اور نہ کبھی سمجھو گے۔ اس مغربیت کے ناسور کو میں تمہارے بچوں کی تباہی کے لیے تم سے زیادہ تمہاری بیوی کو ذمہ دار ٹھہراؤں گا تم تو بے حد مصروف رہتے ہو وہ تو اپنی اولاد کو سیدھا راستہ چلاتیں۔ اس معاملے میں مریم بے قصور ہے پھر بھی میں نے اسے پندرہ دن کی سزا دی ہے ان پندرہ دنوں میں وہ کمرے سے باہر نہیں نکلے گی کالج نہیں جائے گی سمجھے تم اپنی اولاد کی بھلائی چاہتے ہو تو برخوردار کو سزا دو ورنہ ہو سکتا ہے یہ میرے ہاتھ ختم ہوں گے یا پولس کے۔[۴۴]

مہدی کی باتیں سن کر حیدر کو غصہ آتا ہے وہ اسے گھر سے چلے جانے کے لیے کہتا ہے۔ مہدی حیدر کے گھر سے چلا جاتا ہے۔ حیدر اپنی بیٹی اور بیوی سے اس سلسلے میں بات کرتا ہے تو پتہ چلتا ہے کہ کبیر نے یہ خطوط اردو میں لکھے ہیں۔ حیدر اپنے بیٹے کو بلا کر خط لکھنے کی تفصیلات جانتا ہے تو معلوم ہوتا ہے کہ کبیر نے مہدی کی بیٹی کو پیار بھرے خط اردو میں لکھے ہیں۔ حیدر کے کہنے پر کبیر ایک خط یوں پڑھ کر سناتا ہے:

کبیر۔ ڈارلنگ مریم۔ رات کے بارہ بج رہے ہیں۔ اندھیرا گھپ ہے میں اپنے کمرے میں اکیلا بیٹھا الوؤں کو اڑتے دیکھ رہا ہوں۔ کبھی کبھی کوئی چوہا کسی الو کے خوف سے کمرے میں گھس آتا ہے ان ہی کھلی کھڑکیوں سے تمہاری یاد بھی دبے پاؤں اندر آجاتی ہے مت پوچھو کہ مجھ پر کیا گزرتی ہے دل بے اختیار چاہتا ہے کہ ان قیدوں کو توڑ کر

تم تک اڑتا چلا آؤں اور تمھیں جگر کی نظمیں فیض کی غزلیں سناؤں میرا حال یوں ہے جیسا کہ مجاز نے اپنی غزل کے اس مصرع میں کہا ہے۔۔اے غم دل کیا کروں اے وحشت دل کیا کروں۔یہی ایک سوال بار بار ذہن میں گونج رہا ہے جانتی ہومیں کیا کرنے والا ہوں میں اوپر بنگلے پر جاؤں گا اور کوشش کروں گا کہ کم سے کم تمھاری یاد میں غزل کے کچھ مصرعے کہہ سکوں۔[45]

کبیر کی زبانی یہ خط سن کر سکینہ اکتا جاتی ہے۔حیدر کہتا ہے کہ اچھا لکھا ہے لیکن کبیر کو غزل اور نظم کے فرق نہیں معلوم۔خط لکھنے کا طریقہ بھی نہیں جانتا۔کبیر کے جانے کے بعد سکینہ اور حیدر اپنی جوانی کے دن یاد کرنے لگتے ہیں کہ کس طرح ان دونوں نے ایک دوسرے کو خطوط لکھے تھے۔دونوں اٹھ کر ان خطوں کو قلمدان سے ڈھونڈنے کے لیے نکل پڑتے ہیں۔ اس طرح ڈرامے کا اختتام عمل میں آتا ہے۔ یہ ڈراما ترقی پسندی اور قدامت پسندی کے درمیان کشمکش کو ظاہر کرتا ہے۔حیدر اور اس کے افراد خاندان جدید خیالات کے ہیں انہیں فیشن اور آزادی پسند ہے جب کہ مہدی قدامت پسند مشرقی خیالات کا انسان ہے اسے اچھا نہیں لگتا کہ کوئی اس کی جوان بیٹی کو پیار پھرے خط لکھتا رہے۔ بہر حال کرداروں کی گفتگو کے ذریعے جمیل شیدائی نے قدیم اور جدید طرز زندگی کو ابھارنے کی کوشش کی ہے۔حیدر، سکینہ اور کبر جیسے کردار ہمارے سماج میں آسانی سے مل جاتے ہیں۔ جب کہ دولت مند طبقہ مغرب زدہ زندگی کو پسند کرنے لگا ہے اور مشرقی اقدار کو قدامت پرستی کی نظر سے دیکھنے لگتا ہے۔لیکن دوسری جانب مشرقی اقدار کو چاہنے والے بھی موجود ہیں اس طرح فکری تضاد کو اس ڈرامے میں پیش کرنے کی کوشش کی گئی ہے۔

شریر

ڈراموں کے مجموعے ''لب گفتار'' میں شامل نویں ڈرامے کا عنوان ''شریر'' ہے۔ جس کے کرداروں میں شکیلہ کالج کی طالبہ ریاض شکیلہ کا پھوپھی زاد بھائی اور اسد شکیلہ کا تازیا زاد بھائی ہے۔ شکیلہ ڈرامے کی مرکزی کردار ہے جس کے گھر ریاض اور اسد آتے ہیں پھوپو زاد بھائی ریاض اور ماموں کی بیٹی شکیلہ کے درمیان ہلکی پھلکی نوک جھونک کے درمیان محبت کے اس گوشے کو بیان کیا گیا ہے جس میں اکثر ماموں کی بیٹی اپنے پھوپھوزاد بھائی سے شادی کی خواہاں ہوتی ہے لیکن سائنس پڑھے لوگ اندرون خاندان شادی اس لیے نہیں کرنا چاہتے کہ اس سے کمزور اور عیب دار اولاد پیدا ہونے کا خدشہ رہتا ہے۔ ریاض اور شکیلہ کی بے باکی بھی اس ڈرامے کی اہم بات ہے جب کہ تنہا شکیلہ کے گھر میں ریاض داخل ہو کر اس کے بازو پکڑ کر اسے اپنی جانب کھینچتا ہے۔ اس طرح کی حرکت پر شکیلہ جب ناراضگی کا اظہار کرتی ہے تو ریاض فلمی انداز میں اس طرح کے منظر کو یوں بیان کرتا ہے۔

ریاض۔ پکچروں میں تو یہی ہوتا ہے ہیرو پلٹ کر کھڑا ہو جاتا ہے اور ہیروئن کپڑے تبدیل کرتی ہے اور میں نے تو یہاں تک دیکھا ہے کہ وہ نہانے کے بعد تولیہ لپیٹے کھڑی ہے ہیرو گھومتا ہے ہیروئین شرم کے مارے دونوں ہاتھوں سے اپنا چہرہ چھپا لیتی ہے۔ وہ کچھ اس تیزی سے ہاتھ چہرے تک لے جاتی ہے کہ تولیہ کھل کر نیچے گر جاتا ہے اب ہیرو کی باری ہوتی ہے وہ اپنے دونوں ہاتھوں سے آنکھیں ڈھانک لیتا ہے تھرڈ کلاس سے سیٹیاں بجنے لگتی ہیں سکنڈ کلاس اور فرسٹ کلاس والے پتہ نہیں کیوں آگے کی طرف جھک جاتے ہیں۔[۴۶]

شکیلہ ریاض کو بے شرم کہتی ہے لیکن وہ ڈھٹائی کا مظاہرہ کرتے ہوئے کمرے کا دروازہ بند کر لیتا ہے۔ ریاض کے ہاتھ پکڑنے سے شکیلہ کے کپڑے پر دھبہ لگ جاتا ہے۔ ریاض اسے پانچ روپے دے کر ڈرائی کلین کروانے کا مشورہ دیتا ہے۔ شکیلہ کو کالج جانا تھا

لیکن ریاض کی حرکتوں سے وہ پریشان ہوتی ہے۔چائے پلانے کے وعدے پر ریاض دروازہ کھولتا ہے۔شکیلہ ہمیشہ اپنی گفتگو میں اسد بھائی کا ذکر کرتی ہے جس پر ریاض برا مانتا ہے۔ریاض کے جانے کے بعد اسد گھر میں داخل ہوتا ہے۔اسد اور شکیلہ کی گفتگو ملاحظہ ہو۔

شکیلہ۔ ایک بات (چائے کی پیالی دیتے ہوئے) یہ بتایئے کہ شادی کب کر رہے ہیں؟

اسد۔ شادی کی مجھے جلدی نہیں کبھی نہ کبھی ہو جائے گی۔

شکیلہ۔ لڑکی تو دیکھی ہوگی۔

اسد۔ نہیں ایسی کوئی بات نہیں مگر اتنی بات ضرور ہے کہ میں شادی رشتے داروں میں نہیں کروں گا۔

شکیلہ۔ رشتے داروں میں کیوں نہیں۔

اسد۔ تم جانتی ہو میں سائنس کا طالب علم رہا ہوں۔میرا مضمون جنیٹکس ہے رشتے داروں میں شادی کرنے سے اولاد کے کمزور اور بیمار پیدا ہونے کے پورے پورے امکانات ہوتے ہیں سمجھیں نا تم۔

شکیلہ۔ جی ہاں چائے کیسی ہے۔ریاض نے تو چائے تک نہیں پی حالانکہ وہ چائے کے لیے بہ ضد تھا۔[47]

جب شکیلہ کو معلوم ہو جاتا ہے کہ اسد کا خاندان میں شادی کا ارادہ نہیں تو وہ وہ ریاض کی شرارتوں کے باوجود اسے پسند کرنے لگتی ہے جب ریاض گھر میں داخل ہوتا ہے اور وہ شکیلہ کو اس کے نئے شرٹ کا کپڑا اور سلوائی کا پیسہ دیتا ہے تب شکیلہ اس سے مذاق کرنے لگتی ہے وہ اسے بٹھا کر واپس آتی ہے اور ریاض کے کپڑوں پر اپنے ہاتھوں سے کالک لگا دیتی ہے اور دروازہ بند کر کے اسے ستانے لگتی ہے۔اس طرح ڈرامے کا اختتام عمل میں آتا ہے۔ نوجوان کرداروں کی نوک جھونک اور خاندان میں شادی نہ کرنے پر کرداروں کے جذبات کو

اس ڈرامے کا مرکزی خیال بنایا گیا ہے۔سابق کی طرح اس ڈرامے میں بھی کرداروں کے مکالموں سے ڈراما نگار جمیل شیدائی نے اپنے خیالات کی ترسیل کی کوشش کی ہے ان کے ڈراموں میں کہانی کم ہوتی ہے بس کسی ایک خیال کو لے کر وہ کرداروں کی گفتگو سے اپنے خیالات کو پیش کرنے لگتے ہیں۔سائنس کے گرائجویٹ جمیل شیدائی خود کو ان کرداروں میں پیش کرنے لگتے ہیں اس طرح ان کے ڈرامے ہلکے پلکھے اور کرداروں کی نوک جھونک سے قارئیں کے لیے دلچسپی کا عنصر فراہم کرتے ہیں۔

جائیں کہاں

ڈراموں کے مجموعے ''لب گفتار'' میں شامل دسویں ڈرامے کا عنوان'' جائیں کہاں'' ہے۔اس ڈرامے میں دور حاضر میں قلی قطب شاہ اور بھاگ متی کی شہر حیدرآباد میں آمد اور شہر کی بدلی زندگی پر تاثرات کو ظاہر کیا گیا ہے۔ڈرامے میں چار کردار قلی قطب شاہ 'بھاگ متی' مرد اور عورت شامل ہیں۔ ڈرامہ ڈسمبر ۱۹۷۰ء کی رات کا منظر پیش کرتا ہے۔ڈرامے کے آغاز پر جب قلی قطب شاہ کہتا ہے کہ ہمیں سردی لگ رہی تھی تب بھاگ متی اسے یاد دلاتی ہے کہ جب انہوں نے موسیٰ ندی مین اپنا گھوڑا ڈال دیا تھا تب سردی کیوں نہیں لگی تھی۔قلی قطب شاہ اس وقت کے مناظر کو یاد کرتا ہے۔قلی قطب شاہ کے کردار میں در اصل ڈراما نگار ہے اکثر وہ اپنی سائنس دانی کا اظہار ڈراموں میں کرتے رہتے ہیں موجودہ دور کا قلی قطب شاہ بھی بھاگ متی سے بات کرتے ہوئے اپنی سائنسی معلومات کا اظہار کرتے رہتا ہے بھاگ متی شہر کے نظارے میں مصروف ہے۔تھانے پر ایک سنتری ہے جو نیند کی وجہہ سے مجبور ہے اور پہرہ دیتے ہوئے سو جاتا ہے۔قلی قطب شاہ اپنے دور کے پہرہ داروں کی بہادری کو یاد کرتا ہے۔قلی قطب شاہ اور بھاگ متی کسی کا انتظار کر رہے ہیں۔دراصل وہ ایک میاں بیوی کی گفتگو سنتے ہیں جو کوٹلہ کی سمت سے چارمینار کی طرف باتیں کرتے ہوئے آگے بڑھ رہے ہیں۔جمیل شیدائی قلی قطب شاہ بھاگ متی اور مرد اور عورت کی گفتگو کو اس

طرح بیان کرتے ہیں:

قطب شاہ: ہم نہیں سمجھتے کہ وہ اتنی کڑاکے کی سردی میں بھی آئیں گے۔

بھاگ متی : وہ تو بارش میں بھی آتے رہے ہیں (کوٹلے کی سمت سے ایک جوڑا چارمینار کی طرف آتا ہے۔مرد اور عورت دونوں اچھی شکل وصورت کے ہیں۔گرم کپڑے پہنے ہوئے وہ آگے بڑھ رہے ہیں ان کی باتیں ہمیں سنائی نہیں دیتیں بلکہ ہونٹ ہلتے نظر آتے ہیں۔)ان دونوں کی محبت پر ہمیں رشک آتا ہے۔

قطب شاہ: آنا بھی چاہیے ۔چلو ادھر ہوجائیں۔وہ وہاں سیڑھیوں پر بیٹھیں گے (قطب شاہ اور بھاگ متی سیڑھیوں کے قریب رک جاتے ہیں عورت اور مرد سیڑھیوں پر بیٹھ جاتے ہیں)

مرد: (عورت سے) تم نے شال کیوں نہیں اوڑھی دیکھتی نہیں ہو کتنی سردی ہے۔

عورت مجھے تو نہیں لگتی۔

مرد کیوں؟

عورت تم جو قریب ہو۔۔دیکھو میرا ہاتھ کتنا گرم ہے۔

مرد دیکھیں (وہ عورت کا ہاتھ ہاتھ میں لیتا ہے)۔۔واقعی تمہارا ہاتھ تو گرم ہے۔

عورت میں نے کہا نہیں۔شاید تمہیں سردی لگ رہی ہے۔

مرد نہیں مجھے سردی نہیں لگ سکتی۔

عورت کیوں؟

مرد اس لیے کہ میں سورج کے قریب ہوں

عورت بے وقوف کہیں کہ تشبیہ دی بھی تو سورج سے جس کا کام جلانا

ہے۔

مرد　　　بہ ظاہر ایسا لگتا ہے لیکن سورج کا اصل کام تو زندہ رکھنا ہے۔

عورت　　　اب تم اپنی بات کو درست بتانے کے لیے ہزار باتیں بناؤ گے۔

مرد　　　تم میرے قریب آجاؤ تو خاموش ہو جاؤں (وہ اس کی طرف کھسکتی ہے)

عورت　　　بس؟

مرد　　　تھینک یو

عورت　　　(بیاگ کھولتی ہے اور شال نکالتی ہے) یہ اس لنگڑے بچے کے لیے ہے جو سردی میں ٹھٹھرتا ہے۔

مرد　　　میں تو بھول ہی گیا فوراً اٹھا دو

عورت　　　مجھے یقین ہے کہ وہ صبح روٹی کے لیے اسے بھی بیچ ڈالے گا

مرد　　　کم سے کم وہ چار گھنٹے تو وہ گرم رہے گا۔

عورت　　　ہاں یہ بات تو ہے ایک اور شال ہے

مرد　　　کس کے لیے

عورت　　　اس جذامی لڑکی کے لیے جو ہائی کورٹ کے دروازے سے لگی اپنی گاڑی میں ٹھٹھرتی ہے۔

مرد　　　تو ادھر چلیں　　　۴۸

مرد اور عورت مزید کچھ دیر گفتگو کرتے رہتے ہیں اور حیدرآباد کے ماضی اور قطب شاہی دور کو یاد کرنے لگتے ہیں۔ قطب شاہ کو بہادر کہتے ہوئے مرد کہتا ہے:

''اس لیے کہ قطب شاہ رحم دل بادشاہ تھا اگر میں قطب شاہ ہوتا تو رعایا کی یہ حالت

مجھ سے دیکھی نہ جاتی۔ یہ رکشہ کھینچتے ہوئے جانور نما انسان سردی میں ٹھٹھرتے ہوئے بچے اور بوڑھے بھوکے اور ننگے انسان اور جو متمول ہیں ان کے زہر سے بھرے دماغ یہ سب کچھ مجھ سے برداشت نہ ہوتا اور میں سلطنت کسی کے حوالے کرکے جنگل کی راہ لیتا۔۴۹؎

عورت اور مرد اسی طرح حیدرآباد کے ماضی اور حال کا تقابل کرتے آگے بڑھ جاتے ہیں۔قطب شاہ اور بھاگ متی پھر آپس میں بات کرنے لگتے ہیں۔ بھاگ متی قطب شاہ سے سوال کرتی ہے کہ اگر وہ اس دور میں ہوتے تو کیا کرتے تب قطب شاہ کہنے لگتا ہے:

> ''یہ بڑا عجیب سوال ہے اس دور میں پہلے تو ہمیں اس دور میں ہونا پسند نہیں اور اگر خدا کا یہ منشا ہوتا تو غریبوں سے پیار کرتے اور ان کی فلاح و بہبود کے لیے ان نام نہاد لیڈروں کو سولی پر چڑھا دیتے جن کے نزدیک سوائے اپنے مفاد کی اہمیت کے کچھ نہیں ان راشی آفیسروں کو سزائیں دیتے جن کی وجہہ سے قابل غریب اپنی صلاحیتوں کا جنازہ خود اپنے ہی کندھوں پر اٹھائے تلاش روزگار میں سرگرداں ہے۔لوگوں کے اخلاقی معیار کو بلند کرتے جس سے تم دیکھتی ان میں اتحاد پیدا ہوتا ہمدردی ہوتی۔ ان کے ضمیر کو ہم جھنجھوڑتے اور اسے اتنا پاک بناتے جس پر انہیں غلط کاری کا ایک ہلکا سا دھبہ بھی گوارا نہ ہوتا۔کیا یہ چیزیں کافی نہیں ہیں''۔۵۰؎

اسی طرح کی باتیں کرتے قطب شاہ کہتا ہے کہ چلو واپس چلتے ہیں ہمارا اس شہر میں دل نہیں لگتا۔ اس طرح وہ اوپر اٹھ کر تحلیل ہو جاتے ہیں۔جمیل شیدائی نے اس ڈرامے میں ماضی کو حال میں لانے کی ٹکنیک استعمال کرتے ہوئے حیدرآباد کی دور ماضی کی خوشحالی اور

موجودہ دور کے برے حالات کا تقابل کیا ہے۔ ڈرامے میں مرد اور عورت کی گفتگو سے حیدرآباد کے قدیم دور کو چاہنے اور موجودہ دور کے برے حالات کو پیش کیا گیا ہے۔ یہ ڈرامہ بھی کرداروں کی گفتگو کے ذریعے آگے بڑھتا ہے۔ ڈرامے میں نوجوانوں کے جذبات کو بھی ظاہر کیا گیا ہے۔

روشن دان

ڈراموں کے مجموعے ''لب گفتار'' میں شامل گیارہویں ڈرامے کا عنوان ''روشن دان'' ہے۔ اس ڈرامے میں تین کردار جواد، ڈاکٹر ممتاز جواد کی ماں اور عذرا افسانہ نگار ہیں۔ عذرا جواد اور ممتاز کے گھر ایک مہینہ رہنے کے لیے آتی ہے جواد عذرا کو لینے اسٹیشن نہیں جا سکتا جس پر اس کی والدہ غصہ کا اظہار کرتی ہے۔ جواد بہ حیثیت اسسٹنٹ سرجن عذرا سے اپنا تعارف کرواتا ہے عذرا اپنی تعلیم کے بارے میں سناتی ہے کہ اس نے نفسیات سے ایم اے کیا ہے اب سماجیات سے ایم اے کرنے کا ارادہ ہے۔ وہ چونکہ افسانہ نگار تھی اس لیے وہ نفسیات کے ساتھ سماجیات کے موضوع کو بھی اچھی طرح سمجھ کر پڑھنا چاہتی ہے۔ جواد کے پوچھنے پر عذرا کہتی ہے کہ وہ رومانی افسانے لکھتی ہے کبھی سماجی افسانے بھی لکھ لیتی ہے۔ دس پندرہ دن بعد عذرا اور جواد میں دوریاں ختم ہو جاتی ہیں اور دونوں بے باکی سے ادب اور زندگی کے مختلف موضوعات پر باتیں کرنے لگتے ہیں عذرا اپنے افسانے کا ایک حصہ جواد کو سناتی ہے جس میں عریانیت کا شائبہ تھا۔ عذرا کہتی ہے کہ عریانیت یہ سب سوچ کا انداز ہے دونوں جنس اور دیگر ادبی پہلوؤں پر نفسیاتی انداز میں گفتگو کرنے لگتے ہیں۔ عذرا گفتگو کے دوران اپنی بے باکی ظاہر کرتی رہتی ہے جب کہ جواد اسے زندگی اور افسانوں میں حد ادب کا لحاظ رکھنے کی تلقین کرتا ہے۔ ڈرامے کے دوران جواد اور عذرا کی گفتگو ملاحظہ ہو:

جواد   اس طرح لڑکی کا کپڑے اتار دینا مسئلہ کا حل تو نہیں۔

عذرا   میں نے کب کہا کہ یہ حل ہے میں نے ایک بات کی طرف اشارہ کیا ہے

اور قارئین پر بات چھوڑ دی ہے۔

جواد   تو اب نظموں کی روح افسانوں میں بھی ابہام ہونے لگا ہے۔

عذرا   ادب نظموں' افسانوں' غزلوں اور ڈراموں سب ہی کو محیط کرنا ہے جو بات نظموں سے وابستہ ہو وہ غزلوں سے کیوں نہ ہو اور جب غزلوں سے ہو تو افسانے کیوں محروم رہیں۔

جواد   تم بہت بے شرم ہو۔

عذرا   ادب میں ہاتھ پاؤں نہ مار سکے تو بے ادبی پر اتر آئے بدھو کہیں کے

جواد   تم اپنے کپڑوں کی طرح افسانے بھی لکھتی ہو

عذرا   بے شک میں۔تم تصنع کے عادی ہو اور مجھے تصنع سے سخت نفرت ہے دراصل تمہارے پیشے نے تمہیں بے حس کر دیا ہے۔۵۱

عذرا اور جواد کی فلسفیانہ باتوں کے ساتھ ہی ڈرامے کا اختتام عمل میں آتا ہے۔ یہ ڈراما بھی دو کرداروں کی نفسیات اجاگر کرنے کے لیے مکالموں کے انداز میں لکھا گیا ہے۔ڈرامے میں حرکت و عمل اور کہانی کم رہتی ہے کرداروں کی گفتگو اور ان کے خیالات سے جمیل شیدائی اپنی بات پیش کرنے لگتے ہیں۔ ان کے ڈراموں کے اکثر کردار مسلم نوجوان ہیں اور اکثر ڈراموں کے مرد کرداروں میں جمیل شیدائی نے اپنی شخصیت کو پیش کیا ہے اور اپنی سائنسی معلومات کو اجاگر کرنے کی کوشش کی ہے۔

انتخاب

ڈراموں کے مجموعے ''لب گفتار'' میں شامل بارہویں ڈرامے کا عنوان ''انتخاب'' ہے۔اس ڈرامے کے کرداروں میں نجمہ۔ظہیر۔سعید۔خالد۔نسرین شامل ہیں۔ظہیر نجمہ کے گھر آتا ہے اور اس سے گھریلو امور کی مختلف باتیں کرتا ہے۔ وہ اس بات کو یاد دلاتا ہے کہ گھر میں پکانے والی ملازمہ ہو تو نجمہ کو پکوان کے لیے چولہے میں زیادہ وقت دینا نہیں پڑتا۔

نجمہ کہتی ہے کہ ہم ملازمہ کے ہاتھ کا بنا ہوا کھانہ پسند نہیں کرتے۔ظہیر نجمہ سے کالج کی تفصیلات معلوم کرتا ہے۔ظہیر کے چلے جانے کے بعد سعید گھر میں داخل ہوتا ہے۔جو نجمہ کا چاچازاد ہے۔سعید باتوں سے اندازہ لگالیتا ہے کہ گھر میں چاچی نہیں ہے وہ نجمہ سے کہتا ہے کہ تمہیں مغربی رقص سکھاؤں گا اس درمیان دونوں کی جو قربت ہوتی ہے اسے وہ مثال دے کر کہتا ہے کہ لڑکی جب سامنے والے کے قریب آتی ہے تو اس کے دل پر کیا گزرتی ہے۔نجمہ غصے سے کہتی ہے کہ چنگاریاں نکلتی ہونگی اور کیا۔وہ پکوان کا بہانہ کر کے رقص سیکھنے سے منع کرتی ہے۔سعید چلا جاتا ہے پھر خالد گھر میں داخل ہوتا ہے۔وہ کہتا ہے کہ تین دن سے اسے بخار ہے نجمہ نے اس کی کیفیت تک نہیں پوچھی نجمہ تھرمامیٹر سے اس کا بخار معلوم کرتی ہے اور بخار کی شدت دور کرنے کے لیے ٹھنڈے پانی کی پٹیاں لگاتی ہے۔خالد کچھ دیر بیٹھ کر چلا جاتا ہے۔تھوڑی دیر بعد نجمہ کی سہیلی نسرین گھر میں داخل ہوتی ہے۔نسرین کے کہنے پر نجمہ اپنے تینوں عاشقوں کا تعارف کچھ یوں بیان کرتی ہے۔

نجمہ میں تمہیں تینوں کے بارے میں بتاؤں گی۔ظہیر صاحب کو اپنی امارت کا بڑا زعم ہے۔مال دار باپ کے مال دار بیٹے ہیں۔ہر چیز کو وہ دولت کی ترازو میں تولتے ہیں ۔سعید بھائی۔۔یہ حضرت شوخ طبیعت کے ہیں ان سے نچلا بیٹھا نہیں جاتا۔وہ حرکت میں برکت کے قائل ہیں۔اب رہے خالد بھائی تو یہ عاشق سے زیادہ معشوق بنتے ہیں۔چاہتے ہیں کہ ان کی ناز برداریاں کی جائیں۔ابھی کچھ دیر پہلے میں انہیں نناوے درجے بخار کے لیے ٹھنڈے پانی کی پٹیاں ڈال رہی تھی اور جو ذرا چاول اتارنے کے لیے ان کے سامنے سے ہٹ گئی تو وہ مارے غصے کے گھر چلے گئے۔اب تم ہی بتاؤ ان تینوں میں سے کس نے کس کو پسند کیا ہوگا۔

نسرین ہوسکتا ہے تم نے کسی کو بھی پسند نہ کیا ہو۔؟

نجمہ نہیں ایسی بات نہیں میں ایک کو پسند کرتی ہوں

نسرین ظہیر بھائی کو؟

نجمہ انہیں کیوں؟

نسرین مستقبل کے آرام وچین کے لیے

نجمہ اچھا اگر تم کو ان تینوں سے سابقہ پڑا تو تم کس کو ترجیح دیتیں۔؟

نسرین میں ظہیر بھائی کو ترجیح دیتی

نجمہ دوسرا نمبر

نسرین خالد بھائی کا

نجمہ کیوں؟

نسرین عورت کو حقیقی مسرت کسی کو کچھ دینے کے بعد ہی ملتی ہے تیمارداری کر کے یا کسی کا خاص خیال کر کے تمہیں خوشی نہیں ہوتی؟

نجمہ ہوتی ضرور ہے لیکن بیماری کا شکوے شکایتوں کا سلسلہ چلتا ہی رہے تو آدمی اکتا جاتا ہے۔

نسرین اب تم ہی بتاؤ تم نے کس کا انتخاب کیا ہے؟

نجمہ میری سوچ کا ڈھنگ تم سے ذرا مختلف ہے میں سعید بھائی کو ترجیح دیتی ہوں

نسرین سعید بھائی کو کیوں؟

نجمہ تم تینوں کا تجزیہ کرو تو معقول آدمی تمہیں سعید بھائی ہی ملیں گے ظہیر بھائی اور خالد بھائی کو تم انٹراورٹ کہہ سکتی ہو زندگی مختصر ہے اس لیے انسان میں شوخی ہو شرارت ہو زندہ دلی ہو اور یہ ساری چیزیں سعید بھائی میں ملتی ہیں۔

نسرین ہاں یہ بات تو ہے۔

نجمہ چلو کھانا کھالیں (وہ دونوں اندر کی طرف جاتی ہیں) پردہ ۵۲

اس ڈرامے میں جمیل شیدائی نے ایک لڑکی کے لیے تین نوجوانوں کے مختلف روپ پیش کیے اور دونوں سہیلیوں کے ذریعے انتخاب پیش کرتے ہوئے نوجوانوں کی نفسیات کو اجاگر کرنے کی کوشش کی ہے۔اس ڈرامے میں پیش کردہ نجمہ کا کردار ایک متوسط گھرانے کی سنجیدہ ذہن لڑکی کا ہے جو اپنے ہی خاندان کے تین نوجوانوں کا سامنا کرتی ہے تینوں ہی اسے اپنی جانب راغب کرنے کی کوشش کرتے ہیں۔لیکن نسرین سے گفتگو کرتے ہوئے نجمہ اپنے انتخاب کو حق بجانب قرار دینے کی دلیل دیتی ہے۔اس طرح یہ ڈراما بھی نوجوانوں کے جذبات اور ان کی نفسیات کو پیش کرتا ہے۔

سگریٹ برانڈی بگونہ

ڈراموں کے مجموعے ''لب گفتار'' میں شامل تیرہویں ڈرامے کا عنوان '' سگریٹ برانڈی بگونہ'' ہے۔اس ڈرامے کے کردار جویریہ اور اعجاز ہیں۔جویریہ گریجویشن کی پہلے سال کی طالبہ ہے جو اعلیٰ خاندان سے تعلق رکھتی ہے اعجاز اس کا رشتہ دار ہے۔دونوں دیوان خانے میں بیٹھے ہیں ڈرامے کے آغاز پر جویریہ اعجاز کے سامنے سگریٹ پینے کا نمونہ پیش کرتی ہے وہ اعجاز سے کہتی ہے کہ وہ دروازے پر ٹھہرا دیکھتا رہے کہ کوئی آ تو نہیں رہا ہے۔ وہ لائٹر سے سگریٹ سلگا کر کش لیتی ہے جس سے اسے کھانسی آ جاتی ہے۔اعجاز ایک ماہر سگریٹ کش کی طرح جویریہ کو سگریٹ نفاست سے پینے اور منہ اور ناک سے دھواں چھوڑنے کے مختلف طریقے بتاتا ہے۔اعجاز کے پوچھنے پو جویریہ کہتی ہے کہ اسے سگریٹ پیتے اور کچھ سوچتے مرد اچھے لگتے ہیں عورتیں سوچتے وقت سگریٹ نہیں پیتیں۔دراصل کچھ دن قبل جویریہ نے ایک محفل میں ایک ایسی شاعرہ کو دیکھ لیا تھا جو سیاہ چشمہ لگائے کٹ بلاؤز پہنے سگریٹ پی رہی تھی اسے سب لوگ گھور کر دیکھ رہے تھے جویریہ اعجاز سے شراب پینے کا تجربہ سنتی ہے کہ انسان کس طرح شراب پینے کے بعد ہوش و حواس کھو بیٹھتا ہے۔طویل گفتگو میں اعجاز اور جویریہ عریانیت، تنگ لباس، اردو میں جنسی عمل کے لیے استعمال ہونے والے مختلف الفاظ اور ان کے

معنوں کے تعلق سے فلسفیانہ باتیں کرنے لگتے ہیں اعجاز بھی اپنے تجربات بیان کرتا ہے کہ کس طرح وہ عطیہ کے گھر تنہا کئی گھنٹے رہا تھا۔ ڈرامے کے دوسرے منظر میں تین ماہ بعد اعجاز جویریہ کے گھر آتا ہے۔ اس وقت جویریہ کے خیالات کچھ بدلے سے معلوم ہوتے ہیں اور وہ بے راہ روی کی جگہ روحانی طہارت جیسے موضوع پر اپنے خیالات کا اظہار کرتے ہوئے کہتی ہے کہ وہ چلے جائے کیوں کہ اس کی ماں گھر پر نہیں ہے۔ کرداروں کے جذبات کو گفتگو کے ذریعے پیش کرتے ہوئے جمیل شیدائی نے یہ ڈراما پیش کیا ہے۔ روح کی طہارت پر دونوں کرداروں کی گفتگو ملاحظہ ہو:

اعجاز روح کی طہارت دل کی پاکیزگی اور نفس مطمئنہ سے حاصل ہوتی ہے۔

جویریہ پتہ نہیں تم کیا بک رہے ہو طہارت پاکیزگی نفس مطمئنہ کیا تمہیں علم ہے ایک انسان ایسی باتیں کیوں کرنے لگتا ہے

اعجاز کیوں کرتا ہے؟

جویریہ تین وجوہات کی بنا پر نمبر ایک یا تو اسے بچپن ہی سے خاص ٹریننگ دی جاتی ہے جیسے مختلف گھرانوں میں جہاں ہر فرد کو مذہب سے محبت ہوتی ہے۔ اگر کوئی ایسے ماحول میں پرورش پا جائے تو اس کا مذہبی ہونا لازمی ہے نمبر دو احساس گناہ کی شدت۔ یوں ہوتا ہے کہ ضمیر گناہوں کی وجہ سے (Dorment) ہوجاتا ہے۔ وہ کسی لمحے کسی صداقت سے متاثر ہوکر حرکت میں آجاتا ہے نمبر تین یہ قسم کچھ تمہاری طرح ہوتی ہے۔ ایک خاص عمر تک انسان کے خیالات جذبات سے ہم آہنگ ہوتے رہتے ہیں۔ اس کے بعد اچانک اس میں کوئی کمی قدرتی طور پر ہوجاتی ہے جذبات یک لخت ہوجاتے ہیں خیالات کو موڑ چاہئے۔ خیالات کا یہی موڑ اسے مذہب کی طرف لے جاتا ہے۔ ۵۳

جویریہ اعجاز کو طعنہ دیتی ہے کہ وہ چوغہ پہن کر بگونہ لے کر باہر بھیک مانگنے نکل جائے۔ اعجاز کو وہ اپنی باتوں سے راہ راست پر لانے کی کوشش کرتی ہے اور ڈرامے کے

اختتام پر اعجاز کو احساس ہو جاتا ہے کہ اس کا کردار غلط تھا۔

اپروچ (۱)

ڈراموں کے مجموعے ''لب گفتار'' کے آخری دو ڈرامے اپروچ (۱) اور اپروچ (۲) عنوان سے لکھے گئے ہیں۔ اپروچ (۱) میں نوجوان کرداروں کی نفسیات کو بیان کیا گیا ہے۔ ڈرامے میں چار کردار زید، نجمہ، اکرم اور قدسیہ ہیں۔ زید اکرم سے ملاقات کر کے اسے اپنی بیوی پر نظر رکھنے کی بات کرتا ہے۔ اکرم اسکول ٹیچر ہے تعطیلات میں بے کار ہے اسے کچھ کام کی تلاش تھی زید اسے ایک ہفتے کے لیے اپنے گھر جاتے رہنے اور بہ طور الیکٹریشن وہاں کام کے دوران اس کی بیوی کی حرکتوں پر نظر رکھنے کی بات کرتا ہے۔ یہ سن کر اکرم حیرت کا اظہار کرتا ہے کہ اگر زید کو اپنی بیوی پر شک ہے تو وہ اسے طلاق کیوں نہیں دے دیتا۔ زید کہتا ہے کہ وہ طلاق نہیں دے سکتا کیوں کہ اس کی بیوی دولت مند ہے۔ اکرم زید کی بات سن کر اس کے گھر پہنچتا ہے اور اپنا تعارف بہ حیثیت الیکٹریشن کراتا ہے۔ وہ برقی میٹر کو خزانہ کہتا ہے اور اسے دیکھنے کے بہانے زید کی بیوی نجمہ سے گفتگو کرنے لگتا ہے۔ نجمہ اپنی باتوں سے آزاد خیال لگتی ہے۔ وہ اکرم سے اس کے شادی شدہ ہونے اور بیوی سے ڈرنے کی بات پوچھتی ہے۔ اکرم اپنی باتوں سے واضح کرتا ہے کہ وہ شریف قسم کا انسان ہے جب کہ نجمہ اپنے آزادانہ رویے کا اظہار کرتی رہتی ہے۔ ملاحظہ ہو اکرم اور نجمہ کی گفتگو۔

اکرم   جی نہیں میں یہ کہنا چاہتا تھا کہ آپ کی حرکتیں بازاری عورتوں جیسی ہیں۔

نجمہ   تو اس کا مطلب یہ ہے کہ تم بازاری عورتوں سے بھی واقف ہو۔

اکرم   میرا کام یہی ہے۔

نجمہ   یعنی تم بازاری عورتوں کا دھندہ کرتے ہو۔

اکرم   آپ غلط سمجھیں میرا کام کچھ اس قسم کا ہے کہ مجھے ہر گھر جانا ہوتا ہے۔ اس لحاظ سے بازاری قسم کی عورتوں کے بھی گھر ہوتا ہے۔ جہاں برقی نظام بھی ہوتا ہے۔ اور

کچھ خرابیاں اس نظام میں بھی پیدا ہوتی ہیں۔

نجمہ   اچھا تو یہ بات ہے۔

اکرم   ہاں

نجمہ   کیسی ہوتی ہیں وہ۔؟

اکرم   عورتوں جیسی ہوتی ہیں۔

نجمہ   عام عورتوں میں اور ان میں کیا فرق ہوتا ہے؟

اکرم   وہ جو لباس پہنتی ہیں نا وہ ذرا مختصر سا ہوتا ہے جیسا آپ نے پہن رکھا ہے مختصر سا بلوز جس سے شانے واضح طور پر نظر آتے ہیں اور کچھ اس قسم کی ساڑی ہوتی ہے جو ناف سے نیچے باندھی جاتی ہے جیسے آپ نے باندھ رکھی ہے۔ اور ان لوگوں کے چہروں میں عجیب سی بات ہوتی ہے جن سے ان کی شناخت ہو جاتی ہے خاص طور سے آنکھیں ۔۔ اور جب وہ بوڑھی ہو جاتی ہیں تب تو ان کی آنکھیں ترچھی ہو جاتی ہیں۔

نجمہ   اچھا۔ کیا تم اپنی بیوی کے علاوہ کسی اور سے بھی محبت کرتے ہو۔

اکرم   یہی سوال اگر میں آپ سے کروں تو آپ کیا جواب دیں گی۔

نجمہ   اب تک تو میں صرف اپنے شوہر کو چاہتی رہی ہوں کچھ دن سے پتہ نہیں کیوں یہ خیال مسلسل آ رہا ہے کہ کسی اور کو بھی چاہا جائے۔

اکرم   کیا زید صاحب برداشت کر سکیں گے۔

نجمہ   مجھے ان کی پرواہ نہیں ہے۔

اکرم   وجہ۔؟

نجمہ   وجوہات کئی ہیں۔ ۵۴

ڈرامے کے تیسرے سین میں پتہ چلتا ہے کہ زید ایک اوباش قسم کا نوجوان ہے۔ وہ دراصل اکرم کی بیوی سے محبت کرتا ہے۔ اکرم کو کہیں اور مصروف رکھنے کے لیے وہ نہ صرف

اکرم کو کرایے پر حاصل کرتا ہے بلکہ ایک کرایے کی لڑکی نجمہ کو بھی حاصل کرتا ہے ایک الگ گھر میں وہ نجمہ کو اپنی بیوی بتا کر اس پر نظر رکھنے کے لیے اکرم کو آٹھ دن تک تین سو روپے دیتا ہے اور نجمہ کو چار سو روپے تا کہ وہ اکرم کو روزانہ اپنی باتوں میں الجھائے رکھے۔اور وہ اور قدسیہ اکرم کے گھر میں محبت کے اوقات گزارتے ہیں۔ زید اپنے بارے میں قدسیہ سے گفتگو کرتے ہوئے یوں اپنے خیالات کا اظہار کرتا ہے۔

زید صرف آٹھ دن تمہارے ساتھ گزارنے کے لیے مجھے سات سو روپے صرف کرنے پڑے۔

قدسیہ سات سو روپے

زید ہاں تمہارے شوہر کو جاسوسی کے لیے تین سو اور اس عورت کو میری بیوی بننے اور اکرم کو روکے رکھنے کے چار سو اور متفرق اخراجات الگ۔اس کے باوجود بھی تمہیں یقین نہیں آتا کہ مجھے کتنی پسند ہو۔

قدسیہ اب شادی کرلو کب تک اس طرح دن گزارتے رہو گے۔

زید قدسیہ میری عمر ۳۵ سال ہے شادی کی عمر ۲۵ سال ہوتی ہے۔ اگر مناسب وقت پر انسان کی شادی نہ ہو تو وہ راستے سے بھٹک جاتا ہے۔یہی کچھ میرے ساتھ ہوا ہے۔ میں اپنا کردار کھو بیٹھا ہوں۔ میں نہیں سمجھتا کہ میں شادی کے بعد بھی راہ راست پر آسکوں گا۔اب تم یہی بتاؤ کہ میری بیوی مجھ سے خوش رہ سکے گی۔ص (۱۵۱)

ڈرامے کے اختتام پر آٹھ دن کی نگرانی پوری کرنے کے بعد اکرم زید سے اس طرح گفتگو کرتا ہے۔

اکرم آپ کا اندیشہ غلط تھا۔آپ کی بیوی کی زندگی میں آٹھ دن پہلے تک کوئی آدمی نہیں تھا۔

زید تو اب آ گیا ہے۔

اکرم آ گیا تھا اور پھر سے نکل بھی گیا ہے۔

زید دیکھئے مجھے آپ کا یہ مبہم انداز گفتگو پسند نہیں۔صاف صاف بتائیے۔

اکرم جب تک میری تحقیقات شروع نہیں ہوئی تھیں وہ باکردار تھیں اور اب وہ بات نہیں رہی ہے بلکہ انہوں نے مجھ سے تعلقات پیدا کر لیے تھے مگر آج میں نے قسم کھالی ہے کہ اس راستے پر جسے وہ مجھے چلانا چاہتی تھیں نہیں چلوں گا۔اور میں انہیں ہمیشہ کے لیے چھوڑ آیا ہوں۔

زید (اکرم کے منہ پر طمانچہ مارتا ہے) کمینے ۔۔ وہ دروازے پر گر جاتا ہے۔قدسیہ دروازہ کھولتی ہے۔زید تیز قدم ڈالتا ہوا نکل جاتا ہے۔

اکرم قدسیہ۔۔میں تمہارا بھی قصوروار ہوں (اور وہ قدسیہ کے قدموں میں گر کر رونے لگتا ہے۔قدسیہ اسے سینے سے لگا لیتی ہے۔اور مادرانہ شفقت سے اس کے بالوں میں انگلیاں پھیرتی ہے۔اکرم کی سسکیاں ابھرتی ہیں۔(پردہ)۵۵؎

ڈرامے کے اختتام پر معلوم ہوتا ہے کہ سماج کے نوجوان کردار جب بے راہ روی اختیار کرتے ہیں تو کس طرح ایک دوسرے کو ڈبل کراس کیا جاتا ہے۔مغربی معاشرے میں اس طرح کے معاملات عام ہیں کہ ایک کی بیوی دوسرے کے ساتھ اور دوسرے کا شوہر ایک کی بیوی کے ساتھ تعلقات بڑھاتے رہتا ہے۔مسلم معاشرے میں ہوسکتا ہے شہری زندگی میں اس طرح کے کردار اور واقعات ہوں اس طرح جمیل شیدائی نے مغربی موضوعات کو اردو میں پیش کرنے کی کوشش کی ہے۔

اپروچ (۲)

ڈرامہ اپروچ (۲) میں تین کردار زبیر اعجاز اور ثمینہ ہیں۔زبیر ثمینہ سے محبت کرتا ہے لیکن وہ محبت کا جواب گرم جوشی سے نہیں دیتی اس بات پر فکر مند زبیر اپنے دوست اعجاز سے مشورہ طلب کرتا ہے کہ کس طرح وہ ثمینہ کو اپنی محبت سے قائل کرے۔اعجاز مشورہ دیتا ہے کہ

وہ ثمینہ پر تشدد کرے اور زور زبردستی اسے حاصل کرنے کی کوشش کرے۔ اعجاز کہتا ہے کہ اگر ثمینہ اس حرکت سے ناراض ہوگی تو وہ کیا کرے گا تب زبیر کہتا ہے کہ وہ اس کے راستے سے ہٹ جائے گا۔ اور آخر ہوتا بھی یہی ہے کہ ثمینہ زبیر سے نفرت کرتی ہے۔

اعجاز اب تو تم نے اندازہ لگا لیا ہوگا کہ تمہارے تعلق سے اس کے کیا خیالات ہیں۔

زبیر ہاں مجھے اس کے خیالات کا علم ہوگیا۔ وہ مجھ سے سخت نفرت کرتی ہے۔

۔

اعجاز وہ تمہیں چاہتی ہے میں تمہیں یقین دلاتا ہوں۔

زبیر کچھ بھی ہو میں یہاں نہیں رہوں گا۔ پتہ نہیں کیوں مجھے اپنے آپ سے زیادہ تم پر غصہ آرہا ہے نہ تم نے غلط مشورہ دیا ہوتا اور نہ یہ ساری باتیں ہوتیں۔ آج شام میں یہاں سے چلا جاؤں گا۔

اعجاز تمہیں جانے کی ضرورت نہیں۔ مجھے اپنی غلطی کا احساس ہے۔ میں خود چلا جاؤں گا بلکہ مجھے اسی وقت چلا جانا چاہیے۔ وہ اٹھتا ہے اور اپنا بستر باندھتا ہے۔ زبیر اس سے بے نیاز پلنگ پر نیم دراز ہے۔۵۶

اس طرح نوجوانوں کی محبت کے تعلق سے نفسیات کو اس ڈرامے میں پیش کیا گیا ہے۔

ڈراموں کے مجموعے ''لب گفتار'' میں شامل جمیل شیدائی کے سبھی ڈرامے ہلکی پھلکی تفریح کے ساتھ دلچسپی کا سامان فراہم کرتے ہیں۔ انہوں نے ڈراموں میں زندگی کے مختلف رنگ پیش کیئے۔ جمیل شیدائی کے کردار اکثر نوجوان پڑھے لکھے ادب کا ذوق رکھنے والے ہوتے ہیں انہوں نے اپنے کرداروں سے بہترین مکالمے پیش کیئے اور ان کے کردار مزاح کی حس رکھتے ہیں محبت کا جذبہ رکھتے ہیں اور انسانیت کا درد بھی رکھتے ہیں۔ مجموعی طور پر جمیل

شیدائی کے تحریری ڈراموں کا پہلا مجموعہ ''لب گفتار'' اردو ڈرامے کے باب میں اہم اضافہ ہے۔

غالب خستہ کے بغیر

جمیل شیدائی کے ڈراموں کا دوسرا مجموعہ ''غالب خستہ کے بغیر'' ہے۔ یہ ان کے ریڈیائی ڈراموں کا مجموعہ ہے۔ جو پہلی بار ۱۹۸۷ء میں حیدرآباد سے شائع ہوا۔ اس کتاب میں جمیل شیدائی کے پانچ ریڈیائی ڈرامے غالب خستہ کے بغیر۔ انتخاب۔ ایک اور کھیل۔ خزانہ۔ سلطانہ رضیہ۔ شامل ہیں۔ اس کتاب کا انتساب اس طرح ہے۔

رحمٰن جامی صاحب، غنی نعیم صاحب اور سید معین الدین صاحب کے نام جن کی عنائیتیں اور مہربانیاں مجھے ہمیشہ یاد رہیں گی''۔

اس کتاب میں جمیل شیدائی نے اپنے ریڈیائی ڈراموں کی حمایت میں ایک مضمون '' کچھ ریڈیو ڈرامے کے بارے میں'' شامل کیا ہے۔ اس مضمون کے آغاز پر ہندوستان میں ریڈیو ڈراموں کی تاریخ بیان کرتے ہوئے جمیل شیدائی لکھتے ہیں:

> ''اردو ادب میں نشری ڈراموں کی تاریخ کا جائزہ لیا جائے تو یہ بات سامنے آتی ہے کہ ڈراموں کی باضابطہ نشریات ۱۹۴۳ء کے بعد سے ہوئیں۔ یہ وہی وقت تھا جب مغربی ممالک میں دوسری جنگ عظیم کی خون آشامی کی وجہہ سے افراتفری اور ایک عام بے چینی پھیلی ہوئی تھی۔ اس عالم میں نشری ڈرامے ان لوگوں کے لیے نہ صرف ہیجان، ذہنی تناؤ اور خوف پر قابو پانے کا ذریعہ بنے ہوئے تھے بلکہ ان کا حوصلہ بھی بڑھاتے تھے اگر چہ کہ آل انڈیا ریڈیو کا آغاز ۱۹۳۵ء میں ہوا تھا۔ ۱۹۳۵ء تا ۱۹۴۲ء تک ریڈیائی ڈرامے

کی نشر میں مانع ہونے والے عناصر کا جائزہ لیا گیا اور ایک
ایک کر کے ان پر قابو پانے کے طریقے نکالے گئے۔ جب
تکنیکی دشواریاں گرفت میں آ گئیں تو ڈراما نگاروں کے لیے
یہ میدان بالکل نیا تھا۔ اور ان کی اس صنف میں بے تجربگی
نے ان کے لیے مسائل پیدا کیے''۔ ۵۷

مضمون ''کچھ ریڈیو ڈرامے کے بارے میں'' میں اسٹیج ڈرامے کے مقابلے ریڈیو ڈرامے کے فرق کو بیان کرتے ہوئے جمیل شیدائی لکھتے ہیں:

''اسٹیج ڈراما بہ یک وقت تماش بینوں کے لیے سمعی و
بصری ہوتا ہے اس لیے کرداروں کے لباس وضع قطع اسٹیج کی
تزئین سے ڈرامے میں ایک خاص کیفیت پیدا کی جاسکتی
ہے۔ جب کہ نشری ڈراما ایک غیر بصری چیز ہے۔ اس میں
صرف مکالموں، صوتی تاثرات اور موسیقی سے ڈرامے کو
سامعین تک پہنچایا جاتا ہے یہاں صدا کار کو صرف اور صرف
اپنی آواز کے اتار چڑھاؤ سے سننے والوں کو متاثر کرنا ہوتا
ہے۔ اسے یہ بات اچھی طرح سمجھنی ہوتی ہے کہ سامع اسے
اپنی تخیلی آنکھ سے دیکھ رہا ہے اسٹیج پر بے شمار کردار پیش کئے
جاسکتے یں تماش بینوں کے ان کرداروں میں فرق کرنا مشکل
نہیں ہوتا جب کہ ریڈیو ڈرامے کے لیے کم سے کم کردار
رکھنے ہوتے ہیں کیوں کے کرداروں کی ملتی جلتی آواز سے
سامعین کو الگ الگ شناخت میں مشکل ہوتی ہے۔ جب کبھی
ایسی صورت حال پیدا ہوتی ہے تو ڈرامے کا مجموعی تاثر ختم

ہوجاتا ہے"۔[۵۸]

مضمون میں آگے جمیل شیدائی نے ریڈیائی ڈرامے لکھنے کی تکنیک خاص طور سے پلاٹ اور مکالمہ نگاری پر اپنے تجربات بیان کیے ہیں۔ سنجیدہ اور مزاحیہ ڈراموں کے فرق کو بیان کیا۔ مزاحیہ ریڈیائی ڈراموں کی مقبولیت بیان کرتے ہوئے لکھتے ہیں :

"جہاں تک ڈرامے کی مقبولیت کی بات ہے تو مزاحیہ ڈرامے دوسرے قسم کے ڈراموں کی بہ نسبت زیادہ مقبول ہوتے ہیں۔ اس کی وجہ یہی ہے کہ متوسط طبقے کی محرومیاں اسے سماج میں ایک عجیب و غریب صورت حال سے دوچار کرتی رہتی ہیں۔ اس طبقہ کی اوسط آمدنی اس کی اوسط طاقت اور اوسط معیار زندگی ایک طرف اس کو جکڑ کے رکھنے والے مجوزہ قوانین توڑنے کی ترغیب دیتے ہیں تو دوسری طرف اس کی بے ہمتی اس کو ایسا کرنے سے روکتی ہے ایسے میں کوئی مزاح نگار اپنی مزاح سے ان اٹل قوانین کا برا حشر کر دیتا ہے تو اس اوسط درجے کے انسان کی آسودگی کا سامان ہو جاتا ہے۔ ملٹن برلی نے بجا کہا کہ اب مزاحیہ پروگراموں کی ہمیں ضرورت ہے کیوں کہ ہماری دنیا سفاک اور خوں ریز ہوگئی ہے۔ افراد اور قوموں کے درمیان رسہ کشی بڑھ گئی ہے جس کی وجہ سے لوگوں میں سنجیدگی ضرورت سے زیادہ آگئی ہے۔ اور انہیں ہمیشہ کوئی نہ کوئی فکر لاحق ہونے لگی ہے۔ جیسے روزگار کی فکر، کسی لڑکی کا دل جیتنے کی فکر اور زندگی کو پرلطف بنانے کی فکر اس لیے ہمارے اذہان اس وقت ان

ساری فکروں سے آزاد ہو جاتے ہیں جب ہم تفریح کی خاطر
باہر جاتے ہیں یا گھر پر کسی اچھے ریڈیو پروگرام کی سماعت
کرتے ہیں''۔ ۵۹؎

ڈرامے کی کامیابی کے لیے اچھی موسیقی اور ہدایت کاری کے تعلق سے جمیل شیدائی لکھتے ہیں:

''یہ بات بھی صداقت پر مبنی ہے کہ ریڈیو ڈرامے کی کامیابی کا سہرا صرف ڈراما نگار ہی کے سر نہیں جاتا بلکہ اس میں ہدایت کار اور صدا کاروں کا بھی بڑا حصہ ہوتا ہے۔ اکثر یہ دیکھا گیا ہے کہ اسکرپٹ نہایت ہی معقول لکھی گئی اور اس بات کا خاص خیال رکھا گیا کہ ڈرامے میں کسی قسم کا جھول نہ ہو مگر اس کی پیش کشی میں وہ تاثر پیدا نہیں ہوا نتیجہ یہ ہوا کہ ڈراما اتنا متاثر کن نہیں رہا۔ جتنی اس سے امید کی گئی تھی کبھی کبھی اس کے برخلاف بھی ہوتا ہے۔ ایک اوسط درجے کی اسکرپٹ کو اونچے درجے کے آرٹسٹ مل گئے اور وہ ڈراما بہت پسند کیا گیا۔ ان صورتوں کے علاوہ ایک صورت اور پیدا ہوتی ہے کہ پس منظر والی موسیقی میں بعض ہدایت کار کچھ زیادہ ہی فراغ دل ہوتے ہیں جس کی وجہ سے متاثر کرنے والے مکالمے جو ڈرامے کو آگے بڑھاتے ہیں وہ موسیقی کی زد میں آجاتے ہیں اور نا قابل سماعت ہو جاتے ہیں۔ ظاہر ہے کہ اس ڈرامے کی ترسیل میں مشکل ہو جاتی ہے۔ مختصراً کہا جا سکتا ہے کہ ڈرامے کی کامیابی کا انحصار اچھی اسکرپٹ، اچھے

ہدایت کار، اچھے صدا کار، مناسب اور موزوں صوتی تاثر اور
موسیقی پر ہوتا ہے۔۶۰

ڈراما نگاری اور خاص طور پر ریڈیائی ڈرامے کے فن پر جمیل شیدائی کے خیالات کے مطالعے سے اندازہ ہوتا ہے کہ وہ نہ صرف اچھے ڈراما نگار تھے بلکہ انہیں ڈراما نگاری اور ان کی پیشکشی کا عملی تجربہ تھا۔ حیدرآباد کے آل انڈیا ریڈیو میں ان کے نشری ڈرامے جب نشر ہوا کرتے تھے تو وہ شخصی طور پر ریڈیو اسٹیشن پہنچا کرتے تھے اور وہاں کے ذمہ داروں اسلم فرشوری، جعفر علی خان اور ڈراموں میں حصہ لینے والے کرداروں کے ساتھ ڈرامے کی ریکارڈنگ میں شریک ہوا کرتے تھے۔ اور اپنے مشورے بھی دیا کرتے تھے۔ ریڈیائی ڈرامے کی خاص بات یہ ہوتی ہے کہ اس میں منظر نگاری کو ظاہر کرنے کے لیے کچھ آوازیں اور بیانیہ شامل کیا جاتا ہے جس سے سامع کو پتہ چلتا ہے کہ کمرے کا دروازہ کھل رہا ہے برتن گر کر ٹوٹ گیا وغیرہ۔ اس طرح جمیل شیدائی کے ریڈیو ڈرامے کے بارے میں پیش کردہ تجربات اردو ڈراما نگاری میں اہم اضافہ تصور کیے جاسکتے ہیں۔

جمیل شیدائی کے تحریر کردہ ریڈیائی ڈراموں کے مجموعے ''غالب خستہ کے بغیر'' میں شامل پہلے ڈرامے کا عنوان بھی یہی ہے۔ ڈرامے کے کردار مرزا غالب، ملازم، شاعر(۱) شاعر(۲) شاعر کی بیوی، بچے، ناجیہ جان، ایک آدمی، اناؤنسر، صدر مشاعرہ اور شعرا حیدر علی خاں حیدر، سیما ناز اور اکرم صحرائی شامل ہیں۔ ڈراما ''غالب خستہ کے بغیر'' میں جمیل شیدائی نے بڑے دلچسپ انداز میں عالم بالا میں موجود غالب کی بوریت کو بیان کیا اور وہ اپنے ملازم کے ساتھ دنیا میں تشریف لاتے ہیں وہ ایک شاعر کے گھر اس کی کیفیت دیکھنے جاتے ہیں پھر وہ موجودہ دور کے مشاعرے میں شرکت کرتے ہیں شاعرات سے گفتگو کرتے ہیں اور آخر میں اس نتیجے پر پہنچتے ہیں کہ واقعی اب دنیا بدل گئی ہے اور یہاں دل لگی کے سامان بہت ہیں۔ غالب کی دنیا میں آمد اور شاعر کے گھر آتے ہیں۔

ڈرامے کا پہلا سین عالم بالا کا ہے۔ غالب عالم بالا کی زندگی کا تقابل دنیا کی زندگی کے بارے میں کرتے ہیں۔ جمیل شیدائی اس منظر کو بیان کرتے ہوئے لکھتے ہیں:

مرزا غالب: اس عالم بالا سے دل اکتا گیا ہے۔ میں یعنی مرزا غالب جس نے کشت سخن وری کی آبیاری خون دل سے کی یہاں قید کر دیا گیا ہوں۔ یہ سینکڑوں برس کی حوریں، زندگی کی گرمی سے معرا، یہ شراب۔۔ اونہہ نشے کے انتظار میں پیتے چلے جاؤ اور نشہ ہے کہ لیتا ہی نہیں آنے کا نام۔۔ دنیا میں کیا مزے تھے ہائے ہائے۔۔ ادھر جام حلق سے اترا ادھر ذہن نے سورج اگانے شروع کر دیئے۔ کتنے افق روشن کیے کیا کیا کہا کیا کیا سنا وہ حقیقی دنیا خواب وخیال کی دنیا ہوگئی اور یہ دنیا۔۔۔ جانے کبھی خواب وخیال کی دنیا ہوگی کہ نہیں۔ ہاتھ پر ہاتھ دھرے بیٹھنے سے کام نہیں چلے گا دنیا کا ایک چکر لگا آتے ہیں دیکھتے ہیں جس کشت سخن وری کی ہم نے آب یاری کی تھی اس کی آیا اب آب یاری ہو رہی ہے یا لوگ صرف خوشہ چینی کر رہے ہیں۔ وہ پکارتے ہیں۔۔ ارے کوئی ہے۔" ۶۱

غالب ایک شاعر کو طلب کرتے ہیں جو حال ہی میں دنیا سے عالم بالا میں وارد ہوا تھا۔ وہ دنیا سے شاعری کا حال بیان کرتا ہے کہ اب شاعری تو بہت زیادہ ہوتی ہے لیکن حقیقی شاعر بہت کم ہیں۔ شاعری بکاؤ مال ہوگئی ہے۔ اور وہ دنیا کی رنگینی اور چہل پہل کا ذکر کرتا ہے۔ ڈرامے کے دوسرے سین میں غالب اس شاعر کے ساتھ زمین پر اترتے ہیں اور ایک غریب شاعر کے گھر کا حال جاننے کی کوشش کرتے ہیں۔ غالب اور شاعر کی گفتگو ملاحظہ ہو۔

غالب۔ مختصر سا گندہ مکان ہے یہ عورت کون ہے۔؟

شاعر۔ یہ شاعر کی بیوی ہے یہ انگریزی زبان میں شاعری کرتی ہے۔

غالب۔ تو میاں بیوی دونوں شعر کہتے ہیں۔ان کے بچے کتنے ہیں۔؟

شاعر۔ آٹھ۔

غالب۔ آٹھ گویا پوری غزل ہے۔

شاعر۔ جی ہاں

غالب۔ میاں یہ بچے کونسی زبان میں شاعری کرتے ہیں۔؟

شاعر۔ آپ نے اپنے خطوط مین کبھی کبھی جو مغلظات کی زبان استعمال کی ہے بچے بھی اسی زبان میں شعر کہتے ہیں''۔۶۲

بچوں کی بری حالت دیکھ کر غالب گھر والوں کو ڈراتے ہیں کہ ٹھیک سے بچے سنبھالو ورنہ تین ماہ بعد ہم پھر آئیں گے اور ایک ایک کر کے بچوں کو اٹھالے جائیں گے۔ دوسرے شاعر کے گھر کی غریبی پر بھی غالب غصے کا اظہار کرتے ہیں۔

ڈرامے کے تیسرے سین میں غالب اور شاعر ناجیہ خان کے مجرے کا حال دیکھنے چلے جاتے ہیں۔ غالب پرانے زمانے کے مجرے اور آج کے مجرے کا تقابل کرتے ہوئے کہتے ہیں کہ اب دھنیں بہت ہوگئی ہیں اور نئے نئے ساز بھی آگئے ہیں ناجیہ خان کی آواز بھی انہیں اچھی لگتی ہے۔ مجرے کے بعد غالب ایک مشاعرے میں شرکت کرتے ہیں اور شعراء کے کلام کو سن کر حیرت کا اظہار کرتے ہیں۔ دنیا کے سفر کے بعد غالب واپس عالم بالا چلے جاتے ہیں اور تین ماہ بعد شاعر کے یاد دلانے پر دنیا کا حال جاننے پھر نیچے اترتے ہیں۔اس بار دنیا والوں کے حالات بدل گئے تھے۔ ملاحظہ کیجئے بعد کے مناظر

غالب تم ہی لوگوں نے بچوں کے لیے بددعا کی تھی۔اور جب تمہاری بددعا قبول ہوگئی تو تم رحم کی بھیک مانگ رہے ہو؟

شاعر۲ حضور ہم اس وقت تنگ دستی کا شکار تھے۔ چنانچہ پیٹ خالی ہوتا تھا۔ اور اس خالی پیٹ میں غصہ بھرا ہوتا تھا اب پیٹ خالی نہیں آپ کے جانے کے بعد میں نے سخت محنت کی یہی خیال میرے پیش نظر رہا کہ میں ان بچوں کے مرنے سے پہلے ان کی ہر خواہش پوری کردوں ۔انہیں اچھا کھلاؤں، پہناؤں، حضور اس چکر میں تو میں لکھ پتی بن گیا اب میرے پاس کوئی کمی نہیں ہے حضور رحم آئندہ سے میں کبھی بھی ان بچوں کو نہیں ماروں گا ان پر غصہ نہیں کروں گا میں قسم کھاتا ہوں میں آپ کے سامنے توبہ کرتا ہوں۔

شاعر(۱) یہ تو پوچھیے کہ یہ کیا کام کرنے لگا ہے۔

غالب : تم نے کس طرح اتنی ساری دولت اکھٹا کرلی

شاعر(۲) آپ کے خوف سے

غالب : ہم تمہارے پیشے کے بارے میں دریافت کررہے ہیں۔

شاعر(۲) میں بزنس کر رہا ہوں جضور ریتی کا، مٹی سے کمالیے اتنے سارے روپے۔

غالب : خدا تمہیں اور دے ہم خوش ہوئے اور تمہں معاف کیا اب تم اپنا کوئی اچھا سا شعر سناؤ۔

شاعر : تو یہ حضور شاعری تو میں نے اسی دن چھوڑ دی تھی۔ جب آپ پہلی بار یہاں آئے تھے اگر میں شاعری کرتا تو اتنا سارا روپیہ کماتا کیسے۔

غالب ہاں یہ بات تو ہے اب ہم تمہارا کوئی بچہ اپنے ساتھ نہیں لے جائیں گے۔۔۔ ہمارا دنیا میں آنے کا سب سے بڑا فائدہ یہ ہوا کہ یہ کمبخت راہ راست پر آگیا۔

شاعر(۱) جی ہاں یہ سب آپ کی پھکنی کا کمال ہے۔

غالب : پھکنی کا نہیں دماغ کا۔۔ بدھو۔۔۔دماغ کا۔[۶۳]

اس طرح جمیل شیدائی نے غالب کو عالم بالا سے زمین کا دورہ کراتے ہوئے دنیا کے

موجودہ حالات سے واقف کرایا اور غربت کے مارے شاعروں کے گھروں کی زندگی کو بہتر بنانے دھمکی کا طریقہ اختیار کیا جس سے اس دور کے غریب شعراء شاعری ترک کر کے محنت مزدوری کی جانب راغب ہوتے ہیں۔ اور غالب کی دھمکی سے ان کی زندگیوں میں خوشگوار تبدیلی واقع ہوتی ہے۔

انتخاب

ریڈیائی ڈراموں کے مجموعے ''غالب خستہ کے بغیر'' کے دوسرے ڈرامے کا عنوان ''انتخاب'' ہے۔ جس کے کرداروں میں شکیل نوجوان انجینیر 'اعجاز شکیل کا دوست ڈاکٹر 'رشید ایک ادھیڑ عمر کا آدمی' طلعت فاطمہ نوجوان لڑکی اور عطیہ رشید کی بیٹی شامل ہیں۔ اس ڈرامے میں نوجوان بچوں کی شادی کے سلسلے میں حیدرآبادی معاشرے میں پھیلی لوگوں کی ذہنی نفسیات کو مرکزی خیال بنایا گیا ہے۔ شکیل اور اعجاز دوست ہیں اور اعجاز کے رشتے کی بات کرنے کے لیے رشتے لگانے والے صاحب رشید سے ان کا رابطہ ہوتا ہے۔ اعجاز کو جو لڑکی طلعت پسند آتی ہے وہ خود اس کے گھر آ کر کچھ اس طرح گفتگو کرتی ہے۔

طلعت جی کچھ نہیں میں آپ کا قیمتی وقت ضائع کیے بغیر اصل موضوع کی طرف آتی ہوں رشید صاحب نے میرے والد سے بات کی اور بتایا کہ آپ نے تصویر پسند کر لی ہے۔ دیگر مطالبوں کے علاوہ انہوں نے بتایا کہ پچاس ہزار جوڑے کے دینے ہوں گے۔

اعجاز پچاس ہزار

طلعت جی ہاں

اعجاز مگر میں نے تو ان سے ایسا کچھ نہیں کہا تھا۔

طلعت اس کا مجھے پتہ نہیں۔ میرے والد سرکاری ملازم تھے اب انہیں وظیفہ ہو گیا ہے۔ تیس سال ملازمت کرنے کے بعد انہیں تیس ہزار روپے ملے ہیں جب انہیں معلوم ہوا

کہ ان کا ہونے والا داماد ڈاکٹر ہے تو وہ مزید بیس ہزار روپیوں کی تگ ودو میں پڑ گئے ہیں اور مجھے یقین ہے کہ وہ ان روپیوں کا بندوبست سود سے قرضہ لے کر کر دیں گے۔ نتیجہ یہ ہوگا کہ ان کی بیٹی تو کسی ڈاکٹر کی بیوی بن جائے گی اور وہ۔۔ ساری عمر اس قرضے سے دبے رہیں گے۔ اس کا اثر میرے چھوٹے بھائی بہنوں پر پڑے گا ان کی تعلیم ادھوری رہ جائے گی میں سب کچھ برداشت کر سکتی ہوں مگر میرے بابا کو تکلیف ہو یہ مجھ سے برداشت نہیں ہوتا۔

اعجاز میں آپ کے جذبات کی قدر کرتا ہوں واقعی آپ کے والد خوش نصیب ہیں کہ انہیں آپ جیسی سمجھ دار بیٹی ملی۔

طلعت آپ سے گزارش ہے کہ آپ اس رشتے کو نامنظور کر دیں آپ کی ایک نا سے ہم سب الجھنوں سے نجات پا جائیں گے۔[۶۴]

اعجاز طلعت کے شادی مخالف رویے سے تنگ آجاتا ہے اور وہ رشید کے گھر جاتا ہے وہاں اس کی ملاقات رشید کی بیٹی عطیہ سے ہوتی ہے جو غربت کی ماری ہے لیکن بہت باتونی ہے۔ وہ اعجاز سے طرح طرح کے امور پر بات کرتی ہے اس کی باتوں سے اندازہ ہوتا ہے کہ کس طرح حیدرآباد میں لڑکیوں کے رشتے دیکھنے دکھانے میں لڑکے والوں اور لڑکی والوں کی رویوں اور برتاؤ میں تبدیلی آتی گئی ہے۔ دونوں قسم کی لڑکیوں سے بیزار ہو کر اعجاز فیصلہ کرتا ہے کہ میرے والدین نہیں ہیں شکیل تمہارے والدین میرے لیے جو لڑکی پسند کریں میں اسی سے شادی کر لوں گا۔

اس ڈرامے میں دو قسم کی لڑکیوں طلعت اور عطیہ کا تقابل کیا گیا ہے۔ دونوں ہی غربت کی وجہ سے پریشان ہیں اور ان کی باتیں سن کر اعجاز کو اندازہ ہو جاتا ہے کہ شادی کے لیے بہت زیادہ چھان بین نہیں کرنی چاہیئے بلکہ بڑوں پر اس معاملے کو چھوڑ دینا چاہیے۔ ڈرامے میں کرداروں کے مکالمے دلچسپ ہیں۔ کہانی کم ہے لیکن کردار اپنے مکالموں کے ذریعے اپنی نفسیات کو اجاگر کرتے ہیں۔

ایک اور کھیل

ریڈیائی ڈراموں کے مجموعے ''غالب خستہ کے بغیر'' میں شامل تیسرے ڈرامے کا عنوان ''ایک اور کھیل'' ہے۔ اس ڈرامے کے کرداروں میں الطاف ہارون کا باپ' شکیلہ ہارون کی ماں' سارا ایک نوجوان لڑکی' جواد ہارون کا دوست اور اقبال اسٹور کا مالک شامل ہیں۔ اس ڈرامے میں ہارون کی شادی کے لیے ایک اسٹور میں کام کرنے والی لڑکی سارا سے ملاقات اور اس کی دلچسپ باتوں کے بعد ہارون کا اسے شادی کے لیے راضی کر لینا اور شادی کے بعد اسٹور کے مالک کا سارا کو بلیک میل کرنا اسے اپنے گھر آنے کے لیے مجبور کرنا سارا کا اقبال کے گھر جانے سے انکار اور اقبال کی جانب سے ہارون کو اس کی گزشتہ زندگی کے راز بتائے جانے کا ڈر' ہارون کے اقبال کے گھر جانے کے بعد سارا کی تیل ڈال کر آگ لگا کر خود کشی اور اقبال کا بدل جانا جیسے واقعات شامل ہیں۔ ڈرامے میں جہاں سارا اور ہارون کی گفتگو دلچسپ ہے وہیں سارا کی خودکشی اور اقبال کے بدل جانے کے واقعات اہم ہیں۔ سارا اور ہارون کی گفتگو کی مثال ملاحظہ ہو:

سارا فرمایئے میں آپ کی کیا خدمت کر سکتی ہوں

ہارون سمجھ میں نہیں آتا کہ کہاں سے شروع کروں۔ پھر بھی مختصراً مجھے یہ کہنا ہے کہ میں میکانیکل انجینیر ہوں۔ میرے والد اس شہر کے مشہور بزنس مین ہیں۔ انہوں نے مجھے الٹی میٹم دے رکھا ہے کہ میں پندرہ دن کے اندر اندر شادی کر لوں۔

سارا اس سلسلے میں میں کیا کر سکتی ہوں۔

ہارون شادی

سارا شادی۔۔آپ سے

ہارون جی ہاں

سارا ہارون صاحب اگر آپ مذاق کر رہے ہیں تو یہ ایک بھیانک مذاق ہے

اور آپ کی سنجیدگی قابل رحم ہے۔

ہارون دیکھیے کیا میں آپ کو مسخرا لگتا ہوں۔

سارا مشکل تو یہ ہے کہ آپ بے وقوف بھی لگتے۔

ہارون شکریہ

سارا مگر شادی کے لیے میں ہی کیوں

ہارون سوال آسان ہے شادی کے لیے آپ ہی کیوں یہی نا۔۔تو سنیے۔نمبر ایک آپ خوبصورت ہیں نمبر دو آپ پڑھی لکھی ہیں نمبر تین بات کرنے کا جیسا سلیقہ آپ کو ہے شاید ہی کسی کو ہوگا۔نمبر چار آپ محنتی ہیں۔نمبر پانچ۔۔

سارا آپ بس بھی کیجیے۔اب یہ بتائیے کہ آپ نے یہ کیسے جانا کہ میں غیر شادی شدہ ہوں۔۔؟

ہارون آپ کے چہرے سے اور پھر آپ نے قمیص اور شلوار پہن رکھی ہے جب کہ شادی شدہ عورتیں ساڑی پہنتی ہیں۔۶۵

اس ڈرامے کا انجام افسوس ناک اور دلچسپ ہے سارا جس اقبال کو برا انسان اور بلیک میلر سمجھ کر خودکشی کر چکی تھی وہ سارا کے شادی کے بعد بدل جانے سے خود بدل گیا تھا وہ ہارون کو بلا کر کیا کہتا ہے ملاحظہ کیجیے۔

اقبال جی ہاں کل سارا اسٹورز آئی تھی۔بات چیت کے دوران اس نے بتایا کہ آپ بہت معصوم ہیں بہت نیک ہیں آپ کی ان ہی صفتوں کو اپنانے کی شدید خواہش نے شاید میرے ضمیر کو بیدار کر دیا۔چنانچہ زندگی میں پہلی بار مجھے اس بات کا علم ہوا کہ نیکی اور بھلائی کی زندگی انسان کو دوام بخشتی ہے۔آپ جانتے ہیں میں نے شادی نہیں کی۔میرا کوئی وارث نہیں ہے چوں کہ مجھے سچائی کا راستہ سارا کی وجہ سے ملا ہے اس لیے میں چاہتا ہوں کہ یہ اسٹورز سارا کے نام کردوں میں نے کاغذات بنا لیے ہیں یہی وہ کاغذات ہیں۔

ہارون   پھر آپ کی گذر بسر؟

اقبال   گاؤں میں میری کچھ زمین ہے جو میری کفالت کے لیے کافی ہے میں اپنی باقی زندگی وہیں گزار دوں گا۔ان کاغذات پر سارا کے دستخط لے لیجے اگر آپ اس کی تھوڑی سی مدد کریں گے تو وہ یہ اسٹورز آسانی سے چلالے گی۔وہ بہت قابل اور سمجھ دار لڑکی ہے۔ہارون ٹھیک ہے سارا کے دستخط لے لوں گا۔اقبال صاحب نئی زندگی مبارک ہو۔آپ واقعی قابل مبارک باد ہیں یہ اس عمر میں آپ نے سچائی کو پالیا ہے۔۶۶

اس طرح ڈراما اپنے انجام کو پہنچتا ہے۔اس ڈرامے میں سارا نامی لڑکی کی معصومیت کو پیش کیا گیا ہے۔جب کہ اقبال نامی بلیک میلر کے کرتوت کو اجاگر کیا گیا ہے لیکن سارا عزت وناموس کی خاطر اقبال کی جانب سے کچھ الزام عائد کیے جانے سے قبل اپنی جان لے لیتی ہے جب کہ قدرت کا کرنا ایسا تھا کہ اقبال سارا کی شادی کے بعد اسے بلیک میل کرنے کے ارادے سے باز آجاتا ہے اور وہ خود اپنی دکان سارا کو دینے کے لیے اس کے شوہر ہارون کو بلالیتا ہے۔اس ڈرامے میں جمیل شیدائی نے واقعات کی کشمکش کو بہت خوبی سے استعمال کیا ہے اور یہ ان کا ایک کامیاب ڈراما کہا جاسکتا ہے۔

خزانہ

ڈراموں کی مجموعے ''غالب خستہ کے بغیر'' میں شامل چوتھے ڈرامے کا عنوان ''خزانہ'' ہے۔اس ڈرامے کے کرداروں میں وحید ایک نوجوان' شیطان' مرزا ایک ضعیف آدمی' عطیہ مرزا کی بیوی' نازیہ وحید کی بیوی اور ریشماں مجرا کرنے والی شامل ہیں۔وحید کو پتہ چلتا ہے کہ کسی گھر میں لاکھوں کا خزانہ ہے۔وہ اس خزانے کے حصول کے لیے جنگل میں منتر پڑھ کر کسی کو حاضر کرنے اور اس سے خزانے کا پتہ پوچھنے کے لیے عمل شروع کرتا ہے۔اتنے میں شیطان کا اس سے سامنا ہوجاتا ہے اور شیطان وحید سے کہتا ہے کہ تم گیارہ دن تک بھوکے رہ کر کیسے خزانے کا پتہ معلوم کرو گے میرے چیلے بن جاؤ میں تمہیں خزانے کا پتہ

بتا دوں گا۔شیطان اور وحید کی گفتگو ملاحظہ ہو:

وحید: ارے تم تو انسان ہو؟

شیطان شیطان کا کوئی روپ نہیں ہوتا وہ تو کوئی بھی روپ دھار سکتا ہے اب یہ بتا اس گھنے جنگل میں کس بات کا منتر پڑھنے آیا تھا۔

وحید: تم تو جانتے ہو آج سے کچھ سال پہلے بنک میں چوری ہوئی تھی چھیالیس لاکھ روپے کی رقم لے کر بنک کا کیشیر چلتا بنا تھا کیشیر نے یہ رقم کہیں چھپا کے رکھ دی تھی اور پولیس کے ڈر سے وہ گاؤں بھاگ گیا تھا اور وہیں ایک حادثہ میں مر گیا۔ میں منتر کا جاپ پڑھ کے اسے زندہ کر دوں اور معلوم کروں گا کہ وہ رقم کہاں ہے۔

شیطان: کیا تو یہ کر سکے گا

وحید: میرے استاد نے کہا ہے کہ اگر یہ عمل بلاخوف گیارہ دن اس جنگل میں جپوں تو میرے سامنے کی زمین پھٹ پڑے گی اور اس میں سے ایک عورت کی نعش نکلے گی اور پھر مجھے دوسرا عمل جپنا پڑے گا جس سے اس میں جان پڑ جائے گی اور وہ اٹھ بیٹھے گی اس سے پہلے کہ وہ مجھ پر حملہ کرے مجھے اس کے بال مضبوطی سے پکڑ لینے ہوں گے اور بالوں کے سروں کو کاٹ لینا ہوگا۔ اور جب جب میں ان بالوں کو آدھی رات کے وقت عود و عنبر کا دھواں دوں گا تب وہ آئے گی اور میرا حکم مانے گی۔

شیطان تو تو اس عورت کی مدد سے اس کیشیر کو بلائے گا جس نے چھیالیس لاکھ کی رقم کہیں چھپا کے رکھ دی اور مر گیا

وحید: ہاں

شیطان: (ہنستا ہے) خیال برا نہیں ہے ہمیں بھی اس معاملے میں دلچسپی ہونے لگی شروع کر اپنا عمل۔ ٦٧ے

وحید اور شیطان کی گفتگو کے بعد وحید شیطان کی غلامی کے لیے آمادہ ہو جاتا ہے۔

شیطان لوگوں کو بھٹکانے کی فہرست بناتا ہے اور وہ مکان کا پتہ بتاتا ہے۔ وحید دیئے گئے پتے پر پہنچنے کی کوشش کرتا ہے تو پتہ چلتا ہے کہ اس مکان کی تلاش میں مرزا ریشماں اور کئی لوگ ہیں۔ ڈراما کئی کشمکشوں سے گزرتا ہے۔ شیطان خزانے کی تلاش میں لگے لوگوں کو ایک دوسرے کے خلاف قتل کے لیے بہکاتا ہے۔ ڈرامے کا انجام دلچسپ ہے دراصل وحید یہ خواب دیکھتا ہے جب خزانے کی تلاش کے آخری مرحلے میں مرزا اور ریشماں وحید کو قتل کرنے کی کوشش کرتے ہیں تب اس کی آنکھ کھل جاتی ہے اور اس کی بیوی نازیہ پوچھتی ہے کہ کیا آپ ڈراؤنا خواب دیکھ رہے تھے تب وحید کو اندازہ ہوتا ہے کہ وہ خواب دیکھ رہا تھا اور حقیقت میں مرزا صاحب گھر کے باہر کھڑے مسجد چلنے کے لیے آواز دے رہے تھے۔ اس طرح جمیل شیدائی نے خواب کی تکنیک استعمال کرتے ہوئے خزانے کے لیے انسان کے لالچ اور اس لالچ میں شیطان کے دوست بن جانے کے لیے آمادہ ہونے والے لالچی انسانوں کے کرداروں سے پردہ اٹھایا ہے۔ ڈرامے کے دوران کرداروں کے مکالموں سے انہوں نے موجودہ دور میں اس طرح کے واقعات میں ملوث لوگوں کی حقیقی تصویر کشی کی ہے۔

سلطانہ رضیہ

ریڈیائی ڈراموں کے مجموعے ''غالب خستہ کے بغیر'' میں شامل پانچواں اور آخری ڈرامہ ''سلطانہ رضیہ'' ہے۔ اس ڈرامے کے کردار التمش، رضیہ سلطانہ، ملک اختیار الدین، اعجاز الدین، جمال الدین یاقوت، سکینہ اور ایک اعلان کرنے والا ہے۔ اس ڈرامے میں جمیل شیدائی نے تاریخی واقعات کو بنیاد بنا کر انہیں ڈرامائی شکل دی ہے۔ بادشاہ التمش مرنے سے قبل اپنی بیٹی رضیہ کو حکومت سونپتا ہے۔ رضیہ بہادر لڑکی ہے لیکن اسے ڈر ہے کہ سلطنت میں اس کے خلاف بغاوت ہو نہ جائے۔ باپ کے مرنے کے بعد وہ بہادری سے مملکت کے امور سنبھالتی ہے۔ وہ عورت ہے اس کا دل ایک غلام یاقوت پر آجاتا ہے۔ وہ اسے پانے کے لیے اپنی سلطنت کے اعلیٰ عہدے پر مامور کرتی ہے اختیار الدین رضیہ کو حاصل کرنا چاہتا ہے جب

اسے پتہ چلتا ہے کہ رضیہ نے محبت میں ایک غلام کو اعلیٰ عہدہ فراہم کیا ہے تو وہ رضیہ کے خلاف بغاوت کر بیٹھتا ہے اس کی بغاوت کو کچل دیا جاتا ہے جنگ میں یاقوت رضیہ کو بچانے اپنی جان کھو بیٹھتا ہے۔ لیکن رضیہ اپنی محبت کو پانے میں ناکام رہ جاتی ہے۔ ڈرامے میں تاریخی حوالوں سے رضیہ کے دور اس کے خلاف بغاوتوں کو پیش کیا گیا ہے۔ سلطان التمش اور رضیہ کے مابین ہونے والی گفتگو ملاحظہ ہو:

رضیہ: ابا حضور۔ یہ آپ کی عنایت ہے چھ سال حکومت سنبھالتے ہوئے کنیز کو دقت نہیں ہوئی۔ ہر وقت ہر مشکل میں ہر الجھن میں اس کے لیے یہ احساس باعث تشفی بنا رہا کہ اس کی ایک ہی آواز پر آپ اس کی مدد کے لیے آن پہنچیں گے۔ آپ کی غیر موجودگی میں وہ حکومت کا تصور بھی نہیں کر سکتی۔

التمش: آج ہمیں تو تمہاری ان باتوں سے تکلیف ہوئی۔ یہ کیسی پست ہمتی کی باتیں ہیں۔ بیٹی مردانہ وار کھڑی ہو جاؤ۔ کس نے کس کا ساتھ دیا ہے بیٹی جو ہم تمہارا دیں گے وہ وقت قریب ہے جس سے کسی کو مفر نہیں۔ ہم کچھ گھڑیوں کے مہمان ہیں۔ اس لیے سمجھو کہ کہ تم ہمارے بعد حکومت سنبھالو گی نقاہت بڑھ رہی ہے اب ہمیں آرام کرنا ہے۔ یہ کیا تمہاری آنکھوں میں آنسو۔ بیٹی ہم پھر کہیں گے کہ پست ہمتی سے کام نہ لو۔ بخدا تم نہیں جانتی ہو کہ تمہاری آنکھوں میں آنسو دیکھکر ہمارے دل کی کیا حالت ہو رہی ہے۔ ہمیں یوں لگ رہا جیسے ہم ان آنسوؤں میں بہے جا رہے ہیں۔ ۶۸ے

اختیار الدین ملکہ رضیہ کو کس طرح چاہتا ہے اور اس کے بارے میں کیا جذبات رکھتا ہے وہ اپنے دوست اعجاز کے سامنے اپنے جذبات کا اظہار ان الفاظ میں کرتا ہے:

اختیار الدین سعی رائیگاں کو سعی حاصل میں تبدیل کرنا ہے۔ ہم رضیہ کے بغیر زندہ نہیں رہ سکیں گے۔ اعجاز اس آگ کو لگے زمانہ گذر گیا ہے اور جس طرح دن گزرتے جاتے ہیں اس کے شعلے بلند تر ہوتے جا رہے ہیں اور ان کی حدت روح وقلب دونوں کو جھلسا

رہی ہے وہ دن ہمیں اچھی طرح یاد ہے جب ہم دربار التمش میں باریاب ہونے جا رہے تھے۔ جب ہم اندر داخل ہوئے تو جہاں پناہ کے برابر رضیہ تھی۔ مردانہ کپڑوں میں ملبوس' کمر سے تلوار لٹکائے وہ اس طرح کھڑی تھی جیسے کوئی سپاہی قلعہ کی نگرانی کر رہا ہو۔ اس کی اور ہماری آنکھیں چار ہوئیں ہمیں یوں محسوس ہوا جیسے ان جھیل جیسی آنکھوں کی گہرائی میں ہم ڈوب گیے ہوں اور پانی کا لمس ایک بے نام سی تراوٹ جسم میں چھوڑے جا رہا ہو جس سے جسم کا رواں رواں عجیب و غریب کیفیت سے دوچار ہے۔ اس کیفیت میں ہم کب تک رہے پتہ نہیں لیکن ہم نے یہ بات بھی محسوس کی کہ وہ آنکھیں ہمارے لیے کسی بھی پیغام سے یکسر خالی تھیں۔ شاید یہ تکبر تھا یا ادائے بے نیازی۔ اس دن کے بعد سے وہ پرکشش آنکھیں اور وہ حسین سراپا جیسے ذہن کا ایک حصہ بن گیا ہے۔

ڈرامے کے انجام پر یاقوت کے انتقال کے بعد ملکہ حالات کے تحت اختیار الدین سے شادی کے لیے راضی ہو جاتی ہے۔ اس کے بعد دشمن افواج اختیار الدین کو گرفتار کر لیتے ہیں ملکہ بھی گرفتار ہو جاتی ہے۔ ڈرامے کے اختتام پر ملکہ کے جذبات ملاحظہ ہوں:

رضیہ: سکینہ سن لیا تم نے (وہ روتی ہے) ابا حضور آپ کی عنایت نے ہمیں اس حال کو پہنچایا آپ کے پیار کی وجہ سے ہم نے کتنے صدمے انگیز کیے۔ ابا حضور آپ نے ہمیں تاجدار سلطنت نہ بنایا ہوتا۔ ہم نے کہا بھی تھا کہ ہم عورت ہیں عورت ہونا بذات خود ایک سزا ہے اور آپ نے سلطنت سونپ کر ہم پر ظلم کیا اور ہمیں ساری زندگی کشمکش میں گزارنی پڑی ایک کشمکش پیہم زندگی کے ہر لمحے ہم اسی سے دوچار رہے ابا حضور آپ ہماری موت کے ذمہ دار ہیں (وہ روتی ہے) ص (۱۵۹)

جمیل شیدائی کے ریڈیائی ڈراموں کے مجموعے ''غالب خستہ کے بغیر'' میں شامل پانچ ڈراموں کے تجزیے سے اندازہ ہوتا ہے کہ جمیل شیدائی نے ریڈیو کے لیے تفصیلی ڈرامے لکھے۔ ''غالب خستہ کے بغیر'' ڈرامہ نگاری کی ایک انوکھی تکنیک ہے جس میں غالب

جیسے شاعر کو عالم بالا سے عصر حاضر کی زندگی میں زمین پر لایا جاتا ہے۔اور یہاں شعراء کی کسم پرسی پر غالب کے غصے اور بچوں کو موت کی سزا دینے کی دھمکی کے بعد شعراء کا سدھر جانا اور غالب کے دوسرے دورے پر شعراء کی حالت میں بہتری دکھانا یہ سب ڈراما نگار کی ذہنی اختراع ہے جسے جمیل شیدائی نے پیش کیا ہے۔ڈراموں انتخاب اور ایک اور کھیل میں نوجوان کرداروں کے شادی بیاہ کے معاملات میں تجربات اور نفسیات کو اجاگر کیا گیا ہے۔ڈراما خزانہ میں خواب کی تکنیک استعمال کی گئی ہے اور خزانے کے حصول کی کہانیوں کی طرح اس کہانی کو پیش کیا گیا ہے۔تاریخی واقعات پر ڈرامہ لکھنا مشکل ہوتا ہے لیکن اگر ڈراما نگار تاریخی واقعہ پر عبور رکھے تو وہ اچھے ڈرامے لکھ سکتا ہے۔جمیل شیدائی نے ڈراما ''سلطانہ رضیہ'' لکھ کر تاریخی ڈراما نگاری پر اپنی مہارت کا ثبوت دیا ہے۔

جمیل شیدائی کی ڈراما نگاری کا فنی واجمالی جائزہ

جمیل شیدائی کے تحریر کردہ ڈراموں کے مجموعے ''لب گفتار'' اور'' غالب خستہ کے بغیر'' میں شامل ڈراموں کا فنی اور اجمالی جائزہ لیا جائے تو اندازہ ہوتا ہے کہ اسٹیج ڈراموں کے علاوہ جمیل شیدائی کے ریڈیائی ڈرامے بھی سامعین میں کافی مقبول رہے۔ان کے تحریر کردہ ڈراموں کے مطالعے سے اندازہ ہوتا ہے کہ وہ اپنے ڈراموں میں حقیقی زندگی کی تصویر کشی بے حد چابک دستی سے کرتے رہے۔ساتھ ہی وہ ہمیشہ اپنے ڈراموں میں انسانی نفسیات کو مد نظر رکھا کرتے تھے۔انسانی نفسیات پر ان کی گہری نظر تھی۔اورانھوں نے اپنے علمی تجربات اورادبی ذوق کو استعمال کرتے ہوئے نوجوان نسل کے لیے دلچسپ ڈرامے تحریر کیے۔ڈرامے کے اجزائے ترکیبی موضوع' پلاٹ' کردار نگاری اور جذبات نگاری کے اعتبار سے ان کے ڈرامے فن ڈرامہ نگاری پر پورے اترتے ہیں۔

موضوعات

جمیل شیدائی نے اپنے ڈراموں کے موضوعات زندگی سے حاصل کیے ہیں۔انہوں

نے جس دور میں یہ ڈرامے لکھے وہ خود بھی جوان تھے اور ادب کا ستھرا ذوق رکھتے تھے۔ سائنس کے گرائجویٹ تھے۔ اور زندگی کے مشاہدات کو ڈرامے میں برتنے کا سلیقہ رکھتے تھے۔ان کے پہلے مجموعے ''لب گفتار'' میں شامل ڈراموں کے موضوعات دیکھیں تو پتہ چلتا ہے کہ یہ موضوعات نوجوان کرداروں سے متعلق ہیں اور ان میں عشق کا جذبہ کارفرما ہے۔ ڈرامہ ''واردات'' میں ایک ایسے چور کا قصہ بیان کیا گیا ہے جس کا سابقہ چوری کے دوران ایک تیز قسم کی لڑکی سے پڑتا ہے اور ڈرامے کے انجام پر گفتگو کے دوران لڑکی چور کے ساتھ گھر سے فرار ہونے کے لیے آمادہ ہوجاتی ہے۔ڈراما ''کلورین کا دھواں'' ڈراما نگار کی اپنی زندگی کا تجربہ ہے اور انھوں نے کمپنی میں ایک نوجوان لڑکی سے محبت بھری گفتگو کرنے کے بعد دوسری کمپنی میں جانے کا بہانہ کرنے کی خاطر کلورین کے دھویں کا واقعہ پیش کرتے ہیں۔ڈراما ''دس وولٹ کا شاک'' بھی ایک میکانیک اور گھر کی خاتون کے درمیان دلچسپ نوک جھونک کو ظاہر کرتا ہے۔ڈراما ''نقش قدم'' نئی نسل کی آزاد خیالی کو پیش کرتا ہے۔ اپروچ (ا) ڈراما مغربی موضوعات کو ظاہر کرتا ہے جس میں ایک شخص دوسرے کی بیوی سے عشق لڑانے کے لیے عجیب وغریب طریقہ اختیار کرتا ہے۔اس طرح ''لب گفتار'' کے سبھی ڈرامے اپنے موضوعات کے اعتبار سے نوجوان دلوں کی دھڑکن ہیں اور کرداروں کی آپسی نوک جھونک سے ڈراموں میں جان ڈالنے کی کوشش کی گئی ہے۔جمیل شیدائی کے ڈراموں میں واقعیت کم ہوتی ہے۔قصہ یا کہانی ڈرامے کی جان ہوتی ہے لیکن جمیل شیدائی نے مختصر موضوع کو کرداروں کے مکالموں ان کے جذبات اور نفسیات سے آگے بڑھایا ہے۔ اور ڈرامے کا قاری کرداروں کی دلچسپ گفتگو سے محذوذ ہوتا ہے۔

ڈراموں کے دوسرے مجموعے ''غالب خستہ کے بغیر'' میں شامل پانچ ڈرامے ریڈیو کے لیے لکھے گئے اور ریڈیو پر پیش ہوئے۔ان ڈراموں میں غالب خستہ کے بغیر ایک دلچسپ ڈراما ہے جس میں جمیل شیدائی نے مرحوم غالب کو عالم بالا سے زمین پر بلا کر ان سے موجودہ

دور کے غربت کے مارے شعراء سے تعمیری کام کروایا ہے۔اس مجموعے کے دیگر ڈراموں میں ''خزانہ'' ڈراما کہانی کے اعتبار سے دلچسپ ہے جس میں شیطان کے کردار کو بہت اچھے انداز میں پیش کیا گیا ہے۔ڈراما رضیہ سلطانہ میں تاریخی واقعات کو بنیاد بنا کر ڈراما پیش کیا گیا ہے۔اس طرح جمیل شیدائی نے اپنے ڈراموں میں موضوعات کا تنوع پیش کیا ہے۔اور ڈراموں کی پیشکشی میں مختلف قسم کی تکنیک استعمال کرتے ہوئے فن ڈراما نگاری پر عبور رکھنے کا ثبوت دیا ہے۔

پلاٹ

ڈرامے کے لیے پلاٹ کافی اہم ہوتا ہے۔پلاٹ سے مراد ڈرامے میں واقعات کی ترتیب ہے۔جمیل شیدائی کے اکثر ڈرامے کم کرداروں اور مختصر کہانی کے ساتھ پیش ہوئے ہیں اس لیے ان کے ڈراموں میں پلاٹ کی ضرورت کم ہی محسوس ہوتی ہے انہوں نے اپنے ڈراموں کو مختلف مناظر میں پیش کیا ہے اور کرداروں کی گفتگو سے اندازہ ہوتا ہے کہ کہانی کس سمت بڑھ رہی ہے۔جمیل شیدائی کے ڈراموں میں واقعات کم ہیں اس لیے واقعات کا دورانیہ بھی کم ہوتا ہے۔کہانی کئی مہینے یا سال تک نہیں چلتی بلکہ دو تین مناظر میں کرداروں کی نوک جھونک سے کہانی ختم ہو جاتی ہے۔ڈراموں میں منظر نگاری کم ہے اس لیے پلاٹ کی کمزوری یا اچھائی ظاہر نہیں ہوتی۔

کردار نگاری

ڈرامے میں کہانی کرداروں کے مکالموں سے آگے بڑھتی ہے۔جمیل شیدائی نے اپنے مختصر ڈراموں میں نوجوان لڑکے لڑکیوں کے کردار پیش کیے ہیں۔جو محبت کے فلسفے میں اپنا اپنا تاثر رکھتے ہیں۔جمیل شیدائی نے اپنے ڈراموں میں بہت کم کردار رکھے ہیں۔عام طور پر ایک ڈرامے میں تین چار کردار وہ بھی نوجوان اور کالج کے تعلیم یافتہ۔ڈرامہ واردات میں دو ہی کردار نورا اور سلیم ہیں۔نور کا کردار دلچسپ ہے سلیم چوری کرنے آتا ہے نور گھر میں

اکیلی ہے لیکن وہ اپنی باتوں سے سلیم کا ناطقہ بند کر دیتی ہے۔ ڈراما ''کلورین کا دھواں'' میں واصف، فرزانہ مرکزی کردار ہیں۔ ڈراما ''اغوا'' میں دو کردار منصور اور عابدہ ہیں۔ ڈراما ''دس وولٹ کا شاک'' میں اختر، عروج، سعید اور سلطانہ جیسے کردار ہیں۔ اسی طرح دیگر ڈراموں کے کردار بھی نو جوان ہیں۔ مسلمان گھرانوں سے تعلق رکھتے ہیں عشق و محبت کے فلسفے میں آزاد خیال ہیں۔ جمیل شیدائی کے پہلے ڈراموں کے مجموعے میں کردار نگاری اس قدر پختہ نہیں ہے جوانہوں نے اپنے دوسرے مجموعے ''غالب خستہ کے بغیر'' کے ڈراموں میں پیش کی ہے جس میں انہوں نے غالب رضیہ سلطان اور شیطان وغیرہ کو مضبوط کرداروں میں پیش کیا ہے۔ جہاں تک کرداروں کے خیر و شر کی بات ہے جمیل شیدائی کے کردار بھی انسان ہیں ان میں بھی بشری تقاضے ہیں اس لیے ان میں محبت اور نفرت کے جذبات پائے جاتے ہیں۔ اور یہ کردار اپنی گفتگو سے اپنے اچھے یا برے ہونے کا ثبوت دیتے ہیں۔ جس طرح امتیاز علی تاج نے اپنے شاہکار ڈرامے ''انار کلی'' میں یادگار کردار پیش کیے تھے اس طرح کے یادگار کردار جمیل شیدائی کے ڈراموں میں نہیں ملتے۔ چونکہ انسانی نفسیات ان ڈراموں کا خاصہ ہے اس لیے بھی یہ ڈرامے اور ان کے کردار قاری کے ذہن پر گہرا تاثر نہیں چھوڑتے۔

مکالمہ نگاری

ڈرامے میں مکالمے اہم ہوتے ہیں۔ خاص طور سے ریڈیائی ڈرامے یا یک بابی ڈرامے جس میں کردار کی گفتگو سے اندازہ ہوتا ہے کہ کہانی کا رخ کیا ہے۔ جمیل شیدائی کے ڈراموں میں کرداروں کے مکالمے جاندار ہیں۔ ان کے کردار چونکہ اردو زبان و ادب سے اچھی طرح واقف تھے اور سبھی کردار اچھے گھرانوں سے تعلق رکھتے تھے اس لیے جمیل شیدائی نے اپنے کرداروں سے دلچسپ مکالمے پیش کیے ہیں۔ ڈراما ''واردات'' کی نور ہو یا ڈراما ''دس وولٹ کا شاک'' کا اختر یہ کردار فی البدیہہ اور ادبی چاشنی لیے جملوں میں بات کرتے دکھائی دیتے ہیں۔ کردار وقت ضرورت اشعار بھی بولتے ہیں اور بامحاورہ زبان بھی۔ ''غالب

خستہ کے بغیر'' مجموعے میں شامل ڈراموں کے کردار بھی اپنے اپنے اعتبار سے دلچسپی کے حامل ہیں۔ جمیل شیدائی حیدرآباد دکن میں رہ چکے تھے جہاں کی گنگا جمنی تہذیب مشہور ہے لیکن حیرت ہوتی ہے کہ ان کے ڈراموں کے کرداروں میں کوئی غیر مسلم کا کردار دکھائی نہیں دیتا۔ میکانک اور مزدور ہر قسم کے کردار مسلم سماج سے تعلق رکھتے ہیں۔ اور نوجوان طبقے کی نمائندگی کرتے ہیں۔

اسلوب

جمیل شیدائی کے ڈراموں میں اسلوب کی چاشنی اہم ہے۔ انہوں نے اپنے کرداروں سے رواں اردو میں مکالمے پیش کیے ہیں۔ ان کے کردار باتونی اور جذباتی ہیں۔ وہ نفسیاتی امور پر بھی سادے اور رواں اسلوب میں بات کرتے ہیں۔ جمیل شیدائی نے آزادی کے بعد کے دور میں یہ ڈرامے لکھے ان کی زبان صاف اور شستہ ہے۔ اور محاوراتی انداز لیے ہوئے ہے۔ ان کے کرداروں میں دکنی لہجہ نہیں جھلکتا بلکہ سلیس اردو میں بات کرتے ہیں۔

مجموعی طور پر مختصر ڈراموں اور ریڈیائی ڈراموں کے فنی لوازم کے اعتبار سے جمیل شیدائی کے ڈرامے اردو ادب میں ایک اچھا اضافہ ہیں۔ حیدرآباد میں اظہر افسر کے بعد جمیل شیدائی کو ریڈیائی ڈرامے اور مختصر ڈرامے لکھنے والوں میں اہم مقام حاصل ہے۔ اردو کے دانشوروں اور نقادوں نے جمیل شیدائی کی ڈراما نگاری کی ستائش کی ہے۔ ڈاکٹر قطب سرشار جمیل شیدائی کے ڈرامہ نگاری کی مختلف جہات کا احاطہ کرتے ہوئے لکھتے ہیں:

> ''جمیل شیدائی گذشتہ چار دہائیوں سے لکھ رہے ہیں۔ تمثیل نگاری کے وسیلے سے انہوں نے اپنی شناخت بنائی۔ پچاسوں ریڈیائی ڈرامے لکھے۔ ٹی وی سیریل اور اسٹیج ڈرامے بھی تحریر کیے۔ جس زمانے میں ٹی وی عام نہیں ہوا

تھا۔ ریڈیو عوامی تفریح کا واحد ذریعہ تھا۔ ان دنوں جمیل شیدائی کے ریڈیائی ڈرامے آل انڈیا ریڈیو کے لیے ناگریز ہوگئے تھے۔آل انڈیا ریڈیو حیدرآباد (نیرنگ پروگرام) میں جمیل کے پچاسوں ڈرامے نشر ہوئے اور اتنے مقبول عام ہوئے کہ عوام کے اصرار پر انہیں بار بار ریلے کیا جاتا رہا ہے۔ بلا شبہ ایک دہے سے ذائد جمیل شیدائی نے ریڈیو پر حکومت کی ہے۔ وہ دور ایسا تھا کہ آج کی طرح ہرایرا غیرا ریڈیو اور اخبارات کے دفتروں کی جبہ سائی کرتا نہیں پھرتا تھا اور غیروں کو گھاس ڈالنے کا چلن بھی کہاں تھا۔جمیل شیدائی کا شمار ان خوش نصیب ڈراما نگاروں میں ہوتا ہے جنہیں بہت زیادہ شہرت نصیب ہوئی۔جمیل شیدائی کی تمثیل نگاری مقبول خاص وعام اس لیے بھی ہوئی کہ جمیل اپنے ڈراموں میں عام فہم زبان میں سلجھے ہوئے مکالموں سے پر کشش کرداروں کی تعمیر و تشکیل کرتے ہیں۔ پھران کرداروں کے تال میل سے ایسا ماحول تخلیق کرتے ہیں جس سے ہمارے معاشرے کی مانوس اور جیتی جاگتی تصویریں صاف اور نمایاں رنگوں میں ابھر کر آجاتی ہیں۔ایک نظریہ حیات جو صالح اور سلجھا ہوا ہوتا ہے اس کو عمدگی سے ٹریٹ کرتے ہوئے قاری کے ذہن کو اعتماد میں لے کر آخر میں جب نتیجہ برآمد کرتے ہیں تو قاری کا ذہن چونک اٹھتا ہے۔ ڈرامے کے آغاز ہی سے جو قاری کی توجہ کو اپنی گرفت میں لیے چلتے ہیں تو کلائمکس

تک ان کی گرفت برقرار رہتی ہے۔ یہ عمدہ فنی محاسن ہیں جو ہمیں اُردو کے مشہور سرّی ادب خالق ابن صفی کی ناولوں اور جمیل شیدائی کے ڈراموں میں قدر مشترک کے بطور نظر آتی ہے۔ جمیل شیدائی نثری اظہار کے لیے سادہ عام فہم اور سلجھی ہوئی زبان پر یقین رکھتے ہیں۔ یہاں تک کہ وہ تبصروں اور تنقیدی مضامین میں بھی اپنے اس نظریے کو بروئے کار لاتے ہیں۔ جمیل شیدائی نے اپنی تمثیل نگاری میں نفسیات، عاشقانہ جذبات و احساسات کی سائنٹفک توضیحات اور توجیحات کو نئی نسل کے فکری اور تہذیبی تناظر میں پیش کرنے کی کوشش کی ہے۔ یہ سلجھے ہوئے انداز میں کسی نظریے کا تجزیہ کرتے ہوئے قاری کو ایک مستحکم نتیجے تک پہنچا دیتے ہیں۔۔۔۔‘‘۔۶۹

پروفیسر مجید بیدار جمیل شیدائی کی ڈرامہ نگاری کے بارے میں لکھتے ہیں:

’’جمیل شیدائی نے ڈرامے لکھے اور ان کے ڈراموں میں تخلیقیت کا عنصر غالب اور زبان اور اظہار کی مضبوط گرفت محسوس کی جاسکتی ہے۔ ان کے تمام ڈرامے طبع زاد ہیں، انہوں نے ترجمہ شدہ ڈرامے بھی پیش کئے اور دنیا کی ادبی، مذہبی، سائنسی اور سماجیاتی تاریخ کو نمایاں کرنے کے لئے ترجمے کے فن کو بھی اپنے اظہار کا ذریعہ بنایا۔ جمیل شیدائی کو ایک تخلیق کار اور ترجمہ نگار کی حیثیت سے شہرت حاصل ہے۔ ڈراما لکھنا ان کی دلچسپی کا مشغلہ تھا، ڈرامے کے

کرداروں اوران کے مکالموں میں جمیل شیدائی نے جہاں
عصری حسیت کو پیش نظر رکھا' وہیں روایتی خصوصیات کو بھی
جگہ دی۔ عملی زندگی میں انہوں نے ہمیشہ مذہب کی پاسداری
کوملحوظ رکھا لیکن عملی طور پر ایسا لگتا تھا کہ وہ ایشیائی زندگی کی
روایات سے دوراور یوروپی زندگی کی خصوصیات سے قربت
حاصل کر چکے تھے''۔۷۰

جمیل شیدائی کی شخصیت اوران کی ڈراما نگاری پر تبصرہ کرتے ہوئے
ڈاکٹر محسن جلگانوی لکھتے ہیں:

''جمیل شیدائی بے حد ملنسار، مخلص اور بے پناہ
خوبیوں کے مالک تھے۔ کبھی کبھی ان کی ملنساری خاکساری
کی حدوں کو چھونے لگتی تھی۔ اس لئے بعض فرومایہ لوگ اپنی
حیثیت کی خوش گمانی میں مبتلا ہوجاتے تھے۔ تاہم وہ نہایت
باریک بین اور دور رس نگاہ رکھنے والے اور انسانی نفسیات
اورعصری آگہی رکھنے والے تخلیق کار تھے۔ ان کے ڈراموں
کی کامیابی کا راز موضوعات کی نفاست، جامعیت اور
پراسرار کشش میں پوشیدہ تھا۔ ان کے ڈراموں کے پلاٹ
طبع زاد ہوا کرتے تھے۔ وہ اپنے ڈراموں میں صرف کہانی
نہیں سناتے تھے بلکہ کہانی کو وجود کا پیکر دے کر زندہ جاوید
بنادیتے تھے۔ آج کی میکانیکی زندگی کی بے پناہ مصروفیتوں
نے جمیل شیدائی کو یک بابی ڈرامہ کی تشکیل کی جانب راغب
کیا تھااوراس میں انہوں نے کامیاب تجربے بھی کئے''۔۷۱

جمیل شیدائی کے فکروفن اوران کی ڈراما نگاری کے بارے میں ماہرین کی آراء سے پتہ چلتا ہے کہ وہ ایک کہنہ مشق اور منفرد ڈراما نگار تھے تاہم ان کی ڈراما نگاری پر دکن کے نقادوں نے کوئی توجہ نہیں دی۔جمیل شیدائی کی ڈراما نگاری کے ذریعے ان کی تخلیقی صلاحیتیں ابھر کرسامنے آئیں جمیل شیدائی نے سہل پسندی کواپنایااوراپنی ڈراما نگاری سے بے پناہ مقبولیت حاصل کی۔ان کے ڈرامے آج بھی مقبول ہیں اورڈراما نگاری کے باب میں اہم اضافہ ہیں۔

جمیل شیدائی کی غیر مطبوعہ کتابیں ''ڈرامے کی تنقید'' ''ڈرامہ کیسے لکھیں'' اور یوجین اوئیل کا ڈرامہ کا اردو ترجمہ ''افق کے پار ہیں''۔اردو ڈرامہ نگاری کے فروغ کے لیے جمیل شیدائی کی خدمات قابل لحاظ ہیں۔اس حوالے سے اردو زبان وادب کے افق پرجمیل شیدائی روشن ستارے کی مانند دکھائی دیتے ہیں۔اوران کے ڈرامے ہی ان کی یادوں کا سرمایہ بن کر ہمارے درمیان رہ گئے۔

حواشی

۱۔ وقار عظیم۔اردو ڈراما تنقیدی وتجزیاتی مطالعہ۔ ص۔۲۱ لاہور ۱۹۹۶

۲۔ ڈاکٹر قمر رئیس۔اصناف ادب اردو مرتبہ۔ص۔۱۲۶۔علی گڑھ ۲۰۱۱ء

۳۔ وقار عظیم۔اردو ڈراما تنقیدی وتجزیاتی مطالعہ۔ ص۔۲۳۔۲۴

۴۔ وقار عظیم۔اردو ڈراما تنقیدی وتجزیاتی مطالعہ۔ص۔۲۶

۵۔ وقار عظیم۔اردو ڈراما تنقیدی وتجزیاتی مطالعہ۔ ص۔۲۷

۶۔ وقار عظیم۔اردو ڈراما تنقیدی وتجزیاتی مطالعہ۔ ص۳۲

۷۔ وقار عظیم۔اردو ڈراما تنقیدی وتجزیاتی مطالعہ۔ص۵۵

۸۔ وقار عظیم ۔اردو ڈراما تنقیدی و تجزیاتی مطالعہ۔ ص ۔۲۲

۹۔ عطیہ نشاط ۔اردو ڈرامہ روایت اور تجربہ۔ص ۴۳۔۴۴ لکھنو ۱۹۷۳ء

۱۰۔ عطیہ نشاط ۔اردو ڈرامہ روایت اور تجربہ۔ص ۵۵

۱۱۔ عطیہ نشاط ۔اردو ڈرامہ روایت اور تجربہ۔ص ۵۶

۱۲۔ عطیہ نشاط ۔اردو ڈرامہ روایت اور تجربہ۔ص ۶۷

۱۳۔ عطیہ نشاط ۔اردو ڈرامہ روایت اور تجربہ۔ص ۔۸۴

۱۴۔ عطیہ نشاط ۔اردو ڈرامہ روایت اور تجربہ۔ص ۔۸۶

۱۵۔ عطیہ نشاط ۔اردو ڈرامہ روایت اور تجربہ۔ص ۔۱۴۴

۱۶۔ عطیہ نشاط ۔اردو ڈرامہ روایت اور تجربہ۔ص ۔۱۶۵

۱۷۔ عطیہ نشاط ۔اردو ڈرامہ روایت اور تجربہ۔ص ۔۲۴۳

۱۸۔ عطیہ نشاط ۔اردو ڈرامہ روایت اور تجربہ۔ص ۔۲۵۳

۱۹۔ عطیہ نشاط ۔اردو ڈرامہ روایت اور تجربہ۔ص ۔۲۸۴

۲۰۔ اردو اور عوامی ذرائع ابلاغ ،مرتبین: محمد شاہد حسین ،اظہار عثمانی ص: ۱۶۵

۲۱۔ اردو میں نشریاتی ادب ،ڈاکٹر محمد شکیل اختر ص ۔۲۷۳

۲۲۔ جمیل شیدائی ’’لب گفتار‘‘ ص ۴

۲۳۔ غنی نعیم ۔ذکر جمیل ۔حرف آغاز ’’لب گفتار ۔ڈراموں کا مجموعہ ۔ص۔
۴۔حیدر آباد

۲۴۔ جمیل شیدائی ۔ڈرامہ واردات ۔لب گفتار۔ ص ۱۔۲

۲۵۔ جمیل شیدائی ۔ڈرامہ واردات ۔لب گفتار ۔ص ۱۷

۲۶۔ جمیل شیدائی ۔ڈرامہ واردات ۔ص ۱۲۔۱۳

۲۷۔ جمیل شیدائی ۔ڈرامہ کیمیکل کا دھواں ۔لب گفتار ۔ص ۔۱۴

۲۸۔ جمیل شیدائی۔ڈرامہ کمیکل کا دھواں۔لب گفتار۔ص۔ ۱۵
۲۹۔ جمیل شیدائی۔ڈرامہ کمیکل کا دھواں۔لب گفتار۔ص ۲۱
۳۰۔ جمیل شیدائی۔ڈرامہ اعتراف۔لب گفتار۔ص ۲۵
۳۱۔ جمیل شیدائی۔ڈرامہ اعتراف۔لب گفتار۔ص ۲۷
۳۲۔ جمیل شیدائی۔ڈرامہ۔اغوا۔لب گفتار۔ص۔۳۴
۳۳۔ جمیل شیدائی۔ڈرامہ۔اغوا۔لب گفتار۔ص ۴۱
۳۴۔ جمیل شیدائی۔ڈرامہ۔برتر اندیشہ۔ لب گفتار۔ص ۴۲
۳۵۔ جمیل شیدائی۔ڈرامہ۔برتر اندیشہ۔ لب گفتار۔ص ۴۹
۳۶۔ جمیل شیدائی۔ڈرامہ۔شکار۔لب گفتار۔ص ۵۰
۳۷۔ جمیل شیدائی۔ڈرامہ۔شکار۔لب گفتار۔ص ۵۶۔۵۸
۳۸۔ جمیل شیدائی۔ڈرامہ۔شکار۔لب گفتار۔ص۔۵۹۔۶۰
۳۹۔ جمیل شیدائی۔ڈرامہ۔دس وولٹ کا شاک ۔لب گفتار۔ص ۶۱۔۶۲
۴۰۔ جمیل شیدائی۔ڈرامہ۔دس وولٹ کا شاک ۔لب گفتار۔ص ۶۳۔۶۴
۴۱۔ جمیل شیدائی۔ڈرامہ۔دس وولٹ کا شاک ۔لب گفتار۔ص۔۶۹۔۷۰
۴۲۔ جمیل شیدائی۔ڈرامہ۔نقش قدم۔لب گفتار۔ص۔۷۱
۴۳۔ جمیل شیدائی۔ڈرامہ۔نقش قدم۔لب گفتار۔ص۔۷۳
۴۴۔ جمیل شیدائی۔ڈرامہ۔نقش قدم۔لب گفتار۔ص ۷۵
۴۵۔ جمیل شیدائی۔ڈرامہ۔نقش قدم۔لب گفتار۔ص ۹۳
۴۶۔ جمیل شیدائی۔ڈرامہ۔شریر۔لب گفتار۔ص ۸۳
۴۷۔ جمیل شیدائی۔ڈرامہ۔شریر۔لب گفتار۔ص ۱۰۷
۴۸۔ جمیل شیدائی۔ڈرامہ۔جائیں کہاں۔لب گفتار۔ ص ۱۰۲

۴۹۔ جمیل شیدائی۔ڈرامہ۔جائیں کہاں۔لب گفتار۔ص۱۰۲

۵۰۔ جمیل شیدائی۔ڈرامہ۔جائیں کہاں۔لب گفتار۔ص۔۱۰۳

۵۱۔ جمیل شیدائی۔ڈرامہ۔روشن دان۔لب گفتار۔ص۱۱۳

۵۲۔ جمیل شیدائی۔ڈرامہ۔انتخاب۔لب گفتار۔ص۱۲۴۔۔۱۲۵

۵۳۔ جمیل شیدائی۔ڈرامہ۔سگریٹ برانڈی بگونہ۔لب گفتار۔ص۔۱۴۰

۵۴۔ جمیل شیدائی۔ڈرامہ۔اپروچ (ا)۔لب گفتار۔ص۔ ۱۴۸۔۱۴۹

۵۵۔ جمیل شیدائی۔ڈرامہ۔اپروچ (ا)۔لب گفتار۔ص ۔۱۵۴

۵۶۔ جمیل شیدائی۔ڈرامہ۔اپروچ (ا)۔لب گفتار۔ص ۱۶۰

۵۷۔ جمیل شیدائی۔ڈرامہ۔غالب خستہ کے بغیر۔ص ۷۔حیدرآباد ۱۹۸۷ء

۵۸۔ جمیل شیدائی۔کچھ ریڈیو ڈرامے کے بارے میں۔مشمولہ غالب خستہ کے بغیر۔ص ۷۔۸

۵۹۔ جمیل شیدائی۔کچھ ریڈیو ڈرامے کے بارے میں۔مشمولہ غالب خستہ کے بغیر۔ص۔۱۲

۶۰۔ جمیل شیدائی۔کچھ ریڈیو ڈرامے کے بارے میں۔مشمولہ غالب خستہ کے بغیر۔ص۔۱۳

۶۱۔ جمیل شیدائی۔ڈرامہ۔غالب خستہ کے بغیر۔ص۱۶

۶۲۔ جمیل شیدائی۔ڈرامہ۔غالب خستہ کے بغیر۔مشمولہ۔غالب خستہ کے بغیر۔ص۔۲۰

۶۳۔ جمیل شیدائی۔ڈرامہ۔غالب خستہ کے بغیر۔مشمولہ۔غالب خستہ کے بغیر۔ص۔۴۰

۶۴۔ جمیل شیدائی۔ڈرامہ۔انتخاب۔مشمولہ۔غالب خستہ کے بغیر۔ص۔۶۴

۶۵۔ جمیل شیدائی۔ڈرامہ۔ایک اور کھیل۔مشمولہ۔غالب خستہ کے بغیر۔ص ۷۸

۶۶۔ جمیل شیدائی۔ڈرامہ۔ایک اور کھیل۔مشمولہ۔غالب خستہ کے بغیر۔ص ۹۰

۶۷۔ جمیل شیدائی۔ڈرامہ۔خزانہ۔مشمولہ۔غالب خستہ کے بغیر۔ص۔۱۱۵

۶۸۔ جمیل شیدائی۔ڈرامہ۔سلطانہ رضیہ۔مشمولہ۔غالب خستہ کے بغیر۔ص۔۱۳۰

۶۹۔ قطب سرشار۔مضمون۔جمیل شیدائی ایک منفرد تمثیل نگار و مترجم۔جہان اردو ویب سائٹ۔مدیر فضل اللہ مکرم۔مطبوعہ ۶ ستمبر 2015

۷۰۔ مجید بیدار۔مضمون۔ادبیت اور باز تخلیقیت کے روح رواں جمیل شیدائی۔جہان اردو ویب سائٹ۔۱۸ اکتوبر ۲۰۱۶

۷۱۔ محسن جلگانوی۔جمیل شیدائی یاد رفتگان۔۱۸ اگست 2015 اوراق ادب روزنامہ اعتماد حیدرآباد

☆ تیسرا باب

جمیل شیدائی بہ حیثیت انشائیہ نگار

جمیل شیدائی ایک نامور ڈراما نگار،ادیب وصحافی، مترجم کے علاوہ ایک اچھے انشائیہ نگار بھی تھے۔انہوں نے ڈراموں میں جہاں انشاء پردازی کے جوہر دکھائے وہیں اپنے تحریر کردہ دلچسپ انشائیوں سے بھی اس صنف میں بیش بہا مضامین پیش کیے ہیں۔انشائیہ ایک ہلکا پھلکا مضمون ہوتا ہے جو زندگی کے کسی بھی موضوع پر لکھا جاسکتا ہے۔انشائیہ کے لیے اسلوب کی چاشنی اور منفرد انداز پیشکش لازمی قرار دیئے گئے ہیں۔

انشائیہ کی تعریف:- انشائیہ لفظ نشا سے مشتق ہے۔جس کے لغوی معنٰی پیدا کرنا ہے۔بات میں معنویت پیدا کرنا نشائی قوت کہلاتا ہے۔انشائیہ کے مادہ نشاء کے لغوی معنٰی سے اصطلاحی معنٰی تک سفر میں کوئی تبدیلی نہ آنے کا ذکر کرتے ہوئے ڈاکٹر سلیم اختر لکھتے ہیں:

''لفظ جب اپنے لغوی معنٰی کے گہوارہ سے نکلتا ہے
تو مخصوص معانی کی حامل ایک اصطلاح بننے تک وہ کئی
مدارج طے کرتا ہے۔یعنی وہی قطرہ کے گوہر بننے والی بات۔
اسی لئے تو بعض اوقات اصطلاح لفظ کی اصل سے میلوں
کے فاصلے پر نظر آتی ہے۔لیکن انشاء نے جب انشائیہ کا لبادہ
زیب تن کیا تو وہ لغوی معنٰی کے حدود سے باہر نہ نکلا۔یعنی
کچھ بات دل سے پیدا کرنا اور خوبی عبارت۔یوں دیکھیں تو
تمام تکنیکی اور فنی مباحث کے باوجود بھی انشائیہ اپنی اساس

یعنی انشاء کی حدود کو توڑتا نہیں۔توڑنا تو کجا وہ تو مزید فن کاری
اور جمالیاتی اوصاف سے انشاء کے سونے پر سہاگہ کرتا ہے''
۔ ا؎

بطور اصطلاح اردو میں لفظ انشائیہ انگریزی لفظ Essay سے آیا۔ جو فرانسیسی لفظ Essai کا مترادف ہے۔سولہویں صدی میں فرانسیسی ادب کے ایک عظیم فنکار آدم دی مون تین نے غالباً سب سے پہلے اس نثری صنف کا استعمال کیا۔ وہاں سے یہ صنف انگریزی میں منتقل ہوئی اور کافی مقبول ہوئی۔ انگریزی میں بیکن' ایڈیسن' اسٹیل' چارلس لیمب اور ہیرلیٹ وغیرہ نمائندہ انشائیہ نگار کہلاتے ہیں۔جن کی تحریروں سے انشائیہ نگاری کو عالمی سطح پر مقبولیت حاصل ہوئی۔انشائیہ کی تعریف کے بارے میں مغربی ادیبوں کے حوالے سے ڈاکٹر نصیر احمد خاں لکھتے ہیں:

''بیکن'' انشائیہ کی تعریف کرتے ہوئے کہتا ہے کہ
نثری اصناف میں انشائیہ ایک ایسی مختصر تحریر کا نام ہے جس
میں بغیر کسی تجسس اور کھوج کے حقیقت کا اظہار ہو۔مون تین
شخصیت کے اظہار کو انشائیہ کا اہم جز قرار دیتا ہے۔ جانسن
کے خیال میں انشائیہ ذہن کی ایک ترنگ ہے''۔ ۲؎

اردو کے ادیبوں اور نقادوں نے بھی اپنے اپنے انداز میں انشائیہ کی تعریف کی ہے۔ پروفیسر سیدہ جعفر انشائیہ کے بارے میں لکھتی ہیں:

''انشائیہ ایک ہلکا پھلکا پر لطف اور شگفتہ مضمون ہوتا
ہے۔جس میں انشائیہ نگار کی شخصیت اپنا جلوہ دکھاتی ہے
۔۔۔انشائیہ ایک طرح سے ادب لطیف اور رومانی طرز
نگارش کا پروردہ ہوتا ہے''۔ ۳؎

انشائیہ کی تعریف کرتے ہوئے ڈاکٹر صابرہ سعید لکھتی ہیں کہ:

''انشائیہ ایک مختصر صنف ادب ہے۔ اس کی ضخامت کا تعین تو نہیں کیا گیا ہے لیکن اسے اتنا طویل نہیں ہونا چاہیئے کہ کوئی کتاب یا کتابچہ بن جائے۔ اور اُس کے مطالعہ کے لئے کافی وقت درکار ہو۔ علمی اور سائینسی مقالوں کی طرح اس میں خیالات کو میکانیکی انداز میں ترتیب نہ دیا جائے اور نہ انہیں منطقی طور پر ثابت کرنے کی کوشش کی جائے۔ اس کے برخلاف اس کا انداز بیان شگفتہ بے تکلف اور غیر رسمی ہونا چاہیئے''۔ ۴؎

نصیر احمد خاں انشائیہ کے بارے میں لکھتے ہیں کہ:

''انشائیہ نثری اظہار کی ایک ایسی صنف ہے جس میں حقیقت کا اظہار شخصی ردعمل، عدم تکمیل، رمزیت واشاریت، غیر منطقی ربط، اختصار دعوت فکر، مسرت بہم پہنچانے کی صلاحیت، زبان وبیان میں بانکپن اور مرکزی بات سے کچھ ضمنی باتوں کا ذکر جیسی خصوصیات پائی جاتی ہوں''۔ ۵؎

انشائیہ کی تعریف کے بارے میں مختلف ماہرین ادب نے لفظی اُلٹ پھیر سے الگ الگ تعریفیں پیش کرنے کی کوشش کی ہے جس کا نچوڑ یہ ہے کہ ''انشائیہ ایک ہلکی پھلکی تحریر ہوتی ہے۔ جس میں معلومات نثری پیرائے میں جذبات واحساسات کے ساتھ دلچسپ اسلوب بیان کے ذریعہ اس انداز میں پیش کی جاتی ہیں کہ قاری موضوع کی عمومیت کے باوجود انشائیہ نگار کے انداز بیان کی ندرت کے سبب تحریر کو پڑھنے پر مجبور ہو جاتا ہے''۔ انشائیہ کے بارے میں کہا جاتا ہے کہ یہ نثر سے زیادہ شعر وسخن کا فن ہے اور جس انشائیہ میں زیادہ سے زیادہ ایما

ئیت اور اشارے کنائے ہوں۔ اتنا ہی وہ کامیاب انشائیہ ہوگا۔غزل کی طرح انشائیہ نگاری بھی وہ مخصوص صنف ہے جس سے اردو تہذیب کا اندازہ ہوتا ہے۔ یہی وجہ ہے کہ ایک کامیا ب انشائیہ نگار کے لئے اردو تہذیب سے واقفیت ہی کافی نہیں بلکہ اس میں رچا بسا ہونا ضر وری ہے۔ایک مضمون اور انشائیہ میں یہ فرق ہوتا ہے کہ مضمون میں ادیب موضوع پر لکھتے ہوئے براہ راست اپنے علم کا اظہار کرتا ہے۔اور موضوع سے منحرف نہیں ہوتا۔مگر انشائیہ نگار موضوع کے ساتھ ساتھ موضوع سے منسلک دوسری باتوں پر اس انداز میں اظہار خیال کرتا ہے کہ قاری کو یہ احساس نہیں ہوتا کہ وہ اپنے علم کا اظہار کررہا ہے اور یہی ایک کامیاب انشائیہ نگار کی پہچان ہے اردو کی اصناف نثر میں انشائیہ صنف مضمون سے زیادہ قریب ہے۔لیکن انشائیہ کی اپنی الگ خصوصیات ہیں۔انشائیہ غیر رسمی ماحول میں لکھا جاتا ہے۔اس میں محض تا ثرات ہوتے ہیں جو ذہنی اختراع بھی ہوسکتے ہیں۔انشائیہ میں داخلیت کارفرما ہوتی ہے ایجا ز واختصار، رمز واشاریت انشائیہ کا حُسن ہیں انشائیہ میں زور بیان پر توجہ کی جاتی ہے۔اس میں واقعات سے زیادہ واقعات کے ردعمل سے سروکار رہوتا ہے۔انشائیہ میں موضوع کی کوئی قید نہیں۔زندگی کے کسی موضوع پر انشائیہ لکھا جاسکتا ہے انشائیہ نگار اپنی تحریر میں ذات کا انکشا ف کرتا ہے۔اُس کی تحریر میں داخلی کیفیات کا بیان ہوتا ہے۔

اردو میں انشائیہ کی روایت:- اردو میں انشائیہ کے آغاز کی بحث بھی دلچسپ رہی ہے۔انشائیہ چونکہ مغرب سے متعارف صنف ہے۔اس لئے اسے مکمل طور پر اردو میں آ نے میں وقت لگا۔اوراب ایجاز واختصار رمز وکنایہ کے ساتھ جو انشائیے ہمارے سامنے موجو د ہیں انہیں تخلیق پانے میں کافی وقت لگا۔لیکن انشائیہ کی خصوصیات کے ساتھ ماسٹر رام چندر، سرسید احمد خاں محمد حسین آزاد اور میر ناصر علی نے جو مضامین لکھے ہیں اُنہیں اردو میں انشائیہ نگاری کے اولین نقوش تسلیم کیا جاتا ہے۔

انیسویں صدی کے اوائل میں ماسٹر رام چندر نے انگریزی ادیبوں بیکن، ایڈسن اور

اسٹیل وغیرہ کی تحریروں سے متاثر ہوکر اردو میں Essay نما مضامین لکھے۔ یہ مضامین علمی نو عیت کے ہیں۔ لیکن اردو کی قدیم مقفّٰی و مسجع عبارت آرائی کے مقابلے میں سادہ اور با مقصد نثر کی پہلی با قاعدہ کوشش ہے۔ سر سید احمد خاں کے مضامین ''گذرا ہوا زمانہ' کاہلی' امید' خوشا مد بحث وتکرار میں انشائیہ کی خوبیاں پائی جاتی ہیں۔ محمد حسین آزاد کے مجموعہ نیرنگ خیال میں تمثیلی رنگ ہے۔ میر ناصر علی مولوی ذکاء اللہ نے بھی ابتدائی زمانے میں اچھے انشائیے لکھے۔

ادب لطیف کے دور میں عبدالحلیم شرر' رتن ناتھ سرشار' سجاد حیدر یلدرم خواجہ حسن نظامی' فرحت اللہ بیگ' ملا واحدی' خلیقی دہلوی' نیاز فتح پوری' مہدی افادی' سجاد انصاری نے جو مضامین لکھے اُن میں انشائیہ کی کم وبیش تمام خوبیاں پائی جاتی ہیں دہلی سے تعلق رکھنے والے اہم انشائیہ نگاروں میں اشرف صبوحی یوسف بخاری' خواجہ محمد شفیع' آصف علی' مرزا محمود بیگ' مہیشور دیال' جاوید وششٹ' ضمیر حسن دہلوی' مولانا ابوالکلام آزاد' پطرس بخاری' سید عابد حسین ' کرشن چندر' فرقت کاکوروی' سید آوارہ' اندر جیت لال' محمد حسن' جوگندر پال مجتبیٰ حسین وغیرہ ہیں۔ دہلی سے باہر انشائیہ نگاروں کی فہرست میں رشید احمد صدیقی سلطان حیدر جوش' اختر اور ینوی' سید محمد حسنین' سجاد انصاری اور احمد جمال پاشاہ وغیرہ ہیں۔ پاکستان سے تعلق رکھنے والے ہم انشائیہ نگاروں میں مشتاق احمد یوسفی داؤد رہبر' جاوید صدیقی' وزیر آغا جمیل آذر' نظر صدیقی' مشکور حسین یاد' محمود اختر اقبال انجم اور شمیم ترمذی وغیرہ ہیں۔ نئے دور کے انشائیہ نگاروں میں رام لعل نابھوی، اندر جیت لال، مانک ٹالہ، سید طالب حسین زیدی، پرویز یداللہ مہدی، وجاہت علی سندیلوی، انجم مانکپوری، سید ضمیر دہلوی، جاوید وششٹ، دلیپ سنگھ، عابد معز، نریندر لوتھر، عاتق شاہ، مسیح انجم، علیم خان فلکی، جہاں قدر چغتائی، اسد رضا، نصرت ظہیر ، رؤف خوشتر، شفیقہ فرحت، حلیمہ فردوس، ڈاکٹر حبیب ضیاء، انیس سلطانہ، ڈاکٹر لئیق صلاح ، فرزانہ فرح، ڈاکٹر سید محمد حسنین، اعجاز علی ارشد، مناظر عاشق ہرگانوی، فیاض احمد فیضی، منظور الامین، منظور عثمانی، رشید قریشی، ممتاز مہدی، رشید الدین، رؤف پاریکھ، جہانگیر انیس، ڈاکٹر

راہی قریشی ،ڈاکٹر سید عباس متقی ،مرزا کھونچ ، مشتاق رضا ،مختار ٹونکی ،مسرور شاہجہاں پوری ،پروفیسر شمیم کلیم ،حلیم جہانگیر ،مختار یوسفی ،محمد رفیع انصاری ،الیاس صدیقی ،انجم نجمی ،ڈاکٹر آدم شیخ ،بانو سرتاج ،داؤد کاشمیری ،ڈاکٹر صفدر ،شیخ رحمٰن اکولوی ،شکیل اعجاز ،محمد اسد اللہ ،رفیق شاکر ،بابو آر کے ،ایس ایس علی ،حیدر بیابانی ،محمد طارق کولہاپوری ،جاوید کامٹوی ،انصاری اصغر جمیل ،غلام صوفی حیدری ،ثریا صولت حسین ،شکیل شاہجہاں ،شاہد رشید ،سید حسنین عاقب وغیرہ شامل ہیں۔

ترقی پسند تحریک کے زیر اثر حقیقت نگاری کو رواج ملا۔اور ادب لطیف یا رومانیت کی تحریک کمزور پڑ گئی۔اس کی جگہ اسلوب میں طنز و مزاح جگہ پانے لگا۔رشید احمد صدیقی اور پطرس بخاری کے مضامین اس کی اچھی مثال ہیں۔انشائیہ نگاری کے سبب اردو نثر کو اظہار کا نیا انداز ملا اور اسلوب میں کافی تنوع و نکھار پیدا ہوا۔انشائیہ سے اردو نثر کو ہونے والے فائدوں کے بارے میں نصیر احمد خاں لکھتے ہیں کہ:

> ''انشائیے نے اردو نثر کے پر تکلف انداز بیان کو غیر رسمی اور بے تکلف بنایا۔۔۔انشائیہ نے اردو نثر کو داخلیت کے اظہار کا سلیقہ سمجھایا۔ایجاز و اختصار بھی اردو میں انشائیہ کی دین ہے رمزیت جو شاعری کا وصف ہے۔نثر میں انشا ئیہ کے توسل سے آئی ہے۔انشائیہ کا غیر رسمی انداز فکر جو تحریر کو بوجھل ہونے سے بچاتا ہے اردو نثر میں انشائیہ کے ذریعہ ہی پہنچا ہے۔۔۔انشائیوں نے اردو کو استعاراتی نثر لکھنے کی تر غیب بھی دی ہے۔۔۔اس صنف میں قدم قدم پر زبان و بیان کے نت نئے شگوفے پھوٹتے ہیں۔جس سے زبان کا دامن وسیع تر ہوتا چلا جاتا ہے۔اس اعتبار سے بھی اردو نثر

انشائیہ کی احسان مند ہے"۔ ٦ے

آزادی کے بعد اردو انشائیہ نگاری میں ٹھہراؤ کی کیفیت رہی۔ ترقی پسند تحریک کے بعد ادب میں جدیدیت اور مابعد جدیدیت جیسی اصطلاحیں وجود میں آئیں۔ افسانہ اور شاعری کو رواج ملا۔ آزادی کے بعد زندگی کے سامنے نئے مسائل آئے۔ جن کے حل کے لئے ادب میں حقیقت نگاری کے ساتھ افسانہ وشاعری کے ذریعہ خیالات کا اظہار کیا گیا۔ انشائیہ کا اسلوب حقیقت نگاری کا متحمل نہیں ہوسکتا۔ اس میں جذبات واحساسات کی چاشنی لازمی ہے۔ بیسویں صدی کی آخری دہائی اور اب اکیسویں صدی میں اردو کے اخبارات ورسائل کے ذریعہ اردو انشائیہ نگاری کو فروغ حاصل ہورہا ہے۔ مزاح نگاری کی طرز پر ہلکے پھلکے انشائیہ نما مضامین لکھے جارہے ہیں۔ مجتبی حسین کے مضامین نئے دور کے اہم انشائیے ہیں۔ یوسف ناظم کی تحریروں میں بھی مزاح کے ساتھ ساتھ انشائیہ نگاری دکھائی دیتی ہے۔ تاہم یہ کہا جاسکتا ہے کہ شاعری یا افسانہ نگاری کے مقابلے میں انشائیہ نگاری کی ترقی سست رفتار ہے۔ اردو کے قارئین کی کمی، اردو رسم الخط کے بارے میں مایوسی اور نثر نگاری کو شاعری سے کم تر سمجھنا چند ایسی وجوہات ہیں جو انشائیہ نگاری کی راہ میں مانع ہیں۔ لیکن اردو اخبارات کے ذریعہ مل رہی حوصلہ افزائی سے کہا جاسکتا ہے کہ انشائیہ کا مستقبل تابناک ہے۔

جمیل شیدائی کی انشائیہ نگاری

اردو انشائیہ کی تعریف اور اردو میں انشائیہ نگاری کی روایت کے جائزے کے بعد آیئے دیکھتے ہیں جمیل شیدائی نے کس قسم کے انشائیے لکھے ہیں۔ جمیل شیدائی کا ایک مقبول انشائیہ "ماہر ازدواجیات" ہے۔ اس انشائیہ کو میر فاروق علی نے اپنے شمارہ "عدسہ" میں شامل کیا ہے۔ عورت اور بیوی مزاح نگاروں اور انشا پردازوں کا محبوب موضوع رہا ہے۔ عورت اور بیوی کو موضوع بنا کر ہمارے انشائیہ نگاروں اور مزاح نگاروں نے کئی دلچسپ مضامین لکھے ہیں۔ چنانچہ جمیل شیدائی نے اس انشائیہ میں ایک ایسے مرزا کا حال بیان کیا ہے جن کے

بارے میں یہ بات مشہور تھی کہ انہوں نے سولہ تا سترہ شادیاں کی تھیں۔ اور ہمیشہ تین بیویاں ساتھ رکھتے تھے۔ وہ کہا کرتے تھے کہ اگر یہ تینوں لڑنے لگیں تو وہ چوتھی کو لانے کی دھمکی دیتے تھے۔ جمیل شیدائی نے اس انشائیہ میں لکھا کہ کھمم میں دوران ملازمت ان کی ملاقات ان ہی ماہر ازدواجیات مرزا صاحب سے ہوئی۔ جمیل شیدائی نے مرزا سے ملاقات کے موقع پر کہا کہ ان کے ایک دوست جو پرندوں اور جانوروں کے خاص نمبر جاری کر چکے ہیں اب ازدواجیات نمبر نکالنا چاہتے ہیں اس کے لیے وہ مضمون لکھنا چاہتے ہیں۔ چنانچہ فرصت میں بیٹھے مرزا اور جمیل شیدائی بیویوں کی اقسام پر گفتگو کرنے لگتے ہیں۔ مرزا بیویوں کی آٹھ اقسام بیان کرتے ہیں۔ پہلی قسم کی بیوی کی خصوصیات کو مرزا نے جس انداز سے بیان کیا ہے اس سے جمیل شیدائی کی انشائیہ نگاری کی لطافت کا اظہار ہوتا ہے۔ مرزا پہلی قسم کی بیوی کے بارے میں کہتے ہیں:

> ''ایک بار اور ملازمہ کو دیکھا۔ زیرلب مسکرائے اور بولے بیویاں کئی اقسام کی ہوتی ہیں۔ اور ان کی زمرہ بندی ان سے وابستہ جسمانی خصوصیات کی روشنی میں کی جاتی ہے۔ جیسے فربہ اندام، دبلی پتلی، دراز قد، سیاہ فام، سفید فام، زن پویہ ہے والی اور۔۔ میں نے انہیں روکتے ہوئے کہا کہ بہ اعتبار اوصاف ان کی قسمیں بتا دیجیے۔ فرمایا بہ اعتبار اوصاف ان حیوان ناطق کو آٹھ زمروں میں تقسیم کیا جاسکتا ہے۔ پہلی قسم کو میں شیر بیوی کہتا ہوں۔ نہایت غصیلی اور حملہ آور، شوہر کے علاوہ ہر کس و ناکس پر حکومت چلانے کے فن سے خوب واقف ہوتی ہے۔ جس طرح جنگل میں شیر کی حکومت ہوتی ہے۔ کاٹنے، جھنجھوڑنے اور نیم جان کرنے میں اسے لطف

آتا ہے وہ شوہر کو کچھ اس قدر خوف زدہ کر دیتی ہے کہ وہ اس کے حکم کی تعمیل بعجلت ممکنہ کر دیتا ہے کیوں کہ وہ جانتا ہے کہ بہ صورت دیگر ایسا ہنگامہ کھڑا ہوگا کہ سارے پڑوسی گوش بر دیوار اس کے با آواز بلند مکالموں سے لطف اندوز ہوں گے۔ مکالمے بھی عریاں و منظر کش کہ الاماں والحفیظ۔ وہ غیر صحت مند آزادی میں یقین رکھتی ہے۔ ایسی بیویوں کے شوہر حلیم الطبع، خاموش اور مسکین ہوتے ہیں۔ اور گھر کی کسر اپنے ماتحتین پر نکالتے ہیں''۔ ۷

مرزا کے ذریعے بیویوں کی اقسام اور ان کی خصوصیات کے بیان میں جمیل شیدائی نے اپنی انشاء پردازی کے جوہر دکھائے ہیں۔ پہلی قسم کی بیوی میں غصے کی کیفیات کا بیان جمیل شیدائی کی مردم شناسی کی صلاحیت کو اجاگر کرتا ہے اس کے علاوہ یہ لکھنا کہ ایسی بیویوں کے شوہر حلیم الطبع اور خاموش ہوتے ہیں اس سے اندازہ ہوتا ہے کہ انہیں مختلف قسم کے لوگوں کی نفسیات کا بہ خوبی علم تھا۔ انشائیے میں آگے جمیل شیدائی بیوی کی دوسری قسم بیان کرتے ہوئے لکھتے ہیں:

''دوسری قسم کے زمرے میں، میں اس بیوی کو رکھتا ہوں جسے میں بھونکنے والی بیوی کہتا ہوں۔ وہ ہر بات پر معترض ہوتی ہے۔ مثبت انداز فکر اس میں ہوتا ہی نہیں۔ وہ شوہر اور بچوں کے لیے عذاب جان ہوتی ہے۔ اس قسم کی بیویاں اپنے شوہروں کی عزت و تکریم نہیں کرتیں بلکہ انہیں شوہروں کو استعمال کرنے کا فن آتا ہے اگر شوہر کبھی اپنی بیوی کی بات سنی ان سنی کر دیتا ہے تو اس پر طنز کے تیر چلا چلا کر اس کی عزت نفس کا دامن تار تار کر دیتی ہے۔ محلے والوں سے

بھی ان کی دانتا کلکل چلتی رہتی ہے۔کبھی کبھی صورت حال
جوتی پیزار تک بھی جا پہنچتی ہے۔ ایسی بیویوں کو لوگ
دفعدارنیاں بھی کہتے ہیں''۔8

بیوی کی اس دوسری قسم کے بیان میں جمیل شیدائی نے غصے کے دوران استعمال ہونے والے الفاظ''کلکل' اور'جوتی پیزار'' استعمال کرتے ہوئے اردو زبان پر اپنی مہارت کا ثبوت دیا ہے۔دفعدارنی کہتے ہوئے انہوں نے عورت ذات کے اس نئے روپ کو مرزا کی زبانی پیش کیا ہے۔

بیویوں کی باقی اقسام بیان کرتے ہوئے مرزا کہتے ہیں:

''تیسری قسم خام مسلکی یا نوکر صفت بیوی کی ہے۔ایسی بیویوں کو روایتی انداز فکر رکھنے والے حضرات'مذہبی رہنما موالی اور لیڈر بے حد پسند کرتے ہیں۔ایسی بیوی نہایت شریف النفس'اطاعت گزار'شوہر کی مددگاراوراس کے ہر حکم پر لبیک کی صدا بلند کرنے والی ہوتی ہے۔اپنی شخصیت کی اس خوبی کی وجہ سے شوہراس کا کئی طریقوں سے استحصال کرتے ہیں۔گالیوں سے نوازتے ہیں۔زد و کوب کرتے ہیں۔اسے سمجھنے کی مطلق کوشش نہیں کرتے۔اسے کوئی بے جان شہ سمجھا جاتا ہے۔چوں کہ صدائے احتجاج بلند کرنا اس کی سرشت میں نہیں ہوتا اس لیے وہ اندرونی طور پر دکھی رہتی ہے۔اور جان عزیز پر گزرنے والے صدموں کو تقدیر کا ایک حصہ سمجھ کر جھیل جاتی ہے۔

چوتھی قسم کی بیوی مثالی ہوتی ہے۔ جو اپنی شہرت اور نیک نامی کو برقرار رکھنے کے لیے سو جتن کرتی ہے اپنے شوہر کی مدد کرتی ہے گھر میں لیے جانے والے فیصلوں میں وہ برابر کی شریک ہوتی ہے۔ اس میں تخلیقی صلاحیت ہوتی ہے۔ جس کی وجہ سے اس کے تعلقات شوہر، بچوں، رشتہ داروں اور پڑوسیوں سے خوشگوار ہوتے ہیں۔ وہ سماج میں اپنی مثالی بیوی ہونے کی حیثیت کو برقرار رکھنے کے لیے ہمہ جہت کوشش میں جٹی رہتی ہے۔ پانچویں قسم شکی بیوی کی ہے۔ اس قسم کی بیویاں ذہنی طور پر بیمار اور کمزور عقل کی ہوتی ہیں۔ شوہروں کو نیند میں پا کر سل فون اور جیبوں کی تلاشی لیتی ہیں۔ انہیں ہر وقت یہ گمان لگا رہتا ہے کہ ان کے شوہر کے ناجائز تعلقات کسی اور عورت سے بھی ہیں۔ اسی کو بنیاد بنا کر وہ ان سے جھگڑتی رہتی ہے۔ عموماً ان کے شک کے دائرے میں وہ عورتیں ہوتی ہیں جو پڑوس میں رہتی بستی ہیں۔ ان کے فلسفہ حیات میں شامل ہوتا ہے۔ نہ خوش رہوں گی اور نہ تمہیں خوش رہنے دوں گی۔

چھٹی قسم بیمار بیوی کی ہے اس زمرے میں شامل بیویاں سال کے بارہ مہینے کسی نہ کسی عارضے میں مبتلا رہتی ہیں جیسے ہائپر ٹنشن، بی پی، خون کی کمی، ذیابطیس، اختلاج قلب، گیس، اخراجی نظام کی بے اعتدالیاں وغیرہ۔ ان کے مردوں کی کمائی کا تین چوتھائی حصہ تشخیصی معائنوں

انجکشنوں دوائیوں اور ڈاکٹروں کی فیس کی نذر ہو جاتا ہے۔ایسی بیویوں کے شوہروں کے دل میں یہ تمنا ہوتی ہے کہ انہیں جہیز میں مال و زر کے بجائے ایک ڈاکٹر مل جاتا تو اچھا ہوتا۔ ساتویں قسم کی بیوی چلبلی ہوتی ہے۔اس سے نچلا بیٹھا نہیں جاتا۔ شکل وصورت کی بھی خوب اور ناز و ادا میں بھی لاثانی ہوتی ہے۔ شائد ایسی ہی بیویوں کے بارے میں کہا جاتا ہے کہ وجود زن سے ہے شوہر کائنات میں رنگ۔اس قسم کی بیویوں سے شوہر اور پڑوسی خوش رہتے ہیں۔ ناراض رہتی ہیں تو ان سے ملنے والی عورتیں"۔9

اس طرح مرزا صاحب کی زبانی جمیل شیدائی نے ہمارے سماج میں ایک مرد کی نظر سے بیویوں کی مختلف اقسام کو دلچسپ انداز میں پیش کیا ہے۔اس پیشکشی میں ان کے گہرے مشاہدے اور تجربات کا اندازہ ہوتا ہے۔مرزا جیسے کردار ہماری زندگی میں جا بجا ملتے ہیں۔ جو عورتوں پر بری نظر رکھتے ہیں۔اس انشائیے میں بھی مرزا گھر میں کام کرنے والی عورت پر نظر ڈالتے جاتے ہیں اور بیویوں کی اقسام بیان کرتے جاتے ہیں۔مرزا کہتے ہیں کہ ازدواجیات سے متعلق یہ معلومات مضمون لکھنے کے لیے کافی ہوں گی۔

جمیل شیدائی کا یہ انشائیہ ہلکا پھلکا مزاح پیش کرتا ہے۔ مردم شناسی کے ضمن میں جمیل شیدائی کے تجربات کا نچوڑ اس انشائیے میں محسوس کیا جا سکتا ہے۔

حواشی

۱۔ سلیم اختر ڈاکٹر۔انشائیہ کی بنیاد۔ دہلی ۱۹۸۸ء ص ۱۴۶

۲۔ نصیراحمد خاں ڈاکٹر۔آزادی کے بعد دہلی میں اردو انشائیہ۔دہلی ۱۹۹۳ء ص ۱۱

۳۔ سیدہ جعفر پروفیسر۔''اردو مضمون کا ارتقاء ۱۹۵۰ء تک۔ ۱۹۷۲ئص ۱۳ ۔ص ۱۴

۴۔ صابرہ سعید۔اردو میں خاکہ نگاری'' ص ۶۷ ۔ص ۶۸

۵۔ نصیراحمد خاں۔ڈاکٹر۔آزادی کے بعد دہلی میں اردو انشائیہ۔ص ۱۲

۶۔ نصیراحمد خاں۔ڈاکٹر۔آزادی کے بعد دہلی میں اردو انشائیہ۔ص ۲۱

۷۔ جمیل شیدائی۔انشائیہ ماہر ازدواجیات۔مشمولہ عدسہ مدیر میر فاروق علی ص ۳۹ ڈسمبر ۲۱ء حیدرآباد

۸۔ جمیل شیدائی۔انشائیہ ماہر ازدواجیات۔مشمولہ۔عدسہ۔ص۔۳۹

۹۔ جمیل شیدائی۔انشائیہ ماہر ازدواجیات۔مشمولہ۔عدسہ۔ص۔۴۰

☆ چوتھا باب

جمیل شیدائی بہ حیثیت مترجم

زبان خیالات کے اظہار کا بنیادی ذریعہ ہے۔ دنیا بھر میں کئی ممالک میں کئی زبانیں بولنے والے لوگ رہتے ہیں۔ ایک ملک یا علاقے میں رہنے والے لوگوں کے حالات، خیالات اور واقعات، علوم و فنون سے واقفیت دوسرے ممالک میں رہنے والی اقوام کی بھی ضرورت ہوتے ہیں۔ دنیا کے کسی بھی علاقے میں کوئی واقعہ ہو، کوئی نئی بات پیش آئے، کچھ ایجادات سامنے آئیں یا علوم کی ترقی ہو تو ان سے متعلق معلومات کا دوسری اقوام سے تبادلہ جس سہولت کے ذریعے ہوتا ہے اسے ترجمہ نگاری یا Translation کہتے ہیں۔ ترجمہ نگاری ایک فن ہے۔ اور انسان کی دیگر ضروریات کی طرح ترجمہ بھی ہماری ترقی کے لیے ضروری ہے۔ دنیا اب گلوبل ولیج بن گئی ہے اور دنیا بھر میں پل پل ہو رہی تبدیلیوں کا علم ہمیں ترجمہ نگاری کی مدد سے ہی ملتا ہے۔

ترجمہ نگاری کی تعریف

کسی ایک زبان میں بیان کردہ خیالات یا معلومات کو دوسری زبان میں اس طرح منتقل کرنا کہ ایک زبان کی بات دوسری زبان میں مکمل اور واضح طور پر منتقل ہو جائے اسے ترجمہ نگاری کہتے ہیں۔ ترجمے کے مفہوم کو واضح کرتے ہوئے شہباز حسین لکھتے ہیں:

"ترجمہ بڑا مشکل کام ہے۔ یہ نگینہ جڑنے کا فن ہے
۔ جو بڑی مہارت اور ریاضت چاہتا ہے۔ ایک زبان کے معا

نی اور مطالب کو دوسری زبان میں اس طرح منتقل کرنے کے
لئے کہ اصل عبارت کی خوبی اور مطلب جوں کا توں باقی
رہے دونوں زبانوں پر یکساں قدرت کی ضرورت ہوتی ہے.
جو عام طور پر کمیاب ہوتی ہے ترجمے بہت ملتے ہیں۔ اچھے تر
جمے خال خال ہیں اس کی وجہہ یہ ہے کہ ہر وہ شخص جو دو زبا
نیں جانتا ہے۔ بزعم خود مترجم بن بیٹھتا ہے اور ایسے ایسے
گل بوٹے کھلاتا ہے کہ ترجمے کی اہمیت اور افادیت مجروح
ہو جاتی ہے. اور ترجموں پر سے اعتبار اُٹھ جاتا ہے''[1]

ترجمہ دو زبانوں کے درمیان ہوتا ہے۔ جس زبان سے ترجمہ کیا جا رہا ہے اسے وسیلے کی زبان یا Source Language کہتے ہیں۔ اور جس زبان میں کیا جا رہا ہے اسے حدف کی زبان یا Target Language کہتے ہیں۔ ترجمے کے لیے جو عبارت سامنے ہوتی ہے اسے متن یا Text کہتے ہیں۔ مثال کے طور پر اگر ہم انگریزی زبان سے ترجمہ کر رہے ہیں تو اسے Source Language(SL) کہیں گے اور انگریزی سے اردو میں ترجمہ کر رہے ہوں تو اسے Target Language(TL) کہیں گے۔ اور دونوں زبانوں کی عبارت متن یا Text کہلائے گی۔

ترجمے کی اہمیت

انسان ایک سماجی جانور ہے. یہ سماج کا پروردہ ہے. اور سماج کے بغیر انسانی زندگی کا وجود مشکل ہے۔ انسان خود سے اپنی تمام ضروریات کی تکمیل نہیں کر سکتا۔ اس کے لئے اُسے دوسرے لوگوں کی مدد درکار ہوتی ہے۔ اور وہ زبان کے وسیلے سے اپنے خیالات دوسروں تک پہونچاتا ہے. اور اپنی ضروریات کی تکمیل کی کوشش کرتا ہے۔ اس طرح زبان خیالات کے اظہار کا ذریعہ بنتی ہے. انسان اپنی ضرورت کے تحت خیال ظاہر کرتا ہے۔ ایک سماج اور ایک

علاقے میں عموماً دو تین زبانیں بولی اور سمجھی جاتی ہیں۔جس طرح یہ دنیا وسیع اور عریض ہے ۔ اسی طرح انسان کی ضروریات بھی پھیلی ہوئی ہیں ۔ چند صدیوں قبل تک بھی انسان اپنے قبیلے، اپنے گاؤں اور ملک تک محدود رہتا تھا۔اور خطہء ارض پر بسنے والی دوسری اقوام سے نہ اُس کا کوئی رابطہ ہوتا تھا اور نہ اسے کسی طرح کے رابطے کی ضرورت تھی۔سائنس کی ترقی کے ساتھ حمل ونقل، ترسیل اور دیگر عوامی رابطے کے ذرائع وجود میں آئے۔آج دنیا چھوٹے دائرے میں سمٹ آئی ہے۔لوگ ایک دوسرے کو سمجھنے، ایک دوسرے کی دریافتوں سے فائدہ اُٹھانے، آپسی تجارت اور لین دین کے ذریعہ اپنی زندگی کو خوب سے خوب تر بنانے کی ضرورت کو محسوس کرنے لگے ہیں۔لیکن اس مقصد کے حصول کے درمیان زبان حائل رہی۔کیونکہ دنیا میں ایک علاقے سے دوسرے علاقے اور ایک ملک سے دوسرے ملک میں سینکڑوں زبانیں اور بولیاں موجود ہیں۔ مختلف زبانوں پر ہر انسان کا عبور رکھنا ممکن نہیں.لیکن دوسرے علوم اور دوسری تہذیبوں کی ترقی سے استفادہ حاصل کرنا سب کے لئے ضروری ہے۔چنانچہ ہر ملک اور ہر زبان کے ماہرین علوم میں ایک ایسا طبقہ وجود میں آتا گیا جو دنیا کی دو یا دو سے زائد زبانوں پر عبور رکھتا تھا۔اور ایک زبان کے علم کو دوسری زبان میں ترجمہ کے ذریعہ منتقل کرتے ہوئے تہذیبوں کو جوڑنے کا کام کرتا گیا۔اسی بات کو اُجاگر کرتے ہوئے شہباز حسین لکھتے ہیں:

> ''ذرائع آمد و رفت میں وسعت اور سرعت آجانے کی وجہ سے دنیا کی مختلف زبانیں بولنے والوں میں ارتباط اور اختلات روز بروز بڑھتا جارہا ہے.اور ایک دوسرے کو سمجھنے اور سمجھانے کے لئے ضرورتاً ایک دوسرے کی زبان سیکھنی پڑتی ہے اور ملوکیت میں وہ افراد یا طبقے ہمیشہ ممتاز رہے جنہوں نے حاکموں کی زبان سیکھنے میں سبقت کی۔حاکموں نے بھی محسوس کیا کہ امن واستحکام کے لئے صرف زور بازو ہی کافی نہیں

ہے۔ دلوں کو بھی مسخر کرنے کی ضرورت ہے اور اس کے لئے
محکوم قوموں کی زبان اور ثقافت سے آشنائی ضروری ہے
۔اجنبیت اور مغائرت کو کم کرنے کے لئے ترجموں کا بڑا ہا
تھ رہا ہے۔علم کی وسعت اور علمی وسائنسی دریافتوں کی کثر
ت سے بنی نوع انسان کو فائدہ پہونچانے میں ترجموں نے
بڑی مدد کی ہے'' ۲؎

ترجمے کی سماجی اہمیت کے پیش نظر کسی بھی ملک وقوم میں مترجمین کی اہمیت بڑھ جاتی ہے۔ دوزبانیں بولنے والے ملک کے سربراہان جب ملاقات کرتے ہیں تو ان کے درمیان ایک مترجم ہی ہوتا ہے جو دونوں کے خیالات کو فوری ترجمے کے ذریعے پیش کرتا ہے۔ اقوام متحدہ میں دنیا بھر کے سربراہان جب اپنی اپنی زبان میں تقاریر کرتے ہیں تو ترجمے کے مدد سے ان کے خیالات ایک دوسرے کو پیش کئے جاتے ہیں۔خبروں کے بروقت ترجمے کے لیے اخبارات اور ٹیلی ویژن کے اداروں میں مترجمین کا تقرر ہوتا ہے۔حکومتی سطح پر بھی سرکاری کام کاج میں سہولت کے لیے مترجمین کا تقرر کیا جاتا ہے۔علوم کی کتابوں کا ترجمہ بھی ماہرین کی مدد سے مسلسل جاری رہتا ہے۔ترجمے کی اسی افادیت کے پیش نظر کہا جاتا ہے کہ ترجمہ ہمارے لیے اس قدر ضروری ہے جس قدر سانس۔

ترجمہ نگاری موجودہ زمانے کا مقبول عام فن ہے۔آج سائینس وٹیکنالوجی کی ترقی سے دنیا گلوبل ولیج بن گئی ہے۔اور دنیا کے ایک حصے میں ہونے والے کسی واقعہ کی اطلاع ترجمے کی بدولت ساری دنیا میں پہنچ رہی ہے۔ایک دوسرے کے علوم اور تجربات سے استفادہ کرنے اور اپنی زندگی کو بہتر بنانے کی غرض سے دنیا بھر کی اقوام ترجمے کے فن سے استفادہ کر رہی ہیں۔اور اپنی بات کو فوری دنیا میں عام کر رہی ہیں۔ترجمہ، کہنے کو تو محض پانچ حرفی لفظ ہے۔اور اس کی تعریف بھی یوں ہے کہ ایک زبان کے خیالات کو دوسری زبان میں اس طرح

منتقل کرنا کہ اصل بات دوسری زبان میں پہنچ جائے اسے ترجمہ کہتے ہیں۔ترجمہ کرنے والے کو مترجم کہتے ہیں۔جس کا دونوں زبانوں اور دونوں زبانوں کی تہذیب سے واقف رہنا اور ان پر عبور رکھنا ضروری ہے۔لیکن عملی طور پر یہ فن جوئے شیر لانے سے کم نہیں، پھر بھی ماضی قریب تک ترجمہ کو دوئم درجہ کا کام مانا جاتا تھا۔ یہاں تک کہ اسے تخلیقی وادبی کام قرار دینے میں بھی دانشوروں کو پس وپیش تھا لیکن پچھلے کچھ عرصے میں ترجمہ کے تئیں تعصب کی یہ فضا کافی تبدیل ہوئی ہے اور لوگوں میں یہ ادراک پیدا ہوا ہے کہ ترجمہ وہ کھڑکی ہے جس کے ذریعہ دوسری زبانوں اور تہذیبوں سے متعارف ہونے کی راہ ہموار ہوتی ہے۔حقیقت بھی یہ ہے کہ ترجمہ نے ایک قوم کے علمی ذخیرہ سے دوسری قوم کو روشناس کرانے میں اہم کردار ادا کیا ہے۔اسی کے وسیلہ سے ایک انسانی گروہ کے تجربات سے دوسری جماعتوں کو فائدہ اٹھانے کا موقع ملتا ہے۔اسی لئے آج ترجمہ کو انسانوں کے لئے اتنا ہی اہم سمجھا جارہا ہے جیسے زندگی کے لئے سانس اور روٹی کپڑا اور مکان ضروری ہیں۔انسانی تہذیب وثقافت اور علوم وفنون کے فروغ میں جہاں دیگر اسباب وعوامل کارفرما رہے ہیں وہاں تراجم بالخصوص ادبی ترجموں کا اہم حصہ ہے۔تراجم کے اس فن نے انسانی تہذیبوں اور قوموں کے درمیان پائی جانے والی متعدد رکاوٹوں کو دور کرکے حائل خلیج کو پاٹا ہے اور اس کے ذریعہ ہر عہد اور زمانے میں نو بہ نو افکار ونظریات کو ایک علاقہ سے دوسرے علاقہ تک پہنچنے میں مدد ملی ہے۔ترجمہ کے وسیلہ سے ہی ایک زبان دوسری زبان کے رجحانات وتخیلات اور افکار ومزاج نیز اس کی صرفی ونحوی ساخت سے آگاہ ہوکر زبان کے رنگ وروپ کو اپناتی ہے اور اپنی تنگ دامنی کو وسعت میں تبدیل کرلیتی ہے۔لہٰذا یہ دعویٰ کرنا صحیح ہوگا کہ دوسری زبانوں کی اعلیٰ تخلیقات کا ترجمہ بارہا قلمکاروں کو نئے ادبی میلانوں، تہذیبوں اور فنی معیاروں سے متعارف کراکر جدید احساسات وتجربات اپنانے پر آمادہ کرتا رہا ہے۔

کسی دوسری زبان کے مقابلہ میں اردو کی مثال زیادہ واضح اور ہمارے سامنے کی

ہے کہ اس کو ایک ترقی یافتہ زبان بنانے، قومی سطح پر مقبولیت بخشنے اور ملکی زبانوں میں امتیازی درجہ دلانے میں جہاں دوسرے عوامل کا عمل دخل رہا، وہاں انگریزی عربی اور فارسی وغیرہ زبانوں سے مختلف علوم وفنون کے تراجم نے اس میں مؤثر کردار ادا کیا ہے۔ ایسے ہی تراجم نے نوخیز اردو زبان کے لیے ترقیوں کے نئے دروازے کھول دیے اور ان کے وسیلہ سے تازہ افکار ونظریات بالخصوص آزادی، ترقی پسندی، روشن خیالی اور تحقیقی و سائنسی طرزِ فکر کے جو خوشگوار جھونکے آئے، اُن سے اردو زبان میں توانائی اور تازگی کی لہر دوڑ گئی ہے۔ اسی لیے کہا جاتا ہے کہ اردو کو ایک باقاعدہ زبان کے مقام پر فائز کرنے میں تراجم کا سب سے بڑا کردار ہے۔ فورٹ ولیم کالج کے بعد دہلی کالج اور جامعہ عثمانیہ کے دارالترجمہ نے اس ضمن میں جو کارہائے نمایاں انجام دیے، اس کی بدولت ہی یہ زبان بولی سے زبان تک کا سفر بآسانی طے کرسکی ہے۔

تراجم کی ثقافتی اہمیت کو سمجھنے کے لیے ایک دوسری مثال قدیم دانشوروں کی تصنیفی کاوشوں سے ملتی ہے۔ اگر سقراط، افلاطون اور مقراطیس کی ہزاروں سال پرانی تصانیف کا عربی زبان میں ترجمہ نہیں ہوتا تو یہ قیمتی سرمایہ کبھی کا روم اور یونان کے پرانے کھنڈروں میں دب دبا کر غارت ہوگیا ہوتا اور یورپ وایشیا کے ایوانوں میں آج ان کی گونج سنائی نہیں دیتی۔ اسی کے مثل بوعلی سینا، ابونصر فارابی، ابنِ رشد، ال ادریس کے کارنامے بغداد، غرناطہ اور یروشلم کے کتب خانوں میں ضائع ہوجاتے، اگر یورپی زبانوں نے انہیں اپنے قالب میں ڈھال کر چراغ سے چراغ جلانے کا سلسلہ جاری نہ رکھا ہوتا۔

جہاں تک ترجمہ کے فن یا ترجمہ نگاری کا تعلق ہے تو اس کے سبھی معترف ہیں کہ یہ ایک مشکل فن ہے کیونکہ مترجم ایک زبان سے دوسری زبان میں معیاری ترجمہ اسی وقت کرسکتا ہے جب وہ دونوں زبانوں پر عبور رکھتا ہو۔ ایسے ہی مترجم سے سلیس ومعیاری ترجمے کی امید کی جاسکتی ہے۔ بہتر یہ ہے کہ دو مترجم مل کر ترجمہ کا کام کریں۔ ایک وہ ہو جس کی مادری زبان

میں ترجمہ کیا جا رہا ہو اور وہ اصل زبان سے بھی جس کا ترجمہ ہو رہا ہو، واقف ہو۔ دوسرا شخص اس کے برعکس ہو یعنی جس زبان میں ترجمہ ہو رہا ہو، اُسے بخوبی جانتا ہو اور جس زبان کا ترجمہ ہو رہا ہو، وہ بھی اس کی مادری زبان ہو۔

ایک اور اہم بات یا خوبی جو مترجم میں ہونی چاہیے، وہ زبان پر گرفت کے ساتھ اس موضوع پر عبور ہے جس کا وہ ترجمہ کر رہا ہو یا کم از کم اس موضوع سے اس کا تعارف ہونا چاہیے جس کا ترجمہ ہو رہا ہو، مثال کے طور پر مترجم قانونی دستاویز کو اردو کا قالب پہنا رہا ہے تو قانون کی اصطلاحات اس کی سمجھ میں آنی چاہئے۔ یہ ضروری نہیں ہے کہ وہ ماہرِ قانون ہو لیکن اگر ایسا ہو تو یقیناً اس کا ترجمہ فنی طور پر زیادہ معیاری ہو جائے گا۔ اس کے برعکس سائنسی، سماجی اور مذہبی مواد کا ترجمہ کرنا ہے تو متعلقہ لغات و اصطلاحات پر دسترس کے ساتھ مذکورہ علوم سے واجبی طور پر واقف ہونا ضروری ہے۔

اس میں سب سے مشکل کام ادبی ترجمہ ہے جس کے لیے صرف متبادل الفاظ کی ضرورت پیش نہیں آتی بلکہ شعر و ادب کی تخلیقی روایات اور تاریخی پس منظر سے واقفیت بھی ضروری ہے۔ تخلیقی ادب جو ایک وجدانی عمل ہے لہٰذا اس کا ترجمہ اگر غیر وجدانی ہو تو وہ خشک و بے اثر ہو کر رہ جائے، اس لیے تخلیقی ادب کے تراجم میں وجدانی کیفیت کا شامل ہونا ضروری ہے۔ ادب بالخصوص شاعری، دوسرے موضوعات سے زیادہ انسانی جذبات کی مرہونِ منت ہوتی ہے اور جذبات کا ترجمہ میکانکی عمل سے تکمیل نہیں پاتا۔ یہی وجہ ہے تخلیقی ادب کے تراجم کے کام کو ماہرین نے ایک مشکل امر سے تعبیر کیا ہے۔ بعض اوقات ایسا بھی ہوتا ہے کہ ترجمہ خواہ بہت زیادہ لفظی یا من و عن نہ ہو، پھر بھی اصل کی روح اس میں اس طرح سما جاتی ہے کہ ترجمہ خود تخلیق کا درجہ حاصل کر لیتا ہے۔ ڈاکٹر جانسن کا تو دعویٰ ہے کہ شاعری کا ترجمہ ہو ہی نہیں سکتا، حالانکہ شاعری کے معیاری تراجم ہوئے ہیں اور ان کو سراہا بھی گیا ہے۔

ترجمے کی اقسام

ترجمہ عام طور علمی' ادبی یا صحافتی ہوتا ہے۔ترجمے کی بنیادی طور پر دو قسمیں ہیں۔۱۔ لفظی ترجمہ اور ۲۔ آزاد ترجمہ۔ اس کے علاوہ تخلیقی ادب میں شاعری اور نثری اصناف کا ترجمہ اور مذہبی تراجم بھی ترجمے کی اقسام ہیں۔لفظی ترجمے میں صرف لفظ سے لفظ کا ترجمہ ہوتا ہے جو الفاظ کے ترجمے کی حد تک مناسب ہوتا ہے۔تاہم جب ہم عبارت کا ترجمہ کرتے ہیں تو اس میں کئی عوامل شامل رہتے ہیں اور ایک زبان کی تہذیب اور اس کے محاوروں کے نظام کے ساتھ مکمل خیال کی ترسیل لازمی ہوتی ہے جو آزاد ترجمے میں عمل میں آتی ہے۔جس میں الفاظ کے ترجمے کے ساتھ ساتھ مکمل خیال کے ترجمے کو اہمیت دی جاتی ہے۔

ترجمے کے آلات

ترجمہ کرنے والے کو مترجم کہتے ہیں۔مترجم کی اپنی ذاتی علمی قابلیت کے علاوہ فن ترجمہ نگاری میں مدد حاصل کرنے کی لیے اس کے ساتھ حسب ذیل سہولت کی اشیاء کا ہونا ضروری ہے۔

۱۔لغت ۲۔انسائیکلو پیڈیا ۳ کمپیوٹر معہ انٹرنیٹ

۴ مجموعہ اصطلاحات ۵۔ مجموعہ امثال ومحاورات' مترادفات واضداد ۶۔مخصوص موضوعات جیسے فقہ،معاشیات،طب،سائنس وٹیکنالوجی کی اصطلاحات والی کتابیں۔

ترجمے کے لیے مشینوں کے استعمال میں احتیاط لازمی ہے۔انٹرنیٹ پر گوگل میں ترجمے کی سہولت موجود ہے۔لیکن صرف لفظی ترجمہ کسی حد تک درست ہو رہا ہے جملوں کا ترجمہ ٹھیک نہیں ہو رہا ہے۔البتہ فون میں کچھ اپلیکیشن ہیں جو ایک ایک جملے کا ترجمہ بھی بہت حد تک درست کر رہے ہیں پلے اسٹور میں U Dictionary نام کا ایک اپلیکیشن ہے۔ جس میں انگریزی سے اگر ہم اردو زبان کا ترجمہ سہولت ڈاؤن لوڈ کرلیں اور سرچ بار میں انگریزی لفظ یا جملہ لکھیں تو مکمل لفظ یا جملے کا بہت حد تک درست ترجمہ ہو رہا ہے۔فون میں

وائس ٹائپنگ اور لفظ کی تصویر لینے سے بھی ترجمہ کی سہولت موجود ہے۔ مترجم کو چاہئے کہ وہ ترجمے کے وقت ان سہولتوں کو استعمال کرتا رہے۔

مترجم کے اوصاف

ترجمہ کرنے والے کو مترجم کہتے ہیں۔ ترجمہ نگاری ایک فن ہے اور اس فن میں مہارت کے لیے مترجم کو حسب ذیل شرائط کی پابندی لازمی ہے۔

ترجمہ نگاری کے لیے پہلی شرط یہ ہے کہ مترجم اصل تصنیف کی زبان، اس کے ادب اور اس کی تہذیب سے بخوبی واقف ہو۔ اصل عبارت کسی حالت میں مترجم کی نگاہ سے اوجھل نہیں ہونی چاہیے کیونکہ مترجم بہر صورت متن کے مرکزی خیال کا پابند ہے۔ اگر مترجم انگریزی سے اردو میں ترجمہ کر رہا ہو تو اسے انگریزی زبان اس کے قواعد اس کے محاوراتی نظام اور علاقوں کے اعتبار سے اس کی لفظیات اور دیگر امور سے واقفیت رکھنا لازمی ہے۔

دوسری اہم شرط اپنی زبان پر اس کی قدرت اور نئے خیالات کے اظہار کے لیے نئے الفاظ، ترکیبیں اور اصطلاحات وضع کرنے کی استعداد ہے۔ یعنی مترجم اردو میں ترجمہ کر رہا ہو تو اسے اردو زبان کی تمام باریکیوں اور اظہار خیال کے طریقوں سے واقفیت ضروری ہے۔ کیوں کہ مترجم کی حیثیت دو زبانوں اور دو قوموں کے درمیان لسانی اور ثقافتی سفیر کی ہوتی ہے۔ تیسری شرط یہ ہے کہ مترجم کو فن ترجمہ نگاری میں دلچسپی اور شوق و شغف اور انہماک ہو۔ اگر مترجم کو اپنے فن کا شوق نہیں تو وہ اس فن سے انصاف نہیں کر سکتا۔ مترجم کو امانت دار بھی ہونا چاہئے اور ایک زبان کی بات کو امانت کے طور پر دوسری زبان میں منتقل کرے اپنی طرف سے کچھ کمی زیادتی نہ کرے۔ مترجم کو چاہئے کہ وہ ترجمہ نگاری کے دوران صبر سے کام لے اور گھبراہٹ اور پریشانی کا شکار نہ ہو۔ جب تک کسی پیچیدگی کو حل نہ کر لے، چین سے نہ بیٹھے، چاہے جتنا وقت لگ جائے۔

☆ ترجمے کے اصول:

ا۔اصل عبارت ہر وقت مترجم کے پیش نظر رہنی چاہیے۔ وہ بہرصورت متن کا پابندر ہے۔
۲۔مترجم کواصل عبارت میں اپنی جانب سے حذف، اضافہ یاترمیم کا کوئی حق حاصل نہیں۔
۳۔ترجمہ میں سہولت کے لیےمتن کا آگے پیچھے کرنا مناسب نہیں۔
۴۔جملے پیچیدہ اورطویل ہوں تو ترجمے میں انھیں چھوٹے جملوں میں تقسیم کیا جاسکتا ہے۔
۵۔اصطلاحات کا ترجمہ جوں کا توں ممکن نہ ہوتو قریب ترین مفہوم میں کیا جائے اور بہتر ہے کہ الگ سے ان کی فہرست دے دی جائے۔
۶۔محاورات اور امثال کا ترجمہ دوسری زبان کے محاورات وامثال سے ہوجائے تو بہتر ہے، ورنہ انھیں سادہ الفاظ میں بیان کردینا چاہیے۔
7۔مترجم حسبِ ضرورت لغت سے ضرور مدد لے۔حافظہ پرکلّی بھروسہ مناسب نہیں۔
8۔ترجمہ میں اصل کام خیالات کی صحیح ترسیل ہے، البتہ اسلوب رواں، شستہ اور جاذب ہوتو بہتر ہے۔

مترجم کی ذمہ داریوں کا احساس دلاتے ہوئےجمیل جالبی لکھتے ہیں کہ :

> ”ترجمے کا کام یقیناً ایک مشکل کام ہے۔اس میں مترجم مصنف کی شخصیت' فکراوراسلوب سے بندھا ہوتا ہے ۔ایک طرف اس زبان کا کلچر جس کا ترجمہ کیا جارہا ہے اسے اپنی طرف کھینچتا ہے۔اوردوسری طرف اس زبان کا کلچر جس میں ترجمہ کیا جارہا ہے اسے اپنی طرف کھینچتا ہے۔ مترجم کو دونوں کا وفادار رہنا پڑتا ہے۔یہ دوئی خود مترجم کی شخصیت کوتوڑ دیتی ہے۔لیکن یہ تو ہر مترجم کا مقدر ہے۔اس دوئی سے اسلوب کی سطح پرخصوصیت کے ساتھ اس زبان کو فائدہ پہونچتا

ہے جس میں ترجمہ کیا جارہا ہے اس زبان میں نئے اسالیب
کے بہت سے امکانات پیدا ہوجاتے ہیں۔ اردو جملے پر تقریباً ڈیڑھ سو سال سے انگریزی زبان کے جملوں اور اسالیب کا
گہرا اثر پڑ رہا ہے۔ اسالیب کی یہ تبدیلی دراصل کلچر کی تبدیلی
کا نتیجہ ہوتی ہے ایک زبان کا جملہ جب دوسری زبان میں جم
کر ترجمہ ہوجائے تو اُس کے معنٰی ہوتے ہیں کہ دو کلچروں کا وصل ہوگیا ہے۔''۳۲

ترجمے کے اُصول کے بارے میں یہ بنیادی ضابطہ رکھا گیا ہے کہ ترجمہ لفظی نہ ہو بلکہ مفہوم کی ادائیگی پر مشتمل ہو۔ بعض اوقات ایک زبان میں کہے گئے محاورے کا مفہوم دوسری زبان میں کچھ اور الفاظ میں استعمال ہوتا ہے۔ اگر لفظی معنٰی پر توجہ کی جائے تو مفہوم کچھ کا کچھ ہوجائے گا۔ انگریزی کا ایک محاورہ ''Icing on the cake'' ہے ۔ جو سونے پہ سہاگہ کے مفہوم کو ادا کرتا ہے۔ اس محاورہ کا لفظی ترجمہ کیک پر چڑھائی جانے والی شکر کی کریم ہے۔ لیکن اسی مثال سے یہ بات واضح ہوجاتی ہے کہ ترجمے کے ضمن میں مفہوم کی کتنی اہمیت ہے۔ اسی پہلو کو اُجاگر کرتے ہوئے شہباز حسین لکھتے ہیں:

''ترجمے کے سلسلے میں بنیادی اور اولین شرط یہ ہے کہ
جس زبان سے ترجمہ کرنا ہو۔ اور جس زبان میں ترجمہ کرنا ہو
.دونوں پر قدرت حاصل ہو۔ صرف اسی حد تک نہیں کہ دونوں
زبان کے مطالب سمجھ میں آجائیں بلکہ زبان کی ساخت ۔ مزاج اور اُس کے تہذیبی پس منظر سے بھی اچھی آگاہی ہو
۔..... یہ بات یاد رکھنا چاہیئے کہ ترجمہ لفظ کا نہیں مفہوم کا کیا جاتا ہے. یا دوسرے لفظ میں یوں کہہ سکتے ہیں کہ اگر کسی بات کو

اپنی زبان میں کہتے تو کس طرح کہتے''۴؎

سائنسی زبان کے ترجموں میں اصطلاحات کے ترجمے کی مشکلات پیش آتی ہیں .حیدرآباد میں جامعہ عثمانیہ کے قائم کردہ دارالترجمہ میں اصطلاحات سازی کا بہت اہم کام ہوا۔ اوراس کی وضع کردہ اصطلاحات برصغیر میں سائنسی علوم کواردو میں منتقل کرنے میں ممدومعاون ثابت ہوئیں۔ ادبی ترجمے میں لسانی وثقافتی پس منظر سے
واقفیت ضروری ہے۔ اس ضمن میں پروفیسر قمر رئیس لکھتے ہیں:

> ''مترجم کو دوزبانوں اور دوقوموں کے درمیان لسانی اور ثقافتی سفیر کا نام دیا گیا ہے اس لئے کسی بھی زبان کی تصنیف کو کامیابی سے اپنی زبان میں منتقل کرنے کے لیے پہلی شرط یہی ہے کہ اصل تصنیف کی زبان' اُس کے ادب اور اُس کی قومی تہذیب سے نہ صرف واقفیت بلکہ دلچسپی اور ہمدردی ہو۔ دوسری اہم شرط اپنی زبان پر اُس کی قدرت اور نئے خیالات کے اظہا کے لئے نئے الفاظ۔ ترکیبیں اور اصطلاحیں وضع کرنے کی استعداد ہے۔ تیسری ضرورت اصل تصنیف کی زبان سے ایسی گہری واقفیت ہے کہ وہ اس کی باریکیوں' نفاستوں اور تہ داریوں کو بخوبی سمجھ سکے۔ چوتھی یہ کہ اصل تصنیف' جس عہد اور جس موضوع سے تعلق رکھتی ہے اس عہد کی زندگی اور زبان اور اس موضوع کی اہم تفصیلات سے مترجم کی واقفیت ہو۔ اور آخری لیکن سب سے اہم شرط ادبی ترجمہ کی صلاحیت دلچسپی اور شوق وانہماک ہے''۵؎

ادبی ترجموں کے علاوہ اکثر علمی ومذہبی ترجمے کیئے جاتے ہیں۔ ترجمہ کی اہمیت کے پیش نظر کہا

جا تا ہے کہ تر جمہ علم کی وہ کنجی ہے. جس کے ذ ر یعہ علوم وفنون کے خزا نے سب کے لئے کھل جا تے ہیں۔اب تر جمے تخلیق کا درجہ پا ر ہے ہیں. تر جمے کی سب سے مشکل قسم تخلیقی ادب کا تر جمہ ہے .اور نثر کے مقا بلے میں نظم کا تر جمہ نظم میں کر نا انتہائی مہارت چا ہتا ہے. تخلیقی تر جمے کے با رے میں جمیل جا لبی لکھتے ہیں:

> ’’تر جمے کی یہ شکل سب سے زیا دہ مشکل ہے .ایسے تر جمے سے زبا ن و بیان کوایک فا ئدہ پہنچتا ہے کہ زبان کے ہا تھ بیان کا ایک نیا سانچہ سامنے آ جا تا ہے دوسرے .جملوں کی ساخت ایک نئی شکل اختیار کر کے اپنی زبان کے اظہار کے سا نچوں کو وسیع کر دیتی ہے۔اب جبکہ زبانوں کے رشتے زیادہ وسیع ہو کر ایک دوسری سے قریب تر ہو رہے ہیں .ضرورت اس امر کی ہے کہ متر جمین بھی اظہار کے سانچوں اور جملوں کی ساخت کا خاص طور پر خیال رکھ کر زبان کو نئے تقاضوں اور نئے امکانات سے روشناس کریں‘‘[٦]

تر جمے کے اصولوں کے تعلق سے اس تفصیلی بحث کا خلاصہ یہی ہے کہ تر جمہ نگاری ایک ذ مہ داری کا کام ہے۔ یہ ایک فن ہے جس کے لیے دونوں زبانوں سے مکمل واقفیت اور ان زبانوں کی تہذیب سے واقف ہونا ضروری ہے۔تر جمہ میں اگر کوتاہی ہو جا ئے تو اسے بہت بڑا علمی نقصان قرار دیا جا سکتا ہے۔

تر جمے کی روایت

انسان کی سما جی اور تہذیبی ضروریات کی تکمیل کی خاطر صدیوں سے دنیا بھر میں تر جمے کا کام ہوتا رہا ہے۔تر جمے کی ضرورت مقامی لوگوں سے میل جول کے علاوہ مذہبی تبلیغ کی خاطر بھی محسوس کی گئی۔نو آبادیاتی نظام کے پھیلنے سے تر جمے کی افادیت بڑھتی گئی۔توا ریخ

کے مطالعہ سے پتا چلتا ہے کہ ایران کے فرماں روا، بغداد کے عباسی خلفاء اور مصر کے فاطمی خلفاء، علم وادب کے رسیا تھے اور انھوں نے نہ صرف دنیا کے نام ور شہ پاروں کو عربی زبان میں ترجمہ کروایا بل کہ اپنے زیر قبضہ علاقوں میں کتب خانے قائم کر کے منفرد اور قابلِ تقلید مثالیں بھی قائم کیں۔ بغداد کے بیت الحکمت اور مصر کے بیت الحکم جیسے کتب خانے، اپنی مثال آپ تھے۔ یورپ میں رومیوں نے ترجمے کو رواج دیا۔ ہوریس کو مغرب میں بابائے ترجمہ کہا جاتا ہے۔ اس نے یونانی زبان سے شاہکار ترجمے کیے۔ یورپ میں عیسائیت کی تبلیغ کی خاطر مذہبی تراجم کی اہمیت بڑھی۔ انجیل مقدس کے ترجمے ہوئے۔ جوان وائکلف نے لاطینی زبان سے انگریزی میں انجیل کا ترجمہ کیا۔ سترھویں اور اٹھارویں صدی میں یورپ میں علمی کتابوں کے علاوہ ڈراما اور شاعری پر مبنی ادبی تراجم بھی ہوئے۔

مغل دور حکومت میں سرکاری ضرورتوں کے تحت سرکاری زبان فارسی سے دیگر زبانوں اور دیگر زبانوں سے فارسی میں تراجم ہوتے رہے۔ عہد اکبری میں کئی ہندو فارسی سے واقف تھے۔ اکبر نے سنسکرت سے شاعری، فلسفہ، ریاضی اور الجبرا کا فارسی میں ترجمہ کروایا۔ ملا عبدالقادر بدایونی نے ۱۵۷۴ء میں سنگھاسن بتیسی کا فارسی میں ترجمہ ''خردافروز'' کے نام سے کیا۔ ۱۵۸۹ء میں ملا بدایونی نے ''تاریخ کشمیر'' کا فارسی میں ترجمہ کیا۔ اس دور میں کئی ماہرین زبان نے مل کر مہابھارت کا فارسی ترجمہ کیا۔ ان ترجموں کی تیاری میں برہمن اور مسلمان عالم دونوں شریک تھے۔ ہندوستان سے باہر بھی ترجمے کا کام ہوتا رہا۔ ۷۷۰ء میں سندھ سے ایک وفد خلیفہ منصور عباسی کے دربار گیا۔ وفد میں ایک پنڈت ریاضی اور علم ہئیت کے ماہر تھے وہ اپنے ساتھ علم ہئیت کی مشہور کتاب ''سدھانت'' لے کر گئے تھے۔ خلیفہ عباسی نے اس کتاب کا عربی میں ترجمہ کرایا۔

اردو میں ترجمہ نگاری کی روایت

اردو زبان میں ترجمہ نگاری کی روایت اتنی ہی قدیم ہے جتنی کہ خود اردو زبان۔

برصغیر پاک و ہند میں ترجمہ نگاری کے حوالے سے دیکھا جائے تو یہ روایت تقریباً پندرھویں صدی کے نصف آخر میں اپنی ابتدائی شکل میں نظر آتی ہے۔اسی لیے یہ مانا جاتا ہے کہ یہی دور، اردو زبان کے آغاز اور ارتقا دونوں لحاظ سے بہت اہم ہے۔اردو ادب کے ابتدائی دور میں فارسی٬ عربی اور سنسکرت سے اردو میں ترجمے کئے گئے۔یہ ترجمے مذہب٬ تصوف٬ شاعری٬ داستانوں ہیئت اور فلسفے کی کتابوں کے تھے۔بعض محققین کا خیال ہے کہ شاہ میراں جی خدا نما نے ابوالفضائل عبداللہ بن محمد ہمدانی کی تصنیف ''تمہیدات ہمدانی'' کا عربی سے اردو میں ترجمہ کیا جسے اردو کا پہلا ترجمہ کہا جاتا ہے۔اسی طرح وجہی نے نیشاپوری کی فارسی تصنیف ''دستور عشاق'' کا ''سب رس'' کے نام سے اردو میں ترجمہ کیا۔ اسے بھی اردو کا ابتدائی ترجمہ کہا جاتا ہے۔اٹھارویں صدی کے اوائل میں سید محمد قادری کی فارسی تصنیف ''طوطی نامہ'' کا ترجمہ ہوا۔اسی زمانے میں فضل علی فضلی نے ملاحسین واعظ کاشفی کی فارسی کتاب ''روضتہ الشہدا'' کا اردو میں ترجمہ ''کربل کتھا'' کے نام سے کیا۔یہ اردو ترجمے فن ترجمہ نگاری کے اصولوں پر پورے نہیں اترتے بلکہ یہ تلخیص یا آزاد ترجمے تھے۔ہندوستان میں جب انگریز داخل ہوئے تو عیسائی پادریوں نے اپنی مذہبی کتابیں ترجمہ کرانا شروع کیں چنانچہ تورات وانجیل کے اردو میں تراجم شائع کئے گئے۔انگریزی سے اردو میں ترجمہ شدہ پہلی کتاب بنجمن شیلر کی ''انجیل مقدس'' ہے جو ۱۷۴۸ء میں شائع ہوئی ہے۔

اردو میں قرآن شریف کا پہلا ترجمہ مولانا شاہ رفیع الدین نے ۱۷۷۶ء میں کیا۔یہ لفظی ترجمہ تھا جس میں روانی نہیں تھی۔بعد میں ان کے بھائی شاہ عبدالقادر نے سلیس زبان میں قرآن شریف کا اردو ترجمہ کیا۔بھگوت گیتا اور رامائن کے علاوہ قرآن کریم کے معیاری منظوم ترجمے کرنے والوں میں سیماب اکبرآبادی، کیف بھوپالی اور شان الحق حقی کے نام آتے ہیں۔

اردو میں انفرادی طور پر تراجم ہوتے رہے۔۱۸۰۰ء میں کلکتہ میں قائم کردہ فورٹ ولیم کالج وہ پہلا ادارہ تھا جس نے اجتماعی طور پر اردو تراجم کی کوشش کی۔اور منظّم طریقے سے

عربی، فارسی اور سنسکرت سے اردو تراجم کروائے۔فورٹ ولیم کالج ہندوستان میں کام کر رہے انگریز ملازمین کو ہندوستان زبان وتہذیب سکھانے کی غرض سے قائم کیا گیا تھا۔کالج کے پرنسپل گلکرسٹ نے ہندوستانی تہذیب سے متعلق نصابی کتابوں کی تیاری کے لیے ملک بھر سے ماہر مترجمین کو مدعو کیا جن میں میرامن، کاظم علی جوان، بہادر علی حسینی، مظہر علی خان ولا، شیر علی افسوس، حیدر بخش حیدری، خلیل خان اشک وغیرہ تھے۔کالج کے نصاب میں شامل کرنے کے لیے ساٹھ (۶۰) کتابیں تیار کی گئیں۔ان میں تراجم، تالیفات اور تصنیفات تھیں۔

میرامن نے قصہ چہار درویش کو باغ و بہار کے نام سے سادہ زبان میں ترجمہ کیا۔مظہر علی خان ولا نے حکایات کا ترجمہ کیا۔اسی طرح طوطا کہانی اور دیگر مقبول کتابوں کے اردو میں تراجم کئے گئے۔فورٹ ولیم کالج کے علاوہ دہلی کالج میں بھی اردو تراجم ہوئے۔پورے ملک میں دہلی کالج وہ ادارہ تھا جہاں ہئیت، ریاضی، فلسفہ اور تاریخ جیسے مضامین کی تعلیم اردو میں دی جاتی تھی۔اردو کتابیں دستیاب نہیں تھیں چنانچہ انگریز حکومت نے ۱۸۳۵ء میں ایجوکیشنل کمیٹی قائم کی تاکہ نصابی کتابوں کے مسائل کو حل کیا جاسکے۔اس کمیٹی کے قیام سے پہلے اسکول بک نامی ادارے نے اردو کتابوں کی تیاری کا کام کیا تھا۔دہلی کالج کے تحت ترجمہ نگاری اور وضع اصطلاحات کے اصول تیار کئے گئے۔جن کی بنیاد پر کامیاب تراجم ہوئے۔اس کالج کے اہم مترجمین میں سداسکھ لال اور نیم چند کھتری اہم ہیں۔اردو میں ترجموں کا سلسلہ چل پڑا۔حیدرآباد کے نواب فخرالدین خان شمس الامراء کی کوشش سے بعض رسائل کا ترجمہ ہوا۔ عبدالحق نے بعض علوم کی نصف درجن کتابوں کا ۱۸۴۰ء میں ترجمہ کرایا۔ دلی کالج کی ترجمے کی روایت کو سرسید کی سائنٹفک سوسائٹی اور انجمن ترقی اردو نے آگے بڑھایا جب کہ دلی کالج میں پرنسپل بوترو کی رہنمائی میں ۱۸۴۱ء میں ورنا کلر ٹرانسلیشن سوسائٹی کا قیام عمل میں آیا۔دہلی ورنا کولر ٹرانسلیشن سوسائٹی کے قیام کا مقصد ترجموں اور تالیفات کے ذریعے ہندوستانی زبانوں میں نصابی کتابیں فراہم کرنا

تھا۔اس سوسائٹی کا قیام انگریزی، سنسکرت اور فارسی زبانوں کی بہترین کتابوں کا اردو، بنگالی اور ہندی میں ترجمہ ہولیکن یہ کام صرف اردو زبان میں ہی ہوسکا۔اس ادارے کے تحت ۱۲۸ کتابوں کا ترجمہ کیا گیا۔

انگریزی سے اردو کے ادبی ترجموں کا آغاز مولانا محمد حسین آزاد اور الطاف حسین حالی نے کیا۔سر سید احمد خان نے ۱۸۶۲ء میں سائنٹفک سوسائٹی قائم کی تھی ۔جس نے اردو ترجمہ نگاری کے فروغ میں نمایاں خدمات انجام دیں۔سائنسی اور غیر سائنسی کتب کے تراجم کے ذریعے اس سوسائٹی نے برصغیر کے مسلمانوں کو ترقی کی دوڑ میں شامل کرنے میں اہم کردار ادا کیا۔۱۹۰۳ء میں مسلم ایجوکیشن کانفرنس کے شعبے کے طور پر انجمن ترقی اردو ہند کا قیام عمل میں آیا۔ اس کے پہلے صدر پروفیسر تھامس آرنلڈ اور سکریٹری علامہ شبلی نعمانی تھے۔شبلی نے ترجمے کو قومی شعور کی بیداری کا اہم عنصر قرار دیا۔۱۹۱۳ء میں دارالمصنفین علی گڑھ کی بنیاد پڑی یہاں زیادہ تر انگریزی زبان سے ناواقف عربی دان اصحاب نے عربی کے توسط سے تراجم کئے۔شبلی کے بعد مولوی عبدالحق اس کے دوسرے سکریٹری مقرر ہوئے۔اس انجمن کے تحت کئی کتابوں کے تراجم ہوئے۔انجمن نے ۱۹۲۱ء میں اصطلاح سازی کے فن پر مولوی سید وحیدالدین سلیم کی وضع اصطلاحات نامی ایک کتاب شائع کی۔اس موضوع پر یہ پہلی کتاب ہے۔اور آج تک اس کی مقبولیت قائم ہے۔

اردو میں ترجمہ کا باضابطہ اور منظّم کام حیدرآباد میں قائم کردہ جامعہ عثمانیہ میں ہوا ۔جنوبی ہند میں نظام حیدرآباد نے ۱۹۱۷ء کو حیدرآباد میں جامعہ عثمانیہ قائم کی۔ یہ پہلی جامعہ تھی جس میں فنی علوم کی تعلیم اردو میں دی جاتی تھی۔علوم کی تعلیم کے لیے نصابی کتابوں کی ترجمے کی ضرورت پیش آئی تو حیدرآباد میں دارالترجمہ قائم کیا گیا۔اس ادارہ کے سررشتہ تعلیم و ترجمہ میں آرٹس، سائنس، انجنیرنگ اور طب کی تقریباً ۵۰۰ کتابوں کا اردو میں ترجمہ عمل میں آیا۔اس جامعہ میں اردو جیسی ہندوستانی زبان میں اعلیٰ تعلیم دینے کا یہ پہلا تجربہ تھا جو بہ حیثیت مجموعی کا

کامیاب رہا تھا.دارالترجمہ جامعہ عثمانیہ میں دو طرح کے مترجمین ہوا کرتے تھے۔ایک مستقل دوسرے اُجرت پر کام کرنے والے۔ترجمے کی تکمیل کے بعد کسی ماہر فن سے اُس پر نظر ثانی کرائی جاتی تھی۔ترجمہ کے دوران وضع کردہ اصطلاحات کو مجلس وضع اصطلاحات سے رجوع کیا جاتا تھا.دارالترجمہ میں کئی علمی وادبی شخصیتوں نے کام کیا۔اس میں ترجمہ کرنے کے لیے ملک بھر سے ماہر مترجمین جیسے محمد الیاس برنی،نظم طباطبائی،وحیدالدین سلیم،مولوی عنایت اللہ،مرزا ہادی رسوا،عبدالحلیم شرر،بلدیو سنگھ اور پروفیسر ضیا الدین انصاری وغیرہ شامل تھے۔دارلترجمے کے تحت اردو میں معیاری تراجم ہوئے اور تین سو سے زائد علوم وفنون کی کتابون کا اردو میں ترجمہ کیا گیا۔اس ادارے کے تحت جو اصطلاحات وضع کی گئیں وہ آج بھی اردو میں مستعمل ہیں۔دارالترجمہ نے بلاشبہ اردو علم وادب کے دامن کو مالا مال کیا۔دارالترجمہ کی خدمات کو خراج پیش کرتے ہوئے قمر رئیس لکھتے ہیں:

> ''دارالترجمہ کے اراکین نے ان اصولوں اصطلاحول اور نمونوں سے پورا فائدہ اُٹھایا۔جو اُن کے پیش رو افراد اور اداروں کی محنت اور اختراعی قوت کا ثمرہ تھے۔اس کے باوجود یہ حقیقت ہے کہ مغربی علوم کے ترجمے اور اصطلاح سازی کے ذریعہ دارالترجمہ نے اردو کو دانش جدید سے مالا مال کرنے میں جو گرانقدر خدمات انجام دی ہیں اُن کی مثال ہندوستانی زبانوں کی تاریخ میں شائد ہی مل سکے۔''[8]

شمالی ہند اعظم گڑھ میں قائم ادارہ دارالمصنفین کے تحت بھی اردو میں کتابوں کے اچھے تراجم ہوئے۔آزادی کے بعد مرکزی حکومت نے ترقی اردو بورڈ کے نام سے ایک ادارہ قائم کیا۔اس ادارے کا بنیادی مقصد اعلیٰ تعلیم کے لیے نصابی کتابوں کا انگریزی سے اردو ترجمہ کرانا تھا۔اس ادارے کے تحت پانچ سو سے زائد کتابوں کا اردو میں ترجمہ کرایا گیا۔اس ادارے

نے مختلف علوم کی اصطلاحیں بھی مرتب کیں۔ جامعہ عثمانیہ کے دارالترجمہ کی چھوڑی ہوئی روایات اس قدر ٹھوس تھیں کہ ہندوستان میں ترجمے کا کام چل پڑا۔ گارساں دتاسی کے خطبات کا ترجمہ ہوا۔ انجمن پنجاب لاہور کے تحت آزاد اور حالی نے انگریزی نظموں کا اردو ترجمہ کیا۔ رومانی تحریک سے متاثرہ ادیبوں نے انگریزی کے علاوہ ترکی ادب کے تراجم بھی کیے۔ سجاد حیدر یلدرم، عبدالرحمٰن بجنوری، مولانا ابوالکلام آزاد۔ ڈاکٹر عابد حسین۔ ڈاکٹر یوسف حسین خان۔ پروفیسر مجیب وغیرہ نے ترجمہ کے فن کو فروغ دیا۔

بیسویں صدی میں خاص طور پر اس کے ربع اول میں تراجم کو بے حد فروغ ملا، ترجموں کو مقبول بنانے میں اس عہد کے ادبی رسائل نے بھی اہم رول ادا کیا، جن میں "مخزن"، "دکن ریویو"، "افادہ"، "تمدن"، "تجلی"، "ادیب"، "زمانہ"، "ہمایوں" اور "ادبی دنیا" متعدد انگریزی نظموں کے ترجمے شائع کرنے میں پیش پیش رہے، مذکورہ ترجمہ کرنے والوں میں علامہ اقبال کے علاوہ ضامن کنتوری، عزیز لکھنوی، ظفر علی خاں، غلام بھیک نیرنگ، حسرت موہانی، علی حیدر زیدی، غلام محمد طور، صادق علی کشمیری، شاکر میرٹھی، تلوک چندر محروم، طالب بنارسی، محمد شفیع اور کرشن چندر نے خاصی تعداد میں ترجمے کیے، ترجموں کی اس کثرت کی بناء پر کہا جاتا ہے کہ اس دور میں سب سے ممتاز و نمایاں کام ترجمہ ہی نظر آتا ہے اور اگر اسے ترجمہ کا دور کہا جائے تو بیجا نہ ہوگا۔ اور بیسویں صدی کو تراجم کی صدی قرار دیا جائے تو درست ہوگا۔ اردو کے نامور شاعر علامہ اقبال کی کئی شہرہ آفاق نظمیں بھی غیر ملکی ادب سے ماخوذ ہیں۔ ان میں 'ماں کا خواب'، 'بچے کی دعا'، 'ایک مکڑی اور مکھی'، 'ایک گائے اور بکری'، 'ایک پہاڑ اور گلہری' (ماخوذ از ایمرسن) 'ہم دردی (ماخوذ از ولیم کوپر)، 'آفتاب' (ترجمہ، گایتری) 'پیامِ صبح' (ماخوذ از لانگ فیلو)، 'عشق اور موت' (ماخوذ از ٹینی سن)، 'رُخصت اے بزمِ جہاں' (ماخوذ از ایمرسن) وغیرہ ہیں اس طرح ہم کہہ سکتے ہیں کہ اقبال نے بھی اپنی شاعری کے فروغ میں انگریزی نظموں کے تراجم کا استعمال کیا ہے لیکن ان کی

نظمیں اردو کے قالب میں ڈھل کر آفاقی تخلیقی شاہکار بن گئیں۔

اردو ترجمے کے فروغ میں ہندوستانی اکیڈمی الہ آباد اور اردو اکیڈمی جامعہ ملیہ نے بھی مغربی علوم اور ادب کے گراں قدر ترجمے شائع کرتے ہوئے اہم کردار ادا کیا۔ اسی طرح آزادی کے بعد نیشنل بک ٹرسٹ، ساہتیہ اکیڈمی اور ترقی اردو بورڈ موجودہ فروغ اردو کونسل نے ادبی و علمی کتابوں کے تراجم شائع کئے۔

مذہبی کتب کے تراجم

ادبی و علمی ترجموں کے علاوہ اردو میں ایک اہم ذخیرہ مذہبی کتب کے تراجم کا ہے. ان میں بھی قران وحدیث کے تراجم قابل ذکر ہیں. اسلام ایک آفاقی مذہب ہے. جو کلام الٰہی قران شریف اور حضور اکرم صلی اللہ علیہ وصلعم کے ارشادات پر مبنی احادیث کے ذریعہ اپنے ماننے والوں کو دین و دنیا کے اُصول سکھاتا ہے تبلیغ اسلام کے فریضہ کو ادا کرنے والوں نے اسلام کے پیغام کو عام کرنے کے لئے قران کے ترجمہ و تفسیر پر زور دیا۔ چنانچہ قرآن شریف کے دنیا کی اکثر بڑی زبانوں میں تراجم شائع ہوئے۔ مذہبی کتابوں کے تراجم کے پس پردہ محرکات بیان کرتے ہوئے مولوی عبدالحق لکھتے ہیں:

> ''مذہبی کتب کے تراجم کی اسی غرض وغایت کے پیش نظر قران شریف کے ترجمہ اور تفسیر کے لئے اُصول تفسیر کے ضابطے مقرر ہوئے۔ علامہ سیوطی، شاہ ولی اللہ، امام مالک، امام ابن تیمیہ، مفتی محمد شفیع صاحب، ابوالاعلی مودودی، ابوالکلام آزاد وغیرہ نے قران شریف کے ترجمے کئے۔ قران شریف کے بعد احادیث شریف کے تراجم پر توجہ کی گئی۔ صحاح ستہ، بخاری شریف، ترمذی شریف، مسلم شریف، موطا امام مالک، امام نووی وغیرہ احادیث کے مجموعوں کا اردو میں ترجمہ ہوا۔ مولانا

بدر عالم میرٹھی کی خدمات احادیث کتب کے ترجمے میں اہم ہیں۔ مولانا محمد زکریا شیخ الحدیث نے تبلیغی نصاب یا فضائل اعمال کے عنوان سے حکایات صحابہ، فضائل نماز، فضائل رمضان، فضائل ذکر، فضائل تبلیغ ، فضائل قران، فضائل درود شریف سے متعلق احادیث کو جمع کیا۔ یہ کتاب براہ راست کسی کتاب کا ترجمہ نہیں بلکہ احادیث کے تراجم پر مبنی ہے. کہا جاتا ہے کہ موجودہ دور میں قران کے بعد سب سے زیادہ شائع ہونے والی اور پڑھی جانے والی یہی کتاب فضائل عمال ہے۔ کتب احادیث کے ترجموں کے علاوہ وظائف کے مجموعے کی مشہور کتاب حصن حصین، مولانا محمد عاشق الہی کی مسنون دعائیں وغیرہ کتب کے تراجم بھی مقبول عام ہیں۔ جمعہ کے خطبات کو اردو میں پیش کرنے کی غرض سے مجدد الف ثانی۔ شاہ ولی اللہ شاہ اسمٰعیل شہید، مولانا اشرف علی تھانوی اور مولانا حسین احمد مدنی کے خطبات کے تراجم مشہور ہیں. اسلام کے اصولوں پر مبنی فقہ کی کتابوں کے تراجم بھی ہوئے۔ تاریخ فقہ اسلامی۔ فتاؤی عالمگیری، فتاؤی عزیزیہ وغیرہ کے اردو میں تراجم ہوئے''۔ 9

اسلامی کتب کے ترجموں میں اہم کام سیرت النبی صلی اللہ علیہ وصلعم پر مبنی کتب کے ترجمے کا ہے۔ پیغمبر اسلام کی سیرت سارے عالم کے لئے سرچشمہ فیض ہے۔ اس کام کی اہمیت بیان کرتے ہوئے مولوی عبدالحق لکھتے ہیں:

''اسلامی آئین وآثار میں قران واحادیث کے بعد

تاریخ وسیرت کوفوقیت حاصل ہے. سیرت نگاروں کواس مو
ضوع سے جووالہانہ عقیدت رہی ہے۔اس کی نظیر قلب مو
من کے سوادوسری جگہ ناپید ہے۔اس گراں قدراور بے مثل
خدمت ادب سے پوری انسانیت زیربار ہے سیرت نگاروں
نے اسے سیرت یا سوانح نگاری کے اعلی ترین فن کی صورت
ہی نہیں بخشی بلکہ اسے انسانی علم وادب کی معراج بنادیا۔سیر
ت رسول سیرت کائنات عالم ہے۔اس سیرت پاک کے
شایانِ شان بھی یہی تھا کہ زندگی کے تمام احوال کوائف جلو
ت وخلوت کے سارے پہلو' شب وروز کی پوری تفصیلات'
ذکروفکر کے تمام اقوال واسالیب اس طرح محفوظ ہوجائیں
کہ رہتی دنیا کے لئے رشدوہدایت کا سرچشمہ فیض بنے رہیں
۔''۱۰

اردو میں سیرت نگاری کے تراجم میں شبلی کی سیرۃ النبی' نعیم صدیقی کی ''محسن انسانیت' غلام رسو ل مہر کا ترجمہ سیرت ابن ہشام وغیرہ مشہور ہیں۔سیرت نگاری کے تراجم کے بعد سیرت صحابہ کی کتابیں حیات الصحابہ' سیرت ابوبکرؓ حضرت عمرؓ۔حضرت عثمانؓ 'حضرت علیؓ وغیرہ کے تراجم کیئے گیئے۔

مذہبی تراجم کے شعبہ میں دینی مدارس کی خدمات بھی ناقابل فراموش ہیں، جن میں ندوۃ العلماء لکھنو، دارالعلوم دیوبند، جامعہ سلفیہ بنارس، جامعہ الفلاح اور جامعہ الاصلاح سرفہرست ہیں، مذکورہ مدارس میں عربی اور فارسی سے مذہبی اورادبی کتابوں کے ترجمے کیئے گیئے ،جن کے مطالعہ سے ادبی اور مذہبی ترجموں کی اہمیت کا اندازہ لگایا جاسکتا ہے اور یہ بھی واضح ہوتا ہے کہ ترجموں کی یہ روایت جاری نہ رہتی تو آج اردو زبان دوسری تہذیبوں اور

ثقافتوں سے کیسے آشنا ہوتی اور اپنی تہذیب سے کیسے اس کا تقابل کر پاتی ، آج اردو زبان مختلف تہذیبوں کی خوش رنگیوں سے اسی لئے مالا مال ہے کہ اس میں ترجمہ کی روایت پوری آب وتاب کے ساتھ جاری رہی ہے۔اور اس میں اب زبان وادب کے ساتھ ساتھ سائنسی علوم کی کتابیں بھی ترجمہ کی جا رہی ہیں۔جس سے امید ہے کہ ایک مرتبہ پھر اردو زبان ہر قسم کے علوم کے سیکھنے کی معاون زبان بن جائے گی۔حیدرآباد میں قائم مولانا آزاد نیشنل اردو یونیورسٹی میں اردو زبان میں ادب کے ساتھ مختلف علوم کی اعلیٰ تعلیم کی سہولت اس بات کی شاہد ہے کہ اردو میں اب ترجمے کی بدولت علمی اور نصابی کتابیں بھی دستیاب ہیں اور اردو زبان عالمی تقاضوں سے ہم آہنگ ہو کر ترقی کی سمت گامزن ہے۔امبیڈکر اوپن یونیورسٹی حیدرآباد٬بورڈ آف انٹرمیڈیٹ تلنگانہ اور تلنگانہ ریاستی اردو اکیڈیمی کے زیر اہتمام ریاست تلنگانہ میں انٹرمیڈیٹ اور ڈگری سطح پر اردو میڈیم کے لیے سماجی علوم کی نصابی کتابوں کے اچھے تراجم ہوئے۔جس سے اندازہ ہوتا ہے کہ حیدرآباد ترجمے کا ایک اہم مرکز ہے۔ملٹی نیشنل کمپنیاں اور سوشل میڈیا ادارے فیس بک وغیرہ بھی اپنے صارفین کی ضرورت کے لیے اردو میں تراجم کرا رہی ہیں جس سے فن ترجمہ نگاری میں وسعت پیدا ہوئی ہے۔اردو اخبارات میں اکثر خبروں کے ترجمے کا کام ہوتا ہے ان اخبارات میں کام کرنے والے صحافی اردو میں ترجمہ نگاری کے فروغ میں اہم کردار ادا کر رہے ہیں۔اکیسویں صدی کی تیز رفتار انفارمیشن ٹیکنالوجی والے دور میں فن ترجمہ نگاری کی اہمیت بڑھ گئی ہے اور اردو ترجمے کا کام کرنے والوں کے لیے حصول روزگار کے بھی اچھے مواقع دستیاب ہیں۔

آج کل ترجمہ نگاری کا فن معاشی اعتبار سے بھی اہمیت اختیار کر گیا ہے۔سفارتی سطح پر مترجمین کی مانگ ہے۔ ہندوستان میں ہندی کے ساتھ بیرونی زبانوں پر اگر کوئی ماہر ہو تو اسے بہ حیثیت مترجم اچھی ملازمت مل سکتی ہے۔ایسا ترجمہ جو دو افراد کے درمیان فوری کیا جاتا ہے۔اسے متواتر ترجمہ کہتے ہیں۔اس کے علاوہ اقوام متحدہ جیسے عالمی ادارے میں جہاں

دنیا بھر کے سیاست دان جمع ہوتے ہیں۔ وہاں مترجمین کی کافی مانگ ہے۔ علاقائی زبانوں میں کام کرنے والے اخبارات مترجمین کی مدد سے خبریں تیار کرتے ہیں۔ اس طرح اخبارات میں کام کرنے والے مترجمین کو اچھا مشاہرہ مل رہا ہے۔ سرکاری دفاتر میں ایک مترجم کا عہدہ بھی رکھا جارہا ہے۔ جو ایک زبان کی دستاویز کو دوسری زبان میں منتقل کرتا ہے۔ اسی طرح مذہبی اعتبار سے بھی ترجمہ کی اہمیت ہے۔ آج ساری دنیا میں دین اسلام کی دعوت جو عام ہورہی ہے وہ ترجمہ کی بدولت ہی ہے۔ اور ہندوستان میں ہزاروں لوگ کلمہ پڑھ کر اسلام قبول کرنے کے بعد آرہے ہیں۔ انہیں انگریزی اور دیگر زبانوں میں ترجمہ کی بدولت ہی دین کی بات سمجھائی جاسکتی ہے۔ اس لئے تعلیم یافتہ نوجوان اپنے مطالعے کی وسعت اور دو زبانوں میں مہارت کے ساتھ ترجمہ نگاری کو پیشہ بنا سکتے ہیں۔ اور اپنے مستقبل کو سنوار سکتے ہیں۔

جمیل شیدائی کی ترجمہ نگاری

جمیل شیدائی مشہور و معروف ڈراما نگار، نقاد، ادیب اور شاعر ہونے کے علاوہ ایک اچھے مترجم رہے ہیں۔ بنیادی طور پر وہ ڈراما نگار تھے۔ تاہم ادب کا ستھرا ذوق رکھنے اور انگریزی اور اردو پر اچھا عبور رکھنے کے سبب انہوں نے ادبی تراجم بھی کئے اور اپنے ترجموں کے ذریعے بہ حیثیت مترجم اپنی شناخت بنائی ہے۔ ڈراما نگاری کے بعد جمیل شیدائی کے تخلیقی سفر کا رخ ترجمہ نگاری کی طرف ہوگیا تھا۔ گویا ترجمہ نگاری کے لیے انہوں نے اپنے آپ کو ڈراما نگاری سے دور کردیا تھا۔ ترجمہ نگاری کے ہنر کو انہوں نے ادبی خدمت، تکمیل ذوق کا ذریعہ بنایا۔ یہ جمیل شیدائی کی خصوصیت تھی کہ وہ بہ یک وقت دونوں زبانوں اردو سے انگریزی اور انگریزی سے اردو میں ترجمہ کرنے میں کمال رکھتے تھے۔ جمیل شیدائی نے لگ

بھگ (۲۰) اردو افسانہ نگاروں کی منتخب کہانیوں کے ترجمے انگریزی زبان میں کیے ہیں۔ جن میں مظہر الزماں خاں کی پانچ کہانیوں کے علاوہ ڈاکٹر بیگ احساس قاضی مشتاق احمد سعید سہروردی اور یٰسین احمد کی کہانیاں شامل ہیں۔ غیر ملکی ادب کی طرف توجہ کی تو انہوں نے بھیگی بلی (ارنسٹ ہیمنگ وے) صحرائی گھوڑا (ٹفینی ماس۔نظم) گدھا (موپاساں) کہانی، مکوڑا (پمیلا موشر) افسانہ وغیرہ تراجم پیش کیے ہیں۔ یونیسف کی تین کتابوں کا جوائڈز سے متعلق ہیں ترجمہ انگریزی سے اردو میں کیا۔ ان کے علاوہ چار کتابوں کا تعلیم بالغان کے لیے ترجمہ کیا۔ انہوں نے یونیورسٹی آف حیدرآباد کے ڈپلوما ان جرنلزم کورسز کے لیے بھی انگریزی سے اردو مواد ترجمہ کیا۔

Cat In The Rain (بھیگی بلی)

ادبی تراجم میں جمیل شیدائی کا ایک شاہکار ترجمہ ارنسٹ ہیمنگ وے کی کہانی Cat In The Rain ہے جس کا ترجمہ جمیل شیدائی نے ''بھیگی بلی'' کے نام سے کیا ہے۔ اس کہانی کے بارے میں ترجمہ سے قبل جمیل شیدائی لکھتے ہیں:

> ''ارنسٹ ہیمنگ وے نے اپنی اس کہانی میں کئی علامتوں کو استعمال کر کے زن وشو کے درمیان ایک بے ربط رشتے کا احوال بیان کیا ہے۔ شوہر سنجیدہ اور ذہنی طور پر بالغ مرد ہے جب کہ اس کی بیوی میں لڑکی پن ہے بیوی کی اس خصوصیت کو عیاں کرنے کے لیے وہ افسانے میں بیوی کے لیے لڑکی کا لفظ استعمال کرتا ہے وہ دونوں ذہنی سطح پر ایک دسرے سے الگ اور دور ہیں جب لڑکی بلی کو بارش میں دیکھتی ہے تو وہ مسلسل یہی کہتی جاتی ہے کہ اسے بلی چاہئے۔ بلی کی چاہت گویا تحت الشعور میں بچے کی خواہش ہے یا پھر

ایک اور بالغ عورت بننے کی آرزو۔ یہ آرزو اس وقت شدت اختیار کرتی ہے جب کیفے کا مالک اس کا غیر معمولی احترام کرتا ہے۔ زن و شو کے اس عجیب و غریب رشتے کی نفسیاتی الجھن کو ہیمنگ وے نے فنکارانہ کہانی کا روپ دیا ہے''۔ 11

جمیل شیدائی نے انگریزی متن کا اردو ترجمہ کس طرح سلیس انداز میں کیا اس کا ذیل میں تقابلی مطالعہ پیش کیا جا رہا ہے۔ کہانی کا آغاز جس طرح ہوتا ہے اس کا انگریزی متن اس طرح ہے۔

There were only two Americans stopping at the hotel. They did not know any of the people they passed on the stairs on their way to and from their room. Their room was on the second floor facing the sea. It also faced the public garden and the war monument. There were big palms and green benches in the public garden. In the good weather there was always an artist with his easel. Artists liked the way the palms grew and the bright colors of the hotels facing the gardens and the sea. Italians came from a long way off to look up at the war monument. It was made of bronze and glistened in the rain. It was raining. The rain dripped from the palm trees. Water stood in pools on the gravel paths. The sea broke in a long line in the rain and slipped back down the beach to

again in a long line in the rain.۱۲ come up and break

جمیل شیدائی اس متن کا اردو ترجمہ اس طرح کرتے ہیں:

''صرف دو ہی امریکن اس ہوٹل میں رکے تھے۔ زینوں سے اپنے کمرے کو جاتے ہوئے ان کا سامنا جن لوگوں سے ہوتا تھا وہ سب ہی ان کے لیے اجنبی تھے۔ان کا کمرہ ہوٹل کی دوسری منزل پر تھا جس کے مقابل سمندر کے علاوہ ایک پبلک گارڈن اور جنگ سے متعلق ایک یادگار تعمیر تھی۔ پبلک گارڈن میں پام کے بڑے بڑے درخت اور ہر رنگ کی نیم گتیں تھیں۔اگر موسم خوش گوار ہوتا تو یہاں ہمیشہ کوئی نہ کوئی مصور اپنی ایزل کے ساتھ دکھائی دیتا۔باغ سمندر کے پس منظر میں مصوروں کو پام کے درخت اور ہوٹل کی دیواروں کے شوخ رنگ اچھے لگتے تھے۔اطالوی باشندے اس یادگار تعمیر کانسے کے کتبے کو دیکھنے کے لیے دور دور سے آتے تھے جب کبھی بارش ہوتی تو یہ کتبہ چمکنے لگتا تھا۔ بارش ہورہی تھی۔اور بارش کی بوندیں پام کے درختوں سے ٹپک رہی تھیں۔باغ میں بنائے گئے راستوں کے گڑھوں میں بارش کا پانی جمع ہوگیا تھا۔اور ایسا لگتا تھا جیسے کئی چھوٹے چھوٹے آب گیر راستوں پر ابھر آئے ہیں۔سمندر کی ایک لمبی لکیر کی شکل میں ساحل پر یلغار کرتا تھا اور پھر اسی طاقت اور توانائی کے ساتھ ساحل سے دور چلا جاتا تھا''۔۱۳

انگریزی کہانی کا باقی انگریزی متن اس طرح ہے۔

The Cat In The Rain

The motor cars were gone from the square by the war monument. Across the square in the doorway of the cafe a waiter stood looking out of the empty square.

The American wife stood at the window looking out. Outside right under their window a cat was crouched under one of the dripping green tables. The cat was trying to make herself so compact that she would not be dripped on.

"I'm. going down and get that kitty," the American wife said.

"I'll do it," her husband offered from the bed.

"No, I'll get it. The poor kitty out trying to keep dry under a table."

The husband went on reading, lying propped up with the two pillows at the foot of the bed.

"Don't get wet," he said.

The wife went downstairs and the hotel owner stood up and bowed to her as she passed the office. His desk was at the far end of the office. He was an old man and very tall.

"Il piove," the wife said. She liked the hotel-keeper.

"Si, si, Signora, brutto tempo. It is very bad weather."

He stood behind his desk in the far end of the dim room. The wife liked him. She liked the deadly serious way he received any complaints. She liked the way he wanted to serve her. She liked the way he felt about being a hotel-keeper. She liked his old, heavy face and big hands.

Liking him she opened the door and looked out. It was raining harder. A man in a rubber cape was crossing the empty square to the cafe. The cat would be around to the right. Perhaps she could go along under the eaves. As she stood in the door-way an umbrella opened behind her. It was the maid who looked after their room.

"You must not get wet," she smiled, speaking Italian. Of course, the hotel-keeper had sent her.

With the maid holding the umbrella over her, she walked along the gravel path until she was under their window. The table was there, washed bright green in the rain, but the cat was gone. She was suddenly disappointed. The maid looked up at her.

"Ha perduto qualque cosa, Signora?"

"There was a cat," said the American girl.

"A cat?"

"Si, il gatto."

"A cat?" the maid laughed. "A cat in the rain?"

"Yes," she said, "under the table." Then, "Oh, I wanted it so much. I wanted a kitty."

When she talked English the maid's face tightened.

"Come, Signira," she said. "We must get back inside. You will be wet."

"I suppose so", said the American girl.

They went back along the gravel path and passed in the door. The maid stayed outside to close the umbrella. As the American girl passed the office, the padrone bowed from his desk. Something felt very small and tight inside the girl. The padrone made her feel very small and at the same time really important. She had a momentary feeling of being of supreme importance. She went on up the stairs. She opened the door of the room. George was on the bed, reading.

"Did you get the cat?" he asked, putting the book down.

"It was gone."

"Wonder where it went to," he said, resting his eyes from reading.

She sat down on the bed.

"I wanted it so much," she said. "I don't know why I wanted it so much. I wanted that poor kitty. It isn't any fun to be a poor kitty out in the rain."

George was reading again.

She went over and sat in front of the mirror of the dressing table looking at herself with the hand glass. She studied her profile, first one side and then the other. Then she studied the back of her head and her neck.

"Don't you think it would be a good idea if I let my hair grow out?" she asked, looking at her profile again.

George looked up and saw the back of her neck, clipped close like a boy's.

"I like it the way it is."

"I get so tired of it," she said. "I get so tired of looking like a boy."

George shifted his position in the bed. He hadn't looked away from her since she started to speak. "You look pretty darn nice," he said.

She laid the mirror down on the dresser and went over to the window and looked out. It was getting dark.

"I want to pull my hair back tight and smooth and make a big knot at the back that I can feel," she said. "I want to have a kitty to sit on my lap and purr when I stroke her."

"Yeah?" George said from the bed.

"And I want to eat at a table with my own silver and I want candles. And I want it to be spring and I want to brush my hair out in front of a mirror and I want a kitty and I want some new clothes."

"Oh, shut up and get something to read.," George

said. He was reading again.

His wife was looking out of the window. It was quite dark now and still raining in the palm trees.

"Anyway, I want a cat," she said, "I want a cat. I want a cat now. If I can't have long hair or any fun, I can have a cat."

George was not listening. He was reading his book.

His wife looked out of the window where the light had come on in the square.

Someone knocked at the door.

"Avanti," George said. He looked up from his book.

In the doorway stood the maid. She held a big tortoise-shell cat pressed tight against her and swung down against her body.

"Excuse me," she said, "the padrone asked me to

the Signora."۱۴ bring this for

کہانی ''بھیگی بلی'' کے انگریزی اقتباس کا اردو ترجمہ

''اس یادگاری کتبے کے مقابل واقع چوکور احاطے سے کاریں جا چکی تھیں۔ احاطے کی دوسری جانب کیفے کو آنے جانے والے راستے میں ایک بیرا کھڑا اس خالی احاطے کو دیکھ رہا تھا۔ امریکن بیوی کھڑکی سے باہر کی جانب دیکھ رہی تھی۔ اس کی نظر کھڑکی کے نیچے بلی پر پڑی جو میز کے نیچے پنجوں کے بل بیٹھی ہوئی تھی۔ لگ یوں رہا تھا جیسے وہ خود کو بارش کی بوندوں

سے بچانے کی کوشش کررہی ہے۔

"میں نیچے جاکر اس بے چاری بلی کو لے آؤں گی"۔ امریکن بیوی بولی۔ "تم رکو۔ میں اسے لے آتا ہوں"۔ شوہر نے بستر ہی سے اپنی خدمات کا پیش کش کیا۔

"جی نہیں۔ میں لے آتی ہوں۔ وہ بے چاری میز کے نیچے بارش سے بچنے کے لیے دبکی بیٹھی ہے"۔

بستر پر رکھے ہوئے دو تکیوں کا سہارا لے کر وہ پھر سے مطالعہ میں مصروف ہو گیا۔

"بھیگو مت"۔ وہ بولا۔

بیوی زینوں سے نیچے اتری۔ اسے دیکھتے ہی کیفے کا مالک کھڑا ہو گیا اور جب وہ آفس کے مقابل پہنچی تو وہ تعظیماً جھک گیا۔ اس کا میز آفس کے آخری سرے پر تھا۔ وہ ایک طویل القامت ضعیف آدمی تھا۔

"بارش ہو رہی ہے"۔ بیوی بولی۔ وہ کیفے کے مالک کو بہت پسند کرتی تھی۔

"جی ہاں محترمہ آج موسم بہت ہی خراب ہے"۔ مالک نے جواب دیا۔

وہ مدھم روشنی والے آفس کے آخری سرے پر واقع میز کے پیچھے کھڑا ہو گیا۔ بیوی اسے پسند کرتی تھی۔ جب اس سے کسی بات کی شکایت کی جاتی تو وہ شکایت کو غیر معمولی سنجیدگی سے سنتا۔ بیوی کو اس کا یہ انداز بھی پسند تھا۔ وہ اس کے اعلیٰ وقار کو پسندیدگی کی نظروں سے دیکھتی۔ وہ جس طریقے سے اس کی خدمت میں پیش پیش رہتا وہ طریقہ بھی اسے پسند تھا۔ اسے ہوٹل کا منتظم ہونے کا شدت سے احساس تھا۔ وہ اس کے اس احساس کو بھی پسند کرتی تھی اس کے علاوہ وہ بھاری بھرکم ضعیف چہرے اور اس کے بڑے بڑے ہاتھوں کو بھی پسند کرتی تھی۔ بیوی نے دروازہ کھولا اور باہر دیکھا۔ بارش تیز ہو گئی تھی۔ ربر کی ٹوپی پہنے ہوئے ایک آدمی چوکور احاطے سے کیفے کی طرف آ رہا تھا۔ ایسے لگا کہ وہ بلی دائیں جانب ہو گی۔ وہ سوچنے لگی بلی تک پہنچنے کے لیے اسے اس سائبان کے نیچے سے گزرنا ہو گا وہ

دروازے میں ٹھہری ہوئی تھی کہ اس کے پیچھے کمرے کی دیکھ بھال کرنے والی ملازمہ نے چھتری کھولی۔ کہیں آپ بھیگ نہ جائیں۔ وہ ہنستی ہوئی اطالوی زبان میں بولی۔ بے شک اسے ہوٹل کے مالک ہی نے بھیجا تھا۔

''ہاں'' اس امریکن لڑکی نے کہا۔

وہ سنگ ریزوں سے بنائے ہوئے راستے کی طرف پلٹی اور دروازے میں داخل ہوئی۔ خدمت گار ملازمہ چھتری بند کرنے کے لیے باہر رکی رہی۔ جیسے ہی وہ امریکن لڑکی آفس کے سامنے سے گزرنے لگی تھی۔ وہ زینوں کو طے کرکے اوپر پہنچی اور اس نے اپنے کمرے کا دروازہ کھولا۔ جارج (اس کا شوہر) بستر پر مطالعہ میں مصروف تھا۔ ''لے آئیں بلی؟'' کتاب کو نیچے رکھتے ہوئے اس نے سوال کیا۔

''نہیں وہ وہاں سے جا چکی''۔

''تعجب ہے آخر وہ گئی کہاں ہوگی؟'' وہ بولا۔

وہ بستر پر بیٹھ گئی۔

''میں اسے پالنا چاہتی تھی۔ پتہ نہیں کیوں یہ خواہش مجھ میں پیدا ہوئی۔'' مجھے ہر حال میں وہ معصوم بلی چاہیے۔ غریب بلی کا اس طرح بارش میں بھیگنا کوئی مذاق کی بات نہیں''۔ وہ بولتی رہی۔

جارج نے پھر سے کتاب پر نظریں جما دیں۔

وہ بستر سے اٹھی اور ڈریسنگ ٹیبل کے مقابل بیٹھ گئی۔ اور آئینہ ہاتھ میں لے کر خود کو دیکھنے لگی۔ اس نے اپنے نیم رُخ کو غور سے دیکھا۔ اس کے بعد اس نے اپنے سر کے پچھلے حصے اور گردن کا جائزہ لیا۔

''اگر میں اپنے بال بڑھالوں تو کیسا لگے گا؟ وہ بولی اور پھر سے اپنے نیم رُخ کو دیکھا۔

جارج نے اس کے سر اور گردن پر نظر ڈالی۔ اس کے بال کسی لڑکے کے بالوں کی طرح تراشے

گئے تھے۔
وہ بولا۔ ''مجھے تمہارے بالوں کا یہی انداز اچھا لگتا ہے''۔
''مگر میں اس انداز سے اکتا گئی ہوں مجھے یہ قطعی اچھا نہیں لگتا کہ میں کسی لڑکے کی طرح نظر آؤں''۔اس نے کہا۔
جارج نے بستر سے کروٹ بدلی۔ جب سے اس نے بولنا شروع کیا تھا تب سے جارج اسے دیکھے جا رہا تھا۔
''تم چھوٹے بالوں میں ہی خوبصورت لگتی ہو''۔
اس نے آئینہ میز پر رکھ دیا اور کھڑی کی طرف بڑھی اور باہر کی طرف دیکھنے لگی۔تاریکی پھیلنے لگی تھی۔

''میں اپنے بالوں کو سر کے پچھلے حصے پر مضبوطی سے کھینچ کر اس میں ایک بڑی گرہ لگانا چاہتی ہوں جس کو میں ہر وقت محسوس کرتی ہوں''۔ میں چاہتی ہوں کہ بلی میری گود میں بیٹھی رہی اور جب کبھی میں اس کے سر پر ہاتھ پھیروں تو وہ خر خر کرتی رہے''۔
''اچھا'' جارج نے لیٹے لیٹے ہی کہا۔
''میں میز پر اپنی ہی چھری اور اپنے ہی کانٹوں سے کھانا چاہتی ہوں''،مجھے موم بتیاں چاہئیں۔ میں چاہتی ہوں کہ ہر وقت موسم بہار رہے اور میں آئینے کے مقابل اپنے بال سنوارتی رہوں۔مجھے بلی چاہیے اور کچھ نئے کپڑے''۔
''اب خاموش بھی رہو،مطالعہ کے لیے کوئی کتاب لے لو'' جارج نے کہا اور پھر سے مطالعہ میں مصروف ہو گیا۔
اس کی بیوی کھڑکی سے باہر دیکھتی ہے۔ باہر مکمل طور پر تاریکی چھا چکی تھی اور بارش پام کے درختوں کو نہلا رہی تھی۔
''مجھے ہر حال میں بلی چاہیے۔ وہ بلی چاہیے۔ مجھے بلی اسی وقت چاہیے۔ اگر میں اپنے بال

بڑھا نہیں سکتی یا کسی بھی بات کا لطف نہیں لے سکتی تو کم سے کم بلی تو پال سکتی ہوں''۔
جارج نے کچھ سنا نہیں۔ وہ بس کتاب پڑھے جا رہا تھا۔ بیوی نے کھڑکی سے باہر اس جگہ کو دیکھا جہاں سے روشنی اس چوکورا حاطے پر پڑ رہی تھی۔
کسی نے دروازے پر دستک دی۔
''آ جاؤ'' جارج نے کتاب سے نظریں ہٹاتے ہوئے کہا۔
دروازے پر ملازمہ کھڑی تھی اس نے کچھوے کے خول والی بلی کو الگ کر کے بیوی کی طرف بڑھاتے ہوئے کہا۔
''مالک نے مجھ سے کہا ہے کہ میں یہ بلی آپ کو دے آؤں'' [۱۵] ص (۲۶۔۲۷)

جمیل شیدائی کے اس اردو ترجمے کے مطالعے سے لگتا ہے کہ انہوں نے بالکل آزادانہ طور پر ادبی چاشنی کے ساتھ با محاورہ اردو ترجمہ کیا ہے اور قاری جب اس تحریر کو پڑھتا ہے تو اسے لگتا ہے کہ وہ اردو کی کوئی تخلیق پڑھ رہا ہے نا کہ انگریزی متن کا اردو ترجمہ۔ اس افسانے میں جس طرح جارج کی بیوی بارش میں بھیگی بلی کو حاصل کرنے کی تمنا کا اظہار کرتی ہے اور بہ قول جمیل شیدائی اسے اصل میں اپنے ایک بچے کی طلب ہوتی ہے جسے وہ پال پوس سکے اور اس کے بالوں میں انگلی پھیرے تو وہ آواز دے۔ جارج کی بیوی فوری ماں تو نہیں بن سکتی تھی لیکن بلی کو پال کر وہ ماں بننے کے خواب کو پورا کر سکتی تھی اور وہ بلی پر اپنی ممتا نچھاور کرنا چاہتی تھی۔ انگریزی افسانے کے ان سارے جذبات کو جمیل شیدائی نے بڑی روانی کے ساتھ اردو ترجمے میں کامیابی کے ساتھ پیش کیا ہے۔ جمیل شیدائی کو اردو زبان اور اس کی ادبی نزاکتوں کا بہ خوبی اندازہ تھا یہی وجہہ ہے کہ اردو تراجم میں انہوں نے ادبی چاشنی کا بھرپور لحاظ رکھا۔

Donkey (گدھا)

جمیل شیدائی نے فرانسیسی افسانہ نگار موپاساں کی مشہور کہانی ''Donkey'' کا اردو

ترجمہ ''گدھا'' کے عنوان سے کیا ہے۔ کہانی کا ایک انگریزی اقتباس اور اس کا جمیل شیدائی کی جانب سے کیا گیا اردو ترجمہ ملاحظہ ہو:

انگریزی اقتباس کہانی ''گدھا'' از موپاساں

Something was moving slowly along the tow-path, advancing with difficulty. It was a woman dragging a donkey. The stubborn, stiff- jointed beast occasionally stretched out a leg in answer to its companion's efforts, and it proceeded thus, with outstretched neck and ears lying flat, so slowly that one could not tell when it would ever be out of sight. The woman, bent double, was pulling, turning round occasionally to strike the donkey with a stick.

۱۶

اردو ترجمہ جمیل شیدائی:

''دریا کے ساتھ ساتھ گزرنے والے راستے پر ایک عورت اپنے گدھے کو کھینچ رہی تھی۔ وہ ضدی اور اڑیل جانور اس عورت کی جان توڑ کوشش کے عوض کبھی کبھار اپنا ایک قدم آگے بڑھا دیتا تھا۔ اس طرح وہ آگے بڑھ رہے تھے گدھے کی گردن آگے کو نکلی ہوئی تھی۔ اور دونوں کان گرے ہوئے تھے ان کی رفتار کچھ اتنی دھیمی تھی کہ لگتا یہ نہیں تھا کہ وہ کبھی آنکھوں سے دور جا پائیں گے۔ عورت دہری ہو کر گدھے کو کھینچ رہی تھی۔ کبھی کبھی وہ پلٹ کر لکڑی سے گدھے کو مارتی بھی تھی۔'' ۱۷

اس ترجمے کی مثال کے مطالعے سے بھی اندازہ ہوتا ہے کہ جمیل شیدائی نے انگریزی

متن کو اردو میں اس روانی کے ساتھ پیش کیا ہے کہ قاری کو متن کے مطالعے کے دوران کہیں بھی احساس نہیں ہوتا کہ وہ کوئی ترجمہ شدہ عبارت پڑھ رہا ہے۔ انہوں نے انگریزی الفاظ stubborn, stiff کا اردو ترجمہ اڑیل ضدی سے کیا جس سے اندازہ ہوتا ہے کہ جمیل شیدائی کو انگریزی کے متبادل اردو الفاظ کے انتخاب پر عبور حاصل تھا یہی وجہ ہے کہ انہوں نے آسان انداز میں کئی انگریزی تخلیقات کو اردو قالب میں ڈھال کر اردو کے ادبی تراجم میں اہم اضافہ کیا۔

کہانی ''گدھا'' کا مکمل انگریزی متن

There was not a breath of air stirring; a heavy mist was lying over the river. It was like a layer of cotton placed on the water. The banks themselves were indistinct, hidden behind strange fogs. But day was breaking and the hill was becoming visible. In the dawning light of day the plaster houses began to appear like white spots. Cocks were crowing in the barnyard.

On the other side of the river, hidden behind the fogs, just opposite Frette, a slight noise from time to time broke the dead silence of the quiet morning. At times it was an indistinct plashing, like the cautious advance of a boat, then again a sharp noise like the rattle of an oar and then the sound of something dropping in the water. Then silence.

Sometimes whispered words, coming perhaps from a distance, perhaps from quite near, pierced through these opaque mists. They passed by like wild birds which have slept in the rushes and which fly away at the first light of day, crossing the mist and uttering a low and timid sound which wakes their brothers along the shores.

Suddenly along the bank, near the village, a barely perceptible shadow appeared on the water. Then it grew, became more distinct and, coming out of the foggy curtain which hung over the river, a flatboat, manned by two men, pushed up on the grass.

The one who was rowing rose and took a pailful of fish from the bottom of the boat, then he threw the dripping net over his shoulder. His companion, who had not made a motion, exclaimed: "Say, Mailloche, get your gun and see if we can't land some rabbit along the shore."

The other one answered: "All right. I'll be with you in a minute." Then he disappeared, in order to hide their catch.

The man who had stayed in the boat slowly filled his pipe and lighted it. His name was Labouise, but he was called Chicot, and was in partnership with Maillochon, commonly called Mailloche, to practice the doubtful and undefined profession of junk-gatherers along the shore.

They were a low order of sailors and they navigated regularly only in the months of famine. The rest of the time they acted as junk-gatherers. Rowing about on the river day and night, watching for any prey, dead or alive, poachers on the water and nocturnal hunters, sometimes ambushing venison in the Saint-Germain forests, sometimes looking for drowned people and searching their clothes, picking up floating rags and empty bottles; thus did Labouise and Maillochon live easily.

At times they would set out on foot about noon and stroll along straight ahead. They would dine in some inn on the shore and leave again side by side. They would remain away for a couple of days; then one morning they would be seen rowing about in the tub which they called their boat.

At Joinville or at Nogent some boatman would be looking for his boat, which had disappeared one night, probably stolen, while twenty or thirty miles from there, on the Oise, some shopkeeper would be rubbing his hands, congratulating himself on the bargain he had made when he bought a boat the day before for fifty francs, which two men offered him as they were passing.

Maillochon reappeared with his gun wrapped up in rags. He was a man of forty or fifty, tall and thin, with the restless eye of people who are worried by legitimate troubles and of hunted animals. His open shirt showed his hairy chest, but he seemed never to have had any more hair on his face than a short brush of a mustache and a few stiff hairs under his lower lip. He was bald around the temples. When he took off the dirty cap that he wore his scalp seemed to be covered with a fluffy down, like the body of a plucked chicken.

Chicot, on the contrary, was red, fat, short and hairy. He looked like a raw beefsteak. He continually kept his left eye closed, as if he were aiming at something or at somebody, and when people jokingly cried to him, "Open your eye, Labouise!" he would answer quietly: "Never fear, sister, I open it when there's cause to."

He had a habit of calling every one "sister," even his scavenger companion.

He took up the oars again, and once more the boat disappeared in the heavy mist, which was now turned snowy white in the pink-tinted sky.

"What kind of lead did you take, Maillochon?" Labouise asked.

"Very small, number nine; that's the best for rabbits."

They were approaching the other shore so slowly, so quietly that no noise betrayed them. This bank belongs to the Saint-Germain forest and is the boundary line for rabbit hunting. It is covered with burrows hidden under the roots of trees, and the creatures at daybreak frisk about, running in and out of the holes.

Maillochon was kneeling in the bow, watching, his gun hidden on the floor. Suddenly he seized it, aimed, and the report echoed for some time throughout the quiet country.

Labouise, in a few strokes, touched the beach, and his companion, jumping to the ground, picked up a little gray rabbit, not yet dead.

Then the boat once more disappeared into the fog in order to get to the other side, where it could keep away from the game wardens.

The two men seemed to be riding easily on the water. The weapon had disappeared under the board which served as a hiding place and the rabbit was stuffed into Chicot's loose shirt.

After about a quarter of an hour Labouise asked: "Well, sister, shall we get one more?"

"It will suit me," Maillochon answered.

The boat started swiftly down the current. The mist, which was hiding both shores, was beginning to rise. The trees could be barely perceived, as through a veil, and the little clouds of fog were floating up from the water. When they drew near the island, the end of which is opposite Herblay, the two men slackened their pace and began to watch. Soon a second rabbit was killed.

Then they went down until they were half way to Conflans. Here they stopped their boat, tied it to a tree and went to sleep in the bottom of it.

From time to time Labouise would sit up and look over the horizon with his open eye. The last of the morning mist had disappeared and the large summer sun was climbing in the blue sky.

On the other side of the river the vineyard-covered hill stretched out in a semicircle. One house stood out alone at the summit. Everything was silent.

Something was moving slowly along the tow-path, advancing with difficulty. It was a woman dragging a donkey. The stubborn, stiff- jointed beast occasionally stretched out a leg in answer to its companion's efforts, and it proceeded thus, with outstretched neck and ears lying flat, so slowly that one could not tell when it would ever be out of sight.

The woman, bent double, was pulling, turning round occasionally to strike the donkey with a stick.

As soon as he saw her, Labouise exclaimed: "Say, Mailloche!"

Mailloche answered: "What's the matter?"

"Want to have some fun?"

"Of course!"

"Then hurry, sister; we're going to have a laugh."

Chicot took the oars. When he had crossed the river he stopped opposite the woman and called:

"Hey, sister!"

The woman stopped dragging her donkey and looked.

Labouise continued: "What are you doing--going to the locomotive show?"

The woman made no reply. Chicot continued:

"Say, your trotter's prime for a race. Where are you taking him at that speed?"

At last the woman answered: "I'm going to Macquart, at Champioux, to have him killed. He's worthless."

Labouise answered: "You're right. How much do you think Macquart will give you for him?"

The woman wiped her forehead on the back of her hand and hesitated, saying: "How do I know? Perhaps three francs, perhaps four."

Chicot exclaimed: "I'll give you five francs and your errand's done! How's that?"

The woman considered the matter for a second and then exclaimed: "Done!"

The two men landed. Labouise grasped the animal by the bridle. Maillochon asked in surprise: "What do you expect to do with that carcass?"

Chicot this time opened his other eye in order to express his gaiety. His whole red face was grinning with joy. He chuckled: "Don't worry, sister. I've got my idea."

He gave five francs to the woman, who then sat down by the road to see what was going to happen. Then Labouise, in great humor, got the gun and held it out to Maillochon, saying: "Each one in turn; we're going after big game, sister. Don't get so near or you'll kill it right away! You must make the pleasure last a little."

He placed his companion about forty paces from the victim. The ass, feeling itself free, was trying to get a little of the tall grass, but it was so exhausted that it swayed on its legs as if it were about to fall.

Maillochon aimed slowly and said: "A little pepper for the ears; watch, Chicot!" And he fired.

The tiny shot struck the donkey's long ears and he began to shake them in order to get rid of the stinging sensation. The two men were doubled up with laughter and stamped their feet with joy. The woman, indignant, rushed forward; she did not want her donkey to be tortured, and she offered to return the five francs. Labouise threatened her with a thrashing and pretended to roll up his sleeves. He had paid, hadn't he? Well, then, he would take a shot at her skirts, just to show that it didn't hurt. She went away, threatening to call the police. They could hear her protesting indignantly and cursing as she went her way

Maillochon held out the gun to his comrade, saying: "It's your turn, Chicot."

Labouise aimed and fired. The donkey received the charge in his thighs, but the shot was so small and came from such a distance that he thought he was being stung by flies, for he began to thrash himself with his tail.

Labouise sat down to laugh more comfortably, while Maillochon reloaded the weapon, so happy that he seemed to sneeze into the barrel. He stepped forward a few paces, and, aiming at the same place that his friend had shot at, he fired again. This time the beast started, tried to kick and turned its head. At last a little blood was running. It had been wounded and felt a sharp pain, for it tried to run away with a slow, limping, jerky gallop.

Both men darted after the beast, Maillochon with a long stride, Labouise with the short, breathless trot of a little man. But the donkey, tired out, had stopped, and, with a bewildered look, was watching his two murderers approach. Suddenly he stretched his neck and began to bray.

Labouise, out of breath, had taken the gun. This time he walked right up close, as he did not wish to begin the chase over again.

When the poor beast had finished its mournful cry, like a last call for help, the man called: "Hey, Mailloche! Come here, sister; I'm going to give him some medicine." And while the other man was forcing the animal's mouth open, Chicot stuck the barrel of his gun down its throat, as if he were trying to make it drink a potion. Then he said: "Look out, sister, here she goes!"

He pressed the trigger. The donkey stumbled back a few steps, fell down, tried to get up again and finally lay on its side and closed its eyes: The whole body was trembling, its legs were kicking as if it were, trying to run. A stream of blood was oozing through its teeth. Soon it stopped moving. It was dead.

The two men went along, laughing. It was over too quickly; they had not had their money's worth.

Maillochon asked: "Well, what are we going to do now?"

Labouise answered: "Don't worry, sister. Get the thing on the boat; we're going to have some fun when night comes."

They went and got the boat. The animal's body was placed on the bottom, covered with fresh grass, and the two men stretched out on it and went to sleep.

Toward noon Labouise drew a bottle of wine, some bread and butter and raw onions from a hiding place in their muddy, worm-eaten boat, and they began to eat.

When the meal was over they once more stretched out on the dead donkey and slept. At nightfall Labouise awoke and shook his comrade, who was snoring like a buzzsaw. "Come on, sister," he ordered.

Maillochon began to row. As they had plenty of time they went up the Seine slowly. They coasted along the reaches covered with water-lilies, and the heavy, mud-covered boat slipped over the lily pads and bent the flowers, which stood up again as soon as they had passed.

When they reached the wall of the Eperon, which separates the Saint- Germain forest from the Maisons-Laffitte Park, Labouise stopped his companion and explained his idea to him. Maillochon was moved by a prolonged, silent laugh.

They threw into the water the grass which had covered the body, took the animal by the feet and hid it behind some bushes. Then they got into their boat again and went to Maisons-Laffitte.

The night was perfectly black when they reached the wine shop of old man Jules. As soon as the dealer saw them he came up, shook hands with them and sat down at their table. They began to talk of one thing and another. By eleven o'clock the last customer had left and old man Jules winked at Labouise and asked: "Well, have you got any?"

Labouise made a motion with his head and answered: "Perhaps so, perhaps not!"

The dealer insisted: "Perhaps you've not nothing but

gray ones?"

Chicot dug his hands into his flannel shirt, drew out the ears of a rabbit and declared: "Three francs a pair!"

Then began a long discussion about the price. Two francs sixty-five and the two rabbits were delivered.

As the two men were getting up to go, old man Jules, who had been watching them, exclaimed:

"You have something else, but you won't say what."

Labouise answered: "Possibly, but it is not for you; you're too stingy."

The man, growing eager, kept asking: "What is it? Something big? Perhaps we might make a deal."

Labouise, who seemed perplexed, pretended to consult Maillochon with a glance. Then he answered in a slow voice: "This is how it is. We were in the bushes at Eperon when something passed right near us, to the left, at the end of the wall. Mailloche takes a shot and it drops. We skipped on account of the game people. I can't tell you what it is, because I don't know. But it's big enough. But what is it? If I told you I'd be lying, and you know, sister, between us everything's above-board."

Anxiously the man asked: "Think it's venison?"

Labouise answered: "Might be and then again it might not! Venison?--uh! uh!--might be a little big for that! Mind you, I don't say it's a doe, because I don't know, but it might be."

Still the dealer insisted: "Perhaps it's a buck?"

Labouise stretched out his hand, exclaiming: "No, it's not that! It's not a buck. I should have seen the horns. No, it's not a buck!"

"Why didn't you bring it with you?" asked the man.

"Because, sister, from now on I sell from where I stand. Plenty of people will buy. All you have to do is to take a walk over there, find the thing and take it. No risk for me."

The innkeeper, growing suspicious, exclaimed "Supposing he wasn't there!"

Labouise once more raised his hand and said:

"He's there, I swear!--first bush to the left. What it is, I don't know. But it's not a buck, I'm positive. It's for you to find out what it is. Twenty-five francs, cash down!"

Still the man hesitated: "Couldn't you bring it?"

Maillochon exclaimed: "No, indeed! You know our price! Take it or leave it!"

The dealer decided: "It's a bargain for twenty francs!" And they shook hands over the deal.

Then he took out four big five-franc pieces from the cash drawer, and the two friends pocketed the money. Labouise arose, emptied his glass and left. As he was disappearing in the shadows he turned round to exclaim: "It isn't a buck. I don't know what it is!--but it's there. I'll give you back your money if you find nothing!"

And he disappeared in the darkness. Maillochon, who was following him, kept punching him in the back to express his joy.

۱۸

کہانی ''گدھا'' کا انگریزی سے اردو ترجمہ

ہوا کی سانس تھم سی گئی تھی۔ دریا پر دھند کی دبیز چادر تنی ہوئی تھی جیسے کسی نے روئی کی پرت پانی کی سطح پر پھیلا دی ہو۔ اس گہری دھند کی وجہ سے دریا کے کناروں کے نقوش غیر واضح اور مبہم

ہو گئے تھے۔مگر پو پھٹ رہی تھی اور پہاڑ دکھائی دینے لگا تھا۔ابھرتے ہوئے سورج کی ہلکی ہلکی روشنی میں پلاسٹر سے تعمیر کیے گئے مکان سفید دھبوں کی مانند نظر آرہے تھے۔مکانوں کے پچھواڑوں میں مرغ بانگ دینے لگے تھے۔

دریا کی دوسری جانب پھیلی ہوئی مہیب دھند سے کبھی کبھار ایک ہلکی سی آواز سنائی دیتی تھی جس سے صبح کا بیکران سکوت درہم برہم ہو جاتا تھا۔کبھی لگتا تھا یہ آواز پانی کے چھپاکے کی ہو۔کبھی یہ محسوس ہوتا تھا جیسے کوئی کھڑکھڑاہٹ سنائی دیتی ہو۔یا کبھی کسی شائے کے پانی میں گرنے کی آواز۔اور پھر خاموشی چھا جاتی تھی۔بعض وقت سرگوشی میں ادا کیے گئے لفظوں کی دبی دبی آوازیں دھند کو چیرتی ہوئی کبھی بہت دور اور کبھی بہت قریب سنائی دیتیں۔یہ آوازیں یوں گزرتیں جیسے صحرائی پرندے رات کے سرکنڈوں میں گزار کر طلوع صبح اڑ جاتے ہیں اور اڑتے ہوئے اپنی بولیوں میں دوسرے پرندوں کو جگاتے ہیں۔

گاؤں کے قریب ایک غیر واضح سایہ اچانک پانی پر نمودار ہوا۔وہ آگے بڑھتا گیا اور پھر اس کے خدوخال واضح ہونے لگے اور پھر دریا پر چھائے دھند کے دبیز پردے سے ایک کشتی ابھری۔جس میں دو ملاح سوار تھے۔کشتی کنارے سے لگی۔

وہ ملاح جو کشتی چلا رہا تھا اپنی جگہ سے اٹھا اور کشتی کی تہہ سے بالٹی بھر مچھلیاں اور بھیگے ہوئے جال کو اپنے کندھے پر ڈال کر کشتی سے باہر آیا۔اس کا دوسرا ساتھی کشتی ہی میں بیٹھا رہا۔اور وہیں سے پکار کر اپنے ساتھی کو آواز دی۔

''میلوچ، کیوں نہ تم اپنی بندوق کو بھی ساتھ کر لو کیا پتہ دریا کے کنارے ہمارے ہاتھ کوئی خرگوش ہی لگ جائے''۔

دوسرے نے جواب دیا ''تم ٹھیک کہتے ہو۔بس میں ابھی آیا''۔پھر وہ اپنے شکار کو چھپانے کے لیے غائب ہو گیا۔وہ ملاح جس نے ابھی تک کشتی چھوڑی نہیں تھی۔اس نے تمباکو کو پائپ میں بھرا اور پھر پائپ سلگا کر اس کے کش لینے لگا۔اس کا نام اباوز تھا۔مگر لوگ اسے

چکاٹ کے نام سے پکارتے تھے۔ یہ میلوچ کا ساجھے دار تھا۔ یہ دونوں دریا کے کنارے مشکوک اور غیر تعریف شدہ دھندے یعنی کاٹھ کباڑ اکھٹا کرنے سے وابستہ تھے۔

یہ دونوں کم تر درجے کے ملاح تھے۔ اور ان ہی مہینوں میں پابندی سے کشتی رانی کیا کرتے تھے جن مہینوں میں قحط پڑتا تھا اور باقی مہینوں میں وہ خود کو کچرا چننے والے ظاہر کیا کرتے تھے۔ وہ راتوں میں قانون کی خلاف ورزی کرتے ہوئے کبھی مچھلیوں کا اور کبھی سینٹ جرمن کے جنگل میں گھات لگا کر ہرن کا شکار کرتے تھے۔ بعض وقت انہیں پانی میں غرق ہوکر مرنے والوں کی تلاش رہتی تھی اور اگر کوئی لاش ان کے ہاتھوں لگتی تو وہ اس کی جامہ تلاشی لے کر اسے ہلکا کر دیتے تھے۔ باقی دنوں وہ پانی پر تیرتے ہوئے چیتھڑوں یا خالی باتلوں کو اکھٹا کیا کرتے تھے اس طرح بہ آسانی ان دونوں کی گذر بسر ہو جاتی تھی۔

کبھی کبھی وہ دو پہر میں پیدل ہی چل پڑتے اور چہل قدمی کرتے ہوئے دریا کے کنارے واقع کسی ہوٹل کا رخ کرتے اور پھر ایک ساتھ ہی نکل پڑتے۔ کبھی کبھی وہ دو تین دن تک غائب رہتے اور پھر کسی صبح اپنی کشتی پر سوار دریا پر نظر آتے۔

جائن ول یا نوجنٹ پر کوئی کشتی راں اپنی گم شدہ کشتی تلاشنے میں مصروف دکھائی دیتا جو پچھلی رات سے غائب ہے یا چرا لی گئی ہے اور یہاں سے بیس تیس میل دور ایک داریوں خود مبارکباد دیتا ہوا مسرور دکھائی دیتا ہے کہ اس نے ارزاں ترین قیمت پر یعنی صرف پچاس فرانک میں ایک کشتی خریدی ہے جسے دو ملاحوں نے وہاں سے گزرتے ہوئے اسے فروخت کیا تھا۔

میلوچ اپنی بندوق کو چیتھڑوں میں چھپا کر لے آیا۔ وہ کوئی چالیس پچاس سال کا طویل القامت مگر دبلا پتلا انسان ہے۔ اس کی آنکھیں ان لوگوں کی طرح بے کل و مضطرب رہتی ہیں جو قانونی مشکلات اور غیر قانونی شکار کے عواقب و نتائج کا ذہن پر بار گراں لیے ہوتے ہیں۔ اس کا سینہ بالوں سے بھرا ہوا ہے اور اس کے چہرے پر مختصر سی مونچھیں اور

نچلے ہونٹ کے نیچے کچھ سخت قسم کے بال ہیں۔ وہ کنپٹیوں کے اطراف سے گنجا ہے۔ جب وہ اپنی گندی ٹوپی سر سے نکالتا ہے تو اس کی کھوپڑی پر جہاں تہاں رواں دکھائی دیتا ہے۔ اسی طرح جیسے پر اکھاڑنے کے بعد مرغ کے جسم پر نظر آتا ہے۔

اس کے برخلاف چکاٹ سرخ' فربہ' ٹھگنا اور بالوں سے بھرا ہوا ہے۔ وہ گوشت کے خام اسٹیک کی طرح لگتا ہے۔ وہ ہمیشہ اپنی داہنی آنکھ بند رکھتا ہے۔ یوں جیسے لوگ نشانہ سادھنے کے لیے اپنی ایک آنکھ بند کر لیتے ہیں۔ لوگ اس سے مذاق میں کہا کرتے ہیں ''لباوُز' اپنی آنکھ تو کھولو'۔ تو وہ جواب دیتا ''ڈرو نہیں بہن۔ میں یہ آنکھ اس وقت کھولتا ہوں جب اسے کھولنے کی کوئی معقول وجہ ہوتی ہے''۔

وہ ہر کس و ناکس کو بہن کہہ کر مخاطب کرتا ہے۔ یہاں تک کہ وہ چکاٹ کو بھی اسی طرح مخاطب کرتا ہے۔

اس نے پھر سے چپو اٹھائے اور پھر ایک بار کشتی اس گہری دھند میں غائب ہوگئی۔ آسمان پر لالی چھا جانے کی وجہ سے اب اس دھند کا رنگ برف کی طرح سفید ہو گیا تھا۔

''میلوچ۔ تم نے کس قسم کا چھرا لیا ہے''۔ لباوُز نے پوچھا۔

''سب سے چھوٹا نو نمبر والا۔ خرگوش کے شکار کے لیے یہی چھرا سب سے عمدہ ہوتا ہے''۔

وہ دوسرے کنارے کی سمت بہت دھیمی رفتار سے جا رہے تھے۔ انہیں ڈر تھا کہ ان کی کوئی آواز انہیں شکار سے محروم نہ کر دے۔ دریا کا وہ کنارا سینٹ جرمن کے جنگل کا حصہ تھا اور خرگوشوں کے شکار کے لیے حد فاصل کا تعین کرتا تھا۔ اس سارے علاقے میں درختوں کی جڑوں میں چھپے ہوئے خرگوشوں کے بھٹ تھے۔ سویرے خرگوش ان سوراخوں سے نکل کر اچھل کود مچاتے۔ کبھی سوراخوں سے اندر چلے جاتے اور کبھی نکل آتے۔

میلوچ کشتی کے اگلے حصے میں رینگ رہا تھا۔ اس نے بندوق فرش پر رکھ چھوڑی تھی۔ دفعتاً اس نے بندوق اٹھائی' نشانہ سادھا اور کچھ دیر کے لیے بندوق کی آواز فضا میں

گشت کرتی رہی۔

لباؤز نے تیزی سے کشتی کو کنارے سے لگایا۔ اس کا ساتھی کشتی سے باہر کو دااور ایک چھوٹے سے بھورے رنگ کے خرگوش کو زمین سے اٹھایا جو ابھی تک مرا نہیں تھا۔

ایک بار اور کشتی دھند میں غائب ہو گئی اور پھر دوسرے کنارے پر نمودار ہوئی۔ یہاں انہوں نے اپنے شکار کو جنگل کے نگران عہدے داروں سے چھپا رکھا۔

وہ دونوں با آسانی پانی پر سوار تھے۔ بندوق پھر سے بورڈ کے نیچے چلی گئی جہاں اسے چھپا کر رکھا جاتا تھا۔ آدھ گھنٹے کے بعد لباؤز نے پوچھا۔ "بہن۔ کیا ہم ایک اور خرگوش کا شکار کریں؟"۔

میلوچ نے جواب دیا "کیوں نہیں ضرور کریں گے"۔

کشتی پانی کی لہروں پر تیزی سے آگے بڑھ رہی تھی۔ وہ دھند جس نے دریا کے دونوں کناروں کو چھپا رکھا تھا۔ اوپر اٹھنے لگی تھی۔ اب درختوں کے ہیولے دکھائی دینے لگے تھے۔ دھند کے چھوٹے چھوٹے بادل ندی سے اوپر تیر رہے تھے۔ جب وہ جزیرے کے قریب پہنچے تو انہوں نے اپنی رفتار کم کر دی اور خرگوشوں کو ڈھونڈنے لگے۔ جلد ہی دوسرا خرگوش مار گرایا گیا۔

پھر وہ آگے بڑھے اور جب کنفلاس نصف دوری پر رہ گیا تو انہوں نے کشتی روک دی اسے ایک درخت سے باندھا اور کشتی کے فرش پر سونے کی تیاری کرنے لگے۔

وقتاً فوقتاً لباؤز اٹھ بیٹھتا تھا اور افق کو اپنی کھلی ہوئی آنکھ سے دیکھتا تھا۔ اب باقی ماندہ دھند بھی غائب ہو چکی تھی اور گرما کا بڑا سورج آسمان پر چڑھنے لگا تھا۔

دریا کی دوسری جانب بیلوں سے ڈھکا ہوا پہاڑ نیم دائرے کی شکل میں پھیلا ہوا تھا۔ صرف ایک ہی مکان چوٹی پر کھڑا تھا۔ خاموشی دور دور تک چھائی ہوئی تھی۔

دریا کے ساتھ ساتھ گزرنے والے راستے پر ایک عورت اپنے گدھے کو کھینچ رہی تھی۔ وہ ضدی

اور اڑیل جانور اس عورت کی جان توڑ کوشش کے عوض کبھی کبھار اپنا ایک قدم آگے بڑھا دیتا تھا۔اسی طرح وہ آگے بڑھ رہے تھے۔گدھے کی گردن آگے کو نکلی ہوئی تھی۔اور دونوں کان گرے ہوئے تھے۔ان کی رفتار کچھ اتنی دھیمی تھی کہ لگتا یہ نہیں تھا کہ وہ وہ کبھی آنکھوں سے دور جا پائیں گے۔

عورت دہری ہو کر گدھے کو کھینچ رہی تھی۔کبھی کبھی وہ پلٹ کر لکڑی سے گدھے کو مارتی بھی تھی۔

جیسے ہی لباؤز کی نظر اس عوت پر پڑی اس نے میلوچ کو پکارا۔

کیا بات ہے میلوچ نے پوچھا۔

''مزہ لینا چاہو گے''۔

''بے شک''۔

''تو بہن جلدی کرو لگتا ہے ہم بہت ہنسنے والے ہیں''۔

چکاٹ نے چپو سنبھالا۔وہ اپنی کشتی دریا کی دوسری جانب لے آئے جہاں وہ عورت تھی۔لباؤز اس سے مخاطب ہوا۔

''اے بہن''۔

عورت نے گدھے کو کھینچنا بند کیا اور ان کی طرف پلٹی۔

لباؤز بولا''کیا کر رہی ہو بہن۔کہیں تم اسے خودکار انجنوں کی نمائش میں تو نہیں لے جا رہی ہو''۔؟

عورت نے کوئی جواب نہیں دیا۔

چکاٹ بولا''شاید تم اسے ریس میں لے جا رہی ہو''۔

آخر کار عورت نے جواب دیا''میں اس کا کام تمام کرانے کے لیے میگارٹ کے یہاں لے جا رہی ہوں۔اب یہ کسی کام کا نہیں رہا''۔

لباؤز بولا''تم نے درست ہی کہا ہے اس کی صورت یہی بتاتی ہے۔میگارٹ اس کے کتنے دام

دے گا''؟

عورت نے اپنے ہاتھ کی پشت سے اپنی پیشانی پونچھی اور تذبذب سے کہا''۔ مجھے کیا پتہ شاید تین فرانک دے دے یا پھر چار''۔

چکاٹ گویا ہوا۔''میں تمھیں اس کے پانچ فرانک دوں گا۔ایک دوفرانک تمھیں زیادہ بھی ملیں گے اور تم اسے بازار تک گھسیٹ کے لے جانے کی زحمت سے بھی بچ جاؤ گی۔کیا تمھیں سودا منظور ہے؟''۔

عورت کچھ لمحوں تک سوچتی رہی اور پھر بولی''منظور''۔

وہ دونوں کشتی سے اترے۔لباؤز نے گدھے کی رسی تھامی ،میلوچ نے حیرت زدہ ہوتے ہوئے پوچھا''اس ڈھانچے کا تم کیا کروگے؟۔''

چکاٹ نے اس دفعہ اپنی خوشی کے اظہار کے لیے اپنی بند آنکھ کھولی۔اس کا چہرہ خوشی سے کچھ اور سرخ ہوگیا تھا۔

''فکر مت کرو بہن اس کا کیا کرنا ہے اس کا پلان میں نے بنالیا ہے''۔

اس نے پانچ فرانک اس عورت کو دیئے۔عورت سڑک سے کچھ پرے یہ دیکھنے کے لیے بیٹھ گئی کہ آخر وہ اس گدھے کا کیا کرتے ہیں۔

پھر لباؤز نے جو مکمل طور پر مذاق کے موڈ میں تھا اپنی بندوق نکالی اور اپنے ساجھے دار کو دیتے ہوئے بولا اب ہم باری باری اس کا شکار کریں گے۔نہ نہ گدھے کے اتنے قریب نہ جانا بہن ورنہ وہ تمہاری گولی سے فوراً مر جائے گا شکار سے حاصل ہونے والی خوشی کم سے کم کچھ دیر تو رہے''۔

اس نے اپنے ساتھی کو چالیس قدم دور کھڑا کیا۔گدھے نے جب محسوس کیا کہ وہ اب آزاد ہے تو اس نے اپنے قدم گھاس کی سمت بڑھائے۔مگر وہ کچھ اتنا تھکا ہوا اور کمزور تھا کہ وہ اپنے قدموں پر ہی جھول گیا اور خود کو بڑی مشکل سے گرنے سے بچایا۔

میلوچ نے گدھے کا نشانہ لیا اور آہستہ سے بولا ''اس کے کانوں کے لیے ہلکی سی مرچ' دیکھو چکاٹ''۔اور پھر اس نے بندوق کی لبلبی دبا دی۔

وہ چھوٹا سا چھرا گدھے کے کان میں پیوست ہوگیا۔گدھے نے جلن کے احساس سے چھٹکارہ پانے کے لیے اپنے سر کو جنبش دی۔وہ دونوں قہقہہ لگاتے ہوئے دہرے ہوگئے اور خوشی کے مارے اپنے پاؤں کو زمین پر پٹکنے لگے۔عورت غصے سے آگے بڑھی۔وہ نہیں چاہتی تھی کہ اس کا گدھا اس قسم کی اذیت کا شکار ہو۔اس نے انہیں بتایا کہ وہ ان کے پانچ فرانک واپس کردے گی۔لباؤزنے اسے مارنے کی دھمکی دی اور اپنے آستین چڑھانے لگا۔اس نے عورت کے اسکرٹ کو اپنی بندوق کا نشانہ بنایا۔وہ یہ بتانا چاہتا تھا کہ بندوق سے کیا گیا فائر اتنا گھاتک نہیں ہے وہ سہمی سی آگے بڑھی اور جاتے جاتے یہ دھمکی دے گئی کہ وہ ان کی شکایت پولیس سے کرے گی۔میلوچ نے اپنی بندوق اپنے ساجھے دار کی طرف بڑھائی ''اب تمہاری باری ہے چکاٹ''؟

لباؤزنے نشانہ سادھا اور فائر کیا۔اب کی بار چھرا گدھے کی ران میں لگا۔چونکہ یہ فائر کافی دور سے کیا گیا تھا اس لیے یہ اتنا طاقت ور نہیں تھا۔گدھے نے شاید سمجھا کہ مکھیوں کی ٹولی نے اسے کاٹ لیا ہے۔وہ اپنی دم سے ران کے اس حصے کو جھٹکنے لگا جہاں چھرا لگا تھا۔

لباؤز آرام سے قہقہہ لگانے کی خاطر زمین پر بیٹھ گیا۔میلوچ نے بندوق پھر سے لوڈ کی۔وہ کچھ اتنا خوش تھا کہ وہ بندوق کی نلکی چھینکنا چاہتا تھا۔وہ کچھ قدم آگے بڑھ آیا اور اس جگہ کا نشانہ لیا جہاں اس کے دوست نے گدھے پر گولی چلائی تھی۔اس نے فائر کیا۔اس دفعہ گدھے نے دولتی جھاڑی اور اپنے سر کو گھمایا۔زخم سے خون جاری ہوگیا تھا۔گدھا زخمی ہوگیا تھا اب وہ درد کی شدت کو محسوس کرنے لگا تھا۔اس نے لنگڑاتے ہوئے بھاگنے کی ناکام کوشش کی۔

میلوچ تیز قدم اور لباؤز چھوٹے قدم ڈالتے ہوئے گدھے کی طرف لپکے گدھا تھکا ہوا تھا رک گیا اور خوف زدہ دیکھ رہا تھا۔کہ اس کے دو قاتل اس کی طرف بڑھ رہے ہیں۔یکایک اس

نے اپنی گردن آگے کو کی اور زور سے رینگنے لگا۔

لباؤز نے پھولتی ہوئی سانسوں کے ساتھ بندوق سنبھالی۔ اس بار وہ گدھے کے بالکل قریب پہنچ گیا تھا وہ نہیں چاہتا کہ گدھے کا پیچھا کرنے کا سلسلہ کچھ دیر اور چلے۔

جب اس بے چارے زخمی گدھے نے اپنی غمگین چیخ کو جو یقیناً مدد ہی کے لیے تھی بند کیا تو چکاٹ نے کہا میلوچ ذرا ادھر آنا۔ اب میں اسے کچھ دوا دینا چاہتا ہوں۔ میلوچ نے گدھے کا منہ طاقت استعمال کر کے کھولا چکاٹ نے اپنی بندوق کی نالی گدھے کے حلق میں اتاری جیسے وہ اسے کوئی دوا پلا رہا ہو وہ بولا ''دیکھو بھن اب وہ جائے گا''۔

اس نے بندوق کی لبلبی دبائی۔ گدھا کچھ قدم پیچھے لڑکھڑاتا ہوا گیا اور پھر زمین پر گر گیا اس نے اپنی آنکھیں بند کرلیں اس کا سارا جسم کانپ رہا تھا اور وہ اپنے چاروں پاؤں کو فضاء میں ہلا رہا تھا۔ جیسے وہ اس مقام سے بھاگنے کی کوشش کر رہا ہو۔ خون اس کے دانتوں سے بہتا ہوا باہر آ رہا تھا۔ کچھ دیر میں وہ ساکت وہ جامد ہو گیا۔

وہ دونوں قہقہے لگا رہے تھے۔ سارا کھیل بہت جلد ختم ہو گیا تھا۔ انہیں اس بات کا افسوس تھا کہ جس قدر رقم انہوں نے گدھے کے لیے دی تھی۔ اس رقم کے برابر کا مزہ انہیں مل نہ سکا تھا۔ میلوچ بولا۔ ''اب یہ بتاؤ ہم اس کا آخر کریں گے کیا؟''

لمباؤز نے جواب دیا ''فکر مت کرو۔ اسے کشتی میں ڈال لیتے ہیں۔ رات آنے پر ہم اس سے کچھ اور مزہ لیں گے۔ گدھے کو کشتی کی تہہ میں ڈالا اور اس کے اوپر تازہ گھانس ڈال کر اسے مکمل طور پر چھپا دیا اور پھر وہ دونوں اس گھانس پر پاؤں پھیلا کر سو گئے۔

شام ہو چکی تھی۔ انہوں نے اپنا سفر پھر سے شروع کیا اور جب وہ سینٹ جرمین جنگل کے حدود سے باہر آ گئے تو انہوں نے اپنی کشتی روکی۔ گھانس کو ہٹا دیا اور گدھے کی ٹانگیں پکڑ کر ایک جھاڑی کے پیچھے دبا دیا۔

جب رات مکمل طور پر سیاہ ہو گئی تو وہ بوڑھے جولس کی شراب کی دکان پر آئے۔ جیسے

ہی جولس نے انہیں دیکھا وہ بھاگتا ہوا ان کے قریب آیا اور ان سے پوچھا کہ آیا وہ کوئی چیز لے آئے تو انہوں نے دو بھورے خرگوش چھ فرانک کے عوض اس کے حوالے کیے۔ جولس نے ازراہ تجسس ان سے پوچھا کہ کچھ اور شکار بھی ہے تو چکاٹ نے جواب دیا۔ ''وہ تم جیسے کنجوس کے لیے نہیں ہے۔'' جولس ان کے سر ہو گیا ''بتاؤ تو وہ آخر ہے کیا؟'' اس پر انہوں نے اسے بتایا کہ رات کو ایک جانور جھاڑیوں میں سے گزر رہا تھا جس کو چکاٹ نے مار گرایا۔ وہ جھاڑیوں ہی میں پڑا ہے انہوں نے اسے دیکھا نہیں۔

شاید ہرن ہوگا جولس بولا

نہیں ہرن نہیں ہوسکتا وہ ہرن سے کچھ بڑا تھا۔

''نر ہرن''

ممکن ہے ہو اور ممکن ہے نہیں بھی ہو

بارہ سنگھا

بارہ سنگھا ہوتا تو ہمیں اس کے سینگ ضرور دکھائی دیتے وہ جو کچھ بھی ہو اس کی قیمت پچیس فرانک ہے پچیس فرانک دو اور اسے لے آؤ۔

''میں اس کے بیس فرانک دوں گا'' بوڑھا بھاؤ تاؤ پر آیا۔

''منظور'' چکاٹ بولا۔

بوڑھے نے پانچ پانچ فرانک کے چار کرارے نوٹ اس کے حوالے کیے اور پھر اپنا شبہ ظاہر کیا۔ اگر وہاں جھاڑیوں میں کچھ نہ نکلا تو''۔

تمہیں اپنے پیسے واپس مل جائیں گے

پھر انہوں نے انہوں نے راہ لی۔ ۲۹

جمیل شیدائی کے اس ترجمے سے اندازہ ہوتا ہے کہ ایک پختہ کار اور منجھے ہوئے قلم کار کی طرح انہوں نے انگریزی کہانی کا اردو ترجمہ کیا۔ جمیل شیدائی کو لفظیات کے انتخاب پر

عبور حاصل تھا اور انگوٹھی میں نگینہ لگانے والے جوہری کی طرح انہوں نے کہانی میں جا بجا ٹھیٹ اردو الفاظ استعمال کیے۔ انہیں اردو زبان کے روزمرہ سے واقفیت تھی یہی وجہ ہے کہ ایک مغربی تہذیب کی کہانی کو انہوں نے اردو زبان اور اس کی تہذیب میں اس طرح ڈھالا کہ قاری کو نہیں لگتا کہ وہ ترجمہ شدہ کوئی کہانی پڑھ رہا ہے بلکہ ایک تخلیق کی طرح وہ کہانی سے مزہ لیتا ہے۔

جمیل شیدائی نے انگریزی زبان کی ادیبہ پمیلا موشر کے ایک افسانے کا ''مکوڑا'' کے عنوان سے ترجمہ کیا ہے۔ اس افسانے کا انگریزی متن دستیاب نہیں ہے تاہم اردو متن کو پڑھنے سے بھی جمیل شیدائی کی فن ترجمہ نگاری میں مہارت کا اندازہ ہوتا ہے۔ افسانے میں دوران ترجمہ جمیل شیدائی کی زبان ملاحظہ کی جاسکتی ہے:

> ''آرتھر نے ولیم کی خاموشی پر اسے غصے سے دیکھا اور پھر اس نے میرا بازو مضبوطی سے پکڑ لیا۔ میں تمہیں اس سائبان میں کچھ بتانا چاہتا ہوں۔ سمجھیں تم؟ اس نے پھر سے آنکھ ماری۔
>
> ولیم اس جگہ کو دیکھ رہا تھا۔ جہاں اس کا پھینکا ہوا پتھر جھیل میں گرا تھا۔ آرتھر مجھے گھسیٹتا ہوا سائبان کی طرف لے جا رہا تھا۔ میں بے حد پریشان تھی۔ سمجھ میں نہیں آ رہا تھا کہ کیا کیا جائے۔ ولیم سہما سہما خاموش کھڑا تھا۔ دفعتاً ایک مکوڑے نے آرتھر کو کاٹا۔ اس نے مکوڑے کے لیے فحش گالیاں نکالیں۔ اس نے میرا بازو چھوڑا اور تکلیف سے کراہتا ہوا زمین پر بیٹھ گیا۔ میں نے یہ موقع غنیمت جانا اور تیزی سے گھر کی طرف بھاگی۔ مجھے وہ حقیر مکوڑا ولیم سے

کہیں زیادہ طاقت ور لگا''۔۲۰

جمیل شیدائی کی انگریزی ادبیات پر گہری نظر تھی۔ یہی وجہ ہے کہ انہوں نے انگریزی ادب کے شاہکار ادیبوں کے علاوہ غیر معروف ادیباؤں کی تخلیقات کو بھی اردو ترجمے کے بعد اردو زبان میں متعارف کرایا۔ انگریزی ادب کے اردو تراجم سے اردو کے قارئین کو جو انگریزی اچھی طرح سمجھ نہیں سکتے انگریزی ادب سے متعارف ہونے کا موقع ملتا ہے۔ اس طرح جمیل شیدائی نے اپنے تراجم سے انگریزی اور اردو زبانوں کے درمیان تہذیبی رابطے کا کام کیا۔ جس کی قدر کی جانی چاہیے۔

جمیل شیدائی کو انگریزی سے اردو ترجمہ کرنا اچھا لگتا تھا۔ نامور مزاح نگار مجتبیٰ حسین کے سفرنامہ ''جاپان چلو'' پر مشہور انگریزی صحافی خوشونت سنگھ نے کسی انگریزی اخبار یا رسالے میں تبصرہ کیا تھا۔ اس تحریر کی اردو میں ادبی اہمیت کو مدنظر رکھتے ہوئے جمیل شیدائی نے اسے اردو میں ''تبسم پاش جاپان'' کے عنوان سے کیا۔ جمیل شیدائی کا اردو ترجمہ ملاحظہ ہو:

''چاہے جس قدر بھی آپ جاپان کے چاہنے والے ہوں تاہم ہمہ وقت لب خند جاپانیوں کے بارے میں کچھ ایسی باتیں ہیں۔ جو آپ کو رونے پر مجبور کردیں گی۔ جس طرح جاپانیوں سے باہمی رابطے میں حائل خلیج پر کوئی پل نہیں ہے ایسا معاملہ شائد کسی اور ملک کے ساتھ ہو۔ اس لیے یہاں آنے والوں کو یہ بے لاگ مشورہ دیا جاتا ہے کہ جاپانیوں کی پراسرار مسکراہٹ کے پیچھے کیا چلتا رہتا ہے۔ بلکہ وہ پرسکوں انداز میں مشاہدہ کریں سراہیں اور خود کو لطف اندوز کریں۔ یہ ایک بہترین ملک ہے۔ جس میں کئی خوب صورت لوگ ہیں۔ اس لیے کیوں نہ آپ اپنے آپ کو گیلاس کے شگوفوں، پھولوں کی ترتیب کاری، جاپانی طوائفوں، سومو پہلوانوں، ساکی کی شراب تک محدود رکھیں۔ اور یہاں منعقد کی جانے والی پراسرار چائے کی تقریب 'ہائیکو' کیوکی' کوٹو موسیقی اور زین کے بارے میں جاننے کی جستجو نہ کریں۔ یہ ساری باتیں مجھے جاپان تیسری بار آنے کے بعد پتہ چلیں۔ اس لیے اب میں جاپان کا ایک پرجوش شیدائی ہوں۔

کس طرح جاپانیوں نے سب سے اچھی اور ارزاں کاریں، کیمرے، گھڑیاں، کیلکولیٹرز اور بہت سی آپ کے استعمال کی چیزیں بنائیں۔ میری سمجھ میں یہ نہیں آتا کہ کیوں درج ذیل نظم مجھے ناقابلِ توضیحی طور پر مزاحیہ لگتی ہے ؎

جاپان میں ایک نوجوان تھا
اس نے اشعار لکھے مگر جن کی تقطیع ناممکن تھی

جب انہوں نے اس سے کہا کہ اس کے اشعار دونوں جانب برابر نہیں جھولتے۔ تو وہ بولا۔ جہاں تک مجھ سے بن پڑتا ہے میں یہ کوشش کرتا ہوں کہ نظم کے آخری مصرعہ میں زیادہ سے زیادہ الفاظ شامل کروں۔ مجتبیٰ حسین نے جاپان کے اپنے پہلے دورے میں اس بات کا فیصلہ کرلیا کہ وہ جاپان کے تمدن کے سری پہلوؤں کے بارے میں غور کر کے خود کو ہلکان نہیں کریں گے۔ چناں چہ یہی وجہہ تھی کہ وہ یہاں خود کو بے پایاں لطف اندوز کر سکے۔ اس طرح انہوں نے فردِ واحد کے طور پر جاپان پر حملہ آور ہوئے اور ایک سفر نامہ لکھ ڈالا جو حیدرآباد کے روزنامہ سیاست اور چند ہندی رسالوں میں قسط وار چھپتا رہا ہے اور اب اسی سفر نامے نے بہ عنوان ''جاپان چلو'' کتابی شکل لے لی ہے۔ اس میں بے شمار ذاتی مزاحیہ حکایتیں اور لطیفے ہیں۔ چوں کہ وہ یونیسکو کے تفویض کردہ کام کی انجام دہی کے لیے جاپان بھیجے گئے تھے اس لیے انہوں نے اس تنظیم کے بارے میں بہت کچھ لکھا ہے۔ صرف ان کی اہلیہ کو یونیسکو کے نام سے مغالطہ ہوا اور وہ اسے کسی جاپانی طوائف کا نام سمجھ بیٹھیں جس نے ان کے شوہر پر جادو کر رکھا ہے۔

ہماری کسی زبان میں شاید ہی کوئی کتاب جاپان کے بارے میں ہو۔ ''جاپان چلو'' شاید اس موضوع پر پہلی کتاب ہے۔ یہ کتاب زیادہ سے زیادہ لوگوں کے مطالعے کی مستحق ہے اور اس کا ترجمہ ہماری ساری ہی زبانوں میں ہونا چاہیے۔ کتاب جاپان کا ایک عمدہ تعارف ہے جس میں آنسو شریک نہیں ہیں۔ [۲۱]

اپنی ترجمہ نگاری کے سفر کو نثر سے شاعری کی جانب موڑتے ہوئے جمیل شیدائی نے ٹفینی ماس کی نظم ''A Desert Horse'' کا اردو ترجمہ ''صحرائی گھوڑا'' کے عنوان سے کیا ہے۔ نظم کا انگریزی متن دستیاب نہیں ہو پایا تا ہم جمیل شیدائی کے اردو ترجمے کو دیکھنے سے لگتا ہے کہ وہ انگریزی شاعری کو اردو قالب میں ڈھالنے میں بھی مہارت رکھتے تھے۔ ترجمہ شدہ نظم کا ایک بند اس طرح ہے:

''اس اسپ دلآرا کا
انداز نرالا ہے
اظہار مسرت میں
نتھنوں کو پھلاتا ہے
اور حالت غصہ میں
آنکھوں سے ڈراتا ہے
لگتا ہے وہ شہزادہ
ہے سرخ سی
رنگت بھی
اور سُم ہیں سیاہ اس کے
وہ یاد کی موجوں پر
بہتا سا گزرتا ہے
اس یال کے کہنے
رقصاں ہے جو گردن پہ
جنت کی ہوائیں بھی
اس یال سے چلتی ہیں

بھرتا ہے فراٹے
وہ دل سے گزرتا ہے
اور دل ہی میں واپس وہ
پھر لوٹ کے آتا ہے۔ ۲۲

جمیل شیدائی نے انگریز شاعرہ کرسٹینیا روسیٹی کی نظم کا ترجمہ "امن" کے نام سے کیا ہے۔ اردو ترجمہ اس طرح ہے۔

جہاں میں اب امن ہو گیا ہے
مجھے یہ اکثر گماں ہوا ہے
مگر حقیقت میں فاصلہ ہے
جہاں میں اور امن کی حدوں میں
یہ بات ایسی ہی ہے کہ جیسے
تصور انکوز میں دکھا دے
وہ بدنصیب والم رسیدہ
جو پھنس گئے ہوں سمندروں میں
نظر کے دھوکے سے جن کے
آئی ہوئی ہے جدوجہد میں تیزی
وہ میری طرح ہی سے رہے ہیں
شکار خوش فہمیوں کا اپنی
نہ جانے کتنے کنارے ان کو
دکھائے گا یہ کھلا سمندر
انہیں ملے گا

پتہ نہیں ہے ۲۳

جمیل شیدائی نے حیدرآباد کے ادیبوں کے افسانوں اور نظموں کا اردو سے انگریزی میں ترجمہ کیا تھا۔ نامور حیدرآبادی شاعر رووف خیر کی نظم پناہ کوانہوں نے انگریزی میں ترجمہ کیا۔ اردو نظم کا متن اور اس کا انگریزی ترجمہ اس طرح ہے۔

پناہ

بے تحاشہ دوڑتا ہے اک سراسیمہ ہرن
اُڑ رہا ہے دور تک اس کی چھلانگوں سے غبار
اک شکاری اس کا پیچھا کر رہا ہے دیر سے
خوف کا مارا
پریشان
تھرتھراتا ہر
ایک بھوکے شیر کے مسکن میں
لیتا ہے ''پناہ''

THE REFUGE

Madly runs a frightend deer
Raising dust by its leaps
A hunter pursues it for long
The creature helpless,frightened

trembling

Takes refuge at last

In the den of a hungry lion

۲۴

جمیل شیدائی کے انگریزی تراجم کو بھی دیکھنے سے اندازہ ہوتا ہے کہ کس طرح انہوں نے ایک شاہکار اردو نظم کو اس کے مفہوم اور شاعرانہ لب و لہجے کے ساتھ انگریزی کے قالب میں ڈھالا۔ رؤف خیر جمیل شیدائی کی ترجمہ نگاری کی مہارت کے بارے میں لکھتے ہیں۔

> ''جمیل بھائی انگریزی اتنی ہی اچھی جانتے تھے جتنی فارسی یا اردو جانتے تھے میں نے ایک نظم ۱۹۶۸ء میں کہی تھی جس کا عنوان ''پناہ'' تھا جو سب سے پہلے ماہنامہ ''شمع'' دہلی میں شائع ہوئی تھی۔ اس کا انگریزی ترجمہ بھی جمیل شیدائی نے بڑے اچھے ردم میں کیا تھا'' ۲۵

قطب سرشار صاحب نے اپنے تاثراتی مضمون میں جمیل شیدائی کی ترجمہ نگاری کی ایک مثال پیش کرتے ہوئے لکھا کہ:

''ترجمے کے ہنر کو جمیل نے ادبی خدمت، تکمیل ذوق کے علاوہ وقت اور محنت کی قیمت وصول کرنے کا وسیلہ بھی بنایا ہے۔ ایک چھوٹی سی انگریزی نظم کا ترجمہ ملاحظہ کریں عنوان ہے ''صبح''۔

ایک فرشتے نے لیا جھک کر بوسہ رات کا\
رات جاگی کسمسائی شرم سے پانی ہوئی\
ہم نے دیکھی رات کی شرمندگی ۲۶

جمیل شیدائی کی ترجمہ نگاری کی ان مختلف جہات کے مطالعے سے اندازہ ہوتا ہے کہ انہوں نے اردو میں ادبی تراجم کی روایت کو آگے بڑھایا اور حیدرآباد میں دارالترجمہ نے جو روایت ترجمہ نگاری کی شروع کی تھی اور جسے اقبال اور دیگر مترجمین نے ادب میں برتا اس میں خاطرخواہ اضافہ کیا۔ عمر نے ان کے ساتھ رفاقت نہیں نبھائی ورنہ وہ اردو میں مزید اچھے تراجم پیش کر سکتے تھے۔

حواشی

۱۔ شہباز حسین مضمون ۔ ترجمہ کی اہمیت ۔ مشمولہ ۔ ترجمہ کا فن اور روایت قمر رئیس ۔ دہلی ۔ ۱۹۷۶ء ۔ ص ۱۸۷ ۔ ص ۱۸۸

۲۔ شہباز حسین ترجمہ کا فن اور روایت ۔ قمر رئیس ۔ دہلی ۔ ۱۹۷۶ء ۔ ص ۱۸۸

۳۔ جمیل جالبسی ۔ مقدمہ ۔ ارسطو سے ایلیٹ تک ۔ ص ۱۰

۴۔ شہباز حسین ۔ مضمون ۔ ترجمہ کی اہمیت ۔ مشمولہ ۔ ترجمہ کا فن اور روایت ۔ ص ۱۹۲

۵۔ قمر رئیس ۔ مقدمہ ۔ ترجمہ کا فن اور روایت ۔ ص ۱۱ ۔ ص ۱۲

۶۔ جمیل جالبی ۔ مقدمہ ۔ ارسطو سے ایلیٹ تک ۔ ص ۱۰

۷۔ شہباز حسین ۔ ترجمہ کی اہمیت ۔ مشمولہ ترجمہ کا فن اور روایت ۔ ص ۱۸۹

۸۔ قمر رئیس ۔ مقدمہ ۔ ترجمہ کا فن اور روایت ۔ ص ۲۴

۹۔ عبدالحق ۔ مشمولہ ۔ ترجمہ کا فن اور روایت ۔ ص ۲۵۳

۱۰۔ عبدالحق ۔ مشمولہ ۔ ترجمہ کا فن اور روایت ۔ ص ۲۵۶

۱۱۔ جمیل شیدائی ۔ بہ حوالہ ماہنامہ عدسہ ۔ مدیر میر فاروق علی ۔ ڈسمبر ۲۰۲۱ ۔ ص ۔ ۲۵

۱۲۔ ویب سائٹ ۔۔ https://biblioklept.org/

۱۳۔ جمیل شیدائی۔ بہ حوالہ ماہنامہ عدسہ۔ مدیر میر فاروق علی۔ص۔۲۵

۱۴۔ ویب سائٹ۔ /https://biblioklept.org

۱۵۔ جمیل شیدائی۔ بہ حوالہ ماہنامہ عدسہ۔ مدیر میر فاروق علی۔ص۔۲۵۔تا۔۲۸

۱۶۔ ویب سائٹ۔ /http://www.classicshorts.com

۱۷۔ جمیل شیدائی۔ بہ حوالہ ماہنامہ عدسہ۔ مدیر میر فاروق علی۔ص۔۳۰

۱۸۔ ویب سائٹ۔ /http://www.classicshorts.com

۱۹۔ جمیل شیدائی۔ بہ حوالہ ماہنامہ عدسہ۔ مدیر میر فاروق علی۔ ص۲۹

۲۰۔ جمیل شیدائی۔ بہ حوالہ ماہنامہ عدسہ۔ مدیر میر فاروق علی۔ص ۳۴

۲۱۔ جمیل شیدائی۔ بہ حوالہ ماہنامہ عدسہ۔ مدیر میر فاروق علی۔ص۲۴

۲۲۔ جمیل شیدائی۔ بہ حوالہ ماہنامہ عدسہ۔ مدیر میر فاروق علی۔ص۔۲۷

۲۳۔ بہ حوالہ فیس بک۔جمیل شیدائی کی ٹائم لائن

۲۴۔ جمیل شیدائی۔ بہ حوالہ ماہنامہ عدسہ۔ مدیر میر فاروق علی۔ص۔۱۹

۲۵۔ روؤف خیر۔ بہ حوالہ عدسہ۔ ڈسمبر ۲۰۲۱۔ص۱۹۔

۲۶۔ قطب سرشار۔ بہ حوالہ مضمون جمیل شیدائی ایک منفرد تمثیل نگار اور مترجم۔مشمولہ۔ عدسہ ص ۱۰

☆ پانچواں باب

جمیل شیدائی بہ حیثیت نقاد و تبصرہ نگار

جمیل شیدائی نے اردو کتابوں پر تنقیدی مضامین اور تبصرے بھی لکھے ہیں جس سے ان کی تنقیدی بصیرت کا پتہ چلتا ہے۔جمیل شیدائی کی تحریروں میں تنقید اور تبصرہ نگاری کے نقوش کی تلاش سے قبل آیئے دیکھیں کے تنقید کی تعریف کیا ہے۔تنقید کی مبادیات کیا ہیں۔اور تنقید کی ایک قسم تبصرہ نگاری کسے کہتے ہیں۔

تنقید کیا ہے؟ :-

لفظ ''تنقید'' نقد سے مشتق ہے۔جس کے معنٰی جانچنا' کھوج اور پرکھ کے ہیں۔ اصطلاح ادب میں کسی فن پارے یا تخلیق کے محاسن و معائب بیان کرتے ہوئے ادب میں اس کے مقام کا تعین کرنا تنقید کہلاتا ہے۔ ہر زمانے میں تنقید کی مختلف تعریفیں پیش کی گئی ہیں۔ کسی نے ادب کا مقصد مسرت و حظ پہنچانا بتایا اور تنقید کا کام تخلیق میں مسرت کے پہلوؤں کو تلاش کرنا بتایا۔کسی نے ادب کو تغیر حیات کا نام دیا اور زندگی کے تغیر و تبدل کے زیر اثر ادب میں رونما ہونے والے مسائل اور تبدیلیوں کو دیکھنا تنقید کے لئے لازم قرار دیا۔دراصل کسی ادب کی تخلیق کے ساتھ ہی تنقیدی عمل بھی شروع ہوجاتا ہے۔جب فنکار کے ذہن میں کسی فن پارے کی داغ بیل پڑتی ہے تو تنقیدی عمل بھی شروع ہو جاتا ہے۔کوئی شاعر نظم لکھنے کا ارادہ کرے تو اس کا تنقیدی شعور اُس کی رہنمائی کرتا ہے کہ نظم کا موضوع کیا ہو'نظم کیسے شروع ہو۔ کس طرح آگے بڑھے اور کہاں ختم ہو۔غرض یہ کہ جب کوئی فن پارہ فنکار کے ذہن میں جنم لینے لگتا ہے تو یہیں سے تنقید اپنا کام شروع کر دیتی ہے۔کیوں کے بیش تر تخلیقات خوب سے

خوب تر کی تلاش کے بعد ہی وجود میں آتی ہیں۔اسی خیال کو پیش کرتے ہوئے ڈاکٹر شارب ردولوی لکھتے ہیں:

> ''آج زندگی ہر وقت رواں دواں ہے۔اس میں ہر لمحہ ایک نئے نظریے اور نئی فکر کا اضافہ ہوتا رہتا ہے۔اس لئے ناقص اور بہتر کی تمیز کے لئے تنقید ضروری ہے۔تنقیدی شعور کے بغیر نہ تو اعلیٰ ادب کی تخلیق ہوسکتی ہے اور نہ فنّی تخلیق کی قدروں کا تعین ممکن ہے۔اس لئے اعلیٰ ادب کی پرکھ کے لئے تنقید لازمی ہے'' [1]

تخلیق کا مقصد ترسیل ہوتا ہے۔فنکار چاہتا ہے کہ اُس کی تخلیق کو لوگ دیکھیں پڑھیں سمجھیں۔ تخلیق کو دیکھنے والے ناظرین اور پڑھنے والے قارئین کی ذہنی سطح کے مطابق اپنی اپنی تنقیدی نظر ہوتی ہے۔لوگوں کے پاس کسی فن پارے کی پسند یا ناپسند کے اپنے اپنے پیمانے ہوتے ہیں۔لیکن ان میں سے زیادہ تر لوگ اپنی پسند یا ناپسند کا سبب نہیں بتا سکتے۔چنانچہ تنقید فن پارے اور اُس کے پڑھنے والے کے درمیان مستحکم رشتہ قائم کرتی ہے۔یہ فن پارے کو جانچتی اور پرکھتی ہے۔اس کی خوبیوں اور خرابیوں کا پتہ لگاتی ہے۔اعلیٰ درجہ کی تنقید اچھے بُرے کا دو ٹوک فیصلہ نہیں کرتی۔بلکہ فیصلہ کرنے میں قاری کی مدد کرتی ہے۔ایسا کرنے میں وہ اپنا راستہ لمبا کر لیتی ہے۔کبھی وہ فن پارے کی صراحت کرتی ہے۔کبھی تشریح و ترجمانی اور کبھی تحلیل و تجزیے سے کام لیتی ہے۔اس لئے تنقید کے بارے میں کہا گیا ہے کہ یہ ادب کے لئے اس طرح ضروری ہے جس طرح زندہ رہنے کے لئے سانس۔تنقید کسی تخلیق کے محاسن اور معائب کو اُجاگر کرتے ہوئے غیر جانبداری سے اُس کی قدر و قیمت کا تعین کرتی ہے۔تنقید کے لئے غیر جانبداری اہم ہے۔تاہم نقاد کسی نظریے کا حامل ہوسکتا ہے۔بغض و عناد سے پاک تنقید کے لئے ضروری ہے کہ اس میں خارجیت اور معروضیت ہو۔ایک اچھے نقاد کے

لئے ضروری ہے کہ وہ ادب کا وسیع مطالعہ کرے فلسفہ' جمالیات' سائنس' عمرانیات' معاشیات' اقتصادیات اور نفسیات جیسے علوم سے واقفیت رکھتا ہو۔ عالمی ادب کے قدیم وجدید رجحانات سے پوری طرح واقف ہو نہ روایت کا پرستار ہو نہ اس سے بیزار وسیع النظر ہو۔ اس طرح کے نقاد کی تنقید بھی تخلیق کا درجہ حاصل کر لیتی ہے۔ ایک نقاد کسی فن پارے کو دو پہلوؤں سے پرکھتا ہے۔ ایک یہ کے اس میں کیا پیش کیا گیا ہے۔ اور دوسرے یہ کے کس طرح پیش کیا گیا ہے۔ اس کیا اور کیسے کے لئے تنقید کی اصطلاح میں دو نام مواد اور ہئیت ہیں۔ زمانہ گزرنے کے ساتھ ادب کی پرکھ کے انداز بھی بدلے۔ اردو میں تنقید کے ابتدائی نقوش تذکروں میں ملتے ہیں۔ حالؔی نے اپنی تنقیدی کتاب ''مقدمہ شعر و شاعری'' کے ذریعہ جدید اردو تنقید کا آغاز کیا۔ بعد میں تنقید کے کئی دبستان وجود میں آئے۔ جن میں رومانی تنقید' جمالیاتی تنقید سائنٹفک تنقید' تاثراتی تنقید' نفسیاتی تنقید وغیرہ شامل ہیں۔ تنقید کے ابتدائی نظریے تعریف' تشریح' توضیح اور تجزیے کی شکل میں ہیں۔ سائنٹفک تنقید ادیب اور فن کار کے تمام پہلوؤں سے بحث کرتی ہے۔ اور اُس کے ذریعہ تخلیق میں زمانے کے سماجی حالات اور خیالات کا عکس تلاش کیا جاتا ہے۔ جمالیاتی تنقید میں کسی بھی ادبی تخلیق کے مطالعے یا جائزے سے ذہن پر پڑنے والے تاثر کو اہمیت دی جاتی ہے۔ اور تخلیق میں حظ' مسرت' اور حسن کے پہلو تلاش کئے جاتے ہیں۔ تاثراتی تنقید میں کسی بھی ادبی تخلیق کے مطالعے یا جائزے سے ذہن پر پڑنے والے تاثر کا جائزہ لیا جاتا ہے۔ مارکسی تنقید میں ادب کا تعلق زندگی سے دیکھا جاتا ہے کہ اعلیٰ ادب وہی ہے جو اپنے عہد کی سچّی تصویر پیش کرے اور انسانی مقاصد کی ترجمانی کرے۔ نفسیاتی تنقید میں فرد پر زور دیا جاتا ہے۔ اور تخلیق کار کی نفسیاتی الجھنوں اور تشنگیوں کو تلاش کیا جاتا ہے۔ اس تنقید کا نظریہ یہ ہے کے انسان کی دبی ہوئی خواہشات ادب اور آرٹ کی شکل میں رونما ہوتی ہیں۔

تنقید کا تعلق تحقیق اور تخلیق سے بھی ہے۔ تینوں میں فضیلت کا معاملہ زیر بحث رہتا

ہے۔ کہا جاتا ہے کے تحقیق کے بغیر تنقید ممکن نہیں۔ اور تنقید کے لئے تخلیق ضروری ہے۔ اچھی تخلیق کے لئے سلجھے ہوئے تنقیدی شعور کی ضرورت ہے۔

تبصرہ نگاری

لفظ تبصرہ عربی زبان کے لفظ "بصرہ" سے بنا ہے جس کے معنی دیکھنے کے ہیں۔ تاہم اس لفظ کے تحت تصریح، تفصیل اور توضیح کے معنی بھی لیے جاتے ہیں۔ اصطلاح ادب میں تبصرہ (رویو) سے مراد کسی تخلیق، تالیف یا فن پارے وغیرہ پر ایسی رائے کا اظہار ہے جس میں مذکورہ چیز کی خوبیوں اور خامیوں کا فنی بنیادوں پر جائزہ لیا گیا۔ تبصرہ زبانی بھی ہوسکتا ہے اور مطبوعہ صورتوں میں بھی۔ تبصرہ کسی کتاب یا کسی اور فن پارے پر مطبوعہ جائزے کا نام ہے۔ یہ ایسا مطبوعہ مواد ہوتا ہے جس میں تازہ ترین واقعات، نئی کتابوں اور دوسرے فنون کی نئی تخلیقات، واقعات وغیرہ پر مضامین شائع کیے جاتے ہیں اور اس کی اشاعت وقفے وقفے سے ہوتی ہے۔ تبصرہ کسی مطبوعہ مواد، ڈرامائی پیش کش، نمائش یا کسی اور واقعے یا موضوع کے تجزیاتی و تنقیدی جائزے کا نام ہے جو کہ عام طور پر کسی اخبار یا رسالے میں طبع ہوتا ہے۔ لیکن عصر حاضر میں ایک خاص انداز کی تحریر کو تبصرہ نویسی کی حیثیت سے شناخت کیا جانے لگا۔ اردو میں تبصرہ نگاری کی روایت انگریزی ادب سے پروان چڑھی۔ تبصرہ کے متبادل لفظ کے لیے انگریزی میں Review جیسی ترکیب کا استعمال عام ہے۔

اردو ادب میں تبصرہ نگاری انیسویں صدی عیسوی سے فروغ پائی اس سے قبل دیباچہ کا رواج بھی عام تھا۔ تبصرہ اور دیباچہ دو مختلف صنف ہیں دیباچہ دراصل کتاب کی اشاعت سے قبل کسی مشہور قلمکار، ادیب سے لکھوا کر کتاب میں شامل کیا جاتا ہے۔ جس کا مقصد یہ ہوتا ہیکہ ادیب و ناقدین کتاب پڑھ کر تبصرہ لکھے تاکہ کتاب اشاعت میں ان کی رائے کو شامل کیا جائے۔ جس کے ذریعے نہ صرف کتاب اور مصنف کو متعارف کیا جاتا ہے بلکہ کتاب کے نمایاں خدوخال کی بھی نشاندہی کی جاتی ہے۔ موجودہ دور میں پرنٹ اور الکٹرانک میڈیا میں

عوام کے لیے روا زنہ وقفہ وقفہ سے معلومات، رہنمائی اورتفریح کا سامان مہیا کیا جاتا ہے، ان مختلف پروگرام اور مضامین میں تبصرہ نگاری کو بھی شامل کیا جاتا ہے چاہے وہ کتابوں پر تبصرہ ہو یا فلمی دنیا کی شخصیت یا پھر کوئی سیاستداں، بزنس مین کی شخصیت ہو یا کوئی پروڈاکٹ اس سے متعلق باقاعدہ طور پر تبصرہ شائع یا نشر کیا جاتا ہے، عالمی سطح پر تبصرہ نگاری کے فن کو خوب مقبولیت حاصل ہورہی ہے ،مغربی ممالک میں تبصرہ نگاری کو خصوصی اہمیت حاصل ہے۔سائنس وٹکنالوجی کے اس عہد میں لوگوں کی توجہ اب اخبارات اور ٹیلی ویژن سے ہٹ کر انٹرنٹ پر مرکوز ہوچکی ہے لیکن وہاں بھی ای اخبارات اور یوٹیوب چینل نے اپنی اچھی جگہ بنالی ہے ایسے میں تبصرہ نگاری کی اہمیت میں بھی خاصاً اضافہ ہوا۔کتابوں اور رسائل پر تبصرے آئے دن شائع ہوتے رہے ہیں ہرنئی کتاب کی اشاعت پر کوئی نہ کوئی تبصرہ اخبارات میں ضرور شائع ہوتا ہے،مختلف اخبارات کے ادبی ایڈیشن میں پورے اہتمام کے ساتھ تبصرے شائع ہوتے ہیں ہر اخبار کا اپنا معیار ہوتا ہے اسی حیثیت سے ان میں شائع ہونے والے تبصروں کی بھی علحدہ اہمیت ہوتی ہے۔فلمی دنیا میں بھی ہر آنے والی نئی فلم پر تبصرہ ٹی وی پر نشر کیے جاتے ہیں جس سے فلم کی اہمیت اور مقصد سے عوام واقف ہوتے ہیں اور اس فلم کو دیکھنے کے لیے ان کے اشتیاق میں اضافہ ہوتا ہے۔تبصرہ صحافت کا ایک لازمی عنصر ہے۔تبصرہ ہر ہونے والی تبدیلیوں سے عوام کو واقف کرواتا ہے اردو ادب میں بھی تبصرہ نگاری اپنی جداگانہ اہمیت رکھتی ہے۔

تبصرہ لکھنے والا تبصرہ نویس یا تبصرہ نگار کہلاتا ہے جب کہ اس کام کو تبصرہ نویسی کہا جاتا ہے۔ تبصرہ مختصر بھی ہوتا ہے اور مفصل بھی۔ اخبارات میں تبصرہ عموماً مختصر ہوتا ہے۔ جب کہ جرائد میں کتابوں وغیرہ پر تفصیل سے بحث کی جاتی ہے۔اخبارات میں تبصرے کا بنیادی مقصد قارئین کو مذکورہ چیز کے متعلق ضروری معلومات فراہم کرنا ہوتا ہے۔ اخبار چوں کہ عام قارئین کے لیے ہوتا ہے۔وہ مفصل تبصرے پڑھنے سے احتراز کرتے ہیں۔ مختلف

موضوعات کی کتب پر چونکہ ایک ہی تبصرہ نگار تبصرہ لکھتا ہے اس لیے وہ تفصیل میں جائے بغیر قارئین کو ضروری معلومات فراہم کرنے پر ہی اکتفا کرتا ہے۔ بعض اوقات ادبی ایڈیشنوں میں کسی فن پارے پر تفصیل سے بحث کی جاتی ہے اور اس کے محاسن اور عیوب کو سامنے لانے کی کوشش کی جاتی ہے۔ تاہم صحافتی تبصرہ نگاری اور علمی تنقید میں خاصا فرق ہوتا ہے۔

تبصرہ لکھنا بھی ایک فن ہے یہ فن بھی محنت چاہتا ہے اس لئے کہ بغیر کتاب کے مطالعہ کے تبصرہ میعاری نہیں کہلاتا حالانکہ اکثر تبصرہ نگار مصنف کی شخصیت اور کتاب کی فہرست کو مدنظر رکھتے ہوئے تبصرہ کرتے ہیں جس سے کتاب میں شامل مواد کی وضاحت مناسب طور پر نہیں ہو پاتی۔ تبصرہ قاری کو اپ ڈیٹ کرتا ہے۔ تحقیق میں مواد کی فراہمی کے سلسلہ میں بھی تبصرہ نگاری کے ذریعے مدد حاصل کی جاسکتی ہے۔ تنقید و تبصرے میں اچھے تبصرہ اور مبصر کے اوصاف میں شامل ہے کہ معلوم کیا جائے کہ کتاب کے مصنف کا موقف کیا ہے کلیدی بات کیا ہے جس کا ابلاغ مصنف کے پیش نظر ہے۔ کتاب میں کتنے ابواب ہیں۔ جہاں تک ممکن ہو ہر باب کا مرکزی خیال پیش کرتے ہوئے پوری کتاب کی تلخیص پیش کر دینی چاہیے۔ مزید براں زیر تبصرہ موضوع سے متعلقہ دیگر معلومات جن کا تبصرہ نگار کو علم ہو اشارتاً قارئین کو فراہم کر دی جائیں تو تبصرہ بہتر سطح کا تصور کیا جائے گا۔ تبصرہ نگار کو اپنی رائے پیش کرنے سے گریز تو کرنا چاہیے مگر ناگزیر سے روگردانی کرنا بھی ارتکاب جرم کے مترادف ہوگا۔ نیا موضوع ہے تو اس کو نیا کہنا ہی چاہیے۔ اگر کسی موضوع پر نئے زاویے سے روشنی ڈالی گئی ہے تو اس زاویہ نگاہ کی جانب سے قارئین کی توجہ ضرور مبذول کروانا چاہیے۔

تبصرہ میں مبصر کتاب کے مطالعہ کے بعد اس کے محاسن و معائب بیان کرتا ہے جس سے قاری کو کتاب کی اہمیت کا انداز ہوتا ہے اور اہم معلومات حاصل ہوتی ہے جس سے قاری کو کسی کتاب سے متعلق رائے قائم کرنے میں آسانی ہو جاتی ہے۔ دراصل کسی کتاب کے وجود میں آنے کو تخلیق کہا جاتا ہے اور اور محاسن و معائب کا تعلق تنقیدی عمل سے ہے۔ تبصرے میں

کتاب کے مندرجات اور اسلوبِ بیان کو کلیدی حیثیت حاصل ہوتی ہے اور مواد کے مثبت و منفی پہلوؤں کو اختصار سے بیان کیا جاتا ہے۔ سرسید کی سوانح عمری "حیاتِ جاوید" اردو ادب میں اپنی بے شمار خوبیوں اور معنوی محاسن سے قطع نظر ادب آموزی اور تنقید و تبصرہ کی ایک یادگار تالیف ہے۔ جس کی اپنی ایک منفرد پہچان ہے، اس سوانح میں خواجہ الطاف حسین حالی نے انتخاب مواد اور حسنِ اسلوب کے علاوہ تنقیدی شعور اور تجزیہ و تبصرہ نگاری کے بہترین نقوش کو اجاگر کیا ہے۔ عصر حاضر کے مبصر اس کتاب کی رہنمائی میں اپنے اندر اعلی و معیاری تنقیدی صلاحیتوں کو کو فروغ دئے سکتے ہیں۔

جن کتابوں پر مفصل یا مختصر تبصرہ مقصود ہے ان کے بار میں اولین تقاضا یہ ہے کہ پوری کتاب پڑھی جائے۔ کتاب پڑھنے کے بعد دیباچہ ایک بار پھر پڑھ لیا جائے تا کہ اس امر کی یاد دہانی ہو جائے کہ مصنف یا مولف یا مرتب نے کس نقطہ نگاہ سے یہ کتاب تصنیف کی یا تالیف کی ہے اسے ترتیب دیا اور اس نے کون سی مشکلات کا ذکر کیا۔ مفصل تبصرہ مقصود ہو تو بہتر یہ ہے کہ دوران مطالعہ۔ کتاب کے بعض اہم اور کلیدی یا دلچسپ اقتباسات پر نشانات لگالیے جائیں۔ اب تحریر کا مرحلہ آتا ہے سب سے پہلے کتاب کا نام، تبصرے کی سرخی کے طور پر دیں اس کے نیچے کتاب کا رسمی تعارف ہو اس میں کتاب کا نام مصنف یا مولف کا نام ملنے کا پتہ، صفحات کی تعداد اور قیمت درج کر دیجئے۔ اگر مجلد ہو تو اس کا ذکر دیجئے۔ مفصل تبصرہ کی صورت میں پہلے دو تین یا چار پیروں میں کتاب کا ملخص نہایت دیانتداری کے ساتھ پیش کریں، اس ملخص میں اقتباسات بھی دیے جاسکتے ہیں۔ اس کے بعد کتاب کی خوبیوں کے بارے میں ایک پیرا لکھیں، پھر اس کی خامیوں کا جائزہ لیں اور کوشش کریں کہ جائزہ مدلل ہو آخر میں کتاب کے پروڈکشن کا ذکر کریں۔

بہر حال تبصرہ کا فن اپنی ایک اہمیت رکھتا ہے تبصرہ نگاری کا فن ایک بہت مشکل اور پیچیدہ کام ہے۔ مبصر کو کسی بھی کتاب پر تبصرہ سے قبل اس کتاب کا مکمل مطالعہ کر لینا چاہئے اور تبصرہ

کرتے وقت پورے احتیاط اور غور وفکر سے کام لینا چاہئے۔مبصر کا مقصد صرف کتاب کا تعارف کرنا ہی نا ہو بلکہ وہ کتاب کی خوبیوں اور خامیوں کی طرف اشارہ بھی کرتا رہے۔کتاب کی اہمیت بھی اس کے پیش نظر رہے۔تبصرہ نگاری میں مبصر تحقیق وتنقید کو بروئے کار لائیں اور پورے انصاف کے ساتھ تبصرہ کرے۔

جمیل شیدائی کی تنقید نگاری وتبصرہ نگاری

جمیل شیدائی نے اردو کے مختلف ادیبوں کی کتابوں پر تبصرے لکھے ہیں اس کے علاوہ انہوں نے ریڈیو ڈرامے سے متعلق جو مضامین لکھے ہیں اس سے ان کے تنقیدی خیالات کو سمجھنے میں مدد ملتی ہے۔تبصرہ نگاری سے متعلق جمیل شیدائی کا ایک مضمون ''غلام مصطفیٰ رسؔا کے مجموعہ کلام ''خیالات رنگین'' کا سرسری جائزہ ہے۔ یہ مضمون رسالہ ''عدسہ'' جمیل شیدائی نمبر میں شائع ہوا۔مضمون کے آغاز میں غلام مصطفیٰ کا تعارف پیش کرتے ہوئے جمیل شیدائی لکھتے ہیں:

> غلام مصطفیٰ کے مجموعہ کلام'' خیالات رنگین'' کی اشاعت ۱۳۷۲ھ میں ہوئی۔ گویا اس شعری مجموعے کو طبع ہوئے تقریباً ۵۶ سال کا عرصہ گزر چکا ہے۔کسی شاعر کے تخلیقی افکار کو اسی وقت بہتر طور پر سمجھا جاسکتا ہے جب ہم اس ادبی پس منظر کا جائزہ لیں۔جس میں اس نے اپنا تخلیقی کام انجام دیا ہے۔غلام مصطفیٰ رسؔا داغ کے شاگرد تھے اور نہایت صغرسنی سے وہ داغؔ کو اپنا کلام برائے اصلاح دکھاتے رہے ہیں۔ہمیں یہ دیکھنا ہوگا کہ اس دور کے اقدار کیا تھے وہ دور کن سماجی' سیاسی اور اقتصادی حالات سے گزر رہا تھا۔اور اس دور کی خاص ادبی روایات کیا تھیں۔اور ادبی زبان کے

وہ کون سے معیارات جو شعر و شاعری کی صنف میں مروج تھے۔ اگر ہم اس دور کا جائزہ لیں تو ہمیں نمایاں طور پر دو مختلف گروہ ملتے ہیں۔ ایک گروہ تصوف سے متاثر ہو کر خانقاہی نظام کی طرف راغب تھا تو دوسرے گروہ کے پیش نظر عیش پرستی و عیش گوئی تھی۔ وہی مجرے، طوائفیں، رات کی رنگینیاں اور وہی شعر و شاعری جو حسن عشق کے محور پر گردش کرتی تھیں۔ معاملہ بندی کی اس شاعری کے ڈانڈے بسا اوقات ابتذال و سوقیت کی سرحدوں سے جا ملتے تھے۔ اس قسم کی شاعری میں نہ تو میر کا سوز و گداز تھا اور نہ غالب کی فکر اور نہ مومن کی معنی آفرینی۔ غزل اب سمٹ کر صرف چند موضوعات تک محدود ہو گئی تھی۔ جسے عاشق، معشوق، رقیب، وفا، جفا، محتسب اور قاصد خیال تک محدود رہ گئی تھی۔۔۔اس دور کی زبان کی سب سے بڑی خوبی یہ تھی کہ وہ نہایت آسان ہو گی تھی۔ عربی و فارسی کی لفظیات، اصطلاحات و تلمیحات سے اجتناب برتا جانے لگا تھا اور ان لفظوں کا بھی بے محابا استعمال کیا جانے لگا تھا جو بول چال کے تھے۔ شعر و شاعری کی زبان کو آسان بنانے میں داغ نے بہت اہم حصہ ادا کیا اور داغ کی اس روایت کو ان کے شاگردوں سیماب اکبرآبادی، نوح ناروی، بزم آفندی، یوسف لاہوری، آغا سرور غزلباش، ناطق گلائی اور غلام مصطفیٰ رسا نے آگے بڑھایا۔ جن موضوعات کا اوپر ذکر کیا گیا ہے ان کی روشنی میں ہم غلام

مصطفیٰ رسا کی شاعری کا جائزہ لیں گے''۔[1]

جمیل شیدائی نے غلام مصطفیٰ رسؔا کے کلام کے جائزے کے لیے پہلے ان کے دور کی خصوصیات کا احاطہ کیا۔ تنقید میں یہ روش سائنٹفک طریقہ تنقید کو پیش کرتی ہے جب کہ کسی شاعر کے کلام کے جائزے کے لیے اس کے دور کی خصوصیات کا جائزہ لیا جائے۔ جمیل شیدائی کو پتہ تھا کہ رسؔا داغ جیسے عظیم شاعر کے شاگرد ہیں اور داؔغ زبان کی صفائی اور سادہ و سلیس زبان میں شاعری کے لیے مشہور تھے۔ انیسویں صدی میں داغ جیسے شعراء کے سبب اردو شاعری کو سلاست و روانی حاصل ہوئی تھی۔ چنانچہ جمیل شیدائی نے ایک ماہر تاریخ ادب اردو کی طرح داغ کے دور کی زبان کی خصوصیات کو اجاگر کیا اس دور کے دیگر شعراء کے حوالے دیئے اور بعد میں رسؔا کا ذکر کرتے ہوئے ان کے کلام کے انتخاب کے ساتھ ان کے کلام کا جائزہ لیا۔ جمیل شیدائی نے رساء کے کلام سے موضوعاتی شاعری کے انتخاب کے علاوہ ایک قطعہ اور رباعی کا انتخاب کیا اور آخر میں رسؔا کے کلام کو سمجھنے کے تعلق سے اپنی رائے دی۔ رسؔا کا منتخب کردہ قطعہ اور رباعی اس طرح ہے۔

قطعہ

کیا کہیں اپنی زندگی کیا ہے
ایک سر ہے ہزار سودا ہے
ہم جو چاہیں نہ ہو وہ بات
بخدا نام اس کا دنیا ہے

رباعی

جب عظمت باری کا خیال آتا ہے
واللہ کہ دل خوف سے تھراتا ہے

لکھتا ہوں جو میں حمد خدا اے رسوا

سجدہ کو قلم بھی مرا جھک جاتا ہے

جمیل رسؔا کے کلام کے انتخاب کے بعد لکھتے ہیں:

''ضرورت اس بات کی ہے کہ اس مجموعہ کلام کا دوسرا ایڈیشن شائع کیا جانا چاہیے تا کہ نئی پیڑی کو اس عظیم شاعر کے کلام سے مستفید ہونے کا موقع مل سکے''۔ ۲؎

کتابوں پر تبصرے سے متعلق جمیل شیدائی کا ایک اور مضموں ''فشار ریگ۔۔۔ اجمالی جائزہ'' کے عنوان سے عدسہ کے جمیل شیدائی نمبر میں شائع ہوا ہے۔ اس مضمون میں انہوں نے انور سلیم کے شعری مجموعے ''فشار ریگ'' پر تبصرہ کیا ہے۔ جمیل شیدائی مضمون کے آغاز میں اس شعری مجموعے کی اہمیت اور انور سلیم کے ادبی مقام کا تعین کرتے ہوئے لکھتے ہیں:

''بے شک فشار ریگ سے جوئے آب کی امید رکھنا خواب و خیال کی باتیں ہیں اس حقیقت سے شاید و باید کوئی انکار کرے مگر انور سلیم نے اپنے شعری مجموعے فشار ریگ میں خواب و خیال کی ان ہی باتوں کو کچھ اس تہہ داری سے اظہار کے سانچے میں ڈھالا ہے کہ وہ مجسم ہو کر ہمارے در تخیل پر دستک دینے لگتی ہیں۔ اور ہم ان کی رنگینی سے متاثر ہوئے بغیر نہیں رہ سکتے۔ انور سلیم کا یہ شعری مجموعہ اس لحاظ سے منفرد و یکتا ہے کہ اس میں گونا گوں شعری اصناف پر کامیاب طبع آزمائی کی گئی ہے جیسے حمد، نعت، سلام، منقبت، غزل، نظم، دوہے اور ماہیے وغیرہ۔ اس

قدر متفرق اصناف کا احاطہ کرنا ہر کس و نا کس کے بس کی بات نہیں اس کے لیے وسیع مطالعہ، اعلیٰ تخلیقی صلاحیت غیر معمولی ذخیرہ الفاظ اور ریاضت چاہیے۔ انور سلیم نے یہ ثابت کر دیا کہ یہ سارے ہی عناصر ان کی دسترس میں ہیں۔

ان کی شعری عظمت کی ایک خاص وجہ ان کی ہمہ لسانی قابلیت ہے۔ اردو کے علاوہ انگریزی اور ہندی ادب پر ان کی بڑی گہری نظر ہے۔ خاص طور پر انگریزی زبان پر ان کی گرفت کا یہ حال ہے کہ اردو نثر و نظم کا وہ انگریزی میں ترجمہ اس خوبی سے کرتے ہیں کہ اصل زبان کے متنی مواد کو ترجمے کی زبان کے قالب میں من وعن ڈھال دیتے ہیں ان کی اس مہارت وخوبی کے معترف انگریزی ادبیات کے جید پروفیسرز رہے ہیں''۔۳۳

جمیل شیدائی نے انور سلیم کے فن پر اجمالی جائزے کے بعد شعری مجموعہ ''فشار ریگ'' میں شامل مختلف اصناف شعری کے انتخاب کے ساتھ اس پر جائزہ پیش کیا ہے۔ حمد کے اشعار کے انتخاب کے ساتھ حمد کی پیش کشی پر شاعر کے رویے کا اظہار کرتے ہوئے جمیل شیدائی لکھتے ہیں:

''اس شعری مجموعہ کی ابتداء حمد سے ہوتی ہے۔ باری تعالیٰ کی حمد و ثنا کا حق اسی صورت میں ادا ہو سکتا ہے جب کہ قدرت و رحمت کا یقین کامل ہو۔ چنانچہ انور سلیم اپنی اس حمد میں اس کی بے حد حصر و برتری کا اعتراف کرتے ہوئے معروضی رویہ اپناتے ہیں جہاں جہاں وہ باری تعالیٰ

کی بزرگی و برتری بیان کرتے ہیں وہاں وہاں اپنی بے
بضاعتی اور بے مائیگی کا ذکر بھی ضروری سمجھتے ہیں جیسے

تیری حمد و ثنا میرے بس میں نہیں
ایسے لفظوں سے محروم و لاچار ہوں
میری ہر سانس تیری عطا و کرم
تو ہے شافی میں جیسا بھی بیمار ہوں
ذرہ ذرہ میں ہے رونما تو ہی تو
اور میں حیرت محو دیدار ہوں
ہے سلیم ایک ناچیز بندہ و ترا
لاج رکھ لے کہ رسوائے بازار ہوں ؎

شعری مجموعہ فشار ریگ میں شامل غزلوں پر تبصرہ کرنے کے دوران جمیل شیدائی غزل کے فن اور اردو غزل کی روایت پر بھی اپنی معلومات کا اظہار کرتے ہیں۔اس ضمن میں وہ لکھتے ہیں:

''اس شعری مجموعے میں قابل لحاظ تعداد میں غزلیں اور نظمیں بھی ہیں۔یہ ایک حقیقت ہے کہ غزل اپنی ہر دل عزیزی اور محبوبیت کی وجہہ سے عالمی شہرت کی حامل ہوگئی ہے۔اردو ادب میں بے شمار تحریکیں آئیں۔ادب کا مزاج اور پیمانہ بدلا۔غزل بھی مائل بہ تغیر ہوئی اور اب یہ زخمی غزال کی آہ تیر نیم کش یا محبوب سے باتیں کرنے کے علاوہ حیات و کائنات کے مسائل کو بھی اپنے اندر سمونے لگی ہے۔ بعض بعض جدید غزلوں میں سماجی، سیاسی، معاشی مسائل اور خاندانی رشتوں کی اس حد تک بہتات ہوتی ہے کہ ایسی

غزلیں مسائل کا پلندہ لگنے لگتی ہیں۔اسی طرح بعض شعراء اسے اپنے پند و وعظ کے لیے استعمال کر کے اس کا بڑی بے دردی سے خون کر دیتے ہیں انور سلیم کی غزلیں ان خرافات سے پاک ہوتی ہیں۔

انور سلیم کے یہاں عشق و محبت کے مضامین ہیں وہیں مسائل کو بھی انہوں نے باکمال خوبی غزل میں شامل کیا ہے۔وہ اس جانب ہلکے اشارے کر کے گزر جاتے ہیں۔وہ اپنی غزلوں میں اپنی ذات کو محور بناتے ہیں۔تذکرہ ذات کے اشعار ملاحظہ کیجیے۔

تم یہاں ڈھونڈا کرو نقش پرانے میرے
میں سفر میں ہوں بدلنے ہیں ٹھکانے میرے
خود سمجھ لینا کہ جو مجھ کو سمجھ پائے ہیں
وہ نہیں آئیں گے اسباق پڑھانے میرے
کہہ رہی ہے یہ آگہی مجھ سے
چھین لے گی وہ رو روشنی مجھ سے
آئینہ اب سلیم کیا ددیکھوں
ہے بہت ہی الگ چھبی مجھ سے

اب ان اشعار پر غور کیجیے جن میں مسائل شامل ہیں۔

اس پراگندہ ماحول میں جینے کے لیے
لازمی ہے کہ سپولا کو پالا جائے

اس واسطے میں پار نہ دریا کو کر سکا
کہ سازشوں کے دائرے زیر چناب تھے
نکلے فلک کو چھونے پرندے مگر سلیم
دیکھا تو گھات میں ان کے عقاب تھے

مندرجہ بالا اشعار میں ماحول کی پراگندگی، سازشوں اور گھات میں لگے دشمنوں کا احوال بہ خوبی بیان کیا گیا ہے۔ انور سلیم اپنے شعروں کو مسائل سے بوجھل نہیں کرتے اور نہ ان سے اصلاح معاشرہ کا کام لیتے ہیں''۔۵

جمیل شیدائی نے انور سلیم کی شاعری اور بالخصوص غزل کی تنقید میں تاثراتی طرز تنقید کو اپنایا ہے۔ انہوں نے انور سلیم کی شاعری کا گہرائی سے مطالعہ کیا۔ غزل کی روایت سے واقفیت حاصل کی اور انور سلیم کی غزل گوئی کی انفرادیت کو اپنے تنقیدی رویے اور تنقیدی بصیرت سے مضمون میں پیش کیا۔ جہاں کہیں انہیں انور سلیم کے فن نے متاثر کیا وہیں انہوں نے اپنے تاثرات پیش کیے۔ اس طرح ہمیں اندازہ ہوتا ہے کہ کتابوں پر تبصرہ نگاری کے دوران جمیل شیدائی سائنٹفک اور تاثراتی تنقیدی رویے کو اپناتے ہیں۔ انور سلیم کے شعری مجموعے ''فشار ریگ'' میں شامل نظموں کا جائزہ لیتے ہوئے جمیل شیدائی لکھتے ہیں:

فشار ریگ میں نظمیں بھی شامل ہیں۔ یہ نظمیں طویل نہیں بلکہ مختصر سی ہیں۔ جیسے امتحان، مختصر نظمیں اور صفر سیریز کی ساری ہی نظمیں۔ طویل نظموں کی بہ نسبت مختصر نظم کہنا زیادہ مشکل ہوتا ہے۔ کیوں کہ مافی الضمیر کے

اظہار میں کفایت لفظی مانع ہوتا ہے۔ تمہید باندھنے یا جزویات کے تفصیلی بیان کی مختصر نظم میں کوئی گنجائش نہیں ہوتی۔ اس شعری مجموعے میں شامل نظموں میں موضوعی، معروضی، داخلی اور خارجی سب ہی قسم کی کی نظمیں ہمیں پڑھنے کو ملتی ہیں۔ انور سلیم نے صفر کو موضوع بنا کر کامیاب نظمیں کہی ہیں۔ وہ اس علامت کو مختلف معنی و مفہوم میں استعمال کرتے ہیں۔ جیسے ان کی یہ نظم ملاحظہ کیجیے۔ نظم کا عنوان ہے۔ صفر کائنات

صفر تھا تو نور تھا

صفر کا پھر دائرہ

نور مرکز بن گیا

دائرے بنتے گئے

صفر اندر صفر بھی بنتے گئے

اور بکھرتے بھی گئے

صفر کی تجسیم بھی ہوتی گئی

زینہ بہ زینہ

صفر کی تکمیل بھی ہوتی گئی

گو صدائے کن کہیں ٹھہری نہیں

کب تک معلوم کس کو

طے ہے لیکن

جب دھواں چھا جائے گا

دائروں میں
پھر سمٹ جائیں گے صفر
روشنی میں کچھ نہائے
کچھ اندھیرے کی غذا
نور والا دائرہ اپنی جگہ

اس نظم کا پس منظر نہایت وسیع ہے ۔ اس میں کائنات کی تشکیل سے لے کر اس کے فنا ہو جانے کا احوال فلسفیانہ انداز میں بیان کیا گیا ہے۔ یہ بتایا گیا ہے کہ کس طرح کائنات درجہ بہ درجہ بنتی گئی اور جب جب دھواں چھا جائے گا تو تما اصفار دارئے میں قید ہو جائیں گے ان میں سے کچھ روشنی میں نہائے اور کچھ اندھیرے کی غذا بنکر ہمیشہ کے لیے مٹ جائیں۔ مگر وہ نور والا دائرہ یعنی خالق کائنات اپنی جگہ دائم وقائم رہے گا'' ۔[۶]

جمیل شیدائی نے انور سلیم کی نظم نگاری پر تنقید کے سلسلے میں توضیح وتشریح کا طریقہ اختیار کیا تنقید کی یہ بھی ایک قسم ہے کہ اس میں توضیح وتشریح کا طریقہ اختیار کیا جاتا ہے۔ مجموعی طور پر ''فشار ریگ'' پر جمیل شیدائی نے ایک جامع تبصرہ کیا جس میں انور سلیم کی شعری انفرادیت اور ان کے کلام کے اہم گوشوں حمد ونعت' غزل گوئی اور نظم نگاری کو بہتر انتخاب اور اس کی توضیح و تشریح کے ساتھ پیش کیا گیا۔ اس تبصرے کو پڑھنے کے بعد قاری کو انور سلیم کی شاعری اور ان کے شعری مجموعے کے بارے میں بھرپور معلومات ملتی ہیں۔

اردو کے ادیبوں کی تصانیف اور شعری مجموعوں پر تبصروں کے سلسلے میں جمیل شیدائی کا ایک اور تبصرہ ''دُکھتی رگ پر ایک سرسری نظر'' کے عنوان سے عدسہ جمیل شیدائی نمبر میں شامل

کیا گیا ہے۔ جمیل شیدائی نے یہ تبصرہ محبوب نگر سے تعلق رکھنے والے مزاحیہ شاعر چچا پالموری کے شعری مجموعے پر لکھا ہے۔ جمیل شیدائی سائنس کے گرائجویٹ ہونے اور ڈسٹلری میں ملازمت کرنے کے باوجود اردو ادب کا اچھا ذوق رکھتے تھے۔ اردو شعر و نثر کی مختلف اصناف پر ان کی گہری نظر تھی۔ مزاحیہ شاعری کے مجموعے پر تبصرہ کرنے سے قبل انہوں نے مزاح کی تعریف اور اردو میں مزاح نگاری کی روایت کے تعلق سے اچھی معلومات قارئین کو فراہم کی ہیں۔ ''دکھتی رگ'' شعری مجموعے کے تبصرے کے آغاز میں جمیل شیدائی مزاح کے تعلق سے لکھتے ہیں:

''کہا جاتا ہے کہ ظرافت اور طنز و مزاح انسان کی سرشت میں ہے اور وہ زندگی کی تلخیوں کو ان ہی کے سہارے دور بھی کر لیتا ہے۔ عموماً یہ سمجھا جاتا ہے کہ طنز و مزاح کا تعلق مسرت و انبساط سے ہے۔ اس کا وجود غم ہی کا مرہون منت ہوتا ہے۔ چناں چہ اس حقیقت کا برملا اظہار انگریزی کے مشہور ادیب مارک ٹوئین نے بھی کیا ہے جو خود بھی ایک اعلیٰ پایہ کے مزاح نگار رہے۔ وہ کہتا ہے۔

The Secret source of humour is not joy but sorrow.

یعنی غم مزاح کا پوشیدہ مبداء ہے نہ کہ خوشی۔ اردو میں طنز و مزاح کی صنف اتنی ہی پرانی ہے جتنی اردو کی تاریخ۔ چناں چہ اس کے اولین نقوش امیر خسرو کے کلام میں بھی مل جاتے ہیں تفنن طبع کے لیے سب ہی ادیبوں اور شاعروں نے اس میں طبع آزمائی کی ہے۔ مگر طنز و مزاح کا ہمہ وقتی اور باقاعدہ شاعر جعفر زٹلی ہے جس نے تقریباً تین سو سال قبل اردو کو کچھوا نامہ' بھوت نامہ' بڑھوا نامہ جیسی ظریفانہ نظمیں دیں۔ یہ کہا جاتا ہے کہ اگر اس کے کلام میں سوقیت و ابتذال نہ ہوتا تو اس کا ادبی مقام نہایت بلند ہوتا۔

طنز و مزاح کے لکھنے والوں میں نثر نگاروں کی کثرت رہی ہے۔ قابل ذکر نثر نگاروں میں فرحت اللہ بیگ' رشید احمد صدیقی' کنھیا لال کپور' سلطان حیدر جوش' ملا رموزی' فکر

تونسوی، شوکت تھانوی، پطرس بخاری، شفیق الرحمٰن، مشتاق احمد یوسفی، یوسف ناظم، مجتبیٰ حسین اور عابد معز وغیرہ وغیرہ۔ جن لوگوں نے شاعری میں اس صنف کو اپنایا ان میں سے کچھ خاص ہیں انجمن مان پوری، ظریف لکھنوی، احمق پھپھوندوی، ظریف جبل پوری، راجہ مہدی علی خاں، سید محمد جعفری، ماچس لکھنوی اور ہال سیوہاری وغیرہ وغیرہ

طنز ومزاح کے لیے حیدرآباد بھی ایک خاص شہرت کا حامل ہے۔ اس کی اصل وجہ ڈاکٹر مصطفیٰ کمال کی ادارت میں کئی سال سے شائع ہونے والا رسالہ شگوفہ اور زندہ دلان حیدرآباد ہے۔ حیدرآباد کے جن شاعروں اور ادیبوں نے طنز ومزاح میں طبع آزمائی کی ہے ان میں کچھ یوں ہیں: بھارت چند کھنہ، مسیح انجم، پرویز یداللہ مہدی، ڈاکٹر عباس متقی، ڈاکٹر نسیم الدین فریس، یوسف ناظم، بوگس حیدرآبادی، صبغت اللہ بمباٹ، معین امر بمبو، حفیظ خاں سپاٹ، پاگل عادل آبادی، فرید انجم، سلیمان خطیب، سرور ڈنڈا، رؤف رحیم، طالب خوندمیری، رشید عبدالسمیع جلیل حیدرآباد ہی کے مشور ومعروف ادیب جناب مجتبیٰ حسین کو اس صنف کے امام ہونے کا شرف حاصل ہے''۔ ۷

جمیل شیدائی نے طنز ومزاح کی تعریف اور اردو شعر وادب میں طنز ومزاح کی روایت کو اپنے تبصرے میں تمہید کے طور پر پیش کیا ہے۔ اس اقتباس میں انہوں نے ہندوستان میں طنز ومزاح کے سبھی اہم نثر نگاروں اور شاعروں کی جانب اشارہ کیا خاص طور سے حیدرآباد دکن کے نامور مزاح نگاروں کی فہرست پیش کرتے ہوئے یہ واضح کیا کہ حیدرآباد میں مزاحیہ ادب کے ترجمان رسالہ ''شگوفہ'' مدیر مصطفیٰ کمال اور زندہ دلان حیدرآباد کی سرگرمیوں سے حیدرآباد ہندوستان میں مزاحیہ ادب کا ایک مرکز بن گیا۔ اردو میں مزاح نگاری کے یہ اثرات شہری علاقوں کے علاوہ دیہی علاقوں تک بھی پہنچے۔ یہی وجہ ہے کہ حیدرآباد سے جنوب میں محبوب نگر سے تعلق رکھنے والے مزاحیہ شاعر چچا پالموری کا شعری مجموعہ ''دکھتی رگ'' بھی سامنے آگیا۔ چچا پالموری کا تعارف پیش کرتے ہوئے جمیل شیدائی لکھتے ہیں:

''محبوب نگر سے تعلق رکھنے والے شاعر چچا پالموری کی دکنی شاعری کے بھی چرچے ہونے لگے ہیں اور ان کا مجموعہ کلام ''دکھتی رگ پر'' میرے پیش نظر ہے۔ دکنی زبان میں شعر کہنا یوں آسان نہیں کہ اس میں عام بول چال کی زبان اور خاص طور سے دوستا زادوں کو روزمرہ کو لیا جاتا ہے۔ جو دکن کے دیہاتوں میں رہتے ہیں۔اس لیے شعروں کے بے وزن ہو جانے کا بڑا خدشہ لگا رہتا ہے۔ چچا پالموری کا کمال یہ ہے کہ وہ مافی الضمیر کو دکھنی زبان میں ادا کرنے کے لیے مترنم بحروں کا انتخاب کرتے ہیں۔اور اس میں ایسے شعر نکالتے ہیں جس میں ظرافت کا پہلو مکمل طور پر نمایاں ہوتا ہے جیسے ۔

کیسا قانون ہے اس پو مٹھی پڑو

جو خطا وار کو بے خطا بول را ۸

تبصرے میں آگے جمیل شیدائی نے چچا پالموری کے مختلف موضوعات پر کہے گئے اشعار کے انتخاب کے ذریعے ان کی مزاحیہ شاعری کے مختلف گوشوں کو واضح کیا ہے۔جمیل شیدائی لکھتے ہیں:

ایک اور شعر ہے۔ منگ کو لا رئیں یا لکھ وارئیں کس کس کے شعراں ہیں

پڑھتے جارئیں بھیجا رکھارئیں ایسے بھی کچھ لوگاں ہیں

آج کل زور و شور سے برپا ہونے والے مشاعروں کے سیاق وسباق میں شاعر اسی سادہ بیانی میں ان خواتین خوش شکل وخوش گلو وخوش لباس کا احوال بھی بیان کر رہا ہے۔ جو فکری انداز سے یکسر عاری شعروں کو اپنے ترنم اور خاص اداؤں سے سنوار کر پیش کرتی ہیں اور اس کے ساتھ ساتھ ان میں مہمل اور لغو شعروں کی حفاظت کے لیے گزارش بھی کرتی ہیں۔کثیر العیالی بھی آج کے دور کا ایک اہم مسئلہ ہے۔عواقب ونتائج سے بے خبر کچھ لوگ ایسے بھی ہیں۔

سات چھلے کر کو بیٹھیں پھر نواں مہینہ لگا

خالہ ماں چکر میں پڑ گئیں تیس کے انتیس کے

کچھ تو MNCs کی وجہہ سے اور کچھ ان ٹیلی ویژن پروگراموں کے نتیجے میں ہماری تہذیب اور ہمارے کلچر میں بڑی تیزی سے تبدیلیاں رونما ہو رہی ہیں۔اس جانب چچانے یوں اشارہ کیا ہے

ہائے کس میں' ہائے لو یؤسی یا ڈارلنگ تھیا نک یو
ہیں تماشے آج کل کی سوشیل تدریس کے

بہرالحال چچا کی قادرالکلامی سے انکار نہیں کیا جاسکتا وہ جس آسانی سے غزل کہتے ہیں اسی آسانی سے نظمیں بھی قلم بند کرتے ہیں۔ڈاکٹر قطب سرشار کا یہ بیان حقیقت کی مکمل عکاسی کرتا ہے: مزاح کے سبب پیدا ذہنی گدگدی کی تہہ میں کہیں نہ کہیں نکیلا پن بھی ہوتا ہے جس کی چبھن سے ہنسی ہنسی میں سسکی نکلی جاتی ہے۔مسکراہٹوں اور نشتریت کا دلچسپ امتزاج چچا کے اشعار میں جا بجا ملتا ہے اور یہی امتزاج ایک کامیاب شاعر بھی بناتا ہے''۔9

جمیل شیدائی کا ایک تعارفی مضمون مدیر ''عدسہ'' میر فاروق علی کے بارے میں ہے۔اس مضمون میں انھوں نے شخصیت کے تعارف' ان کی تعلیم وتربیت اور ان کی علمی وادبی خدمات کا ذکر کیا ہے۔کسی علمی وادبی شخصیت کے بارے میں لکھا گیا یہ مضمون ایک مثالی مضمون کہا جاسکتا ہے۔میر فاروق علی کا تعارف پیش کرتے ہوئے جمیل شیدائی لکھتے ہیں:

'' میر فاروق علی صاحب کا تعلق حیدرآباد کے شائستہ علمی و مذہبی گھرانے سے ہے۔آپ کے والد میر عثمان علی صاحب مرحوم اے۔جی آفس میں آڈیٹر تھے۔آپ نہایت ہی ذمہ دار صوم وصلوٰۃ کے پابند اور خدا ترس تھے۔ان دنوں مرحوم کے پوتے اور نواسے حیدرآباد' دبئی' امریکہ اور آسٹریلیا کے کالجوں میں اعلیٰ تعلیم حاصل کر رہے ہیں۔

میر فاروق علی صاحب یکم اپریل ۱۹۴۶ء کو پیدا ہوئے ۔ ابتدائی تعلیم محلے ہی کے اسکول میں حاصل کی اور پھر صحافت کی دنیا میں قدم رکھا اور اپنے انمٹ نقوش چھوڑے۔۱۹۷۴ء میں جامعہ عثمانیہ سے بی اے کا امتحان کامیاب کیا۔مختلف دفاتر میں منصری کے بعد آپ کا تقرر محکمہ آب کاری میں ہوا دوران ملازمت آپ نے مختلف امتحانات (منعقدہ پبلک سروس کمیشن) پاس کیے جو یوں ہیں۔۱) اکاؤنٹ ٹسٹ پارٹ I اور II (۱۹۸۵۔۱۹۶۹) ۲) محکمہ آب کاری کے امتحان ٹسٹ A قوانین دیوانی فوجداری 'ایکٹس و ضوابط' ہدایت نامہ آب کاری' ہدایت نامہ ڈسٹیلری' ٹائپ رائٹنگ امتحان منعقدہ حکومت مہاراشٹر ۱۹۷۰' محکمہ آب کاری میں ترقی کرتے ہوئے بوقت وظیفہ آپ مددگار مہتمم آب کاری و امتناع نشہ بندی پر مامور تھے۔ دوران ملازمت آپ کو اعلیٰ کارکردگی اور بہادری کے لیے کلکٹر محبوب نگر شریمتی پریتی سدھن آئی اے ایس نے ۱۹۹۳ء میں توصیفی سرٹفکیٹ جشن آزادی کے موقع پر پریڈ گراؤنڈ محبوب نگر عطا کیا۔۱۰

مضمون کے دوسرے حصے میں جمیل شیدائی نے میر فاروق علی کی ادبی خدمات اوران کی دیگر سرگرمیوں کا احاطہ کیا۔اس ضمن میں وہ لکھتے ہیں:

ادبی تنظیموں سے وابستگی: چوں کہ بچپن ہی سے ادبی میلان غالب تھا اس لیے مختلف ادبی تنظیموں سے وابستہ

رہے ۱) ۱۹۶۴ء تا حال گلشن ادب کے سکریٹری ہیں۔۲) نادار تعلیم فنڈ کے صدر رہے۔۳) عثمانیہ گرائجویٹس اسوسی ایشن کے تاحیات ممبر ۴) فائن آرٹس اکیڈیمی حیدرآباد کے رکن۔

ادبی خدمات ۱) ۱۹۹۴ء میں آپ نے مزاحیہ مضامین کا مجموعہ ''بے کار کی باتیں'' شائع کیا۔اس کتاب کو آندھرا پردیش اردو اکیڈیمی نے ۱۵۰۰ روپے سے نوازا۔۲) ''تنکے کا سہارا'' آپ کے دوسرے مزاحیہ مضامین کا مجموعہ ہے۔۳) بے کار کی باتیں اور تنکے کا سہارا کا ترجمہ انگریزی زبان میں ہوا اور یہ ترجمہ طباعت کے مرحلے میں ہے۔۴) تصانیف کے علاوہ آپ کے بیشتر مزاحیہ مضامین 'خاکے مقامی اخبارات اور قومی رسائل میں شائع ہوتے رہے۔۵) آل انڈیا ریڈیو سے بھی آپ کے مضامین نشر ہوتے رہے۔۶) آپ نے بسلسلہ حج بیرون ملک کا دورہ بھی کیا اسی دوران جدہ اردو اکادمی نے آپ کا خیر مقدم کیا جہاں آپ نے اپنے تاثرات کا اظہار کیا۔چونکہ صحافت سے دیرینہ تعلق رہا اس لیے وظیفہ کے بعد اپنی ادارت میں ''عدسہ'' جاری کیا اور ہر ماہ پابندی سے اس کے ادبی سپلمنٹ خاص نمبر کی صورت میں نکالتے ہیں۔ اس کی ادبی حلقوں میں خاص پذیرائی ہوتی ہے۔

مکان کشادہ ہے اور افراد خاندان کم یعنی اہلیہ اور

ایک لڑکی۔ اس لیے گھر پر بھی ادبی جلسوں کا انعقاد عمل میں آتا رہتا ہے۔ چوں کہ آپ کی اہلیہ عثمانین ہیں اور ادبی ذوق کی حامل ہیں یہی وجہہ ہے کہ ان کی سرگرمیوں پر محترمہ کی کوئی قدغن نہیں لگاتیں بلکہ وہ ان کی تحریروں کی اولین قاری ہونے کا منصب بھی ادا کرتی ہیں۔ میر فاروق علی صاحب کو ہند و پاک کے مشہور و معروف شاعر و ادیب و ترجمہ نگاری ماہر اقبالیات جناب مظفر مجاز صاحب سے خاصی عقیدت ہے اور انہیں موصوف کی سرپرستی بھی حاصل ہے''۔ 11

میر فاروق علی کے اس جامع تعارف سے جمیل شیدائی نے یہ واضح کیا کہ جب کسی ادبی شخصیت کا تعارف لکھا جائے تو اس کے حالات زندگی کے ساتھ ساتھ اس کی ادبی سرگرمیوں' اسے ملنے والے ایوارڈ ز اور اس کے اسفار کی تفصیلات قاری کو فراہم کی جانی چاہئیں۔ جمیل شیدائی نے اس مضمون میں یہ اہم اطلاع بھی فراہم کی کہ میر فاروق علی کی اہلیہ بھی ادب کا اچھا ذوق رکھتی ہیں۔ جس طرح کہا جاتا ہے کہ ایک کامیاب مرد کے پیچھے ایک عورت کا ہاتھ ہوتا ہے اسی طرح ہم کہہ سکتے ہیں کہ ایک کامیاب ادیب کے پیچھے بھی ادب کا ذوق رکھنے والی اسکی اہلیہ کا ہاتھ ہوتا ہے۔ اس ضمن میں میر فاروق علی خوش قسمت رہے کہ انہیں ادب کا اچھا ذوق رکھنے والی بیوی ملیں۔ بہر حال جمیل شیدائی نے اپنے تعارفی مضمون سے میر فاروق علی کی شخصیت کے سبھی گوشے قارئین کے سامنے پیش کر دیئے۔

جمیل شیدائی نے ادبی کتابوں پر تبصرے لکھے ادیبوں کے تعارفی مضامین لکھے اور اردو ادب اور ڈرامے کی صنف کے تعلق سے مضامین بھی لکھے۔ ان کا ایک تنقیدی مضمون ''ریڈیو ڈرامے کے بارے میں'' ہے۔ اس مضمون میں جمیل شیدائی نے ریڈیو ڈراموں کی تاریخ اور اس کے لیے درکار اہم عوامل کا ذکر کیا ہے۔ جمیل شیدائی نے ابتداء میں ریڈیو

ڈراموں کی تاریخ بیان کی کہ عالمی سطح پر دوسری جنگ عظیم کے بعد ریڈیو ڈرامے کا آغاز ہوا۔ ہندوستان میں ۱۹۳۵ء کے بعد سے ریڈیو ڈرامے لکھے جانے لگے۔ریڈیو ڈراموں کی خصوصیات بیان کرتے ہوئے جمیل شیدائی لکھتے ہیں:

''اسٹیج کا ڈراما بہ یک وقت تماشہ بینوں کے لیے بصری اور سمعی ہوتا ہے۔اس لیے کرداروں کے لباس، وضع قطع، اسٹیج کی تزئین سے ڈرامے میں ایک خاص کیفیت پیدا کی جاسکتی ہے۔جب کہ نشری ڈرامے کو سامعین تک پہنچایا جاتا ہے۔یہاں صدا کار کو صرف اور صرف اپنی آواز کے اتار چڑھاؤ سے سننے والوں کو متاثر کرنا ہوتا ہے۔اسے یہ بات اچھی طرح سمجھنی ہوتی ہے کہ سامع اسے اپنی تخیلی آنکھ سے دیکھ رہا ہے۔اسٹیج پر بے شمار کردار پیش کیے جاسکتے ہیں تماشہ بینوں کے لیے ان کرداروں میں فرق کرنا مشکل نہیں ہوتا۔جب کہ ریڈیو ڈرامے کے لیے کم سے کم کردار رکھنے ہوتے ہیں کیوں کہ دو کرداروں کی ملتی جلتی آواز سے سامعین کو الگ الگ شناخت میں دقت ہوتی ہے اور جب کبھی ایسی صورت حال پیدا ہوتی ہے تو ڈرامے کا مجموعی تاثر ختم ہوتا ہے۔ اور کرداروں کے باہمی رشتے گڈ مڈ ہوجاتے ہیں۔یہی وجہ ہے کہ بعض اچھے ریڈیو ڈرامے کرداروں کی بہتات سے اپنے سامعین کو ناخوش کرتے ہیں۔چناں چہ شروع کے ڈرامے اپنی طوالت اور کرداروں کی کثرت کی وجہ سے سننے والوں کو کم کم ہی متاثر کرتے رہے۔اس کے

علاوہ اردو داں طبقہ شاعری کا رسیا تھا۔ اس لیے ریڈیو سے
مشاعروں کی پذیرائی ڈراموں سے زیادہ تھی''۔ ۱۲

جمیل شیدائی نے جو نشری ڈرامے لکھے تھے اس سے انہیں ریڈیو ڈرامے کے فن پر عبور حاصل تھا۔ یہی وجہ ہے کہ انہوں نے ریڈیو ڈرامے کے فن پر یہ معلوماتی مضمون لکھا۔ اردو میں ریڈیو ڈراموں کی روایت کے تعلق سے جمیل شیدائی نے بھی اردو کے ادیب سید امتیاز علی تاج، سعادت حسن منٹو، اوپندر ناتھ اشک، مرزا ادیب، کرشن چندر، راجندر سنگھ بیدی، عصمت چغتائی، احمد ندیم قاسمی، راجہ مہدی علی خاں، سلام مچھلی شہری، جاوید اقبال، رضیہ سجاد ظہیر، صالحہ عابد حسین، کرتار سنگھ دگل اور اظہر افسر وغیرہ کے نام لیے ہیں جنہوں نے ریڈیو کی مقبولیت کے دور میں اپنی ادبی و تخلیقی سرگرمیوں کے دوران ریڈیائی ڈرامے لکھے تھے۔ ریڈیو ڈرامے کی اہمیت اور اس کی تکنیک کے تعلق سے جمیل شیدائی اپنے مضمون میں مزید لکھتے ہیں:

''ریڈیو ڈرامے کے بارے میں یہ بالکل درست ہے کہ یہ سارے گھر اور افراد خاندان کی تفریح کا سامان بلا خرچ مہیا کرتا ہے۔ یہ بہ یک وقت انڈسٹری بھی ہے اور آرٹ بھی۔ اس کو موثر طریقے سے استعمال کر کے اس سے کئی اہم کام بھی لیے جا سکتے ہیں۔ جیسے پروپگنڈہ اشاعت تعلیم اور تشہیر وغیرہ۔

ریڈیو ڈرامے لکھنے کی تکنیک دوسرے قسم کے ڈراموں کی تکنیک سے کچھ زیادہ مختلف نہیں ہے۔ اس میں پلاٹ ہوتا ہے جو مختلف مدارج طئے کرتا ہوا نقطہ عروج کی طرف جاتا ہے شرح بیان اور نقطہ عروج کے درمیان کی

کڑیاں کرداروں کی باہمی کشمکش اور ٹکراؤ سے عبارت ہوتی ہیں۔ پلاٹ کے بارے میں اس قدر کہا جاسکتا ہے کہ ریڈیو کا ڈراما بھی اسٹیج سینما اور ٹی وی ڈرامے کی طرح اپنا خاص دائرہ عمل رکھتا ہے۔ یہی وجہ ہے کہ ایک قسم کے ڈرامے کو دوسرے قسم کے ڈرامے میں تبدیل کرنا آسان نہیں ہوتا۔ اس بات سے کسی کو انکار نہیں ہے کہ اسٹیج پر ریلسٹک ڈراما زیادہ کامیاب ہوتا ہے اس کی وجہ یہ ہے کہ یہ اپنے سہ رخی تاثر کی وجہہ سے ناظرین کو متاثر کرتا ہے اسٹیج کے لیے لکھنے والے عموماً اس قسم کے ڈراموں کا انتخاب کرتے ہیں۔ اسی طرح سینما کے لیے تیز رفتار ڈرامے جیسے ایڈونچر' مار دھاڑ اور سستی جذباتیت والے ڈرامے موزوں ہوتے ہیں۔ ٹی وی کے لیے مزاحیہ اور سنجیدہ دونوں ڈراموں کا چلن ہے۔ ریڈیو کے لیے تاریخی سنجیدہ مزاحیہ سب ہی قسم کے ڈرامے لکھے جاسکتے ہیں۔ مگر خاص طور سے ریڈیو کے لیے ایسے ڈرامے بہت موزوں ہوتے ہیں جن میں تصوراتی بے لگامی ہوتی ہے ایسے ڈراموں کو فنٹاسی ڈراما کہا جاتا ہے اس کی وجہ یہ ہے کہ کوئی بھی تخیلی صورت مناسب مکالموں صوتی تاثر اور موسیقی سے ذہنی سطح پر کامیابی سے ابھاری جاسکتی ہے۔'' ۱۳

جمیل شیدائی نے اس مضمون میں ڈرامے کی مثال دے کر بھی ریڈیو ڈرامہ نگاری کی تکنیک کو واضح کیا۔ ان کا یہ مضمون فن ڈراما نگاری کے باب میں اہمیت کا حامل ہے۔ جمیل شیدائی کے

یہ اور دیگر مضامین اپنے موضوع پر بھر پور معلومات فراہم کرتے ہیں اس کے علاوہ وہ موضوع کی جزئیات کو اس طرح واضح انداز میں سمجھاتے ہیں کہ اردو کا عام قاری بھی موضوع سے واقفیت حاصل کر لیتا ہے۔ اگر ہم جمیل شیدائی کے تنقیدی رویے کی بات کریں تو ان میں توضیح وتشریح تاثراتی اور سائنٹفک انداز نقد پایا جاتا ہے۔ اگر وہ اردو شعر و ادب پر بھی تنقیدی مضامین لکھتے تو اردو ادب کی اچھی خدمت ہوتی۔ جمیل شیدائی کے تبصرے اور تنقیدی مضامین اردو کے تنقیدی ادب میں اچھا اضافہ ہیں۔ جمیل شیدائی کا اسلوب سادہ اور رواں ہے وہ مشکل مضمون کو بھی اپنی آسان اور سلیس اردو زبان میں ادا کرتے ہیں۔ ان کے تنقیدی مضامین ایک طرح سے موضوع سے متعلق معلومات کا انسائیکلوپیڈیا ہیں۔ چاہے وہ مزاح سے متعلق مضمون ہو یا فن ڈراما نگاری سے متعلق۔ وہ ادب کی تاریخ سے بھی واقف تھے یہی وجہہ ہے کہ انہوں نے اپنے مضامین میں مزاح نگاری کی تاریخ اور ریڈیائی ڈراما نگاری کی تاریخ سے بھی قارئین کو واقف کرایا۔ موجودہ دور کی کسی تخلیق پر تنقیدی مضمون لکھنے کے لیے ضروری ہے کہ نقاد کو اس کے پس منظر اور اس کی صنف کی تاریخ سے بھر پور واقفیت ہو اور جمیل شیدائی نے اردو زبان و ادب سے اپنی دلچسپی اور ادب سے واقفیت کے پیش نظر اپنے مضامین میں موضوع کی تاریخ کو پیش کیا اور اپنی گہری تنقیدی بصیرت کا ثبوت دیا۔ رسالہ ''عدسہ'' کے مدیر میر فاروق علی بھی قابل مبارکباد ہیں کہ انہوں نے ''عدسہ'' کا جمیل شیدائی نمبر ڈسمبر ۲۰۲۱ء میں جاری کیا اور جمیل شیدائی کے بارے میں تعارفی مضامین کے علاوہ اس رسالے میں جمیل شیدائی کے منتخبہ تبصرے اور تنقیدی مضامین شامل کیے اور ان کی فکر وفن کو ایک جگہ محفوظ رکھنے کا کام کیا۔

حواشی

١؎ جمیل شیدائی۔تبصرہ۔ ''غلام مصطفیٰ رسا کے مجموعہ کلام خیالات رنگین کا سرسری جائزہ۔مشمولہ عدسہ جمیل شیدائی نمبر ص ۳۵

٢؎ جمیل شیدائی۔تبصرہ۔ ''غلام مصطفیٰ رسا کے مجموعہ کلام خیالات رنگین کا سرسری جائزہ۔مشمولہ عدسہ جمیل شیدائی نمبر ص ۳۶

٣؎ جمیل شیدائی۔تبصرہ۔فشار رگ ایک جائزہ۔مشمولہ عدسہ جمیل شیدائی نمبرص۔۵۲

٤؎ جمیل شیدائی۔تبصرہ۔فشار رگ ایک جائزہ۔مشمولہ عدسہ جمیل شیدائی نمبرص۔۵۲

٥؎ جمیل شیدائی۔تبصرہ۔فشار رگ ایک جائزہ۔مشمولہ عدسہ جمیل شیدائی نمبرص۔۵۳

٦؎ جمیل شیدائی۔تبصرہ۔فشار رگ ایک جائزہ۔مشمولہ عدسہ جمیل شیدائی نمبرص۔۵۳

٧؎ جمیل شیدائی۔مضمون۔دکھتی رگ پر ایک سرسری نظر۔مشمولہ عدسہ جمیل شیدائی نمبرص۔۴۱

٨؎ جمیل شیدائی۔مضمون۔دکھتی رگ پر ایک سرسری نظر۔مشمولہ عدسہ جمیل شیدائی نمبرص۔۴۲

٩؎ جمیل شیدائی۔مضمون۔دکھتی رگ پر ایک سرسری نظر۔مشمولہ عدسہ جمیل شیدائی نمبرص۔۴۲

۱۰	جمیل شیدائی۔مضمون۔میر فاروق علی صاحب ایک تعارف۔مشمولہ عدسہ جمیل شیدائی نمبر ص۔۳۷
۱۱	جمیل شیدائی۔مضمون۔میر فاروق علی صاحب ایک تعارف۔مشمولہ عدسہ جمیل شیدائی نمبر ص۔۳۷
۱۲	جمیل شیدائی۔مضمون۔کچھ ریڈیو ڈرامے کے بارے میں۔مشمولہ عدسہ جمیل شیدائی نمبر ص۔۴۹
۱۳	جمیل شیدائی۔مضمون۔کچھ ریڈیو ڈرامے کے بارے میں۔مشمولہ عدسہ جمیل شیدائی نمبر ص۔۵۰

☆ چھٹا باب

جمیل شیدائی کا اسلوب

گذشتہ ابواب میں جمیل شیدائی کو بہ حیثیت ڈراما نگار، انشائیہ نگار، مترجم اور نقاد کے طور پر پیش کیا گیا زیرِ نظر باب میں اُن کے اسلوب نگارش کا جائزہ پیش ہے۔ ادب کی اصطلاح میں کسی کی تحریر کی مخصوص و منفرد خصوصیات کو اسلوب کہتے ہیں۔ نامور ادیب و شعراء کی ایک پہچان اُن کا اسلوب بھی ہے۔ اردو میں پریم چندر اپنے افسانوں میں دیہاتی عناصر کے سبب، رشید احمد صدیقی علی گڑھ کے بیان کے سبب، سر سید احمد خاں اپنے اصلاحی نظریات کے سبب اقبال خودی، شاہین۔ مردِ مومن جیسی اصطلاحوں کے استعمال کے سبب میرؔ غم و یاس و دل و دلّی کے تذکروں کے سبب، غالبؔ اپنی شگفتگی کے سبب، پروین شاکر لفظ ''خوشبو'' کی تکرار کے سبب سعید شہیدی بجلی نشیمن جیسے اشاروں کے استعمال کے سبب پہچانے جاتے ہیں۔ اُردو کا ایک عام قاری میرؔ کے یہ اشعار سُنے

دل کی ویرانی کا کیا مذکور ہے
یہ نگر سو مرتبہ لوٹا گیا

دلی میں آج بھیک بھی ملتی نہیں اُنہیں
تھا کل تلک دماغ جنہیں تخت و تاج کا

مرے آگے ترا جب کسو نے نام لیا
دلِ ستم زدہ کو ہم نے تھام تھام لیا

تو قاری شاعر کا نام معلوم نہ ہونے کے باوجود اگر اُس کی اردو کے شعر و ادب پر تھو

ڑی بہت نظر بھی رہی ہو تو وہ بے اختیار کہے گا کہ یہ تو میرؔ کے اشعار لگ رہے ہیں۔ کیوں کہ دل، دلی اور عشق کے غم کے فسانے میرؔ کے اسلوب کی خاص پہچان ہیں۔اسلوب کے بارے میں اردو کے دیگر نامور شعراء، ادیبوں انشائیہ نگاروں، نقادوں وغیرہ کا یہی حال ہے جو اپنے مخصوص طرزِ نگارش سے پہچانے جاتے ہیں۔ چنانچہ کسی لکھنے والے کے طرز تحریر کی منفرد باتیں اور انداز کو اسلوب کہا جاسکتا ہے۔ ماہرین لسان نے اسلوب کی کئی تعریفیں کی ہیں۔اور اسلوب کے تشکیل پانے کے عوامل پیش کیئے ہیں۔

اسلوب کیا ہے؟ اسلوب کو انگریزی میں Style کہا جاتا ہے۔اور عام لفظوں میں کسی مصنف کے طرز بیان یا طرز نگارش کو اسلوب کہتے ہیں۔ ماہرین ادب نے اسلوب کی کئی طرح سے تعریفیں پیش کی ہیں۔آکسفورڈ انگلش ڈکشنری میں اسلوب کے بطور اسم ۲۸ معنی اور بطور فعل ۶؍معنی دیئے گئے ہیں۔مرزا خلیل بیگ نے اپنی تصنیف ''زبان اسلوب اور اسلوبیات'' میں مغربی ماہرین ادب کی پیش کردہ اسلوب کی تعریفیں پیش کی ہیں جس میں لکھا ہے کہ :

> ''مشہور فرانسیسی مصنف اور نیچری (Naturalist) بفون (۱۷۰۷ء۔۱۷۸۸ء) کا کہنا ہے کے'' اسلوب ہی خود انسان ہے'' بفون کی اس بات کی وضاحت کرتے ہوئے انگریزی نثر نگار اور مورخ گبن (۱۷۳۷ء - ۱۷۹۴ء) نے کہا ہے کہ'' اسلوب کردار یا شخصیت کا عکس ہے''۔ انگریزی کے معروف ادیب اور ہجو نگار سوئفٹ (۱۶۶۷ء۔۱۷۴۵ء) کے نزدیک'' مناسب الفاظ کا مناسب جگہوں پر استعمال ہی اسلوب کی سچی تعریف ہے۔ امریکی انشا پرداز اور شاعر ایمرسن س (۱۸۰۳ء

۱۸۸۲ء) کے مطابق ''انسان کا اسلوب اُسکی ذہنی آواز ہے
''۔مشہور جرمن فلسفی شوپنہار (۱۷۸۸ء ۔۱۸۶۰ء) کا قول
ہے کہ '' اسٹائل خیال کا سایہ ہے''۔اطالوی فلسفی اور مدبر
کروچے (۱۸۶۶ء ۔۱۹۵۲ء) کا کہنا ہے کہ ''جب اظہار
وجدان کی برابری کرے تو اسٹائل وجود میں آتا ہے''۔[1]

اسلوب کی تشکیل میں عام طور سے تین عناصر کارفرما ہوتے ہیں۔ایک مصنف کی انفرادی خصوصیت دوسرے عام انسانی رویہ اور تیسرے خیال اور زبان کی خصوصیات۔ اسلوب کی پہلی خصوصیت میں مصنف کی انفرادیت ہے۔یعنی ہر مصنف کا زبان و بیان کے استعمال کے سلسلے میں مخصوص انداز ہوتا ہے جو اُسے دوسرے مصنفین سے ممتاز رکھتا ہے۔یہی وجہ ہے کہ مخصوص طرز کے اسلوب کی نقالی مشکل ہے۔سعادت حسن منٹو نے اپنے افسانوں میں جو اسلوب اختیار کیا ہے وہ مشکل سے ہی کوئی دوسرا افسانہ نگار نقل کرسکتا ہے۔مزاح نگاری میں مشتاق احمد یوسفی، کرنل محمد خاں، پطرس بخاری وغیرہ سب اپنے اپنے اسلوب کے مالک ہیں ۔ان مزاح نگاروں نے زبان و بیان کے استعمال کا جو طریقہ اختیار کیا ہے اُس کی نقل کرنا دوسروں کے لئے ممکن نہیں۔ اسلوب کی دوسری قسم میں مصنف کا رویہ کارفرما ہوتا ہے۔ مصنف جس ماحول میں اُٹھتا بیٹھتا ہے۔ وہ ماحول اُسکی بول چال، رہن سہن، وضع قطع، عادات واطوار کو ایک شکل دیتا ہے۔اور یہ عوامل کسی نہ کسی طرح اسلوب پر بھی اثر انداز ہوتے ہیں۔اردو میں شمالی ہند کے مصنفین اور جنوبی ہند کے مصنفین کے اسلوب میں ماحول کے اثرات پائے جاتے ہیں۔

اسلوب کی تیسری قسم میں خیال اور زبان کی خصوصیات ہوتی ہیں۔کوئی مصنف یا شاعر زبان و بیان کے مخصوص الفاظ کو مخصوص انداز میں استعمال کرتے ہوئے اپنے منفرد اسلوب کی صورت گری کرتا ہے۔کسی تخلیق کی تنقید کی طرح اسلوب کی پرکھ کی بھی کچھ اصطلا

حیں موجود ہیں اور جدا جدا اسلوب کے لئے سادہ، بے تکلف، موزوں ، خوش آہنگ، شگفتہ ،خوب صورت، مرصع اسلوب کے نام دئے جاتے ہیں۔

جمیل شیدائی کے اسلوب کی خصوصیات:-

جمیل شیدائی کا اسلوب نگارش اور اس کی خصوصیات ان کے تحریر کردہ ڈراموں اور انشائیوں سے ہوتی ہے۔جمیل شیدائی نے دیگر تنقیدی و علمی مضامین بھی لکھے۔ عام طور پر علمی مضامین میں زبان سادہ اور سلیس اور جذبات سے عاری ہوتی ہے جب کہ تخلیقی ادب میں جذبات نگاری اور اسلوب کی چاشنی کے ساتھ نثر لکھتے ہوئے جمیل شیدائی نے اپنے اسلوب کی انفرادیت کو واضح کیا ہے۔انہوں نے اپنے تحریر کردہ ڈراموں میں کرداروں کے ساتھ نوک جھونک اور ادبی گفتگو کے دوران اپنے اسلوب کو منفرد بنانے کی کوشش کی ہے۔ ڈرامہ واردات میں نور اور چور سلیم کے درمیان گفتگو ملا حظہ ہو:

سلیم: کیا پستول نکال رہی ہو؟

نور: پستول سے تمہیں مارنا گولی ضائع کرنا ہے۔

سلیم: ٹھیک ہے جو شکر سے مرتا ہے اسے زہر دینے سے کیا حاصل

نور: چائے پی کے شاعری شروع کر دی۔

سلیم: جی نہیں۔شاعری تو کسی اور شئے کے پینے سے آئی ہے۔

نور: نور کس شئے سے؟

سلیم: تمہاری آنکھو کے پیالے سے [2]

جمیل شیدائی کے تقریباً سبھی ڈراموں میں کرداروں کی ادبی گفتگو کے دوران جمیل شیدئی نے اسلوب میں ندرت پیدا کرنے کی کوشش کی ہے۔جمیل شیدائی کا اسلوب علمی انداز بھی لیے ہوئے ہوتا ہے۔ چونکہ وہ سائنس کے گراجویٹ تھے اور کیمیکل کمپنی میں ملازم تھے اس لیے انہوں نے اپنے کرداروں کے ذریعے علمی گفتگو کو بھی پیش کیا ہے۔ ڈراما ’’کلورین کا دھواں‘‘

واصف کی زبانی یہ سائنسی گفتگو ملاحظہ ہو:

"یہ لو اس ٹسٹ ٹیوب میں تھوڑا سا لے آؤ (وہ ٹسٹ ٹیوب لیے چلی جاتی ہے۔ واصف پھرتی سے اپنی جگہ سے اٹھتا ہے اور پنکھوں کے پن کو پلگ کے قریب لے جاتا ہے۔ فرزانہ الماری کھول کر کلورین سلوشن نکالتی ہے اور اس کا کاگ علٰحیدہ کرتی ہے۔ شیشے سے دھوئیں کا طوفان اٹھتا ہے۔ اور فرزانہ کی چیخ ابھرتی ہے۔ وہ دونوں ہاتھوں سے اپنی آنکھیں ڈھانک لیتی ہے۔ واصف پن پلگ میں لگا دیتا ہے۔ اور لیبارٹری کی طرف بھاگتا ہے وہ لڑکھڑاتی ہوئی فرزانہ کو اٹھا لیتا ہے کچھ اور لوگ جمع ہو جاتے ہیں۔ ارے ذرا راستہ تو دو فرزانہ کراہتی ہے دیکھو ذرا ڈاکٹر کو بلاء (وہ فرزانہ کو نیچے لٹا دیتا ہے اور لیبارٹری کی طرف جاتا ہے)"[۳]

جمیل شیدائی نے اپنے ڈراموں میں شاعری پیش کرتے ہوئے بھی اسلوب میں ادبی چاشنی پیش کی ہے۔ ڈراما غالب خستہ کے بغیر میں جب عالم بالا سے زمین پر تشریف لاتے ہیں اور ایک مشاعرے کا حال جاننے کی کوشش کرتے ہیں تو انہیں سیما نامی شاعرہ کی یہ گفتگو سننے کو ملتی ہے:

سیما: صاحبو۔ میں جب آپ کے شہر اس مشاعرے میں شرکت کی خاطر چل پڑی تو اپنا بیاض اپنے ساتھ کر لیا۔ ہوائی جہاز میں پتہ نہیں کسی نے وہ بیاگ اڑا لیا یا جہاز سے گر گیا۔ اس بیاگ کی گمشدگی کی رپورٹ بھی میں نے لکھوا دی ہے۔ زندگی کا سرمایہ تھا کھو گیا۔ مجھے شعر یاد نہیں رہتے۔ آپ کو سنانے کے لیے کچھ شعر اسی مشاعرہ گاہ میں موزوں کر لیے وہی آپ کی خدمت میں پیش کرتی ہوں۔ مطلع عرض ہے۔

ے میں تم کو بلاتی رہی تم کیوں نہیں آئے
گھر اپنا سجاتی رہی تم کیوں نہیں آئے

ے جن راہوں سے تم آتے ہو ان راہوں پر اکثر
آنکھوں کو بچھاتی رہی تم کیوں نہیں آئے[۴]

جمیل شیدائی کے دلچسپ اسلوب کی جھلکی ان کے انشائیے ''ماہراز دواجیات'' سے بھی ملتی ہے جس میں انہوں نے انشائیے کی ندرت کے ساتھ اپنے اسلوب کی چاشنی پیش کی ہے۔ مرزا کے بارے میں لکھتے ہیں:

> ''مرزا صاحب سن رسیدہ نہایت دبلے پتلے اکہرے جسم کے انسان تھے۔ چہرے پر داڑھی تھی۔ شعرو ادب سے بے انتہا لگاؤ رکھتے تھے۔ اردو کے علاوہ تلگو فارسی اور عربی سے بھی کما حقہ واقف تھے۔ ان کے بارے میں مجھے بتایا گیا تھا کہ ان حضرات نے اب تک ۱۶۔۱۷ شادیاں کی ہیں۔ اپنے ساتھ صرف تین بیویاں رکھتے تھے کسی نے ان سے تین بیویاں رکھنے کی وجہ پوچھی تو بتایا کہ اگر یہ تین بیویاں آپس میں نبرد آزما ہو جاتی ہیں تو چوتھی شادی کی دھمکی دے کر خاموش کر دیتے ہیں۔ افراد خاندان کی آمد کے منتظر رہتے تھے۔ کیوں کہ وہ جذبات کو برانگیختہ کرنے والے اشعار کے علاوہ ایسے دلچسپ لطیفوں سے بھی محضوظ کرتے تھے جن کو صرف خلوت ہی میں سنایا جا سکتا تھا''۔ [۵]

انگریزی سے اردو میں ترجمہ ہو یا اردو سے انگریزی ترجمہ جمیل شیدائی نے با محاورہ اردو زبان استعمال کی ہے اور ترجمے کو تخلیق کا درجہ دیا ہے۔ موپاساں کی کہانی ''گدھا'' کے ترجمے

میں ماحول کی منظر نگاری کو جمیل شیدائی نے جس طرح اردو زبان میں پیش کیا ہے وہ ترجمہ نہیں بلکہ تخلیق لگتا ہے:

> ''ہوا کی سانس تھم گئی تھی دریا پر دھند کی دبیز چادر تنی ہوئی تھی جیسے کسی نے روئی کی پرت پانی کی سطح پر پھیلا دی ہو۔ اس گہری دھند کی وجہ سے دریا کے کناروں کے نقوش غیر واضح اور مبہم ہو گئے تھے۔ مگر پو پھٹ رہی تھی۔ اور پہاڑ دکھائی دینے لگا تھا۔ ابھرتے ہوئے سورج کی ہلکی ہلکی روشنی میں پلاسٹر سے تعمیر کیے گئے مکان سفید دھبوں کی مانند نظر آرہے تھے مکانوں کے پچھواڑوں میں مرغ بانگ دینے لگے تھے'' ۶

جمیل شیدائی نے اپنے اسلوب کو دلکش، جاندار اور منفرد بنانے کے لیے اردو زبان کی لفظیات پر توجہ دی اور با محاورہ اردو لکھنے کی کوشش کی۔ لفظوں کے جوہری کی طرح الفاظ کا سیلاب ان کے قلم سے جاری ہوتا تھا اور وہ رواں اردو نثر میں لکھتے چلے جاتے تھے۔ ان کے اسلوب پر اردو کے نامور انشاء پردازوں رشید احمد صدیقی، مشتاق احمد یوسفی اور یوسف ناظم وغیرہ کی چھاپ محسوس کی جاسکتی ہے۔ ایک اچھے اسلوب کی یہی خصوصیت ہوتی ہے کہ اس میں ترسیل کا المیہ نہ ہو اور قاری خشک سے خشک مضمون کو بھی پڑھنے کے لیے راضی ہو جائے۔ یہی وجہ ہے کہ جمیل شیدائی نے تنقیدی اور علمی مضامین میں بھی اپنے اسلوب کے نکھار سے دلچسپی پیدا کی ہے۔ سادگی سلاست روانی اور با محاورہ انداز گفتگو جمیل شیدائی کے اسلوب کی اہم خصوصیات ہیں جن کی وجہ سے وہ دکن کے ایک منفرد نثر نگار کے طور پر ادب کی تاریخ میں محفوظ ہو گئے۔

حواشی

۱۔ مرزا خلیل بیگ۔ ''زبان اسلوب اور اسلوبیات۔ علی گڈھ ۱۹۸۳ء ۔ص ۱۵۸

۲۔ جمیل شیدائی ڈراما واردات۔لب گفتار۔ص ۱۰۔۱۱

۳۔ جمیل شیدائی۔ڈراما کلورین کا دھواں۔لب گفتار۔ص ۲۱

۴۔ جمیل شیدائی۔ڈراما ''غالب خستہ کے بغیر''۔غالب خستہ کے بغیر۔ص ۳۲

۵۔ جمیل شیدائی۔انشائیہ ماہر ازدواجیات۔مشمولہ عدسہ جمیل شیدائی نمبر۔ص ۳۸

۶۔ جمیل شیدائی۔ترجمہ کہانی گدھا از موپاساں۔عدسہ جمیل شیدائی نمبر۔مشمولہ ص ۲۸

☆ ساتواں باب

جمیل شیدائی مشاہیر کی نظر میں

جمیل شیدائی شہر اردو حیدر آباد کی ایک مقبول ادبی شخصیت تھے۔ انہوں نے اپنی ڈراما نگاری اور ترجمہ نگاری سے ادبی حلقوں میں اچھی پہچان بنائی تھی۔ اردو کے کئی نامور ادیب، شاعر اور صحافی ان کی ادبی لیاقت ان کی ڈراما نگاری او ترجمہ نگاری کے قائل تھے۔ یونیورسٹی آف حیدر آباد کے ڈپلوما ان جرنلزم کورس کی اردو کتاب کی تیاری اور امبیڈکر یونیورسٹی کے اردو نصاب کے اسباق کی تیاری میں انہوں نے قلمی تعاون پیش کیا تھا۔ ان کی حیات اور ان کے انتقال کے بعد اردو کے مشاہیر نے ان کے بارے میں اپنی رائے پیش کی ہے جسے ذیل میں پیش کیا جا رہا ہے۔

پروفیسر رحمت یوسف زئی

یہ غالباً ۱۹۷۵ء یا ۱۹۷۶ء کی بات ہے عاصم پا مسٹ، غنی نعیم، رحمٰن جامی، مصلح الدین سعدی اور راقم الحروف نے ایک ادبی انجمن ''اقلیم ادب'' کی بنیاد ڈالی جس کی خصوصیت یہ تھی کہ اس کے ماہانہ اجلاسوں میں ادیب یا شاعر اپنی تازہ تخلیق پیش کرتے۔ اور اس پر کھل کر بحث کی جاتی۔ ابتداء میں یہ اجلاس عاصم صاحب کے مکان پر ہوا کرتے تھے بعد میں انوار العلوم کالج ملے پلی کے لائبریری ہال میں منعقد ہونے لگے۔ جمیل شیدائی سے میری ملاقات عاصم صاحب کے مکان پر ایسے ہی ایک اجلاس میں ہوئی جہاں جمیل نے ڈرامے پر اپنا ایک مضمون پیش کیا تھا۔ یہ وہ دور تھا جب میری جہالت اپنے عروج پر تھی اور اپنی بے حقیقت علمیت کا رعب جھاڑنا ہی مقصد ہوا کرتا تھا اس لیے میرے ساتھ ڈرامے پر ایک ضخیم کتاب تھی۔ غنی نعیم نے جب یہ کتاب دیکھی تو کہا جمیل ذرا سنبھل کے تمہارے لیے یہاں

کچھ تیز قسم کے ہتھیار بھی ہیں۔جمیل نے نہایت سعادت مندی سے سر جھکا کر مجھے دیکھا اور کہا میں تو ایک معمولی طالب علم ہوں میں کیا اور میری بساط کیا۔جمیل کا یہ انداز میرے دل میں اتر گیا۔اور اس کے بعد جمیل سے قربت بڑھتی چلی گئی۔اس زمانے میں جمیل بالانگر کی ایک ڈسٹلری میں کیمسٹ تھے اور قریب ایک فرلانگ کے فاصلے پر آئی سی آئی کی فیکٹری تھی جہاں میں کام کرتا تھا لنچ کے وقت کبھی وہ میرے ہاں آجاتے اور کبھی میں ان کے ہاں چلا جاتا۔ ہفتے میں ایک دو بار ضرور جمیل سے ملاقات ہو جاتی۔ان کی ہمہ پہلو شخصیت مجھے بہت پسند تھی۔ سب سے اہم بات یہ تھی کہ وہ down to earth قسم کا مزاج رکھتے تھے۔بے حد منکسر المزاج۔میں نے انہیں کبھی کسی سے الجھتے نہیں دیکھا۔مباحث میں بھی وہ بہت ہی معتدل گفتگو کرتے۔

جمیل شیدائی کے والد کا اسم گرامی سید شیدا محمد تھا۔وہ شاعر تھے اور شیدا تخلص کرتے تھے۔اسی رعایت سے جمیل نے اپنے نام کے ساتھ شیدائی کا اضافہ کیا تھا۔دلچسپ بات یہ ہے کہ ان کے خسر حمید حاصلؔ بھی ایک اچھے شاعر تھے اور اقلیم ادب کے اجلاسوں میں پابندی سے شریک ہوا کرتے تھے۔انہیں فلسفے سے بھی دلچسپی تھی ان کی ایک کتاب کائناتی بہاؤ بھی ہے۔

جمیل نے اپنی ادبی زندگی کا آغاز شاعری سے کیا لیکن انہیں ڈراموں سے مقبولیت حاصل ہوئی۔ان کے ان گنت ڈرامے آل انڈیا ریڈیو حیدرآباد سے نشر ہوئے اور پسند کیے گئے۔''لب گفتار''اور''غالب خستہ'' کے بغیر جمیل شیدائی کے ڈراموں کے مجموعے ہیں۔ جنہیں اہل ادب نے سراہا۔

واٹس اپ جدید مراسلت کا ایک ایسا طریقہ ہے جو مختلف افراد کے درمیان رابطہ کا ایک اہم ذریعہ بن گیا ہے۔ایک دن اردو کلچر نامی ایک گروپ میں جمیل شیدائی کے نام سے ایک پیغام بھیجا گیا جو جمیل کی بیٹی نے بنگلور سے بھیجا تھا۔اسی سے معلوم ہوا کہ جمیل کی طبعیت

ٹھیک نہیں ہے اور انہیں شاید دوسرے دن ہسپتال میں داخل کرنا پڑے۔ یہ پڑھ کر میں سن ہوکر رہ گیا۔اس وقت میں حیدر آباد سے باہر تھا۔اور فوری واپس آنا ممکن نہ تھا۔میں نے جمیل کی دختر سے فون پر رابطہ کرنے کی کوشش کی لیکن رابطہ اس لیے قائم نہ ہوسکا کہ وہ لڑکی اس وقت اپنے دفتر میں تھی اور فون بنگلور میں جمیل کی بہن کے مکان پر تھا۔میری کال جمیل کے بھانجے نے اٹھائی۔ میں چاہتا تھا کہ لڑکی سے بات کر کے تفصیل معلوم کروں چنانچہ میں نے شام میں پھر سے فون کیا۔ جب بات ہوئی تو پتہ چلا کہ جمیل کو ہسپتال میں داخل کر دیا گیا ہے۔ مجھے دن بھر جمیل کا خیال ستاتا رہا۔اور پھر اس دن جب میں گھر واپس ہونے کی تیاری کر رہا تھا۔تو ڈاکٹر فضل اللہ مکرم سے اطلاع ملی کہ جمیل ہم میں نہیں رہے۔میرے حیدر آباد پہنچنے تک نماز جنازہ ہو چکی تھی۔اور تدفین بھی انجام پا چکی تھی۔رات گیارہ بجے گھر پہنچ کر میں نے رحمٰن جامی کو فون کیا۔میں چاہتا تھا کہ کم از کم جمیل کے گھر پہنچ کر اہل خانہ کو تسلی دی جائے لیکن معلوم ہوا کہ جمیل کا مکان کوکٹ پلی میں واقع ہے۔اور وہاں پہنچنا مشکل ہے میں نے فضل اللہ مکرم سے خواہش کی کہ وہ مکان کا پتہ مجھے مسیج کے ذریعے بھیج دیں انہوں نے فوراً مسیج کیا۔ میں نے جامی صاحب سے کہا تو انہوں نے مشورہ دیا کہ اس وقت جانا مناسب نہیں ہے بہتر ہے کہ ہم کل چلیں۔ چنانچہ دوسرے دن میں اور جامی صاحب کوکٹ پلی گئے اور کافی ڈھونڈنے کے بعد مکان تک پہنچ گئے۔غمزدہ ماحول میں ہم نے جمیل کی اہلیہ کو پرسہ دیا۔اور انہوں نے اوران کی بیٹیوں نے ہم کو پرسہ دیا۔سارے اہل خانہ میری اور جمیل کی قربت سے واقف تھے کیوں کہ بیسویں صدی کی آٹھویں دہائی سے اکیسویں صدی کی دوسری دہائی تک جمیل اور میں ایک دوسرے سے بے حد قریب تھے۔ وہ اپنے ہر ذاتی مسئلہ پر مجھ سے گفتگو کرتے تھے۔ جب مجھے یونیورسٹی آف حیدر آباد کے فاصلاتی پروگرام کے لیے کچھ کتابیں تیار کرنی پڑیں تو جمیل نے میری بہت مدد کی اور اردو میں صحافت' ماس میڈیا اور ترجمہ نگاری سے متعلق کورس کے لیے مضامین لکھے۔اس سے قبل بھی ڈاکٹر بی آر امبیڈکر اوپن یونیورسٹی کے

فاصلاتی کورس کے لیے بھی میری درخواست پر جمیل نے کئی مضامین لکھے تھے۔ جب مولانا آزاد نیشنل اردو یونیورسٹی نے ذرائع ابلاغ اور اردو ترجمہ پر فاصلاتی کورس شروع کیا تو حیدرآباد میں اخبار سیاست کے دفتر میں طلباء کے لیے ہراتوار کو ہونے والے تدریسی پروگرام کی ذمہ داری ان کو سپرد کی گئی اور جمیل نے اس ذمہ داری کو نہایت تن دہی سے سنبھالا۔

ترجمہ ان کے بائیں ہاتھ کا کھیل کہا جاسکتا ہے۔ ذرائع ابلاغ پر ان کی دسترس کسی پر کم نہ تھی لیکن جیسا کہ پہلے کہا جاچکا ہے جمیل کا اصل ذوق ڈرامہ تھا۔ ''لب گفتار'' کے پیش لفظ میں غنی نعیم مرحوم نے لکھا تھا کہ ''جمیل کے ڈرامے اس بات کی نشان دہی کرتے ہیں کہ وہ فنی نزاکتوں اور باریکیوں سے شعوری واقفیت رکھتا ہے''۔ ایک اور جگہ وہ لکھتے ہیں کہ ''لب گفتار کے مکالمے اپنی سادگی' صفائی بیان اور صورت حال کے عین مطابق ہونے کے باعث فطرت انسانی کے غماز ہیں جو ڈراموں کی کامیابی کی ضمانت بھی ہیں''۔ جس کسی نے جمیل شیدائی کی یہ دو کتابیں دیکھی ہیں وہ غنی نعیم کے تجزیے سے اتفاق کرے گا۔ غنی نعیم نے جو کچھ لکھا اس کا ثبوت جمیل کے ڈراموں میں جابجا مل جاتا ہے جو یہ ظاہر کرتا ہے کہ جمیل نے اپنے ڈراموں پر نہ صرف محنت کی ہے بلکہ اس میں تحیر' دل چسپی' حاضر جوابی جیسے اہم عناصر کو شامل کر کے اپنے ڈرامے کو عام قاری اور ناظر کے لیے کامیابی سے پیش کرنے کی کوشش کی ہے۔ ان کا دوسرا مجموعہ ''غالب خستہ کے بغیر'' جو پانچ نشری ڈراموں پر مشتمل ہے۔ یہ سبھی جانتے ہیں کہ اسٹیج ڈرامے اور نشری ڈرامے میں فرق ہوتا ہے۔ اسٹیج کے لیے لباس کرداروں کا انداز' اسٹیج کی مناسب سجاوٹ' روشنی وغیرہ جیسی چیزیں بے حد اہم ہوتی ہیں۔ جب کہ نشری ڈرامے یا ریڈیو ڈرامے میں ڈرامہ نگار ان ساری چیزوں کے بغیر ہی صرف صوتی تاثرات' موسیقی اور موقعے کی مناسبت سے مختلف آوازوں کے ذریعے اپنی پیش کش کو سامعین تک پہنچاتا تھا۔ جمیل ان نزاکتوں سے کما حقہ واقف تھے اس کتاب میں ان کا پیش لفظ ریڈیو ڈرامے کی تمام اہم جزئیات پر روشنی ڈالتا ہے۔ یہاں اس بات کا موقع نہیں کہ جمیل شیدائی کی ڈرامہ نگاری پر

تفصیل سے بات کی جائے۔ میں صرف اتنا عرض کروں گا کہ جب بھی اردو ڈرامے اور خصوصاً اردو نشری یا ریڈیو ڈرامے کے بارے میں لکھا جائے گا تو جمیل شیدائی کا ذکر ضرور کیا جائے گا۔ جمیل شیدائی کے ساتھ گزرے ہوئے دن میرے لیے ہمیشہ یادگار رہیں گے۔ ان لمحوں کی یاد میرے دل سے کبھی نہ جاسکے گی۔ سچ پوچھیے تو یہ یقین ہی نہیں ہوتا کہ جمیل اب ہم میں نہیں لیکن سچائی سے کیسے انکار ممکن ہے رات ہوتی ہے تو لگتا ہے کہ ابھی گھنٹی بجے گی جمیل اندر آئیں گے اور کہیں گے ''لیجیے رحمت بھائی میں پھر آپ کو تنگ کرنے کے لیے آگیا''۔ جمیل تم نے مجھے کبھی تنگ نہیں کیا۔ بلکہ جو وقت تمہارے ساتھ گزرا وہ میرا سرمایہ ہے۔ یہ بات ضرور ہے کہ تم نے نظروں سے اوجھل ہوکر مجھے ضرور تنگ کیا ہے بلکہ میں ہی کیا تمہارے سینکڑوں چاہنے والے تم سے یہی شکایت کریں گے۔ کسی کو یہ بات ہضم ہی نہیں ہوتی کہ جمیل اب ہم میں نہیں۔ ا

ڈاکٹر قطب سرشار

جناب جمیل شیدائی (وفات: ۶/ اگست ۲۰۱۵) کو جدا ہوئے آج ایک ماہ کا عرصہ ہو چکا لیکن یہ بات دل ماننے کو تیار نہیں ہے کہ وہ ہم میں نہیں رہے۔ یوں لگ رہا ہے کہ وہ ابھی کال کریں گے اور مختلف موضوعات پر گفتگو کریں گے، یا فیس بک کے گروپ ادبی محاذ پر آئیں گے اور اپنا نقطہ نظر پیش کریں گے یا میری بیاض پر اپنے انداز میں اشعار کی تشریح کریں گے۔ ڈاکٹر قطب سرشار، جمیل شیدائی کے خاص رفیق کار رہے ہیں۔ انہوں نے جمیل شیدائی کی حیات میں ہی ان کے فکر وفن پر مضمون لکھا تھا وہ احباب کی خدمت میں پیش ہے۔ (ج۔ا)

ایسا اکثر کیوں ہوتا ہے کہ دانشوروں اور فنکاروں کی شخصیت اور فن میں بُعد زیادہ اور توازن کم ہوتا ہے۔ ادیبوں اور شاعروں کی دنیا میں ایسی بیشتر مثالیں ملیں گی۔ قلم جتنا طاقتور ترین اتنی

ہی ضعیف ترین شخصیت۔ تاہم بلند پایہ قلمکاروں کی صفوں میں ایسی ہستیاں بھی ہوئی ہیں اور اب بھی پائی جاتی ہیں جن کی افق ادب پر جتنی آب وتاب ہے۔ اتنی ہی روشن ان کی شخصیت بھی نظر آتی ہے۔ حیدرآباد کے ممتاز ومعروف تمثیل نگار ترجمہ نگار اور شاعر جمیل شیدائی کا قد فن اور شخصیت کے آئینے میں یکساں نظر آتا ہے۔ یعنی انہیں پڑھ کر جتنی مسرت ہوئی تھی اتنی ہی خوشی ان سے مل کر بھی ہوتی ہے۔ جمیل کی ادبی اور سماجی زندگی میں ایک منطقی نظم اور سلجھا ہوا توازن پایا جاتا ہے۔ نجی زندگی میں جمیل شیدئی نے (ماضی میں) ایک اطاعت گذار بیٹے کا کردار عمدگی سے نبھایا تھا تو اب ایک سنجیدہ شوہر، شفیق اور ذمہ دار باپ کا کردار بڑی خوبصورتی سے نبھائے جارہے ہیں۔ جمیل کا حلقہ احباب بھی بہت خوب ہے۔ شاید ہی ان میں کوئی غیر ادبی شخصیت ہے۔ ان کے دوست یا رابطے کے لوگوں میں زیادہ تر اعلیٰ معیار کے قلمکار اور دانشور نظر آتے ہیں۔ کہتے ہیں کسی کے معیار کا اندازہ کرنا ہو تو اس کے دوستوں کو دیکھو یعنی کبوتر با کبوتر باز بہ باز۔

جمیل شیدائی بنیادی طور پر تمثیل نگار ہیں۔ باقاعدہ شعر نہیں کہتے۔ کم کم ہی سہی انہوں نے غزلیں، قطعات اور پیروڈیاں لکھی ہیں۔ ترجمہ نگاری کے فن میں ید طولیٰ رکھتے ہیں۔ شاعری اور ترجمے کا ہنر انہیں ورثہ میں ملا ہے۔ آپ کے والد ماجد حضرت شیدا امجد بہت ہی زود گو پر گو شاعر تھے۔ رباعی گو میں کمال رکھتے تھے۔ دنیائے ادب مرحوم کو ان کے دو شعری تصانیف ''سرمایہ دل'' اور ''جہان خیال'' کے حوالے سے جانتی ہے۔ اُردو کے علاوہ انگریزی، فارسی اور عربی زبانیں بخوبی جانتے تھے۔ انہیں ترجمہ نگاری کے فن سے خاصا شغف تھا۔ انہوں نے موپاساں کی کہانیاں اور رومیو جولیٹ کے ڈرامے کا ترجمہ کیا۔ وہ کل (۲۲) کتابوں کے مصنف تھے۔ ایسی خوبیاں جمیل شیدائی میں بھی پائی جاتی ہیں۔ یہ بھی اُردو کے علاوہ انگریزی اور فارسی زبانوں پر دسترس رکھتے ہیں۔ زبانوں پر دسترس ترجمہ نگاری کا میلان اور تخلیقی مزاج کے امتزاج کے سبب انہوں نے جو ترجمے کیے ان میں ترجمہ نگاری کی

تمام تر صفات بدرجہ اتم پائی جاتی ہیں۔ سائنس کے گریجویٹ ہیں۔ گذشتہ تین دہائیوں تک کوالٹی کنٹرول کیمسٹ ہوا کرتے تھے۔ علم وادب سے عملی رابطے کے سبب سائنس کے طالب علم نہیں لگتے۔ تمثیل نگاری، ترجمے اور شاعری کے علاوہ کتابوں پر تبصرے اور تنقیدی مضامین بھی لکھا کرتے ہیں۔ کئی شاعروں، افسانہ نگاروں کی کتابوں پر ان کے سلجھے ہوئے متوازن تبصرے پسند کی نظر سے دیکھے جاتے ہیں۔ ادبی حلقوں میں ہر دل عزیز اور غیر نزاعی موقف رکھتے ہیں۔ منطقی فکر کے حامل ہیں منظّم اور منصوبہ بند زندگی جیتے ہیں۔ تاہم ان کے سینے میں ایک محبت بھرا دل بھی ہے اور اس دل کی آواز ان کے لب و لہجے اور مخلصانہ رویوں میں سنائی بھی دیتی ہے۔

جمیل شیدائی گذشتہ چار دہائیوں سے لکھ رہے ہیں۔ تمثیل نگاری کے وسیلے سے انہوں نے اپنی شناخت بنائی۔ پچاسوں ریڈیائی ڈرامے لکھے۔ ٹی وی سیریل اور اسٹیج ڈرامے بھی تحریر کیے۔ جس زمانے میں ٹی وی عام نہیں ہوا تھا۔ ریڈیو عوامی تفریح کا واحد ذریعہ تھا۔ ان دنوں جمیل شیدائی کے ریڈیائی ڈرامے آل انڈیا ریڈیو کے لیے ناگریز ہو گئے تھے۔ آل انڈیا ریڈیو حیدرآباد (نیرنگ پروگرام) میں جمیل کے پچاسوں ڈرامے نشر ہوئے اور اتنے مقبول عام ہوئے کہ عوام کے اصرار پر انہیں بار بار ریلے کیا جاتا رہا ہے۔ بلاشبہ ایک دہے سے زائد جمیل شیدائی نے ریڈیو پر حکومت کی ہے۔ وہ دور ایسا تھا کہ آج کی طرح ہرا یرا غیرا ریڈیو اور اخبارات کے دفتروں کی جبہ سائی کرتا نہیں پھرتا تھا اور غیروں کو گھاس ڈالنے کا چلن بھی کہاں تھا۔ جمیل شیدائی کا شمار ان خوش نصیب ڈرامہ نگاروں میں ہوتا ہے جنہیں بہت زیادہ شہرت نصیب ہوئی۔

جمیل شیدائی کی تمثیل نگاری مقبول خاص و عام اس لیے بھی ہوئی کہ جمیل اپنے ڈراموں میں عام فہم زبان میں سلجھے ہوئے مکالموں سے پرکشش کرداروں کی تعمیر و تشکیل کرتے ہیں۔ پھر ان کرداروں کے تال میل سے ایسا ماحول تخلیق کرتے ہیں جس سے ہمارے

معاشرے کی مانوس اور جیتی جاگتی تصویریں صاف اور نمایاں رنگوں میں ابھر کر آجاتی ہیں۔ ایک نظریہ حیات جو صالح اور سلجھا ہوا ہوتا ہے اس کو عمدگی سے ٹریٹ کرتے ہوئے قاری کے ذہن کو اعتماد میں لے کر دلتے ہیں اور آخر میں جب نتیجہ برآمد کرتے ہیں تو قاری کا ذہن چونک اٹھتا ہے۔ ڈرامے کے آغاز ہی سے جو قاری کی توجہ کو اپنی گرفت میں لیے چلتے ہیں تو کلائمکس تک ان کی گرفت برقرار رہتی ہے۔ یہ عمدہ فنی محاسن ہیں جو ہمیں اُردو کے مشہور سرّی ادب خالق ابن صفی کی ناولوں اور جمیل شیدائی کے ڈراموں میں قدر مشترک نظر آتی ہے۔ جمیل شیدائی نثری اظہار کے لیے سادہ عام فہم اور سلجھی ہوئی زبان پر یقین رکھتے ہیں۔ یہاں تک کہ وہ تبصروں اور تنقیدی مضامین میں بھی اپنے اس نظریے کو بروئے کار لاتے ہیں۔ جمیل شیدائی نے اپنی تمثیل نگاری میں نفسیات، عاشقانہ جذبات و احساسات کی سائنٹفک توضیحات اور توجیحات کو نئی نسل کے فکری اور تہذیبی تناظر میں پیش کرنے کی کوشش کی ہے۔ یہ سلجھے ہوئے انداز میں کسی نظریے کا تجزیہ کرتے ہوئے قاری کو ایک مستحکم نتیجے تک پہنچا دیتے ہیں۔

جمیل شیدائی کا پہلا ڈراما ۱۹۴۶ء کو ماہنامہ ''شاعر'' میں شائع ہوا تھا۔ پھر یہ سلسلہ چل پڑا تو ماہنامہ ''گل نو'' حیدرآباد، ''شب خون'' الہ آباد، ''کتاب'' لکھنو کے صفحات پر جمیل کے ڈرامے نظر آنے لگے۔ ڈی آر ڈی ایک کے لیے بھی انہوں نے بیسیوں ڈرامے تحریر کیے۔ ان کے ڈراموں کا پہلا مجموعہ ''لب گفتار'' ہے جو ان کے مطبوعہ ڈراموں پر مشتمل ہے۔ دوسرا مجموعہ ''غالب خستہ کے بغیر'' یہ ان مقبول ترین ڈراموں کی ترتیب ہے جن کی آل انڈیا ریڈیو پر بڑی دھوم دھام ہوا کرتی تھی۔

تمثیل نگاری کے باب میں جمیل شیدائی کی نظر میں امتیاز علی تاج، ابراہیم یوسف، مرزا ادیب اور محمد حبیب کے نام معتبر ہیں۔ دیگر زبانوں کے ڈرامہ نگاروں میں شیکسپیر اور ہاراوڈ پینٹر، کارلس ورتھی، برنارڈ شاہ، یوجین اونیل، ٹینس ولیم نے جمیل شیدائی کو متاثر کیا ہے۔ جمیل شیدائی کے ڈراموں میں قوت مشاہدہ، ذوق مطالعہ، سلاست زبان اور تخلیقی توانائی

عناصر رابع کی صورت، شدت تاثر اور پذیرائی کے سامان فراہم کرتے ہیں۔ ایسا لگتا ہے گذشتہ چند برسوں سے جمیل شیدائی کے تخلیقی سفر کا رخ ترجمہ نگاری کی طرف ہوگیا ہے۔ گویا ترجمہ نگاری کے لیے وقف سے ہوگئے ہیں۔ ذہنی مشقتوں میں بھرپور انہماک کامیابی کی ضمانت ہوتا ہے۔ ترجمہ نگاری کے ہنر کو جمیل نے ادبی خدمت، تکمیل ذوق کے علاوہ وقت اور محنت کی قیمت وصول کرنے کا وسیلہ بھی بنایا ہے۔ یہ جمیل کی خصوصیت ہے کہ وہ بیک وقت دونوں زبانوں اُردو سے انگریزی اور انگریزی سے اُردو میں ترجمہ کرنے میں کمال رکھتے ہیں۔ کسی فعل کا انجام دینا اور فعل میں بھی کمال پیدا کرنا دونوں الگ حقیقتیں ہیں۔ ترجمہ کرنا اور خصوصاً ادبیات کا ترجمہ محض ذہنی مشقت سے آگہی روزمرہ بول چال اور محاوروں وغیرہ کی تخلیقی ترجمانی کی صلاحیت کے باوصف ادبیات کے ترجمے کو بڑی حد تک متن کی اصلیت اور بنیادی تاثر کو ممکن بنایا جا سکتا ہے۔ جمیل شیدائی نے لگ بھگ (۲۰) اُردو افسانہ نگاروں کی منتخب کہانیوں کے ترجمے انگریزی زبان میں کیے ہیں۔ جن میں مظہر الزماں خاں کی پانچ کہانیوں کے علاوہ ڈاکٹر بیگ احساس، قاضی مشتاق احمد، سعید سہروردی اور یٰسین احمد کی کہانیاں ہیں۔ غیر ملکی ادب کی طرف توجہ کی تو موپاساں، ارنسٹ ہیمنگ وے، ٹفنی ماس، پمیلا موشر کی کہانیوں کو اُردو قالب میں ڈھالا۔ UNICEF کی تین کتابوں کا جو ایڈز سے متعلق ہیں ترجمہ متعلق انگریزی سے اُردو میں کیا۔ ان کے علاوہ چار کتابوں کا تعلیم بالغان کے لیے ترجمہ کیا ہے۔ جمیل کہتے ہیں کہ اب وہ ترجمہ نگاری کے سلسلے کو منطقع کرنا چاہیں گے تاکہ تمثیل نگاری اور دیگر تخلیقی کام کا احیاء ہوسکے۔ امید ہے کہ عنقریب میڈیا کی دنیا میں جمیل شیدائی کے ڈراموں کا چلن دوبارہ ہونے لگے۔

یہاں گنجائش نہیں ہے کہ کسی نثری ترجمے کی مثال دی جاسکے بس ایک چھوٹی سی انگریزی نظم کا ترجمہ ملاحظہ کریں، عنوان ہے ''صبح'':

ایک فرشتے نے لیا جھک کر بوسہ رات کا

رات جاگی کسمسائی، شرم سے پانی ہوئی
ہم نے دیکھی رات کی شرمندگی

آخر میں ہم اپنی بات ان اعترافی لفظوں کو ختم کرتے ہیں کہ جمیل شیدائی اپنی قابل لحاظ ادبی خدمات کے حوالے سے اُردو زبان وادب کے افق پر روشن ستارے کی طرح ہیں۔ بلا شبہ قابل قدر بھی ہیں اور باعث فخر بھی۔ الحمداللہ۔ ؎

پروفیسر مجید بیدار

شعروشاعری سے دلچسپی اور ادبی سرگرمیوں سے وابستگی اگر شہر حیدرآباد کی کسی شخصیت میں جلوہ گر نظر آتی تھی تو وہ بلاشبہ برجستہ ڈراما نویس اور ڈرامے کے فن کو نئی جہت سے آشنا کرنے والی شخصیت جمیل شیدائی کی تھی۔ اردو ادب اور اس کی ادبی سرگرمیوں سے وہ جس قدر قربت رکھتے تھے اس سے کہیں زیادہ ان کا مطالعہ انگریزی ادب اور ادبیات کے ساتھ ساتھ شاعری اور فلسفے سے بھی حد درجہ اٹوٹ تھا۔ جب بھی وہ گفتگو کرتے تو دوران گفتگو عالمانہ مزاج کی نمائندگی ہوتی رہتی تھی۔

کبھی کسی کو کمتر سمجھ کر بات نہیں کرتے بلکہ ہر ایک کی عزت کا پاس ولحاظ رکھ کر اظہار و خیال کرتے اور فرد کی دلچسپیوں میں رکاوٹ بننے کے بجائے صاحبِ شخصیت کی فطری دلچسپیوں کی مناسبت سے بات چیت کر کے دوسروں کے دل کو موہ لینے کا ہنر جمیل شیدائی کو خوب آتا تھا۔ انسانوں کی عزت اور انسانیت کی قدر دانی ان کی فطرت کا خاصا تھا' پتہ نہیں انہوں نے یہ ہنر کہاں سے سیکھا تھا۔ اور اس ہنر کو دوسروں میں تقسیم کر کے خوش ہوتے اور فخریہ طور پر لوگوں کی خدمت کو اپنا شعار بنا کر زندگی گذارنے کو عیش کا ذریعہ سمجھتے تھے۔ انہوں نے پرُ وقار زندگی گذاری لیکن اپنی زندگی کے عیش کو ادب سے وابستہ رکھا جس میں اخلاق و

تہذیب ہی نہیں بلکہ انسانوں کی قدر کے جذبے کو اولیت حاصل تھی۔ وہ ہر فرقے' ذات اور مذہب کے افراد سے ملاقات کرتے اور ان میں خلوص و محبت کا بیج بو کر ایسا ماحول تیار کرتے تھے کہ جس کی وجہ سے ہر فرد ان کی صلاحیتوں کا معترف اور ان کی خدمات کا ستائش کرنے والا بن جاتا تھا۔

یہ تو ٹھیک طرح سے یاد نہیں کہ جمیل شیدائی سے پہلی ملاقات حیدرآباد میں کب ہوئی اور کہاں ہوئی' لیکن ذہن کے گوشوں میں اتنا ضرور محفوظ ہے کہ مغل پورہ کے مشہور علاقے خواجہ کے چھلے کے قریب ڈاکٹر راہی کا دواخانہ غالباً ۱۹۶۰ء میں جمیل شیدائی کی ادبی سرگرمیوں کا مرکز تھا۔ یہ ایسا دور تھا جبکہ مغل پورہ کی سرزمین سے مذہبی ماہنامہ ''ارشاد'' پابندی سے شائع ہوتا تھا' جس کی ادارت مشہور کانگریسی لیڈر اور جاوید ماڈل اسکول کے بانی جاوید قادری کے والد انجام دیا کرتے تھے۔ اس دور میں مغل پورہ جیسے محلے کو ادبی سرگرمیوں ہی نہیں بلکہ تعلیمی مرکز کا درجہ حاصل تھا۔ مغل پورہ کے ہر کونے میں ایک مدرسہ موجود تھا۔ جاوید ماڈل اسکول کے علاوہ لوڈال اسکول' نجمی ہائی اسکول' ڈیزلنگ اسکول اور کئی چھوٹے چھوٹے دینی مدارس بھی مغل پورہ کا حصہ تھے۔ اسی مغل پورہ میں مشاعروں کی روایت بھی موجود تھی۔ مجلس شہر ادب کی محفلیں اور نئے سال کا سالانہ مشاعرہ ۳۱۔ دسمبر کی رات کو وزیر داخلہ نواب میر احمد علی خان کی دیوڑھی میں پابندی سے منعقد ہوا کرتا تھا۔ جس کی صدارت عام طور پر مشہور کمیونسٹ شاعر مخدوم محی الدین کے سپرد ہوا کرتی تھی۔ رام پرساد کی حویلی میں بھی مشاعرے منعقد ہوتے تھے اور دودھ خانہ اللہ رکھی بیگم کے احاطہ میں بھی مشاعروں کی سرگرمیاں جاری رہتی تھیں۔ تمام تر مغل پورہ' نوابوں کی دیوڑھیوں اور مسجدوں سے آباد تھا۔ مساجد میں سیرت کے جلسوں کا اہتمام اور اس موقع پر مقررین کو پیش کرنے سے پہلے نعتیہ کلام پیش کرنے کی روایت عام تھی۔ اس اہم دور میں یہ دیکھا گیا کہ ماہنامہ ''ارشاد'' کے دفتر کے قریب شام کے وقت جمیل شیدائی اپنی دراز زلفوں کے ساتھ برآمد ہوتے اور کسی نہ کسی

ادبی موضوع پر گفتگو شروع ہوتی اور محفل کے دیگر افراد کو متوجہ کر لیتے تھے۔ اس دور میں حقیر مغل پورہ مڈل اسکول کی طالب علمی سے گذر رہا تھا۔ خود مدرسہ میں طلبہ کی ذہن سازی کے لئے ریڈنگ روم کے علاوہ بچوں کا کتب خانہ موجود تھا' اس کتب خانے سے کلاس ٹیچر ہمیشہ کتابیں تقسیم کرتے اور ہفتہ عشرے کے بعد کتابیں واپس حاصل کر کے کتاب کے مواد کے بارے میں دریافت کیا کرتے تھے۔ سب سے پہلی مرتبہ جمیل شیدائی کو صوفیائے کرام اور مسلمان بادشاہوں کے بارے میں گفتگو کرتے ہوئے سنا۔ انہوں نے اورنگ زیب کے ہاتھ سے لکھے ہوئے قرآن اور بابا یوسف شریف صاحب کے علاوہ حضرت خواجہ حسن برہنہ شاہ کے واقعات اور ان کے کرامات کو کچھ انداز سے نمایاں کیا کہ طالب علمانہ ذہنیت میں مطالعہ کا سودا سمایا' اور اس دور سے ادب کے علاوہ مذہب اور پھر تاریخ کی کتابوں کے مطالعے کی طرف توجہ مرکوز کی۔ ویسے طالب علمی کے زمانے میں والد بزرگوار کی لائبریری سے حاصل کئے ہوئے رسالے جیسے ''مولوی''، ''آستانہ'' اور ''دین دنیا'' کے مطالعہ سے مذہب' تاریخ اسلام اور مسلمانوں کی حریت سے واقفیت حاصل ہوتی رہی تھی' لیکن جمیل شیدائی نے پہلی مرتبہ توجہ کو عوامی خدمت کی طرف مائل کیا اور اورنگ زیب جیسے متقی بادشاہ ہی نہیں بلکہ حضرت بابا یوسف شریف صاحب اور خواجہ حسن برہنہ شاہ کی زندگی کے واقعات سے ان کی علم دوستی اور ادب پروری کے علاوہ انسانیت دوستی کو بھی واضح کیا۔ جس کی وجہ سے ادب سے دلچسپی کے ساتھ مذہب اور تاریخ سے دلچسپی کا رجحان بھی پیدا ہونے لگا۔ اس طرح طالب علمی کے کے زمانے سے ہی ادب کے علاوہ مذہب اور روحانیات سے دلچسپی کی طرف رغبت دلانے کا کارنامہ جمیل شیدائی کی کوششوں کا نتیجہ رہا۔ کچھ وقفے بعد جب سٹی ملٹی پرپز ہائی اسکول کے طالب علم ہوئے تو اسٹیٹ سنٹرل لائبریری' افضل گنج کے کتب خانے سے استفادے کے دوران مذہبیات' روحانیات اور ہندوستانی تاریخ ہی نہیں بلکہ اسلامی تاریخ اور عالمی تاریخ کے تناظر میں کتابوں کے مطالعے کا ذوق بڑھتا گیا۔ اس وقت بھی جمیل شیدائی مغل پورہ کی نکڑ پر

نمودار ہوتے' کسی نہ کسی اہم موضوع پر تبادلہ خیال کر کے حیرت میں مبتلا کر دیتے تھے' غرض ہم یہ محسوس کرتے تھے کہ ہمارے مطالعے کے مقابلے میں جمیل شیدائی کا مطالعہ وسیع اور مشاہدہ حد سے زیادہ گہرا ہے۔ طویل عرصے تک مغل پورہ کی نکڑ پر جمیل شیدائی سے ملاقات کا سلسلہ ٹوٹ گیا اور نشستوں کو بھول بھال بھی گئے لیکن پھر اچانک ایسا ہوا کہ اورنگ آباد کی سرزمین میں ملازمت انجام دیتے ہوئے جب اقبال بک ڈپو پر شام کے اوقات کو استعمال کرنے کے لئے کتابوں کی تلاش کا سلسلہ جاری رہا تو اس بک ڈپو پر جمیل شیدائی سے دوبارہ ملاقات ہوگئی۔ یہ دور ہماری ملازمت اور عملی زندگی کا تھا' جو کچھ پڑھا تھا اُسی کو بنیاد بنا کر مضامین لکھتے تھے اخبارات اور رسائل ہی نہیں بلکہ خاص جریدوں میں بھی مقالے کی حیثیت سے شائع ہوا کرتے تھے۔ ابتدائی دو تین کتابیں شائع ہو چکی تھیں۔ اورنگ آباد کی سرزمین میں جمیل شیدائی سے ملاقات پر حیرت بھی ہوئی لیکن انہوں نے واضح کر دیا کہ کچھ عرصے کے لئے اپنی ملازمت کی تکمیل کے سلسلے میں وہ اورنگ آباد آئے ہوئے ہیں۔ پھر رفتہ رفتہ ملاقاتوں میں تیزی آنے لگی۔ جمیل شیدائی فطری طور پر بھیڑ بھاڑ سے دور اور محفلوں سے گریز برتنے والے شخص واقع ہوئے تھے' اس لئے نجی محفلوں میں ہی خوب کھلتے اور دل کھول کر بحث میں حصہ لیا کرتے تھے۔ اُسی دوران آل انڈیا ریڈیو اورنگ آباد سے ان کے ڈرامے بھی نشر ہونے لگے اور چند ایک ترجمہ شدہ مضامین بھی رسائل و جرائد کی زینت بننے لگے۔ جمیل شیدائی کو شاعری سے دلچسپی تھی لیکن وہ نفسیات اور فلسفے کے اتنے گہرے طالب علم تھے کہ ان کے مضامین کے مطالعہ سے خود اندازہ ہوتا ہے کہ ادبیات کے بجائے فلسفہ' منطق اور نفسیات کو بنیاد بنا کر تجزیاتی عمل کو پیش کرنا ان کی تحریر کی خوبی ہوا کرتی تھی۔ جمیل شیدائی نے ڈرامے لکھے اور ان کے ڈراموں میں تخلیقیت کا عنصر غالب اور زبان اور اظہار کی مضبوط گرفت محسوس کی جاسکتی ہے۔ ان کے تمام ڈرامے طبع زاد ہیں' انہوں نے ترجمہ شدہ ڈرامے بھی پیش کئے اور دنیا کی ادبی' مذہبی' سائنسی اور سماجیاتی تاریخ کو نمایاں کرنے کے لئے ترجمے کے

فن کو بھی اپنے اظہار کا ذریعہ بنایا۔

جمیل شیدائی کو ایک تخلیق کار اور ترجمہ نگار کی حیثیت سے شہرت حاصل ہے۔ ڈرامہ لکھنا ان کی دلچسپی کا مشغلہ تھا' ڈرامے کے کرداروں اور ان کے مکالموں میں جمیل شیدائی نے جہاں عصری حسیت کو پیش نظر رکھا' وہیں روایتی خصوصیات کو بھی جگہ دی۔ عملی زندگی میں انہوں نے ہمیشہ مذہب کی پاسداری کو ملحوظ رکھا لیکن عملی طور پر ایسا لگتا تھا کہ وہ ایشیائی زندگی کی روایات سے دور اور یوروپی زندگی کی خصوصیات سے قربت حاصل کر چکے تھے۔ رہن سہن کے تمام معاملات کو وہ یوروپی مزاج میں ڈھال چکے تھے۔ اس کی وجہ معلوم نہ ہوسکی کہ اس طرز کو جمیل شیدائی نے کس لئے اختیار کیا تھا البتہ یہ محسوس کیا جاسکتا ہے کہ ان کی نصف بہتر نے انگریزی ادب کے استاد کی حیثیت سے ممکن ہے کہ ان کے خیالات پر کوئی اثر ڈالا ہو' لیکن حقیقت یہ ہے کہ ان کے ذہن پر مذہب کی پاسداری اور اس کے لحاظ کا گہرا اثر تھا' البتہ مذہب کی وہ ظاہری خصوصیات' جن کی وجہ سے مشرقیت کا انداز نمایاں ہوتا ہے۔ انہوں نے اس انداز سے کبھی سمجھوتہ نہیں کیا۔ انگریزی لباس کے وہ حامی نہیں تھے' اس لئے ہر لباس کو پسند کرتے تھے البتہ محفلوں میں انگریزی فیشن کے اعتبار سے لباس زیب تن کرنا ضروری سمجھتے تھے۔ خودداری ان کی فطرت میں شامل تھی اور وہ ایسے جذبے کے مالک تھے کہ جس کی وجہ سے دوسروں کی مدد کر کے خوشی محسوس کرتے تھے۔ اس دور میں جبکہ لوگ قرض حسنہ کی روایت سے دور ہو چکے تھے اور یہ سمجھا جانے لگا تھا کہ اس اسلامی روایت کی دیواریں ٹوٹ رہی ہیں۔ ایسے وقت اکثر یہ دیکھا گیا ہے کہ جمیل شیدائی ہر ضرورت مند کی ضرورت کی تکمیل کے لئے کمر بستہ نظر آتے تھے۔

ادبی پس منظر میں بلاشبہ جمیل شیدائی کو کوئی اہم مقام حاصل نہیں ہوا' وہ نامور ڈراما نگار تھے لیکن ان کی ڈراما نگاری پر دکن کے نقادوں نے کوئی توجہ نہیں دی' اسی طرح ان کے پیش کردہ ترجموں کو بھی کوئی اہم مقام و مرتبہ حاصل نہ ہوسکا۔ احباب کی محفلوں میں جس قسم کی

گفتگو کی وجہ سے وہ شہرت رکھتے تھے' اس کا کوئی تحریری ثبوت موجود نہیں۔ ان حقائق کے پس منظر میں یہی کہا جا سکتا ہے کہ جمیل شیدائی نے کسی وقت بھی یہ مناسب نہیں سمجھا کہ اپنی شخصیت کو منوایا جائے اور اپنے ادبی کارناموں کو حد درجہ نمایاں کر کے اعزازات اور انعامات حاصل کرنے کی سبیل نکالی جائے۔ ان کی فطرت میں ہی بے نیازی شامل تھی۔ وہ اپنی تحریروں کو سنبھال کر یا جتن سے نہیں رکھتے تھے۔ حیدرآباد ریڈیو اسٹیشن اور اورنگ آباد ریڈیو اسٹیشن کے علاوہ یووا وانی کے پروگراموں سے ان کے بے شمار ڈرامے نشر ہوتے رہے اور لوگوں نے انہیں پسند بھی کیا' لیکن جمیل شیدائی نے کبھی یہ نہیں چاہا کہ ان کی بدولت شہرت کا چولا پہن لیا جائے۔ حیدرآباد کی ادبی محفلوں میں وہ کم کم ہی دکھائی دیتے تھے۔ انہیں فخر حاصل تھا کہ حضرت رحمٰن جامی جیسے شاعر سے تلمذ حاصل رہا اور رحمان جامی کے کہنے سے ہی اندازہ ہوتا ہے کہ ان کی ابتدائی شاعری پر اصلاح دیتے ہوئے رحمٰن جامی نے ان کی نثر سے متاثر ہو کر شعر گوئی ترک کرنے اور نثر نگاری کی طرف توجہ دینے کی ترغیب دلائی تھی۔ ایک سچے شاگرد کی حیثیت سے جمیل شیدائی نے استاد کے حکم کی تابعداری کی اور ساری زندگی ڈرامہ نویسی اور ترجمہ نگاری کے لئے وقف کر دی۔ جس وقت امبیڈکر یونیورسٹی کی جانب سے مختلف علوم و فنون کی کتابیں اردو میں ترجمہ ہونے لگیں اور ترجمے کی ذمہ داری جمیل شیدائی کے سپرد کی گئی تو انہوں نے اس کام کی تکمیل کو صرف ذمہ داری کا درجہ نہیں دیا بلکہ فرض کا درجہ دے کر علوم و فنون کی کتابوں کا باز تخلیق کے انداز سے ترجمہ کیا اور ڈاکٹر امبیڈکر اوپن یونیورسٹی کے نصابات کی ترجمہ شدہ کتابیں کہیں پر بھی ترجمہ نہیں بلکہ تخلیق کا حصہ دکھائی دیتی ہیں۔ ترجمہ اس انداز سے کیا جائے کہ وہ بذات خود تخلیق کے انداز کی نمائندگی کرے' اس ترجمہ کو ''باز تخلیق'' کہا جاتا ہے۔ شیدائی نے ترجمے کے فن پر اس قدر مہارت حاصل کر لی تھی کہ ترجمے کی صنف میں ''باز تخلیق'' کی روایات جلوہ گر نظر آتی ہیں۔ جمیل شیدائی نے ترجمے کے فن پر اس قدر توجہ دی کہ اس فن کو تخلیق کے قریب تک پہنچا دیا' جس کی وجہ سے ترجمہ بذات خود تخلیق کے درجے تک

پہنچ جاتا ہے۔ جمیل شیدائی کے ڈرامے جس قدر سماجی مسائل اور معاملات کے عکاس ہوتے ہیں، اسی قدر ان کے ترجمے فطرت کے مطابق اور عین تخلیقی حسیت کے علمبردار ہو جاتے ہیں۔ بلاشبہ اس حقیقت سے انکار نہیں کیا جاسکتا ہے کہ ترجمہ کو ترجمہ ہی رہنا چاہئے اور ترجمے میں تخلیقیت کا داخلہ ترجمے کی صنف کو مجہول کر دیتا ہے لیکن جمیل شیدائی کی یہ کیفیت تھی کہ مجہول ترجمے کو پسند نہیں کرتے بلکہ مقبول ترجمے میں روانی، سلاست اور زبان و بیان کی چاشنی کو شامل کر کے ترجمے کو بذات خود تخلیق کے قریب پہنچا دیتے تھے۔ اردو کی نثری تاریخ میں ترجمے نگاروں کی طویل فہرست نظر آتی ہے اس فہرست میں ترجمہ نگار کی حیثیت سے علمیت، ادبیت اور ترجمانی کو جس خلاقیت کے ساتھ علمائے مترجمین میں عنایت اللہ دہلوی نے پیش کیا ہے ان کی نمائندگی کسی اور ترجمہ نگار کے ذریعہ ممکن نہیں۔ علامہ عنایت اللہ دہلوی نے تاریخی اور غیر افسانوی نثر کے ترجمے پر توجہ دی، جبکہ جمیل شیدائی ایک ایسے مترجم ہیں جو افسانوی نثر سے زیادہ غیر افسانوی نثر کے ترجمے اور ترجمانی کا حق ادا کرتے ہیں۔ تاریخ کو تنقید و ادب ہی نہیں بلکہ مختلف سماجی علوم اور ادبی علوم کے موضوعات کی ترجمانی جمیل شیدائی کی تحریروں میں جلوہ گر نظر آتی ہے۔ مولوی عنایت اللہ دہلوی سے لے کر خلیل الرحمٰن، مرزا محمد عسکری، قاضی تلمذ حسین اور عبدالمجید سالک سے ہوتا ہوا غیر افسانوی نثر کے مترجموں کا قافلہ جمیل شیدائی تک پہنچتا ہے، جنہوں نے ادبی علوم سے زیادہ علوم عمرانیات اور سماجی علوم سے متعلق کتابوں کے ترجمے کے ذریعہ سر سید احمد خان کے مشہور ترجمے کے ادارے ''سائنٹفک سوسائٹی'' کی روایت کو فروغ دیا۔ حیدر آباد میں جامعہ عثمانیہ کے قیام کے بعد اس یونیورسٹی کے دارالترجمہ کے مترجمین کے ذریعہ جس طرح علوم و فنون کی کتابوں کی اردو میں ترجمے کی روایت کا آغاز ہوا تھا۔ اُسی قسم کی روایت کی ترجمانی جمیل شیدائی کے ترجمے کی خصوصیت کا حصہ بنتی ہے۔ ان کی ہمدردی مثالی رہی۔ احباب سے وابستگی اور ان سے ربط و تسلسل کو جاری رکھتے ہوئے انہوں نے خدمت کے جذبے کو اختیار کیا۔ جس وقت مجھے ۲۰۰۰ء میں ہارٹ اٹیک ہوا اور میں

نے یونانی ہارٹ کلینک کی دوا سے استفادہ کا آغاز کیا تو اس وقت جمیل شیدائی تارنا کہ کے علاقے میں قیام پذیر تھے۔ ہر روز یونانی ہارٹ کلینک سے دوا لانے کے لئے وہ میرے گھر لکڑی کا پل پہنچتے اور اپنی اسکوٹر پر مجھے بٹھا کر ٹولی چوکی لے جاتے اور دوا پلا کر واپس گھر چھوڑ کر چلے جاتے تھے۔ یہ اخلاص اور محبت آج کے دور میں حقیقی برادر زادوں میں بھی دکھائی نہیں دیتا۔ حقیقت یہ ہے کہ جمیل شیدائی کو ان کے ماںباپ سے جو تربیت حاصل ہوئی تھی، اسی تربیت کو وہ اپنی زندگی کا وسیلہ بنا چکے تھے۔ جن ماںباپ کے زیر سایہ اولاد کی صحیح تربیت ہو جانے پر اولاد ہی نہیں بلکہ ان کے والدین بھی اپنی صحیح تربیت کی وجہ سے جنت کے حقدار بن جاتے ہیں۔ غرض جمیل شیدائی نے خدا کے بندوں کی بندگی کا حق ادا کر کے جنت حاصل کرنے کا موقع فراہم کر لے، لازمی ہے کہ ادب دوستوں کے درمیان سے ان کا گذر جانا بہت بڑا سانحہ ہے لیکن اس سے بڑا سانحہ یہ ہے کہ آج کے اس پرُ آشوب دور میں انسانیت کی خدمت کرنے والے ایک انسان کو خدا نے اپنی بارگاہ میں بلا کر ہزار ہا ضرورت مندوں کو محروم کرنے کے بجائے انہیں ہزار ہا اعزازات سے نوازا ہوگا، غرض جمیل شیدائی نے دنیا کے کسی اعزاز کے حصول کے لئے کوشش نہیں کی۔ تمام زندگی میں جمیل شیدائی کی دنیا سے دوری اور بندوں سے قربت سے اندازہ ہوتا ہے کہ جمیل شیدائی کی رحلت ایک ادیب، ڈرامہ نگار، مترجم اور ادب دوست کی رحلت ہی نہیں بلکہ انسانیت پر اپنی ذات کو نچھاور کرنے والے کی موت سے تعبیر کیا جائے گا۔ اس طرح ایک انسانیت دوست کا ہمارے درمیان سے اٹھ جانا ہی عظیم سانحہ کے مترادف ہے۔ ؎۳

مظہرالزماں خاں

جمیل شیدائی ایک نہایت ذہین وفطین ادیب تھے۔ ہر وقت کچھ نہ کچھ لکھتے رہتے

تھے۔ ان کی تحریریں اور لکھنے والوں سے معنی خیز ہوتی تھیں انہوں نے بہت سی کہانیوں کے ترجمے کیے ان میں میری بھی بہت ساری کہانیاں اور افسانے شامل ہیں۔ اتنا عمدہ اور بہترین ترجمہ کرتے تھے کہ ان میں اصل زبان کی حقیقت اور چمک دمک نظر آتی تھی۔ پروفیسر شیو کمار وائس چانسلر حیدرآباد سنٹرل یونیورسٹی نے میری کہانیوں کے ترجمے جسے جمیل شیدائی نے کیا تھا اسے پڑھ کر خاصہ پسند کیا اور کافی سراہتے تھے۔ جمیل شیدائی نہ صرف ذہین فنکار تھے بلکہ ایک بہترین دوست بھی تھے۔ وہ اس قدر بامروت با اخلاق آدمی تھے کہ ان کی سادگی اور اخلاص کو دیکھ کر کوئی یقین نہیں کرتے تھے کہ وہ بہترین دوست اور جدت پسند فنکار بھی ہیں۔ جمیل شیدائی نے کئی ڈرامے اور مضامین لکھے۔ وہ بڑی سادہ اور سلیس زبان استعمال کیا کرتے تھے۔ جمیل شیدائی کبھی کسی دوست کو ناراض نہیں کیا کرتے تھے۔ اور نہ کبھی کسی پر طنز کرتے تھے۔ وہ بے حد مخلص اور بہترین دوست تھے وہ اس قدر انگریزی اور اردو زبان پر عبور رکھتے تھے کہ آج کے یونیورسٹی کے پروفیسر بھی ان کی جیسی قابلیت بہت کم ہی رکھتے ہیں۔ یہ ان کی قابلیت کی ایک مثال تھی۔ جمیل شیدائی کا میرے ہاں کافی آنا جانا تھا۔ وہ بہت سارا وقت میرے ساتھ گزارا کرتے تھے۔ ان کی قابلیت ذہانت اور خلوص ایسا تھا کہ ان کے ساتھ رہ کر وقت کا احساس ہی نہیں ہوتا تھا۔

ڈاکٹر محسن جلگانوی

سنہ ۱۹۸۸ء کی بات ہے اردو رائٹرس فورم کے زیر اہتمام راقم الحروف کی ایک نثری تصنیف ''سکندرآباد کی ادبی دستاویز'' جو سکندرآباد کی ادبی اور علمی تاریخ اور وہاں کے تخلیق کاروں کی ایک اینتھالوجی کے طور پر منظر عام پر آئی تھی۔ اس کے لیے حاصل کردہ انٹرویو میں جمیل شیدائی نے انکشاف کیا تھا کہ ان کے والد بزرگوار جناب شیدا محمد بذات خود اپنی ذات

میں ایک انجمن تھے جنہیں فارسی، انگریزی اور اردو زبانوں پر زبردست دسترس حاصل تھی۔ وہ بہت اچھے نثر نگار بھی تھے۔ اور شاعری سے شغف بھی رکھتے تھے۔ ان کی ہمہ لسانی شخصیت کا اثر جمیل کی فکر و نظر پر پڑنا لازمی تھا۔ انہوں نے انگریزی اور فارسی کے ادب کو اپنے والد کی وساطت سے پڑھا اور ان زبانوں میں مہارت بھی حاصل کی۔ جمیل کے نام کے ساتھ شیدائی کا لاحقہ شیدا محمد صاحب کی شخصیت کا پرتو ہے۔ شیدا صاحب نے نہ صرف انگریزی اور فارسی میں جمیل کی تربیت کی بلکہ اردو زبان اور ادب کی تربیت میں بھی اپنا کردار ادا کیا۔ جمیل نے عام ڈگر سے ہٹ کر اپنے لیے ڈراما نگاری کی روش اختیار کی۔ اس میدان میں وہ اکیلے ہی شہسوار تھے۔ ان کے ڈراموں کی اخبارات، رسائل، آل انڈیا ریڈیو اور ٹیلی ویژن کی سطح پر زبردست پذیرائی ہوئی۔ ان کے ڈراموں کی پہلی کتاب ''لب گفتار'' کے عنوان سے منظر عام پر آئی۔ جس کا انتساب انہوں نے اپنے والد کے نام سے کیا تھا اور ان کی ہمہ لسانی صلاحیتوں اور قابلیتوں سے اکتساب کا اعتراف بھی کیا تھا۔ حرف آغاز میں انہوں نے لکھا تھا:

''بصارت کے ساتھ بصیرت ہی مشاہدے کی رنگا رنگی، گہرائی اور گیرائی کا احاطہ کر سکتی ہے۔ اور ایسے ہی صاحب نظر کی نگاہوں کے سامنے جلوؤں کی ارزانی ہوتی ہے۔ جو جلوؤں کی قوت آخذہ سے شعور کی گہرائیوں میں اتارتا ہے۔ پھر ان کی بازیافت سے زندگی کی حقیقتوں کا اظہار اپنے وجدان کے بل بوتے پر کرتا ہے''۔

اردو ادب میں ڈرامے کی صنف، بے التفاتی کا شکار رہی ہے۔ حالانکہ اسے مقبول اور مروج ہونا چاہئے تھا کیوں کہ معاشرے کا ہر ایک فرد زندگی کی کہانی میں ایک کردار کی طرح ہے۔ دنیا کے اسٹیج پر ہر آدمی ایک اداکار کی طرح اپنا حصہ ادا کرتا ہے۔ جمیل شیدائی نے ڈرامے کی جانب ارباب ادب اور عام آدمی کی کم توجہی کی توجیہ اس طرح کی تھی کہ ڈرامے کا فن فنی ذکاوت، ذہنی پختگی اور مشقت کا متقاضی ہوتا ہے۔ اس فن سے ہر کس و ناکس کا عہدہ بر آ ہونا مشکل ہے۔ شاید اسی وجہ سے سہل پسندی نے بہت کم لوگوں کو اس جانب راغب

کیا۔اس راہ میں جمیل شیدائی ایسے کوہکن تھے جو تنہا ہی جوئے شیر لانے کا فریضہ انجام دیتے رہے۔

جمیل شیدائی کے ڈراموں کی پہلی کتاب ''لب گفتار'' اپنے عہد کی مشہور ادبی تنظیم ''اقلیم ادب'' کے زیر اہتمام شائع ہوئی تھی۔''غالب خستہ کے بغیر'' ان کے ڈراموں کا دوسرا مجموعہ تھا۔جمیل شیدائی ''ڈرامے کی تنقید'' اور ''ڈرامہ کیسے لکھیں'' جیسی وقیع کتابوں کی ترتیب وطباعت کی جانب بھی متوجہ تھے۔لیکن مختلف یونیورسٹیز سے کاموں اور ناگہانی افتادوں کے باعث ان کی تکمیل نہیں کر سکے۔

جمیل شیدائی بے حد ملنسار اور بے پناہ خوبیوں کے مالک تھے۔کبھی کبھی ان کی ملنساری' خاکساری' کی حدوں کو چھونے لگتی تھی۔ اس لیے بعض فرد مایہ لوگ اپنی حیثیت کی خوش گمانی میں مبتلا ہو جاتے تھے تاہم وہ نہایت باریک بین دوررس نگاہ رکھنے والے اور انسانی نفسیات اور عصری آگہی رکھنے والے تخلیق کار تھے۔ ان کے ڈراموں کی کامیابی کا راز موضوعات کی نفاست' جامعیت اور پر اسرار کشش میں پوشیدہ تھا۔ان کے ڈراموں کے پلاٹ طبع زاد ہوا کرتے تھے۔ وہ اپنے ڈراموں میں صرف کہانی نہیں سناتے تھے بلکہ کہانی کو وجود کا پیکر دے کر زندہ جاوید بنا دیتے تھے۔آج کی میکانیکی زندگی کی بے پناہ مصروفیتوں نے جمیل شیدائی کو ایک بابی ڈرمہ کی تشکیل کی جانب راغب کیا تھا۔اور اس مینں انہوں نے کامیاب تجربے بھی کیے۔

جمیل شیدائی نے جامعہ عثمانیہ سے بی ایس سی کرنے کے بعد انڈسٹریل کمسٹری میں ڈپلومہ کورس کیا تھا اور ایک مشہور کمیکل فرم میں کوالٹی کنٹرول کمسٹ کی حیثیت سے وابستہ ہوگئے تھے۔ انہوں نے آندھرا پردیش کے علاوہ مہاراشٹرا اور کیرالا کی ریاستوں میں بھی ملازمت انجام دی تھی۔

جمیل شیدائی نے جہاں اردو میں ڈرامے لکھے وہیں انگریزی ڈراموں کا اردو میں

ترجمہ بھی کیا۔ ڈراموں سے ہٹ کر انہوں نے کئی انگریزی نظموں کا سلیس اور جامع ترجمہ بھی کیا۔ بہت کم لوگ جانتے ہیں کہ وہ غزل اور نظم کے بہت اچھے شاعر تھے۔ بہ حیثیت مبصر انہوں نے کئی کتابوں پر تبصرے بھی لکھے۔ جمیل شیدائی کو انجمن سازیوں اور انجمن کاریوں سے ہمیشہ اجتناب رہا۔ انہوں نے شاید اقلیم ادب کے بعد اردو رائٹرس فورم سکندرآباد ہی سے وابستگی قبول کی تھی۔ لیکن وہ ہر ادبی محفل کے ادبی کام میں بھرپور تعاون کرتے تھے۔ جمیل شیدائی کی زندگی کا بہت بڑا عرصہ سکندرآباد کی سرزمین پر گزرا۔ چند برس قبل وہ حیدرآباد منتقل ہوگئے۔ نہ جانے کیوں ان کے آخری ایام گنج خلوت میں گزرے انہوں نے ایک طویل عرصہ سے احباب سے ملنا جلنا چھوڑ دیا۔ اور فون پر بھی گفتگو ختم کردی تھی۔ شاید انہیں اندازہ ہوگیا تھا کہ اب دنیا سے رشتے ناطے توڑنے والے ہی ہیں۔ تو اپنے دکھ درد میں احباب کو کیوں شامل کریں۔ حیدرآباد میں علم و ادب کی ترویج میں جن شخصیتوں کا نام ہمیشہ عزت و احترام سے لیا جائے گا ان میں وہ سرفہرست ہوں گے۔ جمیل ۱۲ فروری ۱۹۴۳ء کو حیدرآباد میں پیدا ہوئے اور ۶ گسٹ 2015ء کو اس دار فانی سے رخصت ہوگئے۔

آسماں اس کی لحد پر شبنم افشانی کرے ؎

میر فاروق علی مدیرِ عدسہ

جمیل شیدائی سے میری ملاقات مظہر الزماں خان صاحب قلم کار اور مصنف کے توسط سے تارنا کہ میں لنچ پر ہوئی۔ پہلی ملاقات میں ہی انہوں نے متاثر کیا۔ گفتگو کے دوران آنکھوں سے ذہانت ٹپک رہی تھی۔ انہوں نے بہت متاثر کیا۔ علمیت جس سے کافی عیاں تھی۔ پھر مجھے خیال آیا کہ بریانی ٹھنڈی ہورہی ہے ملاقات سے قبل ہی ان کی کافی شہرت سن چکا تھا۔ تارنا کہ میں میرے پڑوسی تھے۔ امام باڑہ یعقوت پورہ سے یہاں منتقل ہوئے تھے۔ میر فاروق علی

صاحب محکمہ آبکاری میں آفیسر تھے اور جمیل شیدائی کی ملازمت اپل ڈسٹلری حیدرآباد میں تھی۔ جو کہ آبکاری کے تحت تھا ملاقاتیں ہونے لگیں۔ اور دوستی کا رشتہ اور گہرا ہوتا گیا۔ جب بھی ان سے ملاقات ہوتی مجھے یاد نہیں کہ کوئی ایسا لمحہ غیر ضروری گفتگو میں گزرا ہو۔ بلکہ ہر وقت لکھنے پڑھنے اردو افسانے ڈرامے اور علمی ترجمے کے فن پر گفتگو رہتی۔ لطائف بھی سناتے تھے۔ اور خود بھی کافی لطف اندوز ہوتے تھے۔ ہر وقت کسی نہ کسی شخص کی تعریف اور اس کے فن پر گفتگو کرتے۔ اور اس کی اچھائیوں کا ذکر کرتے۔ کبھی کسی شخص کی برائی نہیں کی۔

جنوری 2006ء میں ماہنامہ ''عدسہ'' کی اشاعت میں جمیل شیدائی کا بڑا تعاون رہا۔ ان کی خدمات کے پیش نظر میں نے ماہنامہ ''عدسہ'' کے جوائنٹ ایڈیٹر کی حیثیت سے ان کی خدمات حاصل کیں اور وہ عدسہ کے لیے اثاثہ ثابت ہوئے۔ انہوں نے پرچے کے معیار میں اضافہ کیا۔ جب میں نے ان کا نام ''عدسہ'' کی ادارت میں شامل کیا تو وہ بہت خوش ہوئے۔ ویسے بھی وہ ہر وقت خوش وخرم رہنے والے شخص تھے برسہا برس کی دوستی و ملاقات میں کوئی ایسا موقع نہیں آیا کہ وہ کسی بات پر فکر مند یا پریشان نظر آئے ہوں وہ اپنی نجی زندگی کو بخوبی نبھانا جانتے تھے شاید یہی وجہہ تھی کہ وہ کبھی کوئی بات جو نجی زندگی سے تعلق رکھنے والی ہو میرے یا دوستوں کی سامنے ظاہر کی ہو، جمیل شیدائی نے میری دو مزاحیہ کتابیں ''بیکار کی باتیں'' اور ''تنکے کا سہارا'' کا انگریزی میں ترجمے کر کے میرے لیے بہت بڑا کام کیا۔ ان کتابوں کے ترجمے کی اشاعت عمل میں نہ لاسکا۔ اور ان کا یہ گراں قدر کام میرے پاس محفوظ رہ گیا۔ جمیل شیدائی کی خواہش پر پروفیسر فضل اللہ مکرم صاحب کو ماہنامہ ''عدسہ'' کی مجلس ادارت میں شامل کیا گیا۔ جو اس پرچے کے لیے علمی سرمایہ ثابت ہوئے۔ پروفیسر فضل اللہ مکرم صاحب نے مجھ پر بھی ایک مضمون لکھا۔ جمیل شیدائی ایک علمی گھرانے سے تعلق رکھتے تھے۔ ان کے والد سید محمد صاحب حکومت آندھرا پردیش میں ایک اعلیٰ عہدے پر فائز تھے۔ ان کو اردو انگریزی اور فارسی زبان پر عبور حاصل تھا۔ وہ انگریزی کے استاد بھی تھے اور اردو زبان کے ادیب اور شاعر بھی تھے۔ ان کے

بچوں میں سبھی اعلیٰ تعلیم یافتہ ہیں۔اورسب کا اردو ادب سے گہرا تعلق رہا ہے۔جمیل شیدائی اردو کی کتابیں اور رسائل پابندی سے خرید کر پڑھتے تھے۔میرا اندازہ ہے کہ ان کے گھر میں اور سامان کم ہوگا لیکن کتابوں اور رسائل کی بھرمار ہوگی۔جمیل شیدائی بہت ہی سیدھے سادھے اور سادگی وملنساری کا نمونہ تھے۔یہ خصوصیت دوسروں میں بہت کم ملتی ہے۔وہ خوبرو خوش پوشاک اور جاذب نظر شخصیت کے مالک تھے سب کے کام آنا ان کا شیوہ تھا۔ڈاکٹر منموہن سنگھ کے دوست پروفیسر شیو کے کمار پروفیسر آکسفورڈ یونیورسٹی اور وائس چانسلر حیدرآباد سنٹرل یونیورسٹی جو کہ ایک اچھے شاعر اور ناول نگار ہیں نے مظہر الزماں خاں صاحب کی کہانیوں کا ترجمہ جسے جمیل شیدائی نے کیا تھا پڑھ کر بہت تعریف کی۔پروفیسر سیتا نارائنا سنگھ‘پروفیسر سراج الرحمٰن‘پروفیسر یوسف کمال‘پروفیسر شمس الرحمٰن فاروقی‘پروفیسر اے بی فاروقی (یوکے) رخشندہ جلیل دختر آل احمد سرور نے جمیل شیدائی کے تراجم کو پڑھ کر بہت تعریف کی۔ان کے تراجم The Last Century اور The Eyes of Sun نامی کتابوں میں شامل ہیں۔

جمیل شیدائی اردو دنیا کے حق میں نعمت غیر مترقبہ تھے ان کے بعد ان کی خلاء کوئی بھی پر نہیں کر پایا۔جمیل شیدائی کی شخصیت اور قلم کی توانائی یکساں توازن کے حامل رہے۔اخلاص مہر ومروت ایسے کہ انہیں کسی کی بھی شخصیت میں کوئی عیب نظر نہیں آتا تھا پھر وہ عیبوں سے قطع نظر محاسن کو پیش نظر رکھتے ہوئے ہر کسی کے ساتھ خوشگوار تعلقات استوار کر رکھے تھے۔انہوں نے اپنی شخصیت اور فن کے ناقد کے بجائے وکیل پیدا کیے ان کا ظاہر اور باطن دونوں بڑے شفاف تھے سائنس کے گریجویٹ تھے مگر اردو ادب سے ان کا ذہنی وقلبی رشتہ دیوانہ وار تھا۔بہ یک وقت ادیب‘شاعر‘ڈرامہ نگار‘ترجمہ نگار اور تنقیدی بصیرت کے حامل جمیل شیدائی نے بیش تر شاعروں اور ادیبوں کی تحریروں کے تجزیے لکھے۔ایک زمانہ تھا آل انڈیا ریڈیو سے جمیل شیدائی کے ریڈیائی ڈراموں کا بڑا شہرہ تھا۔انہیں انگریزی زبان پر قدرت حاصل تھی صحافت کے موضوع پر انہوں نے کئی لیکچر دیئے۔۵

غنی نعیم

بصارت کے ساتھ بصیرت ہی مشاہدے کی رنگا نگی، گہرائی و گیرائی کا احاطہ کرسکتی ہے۔اور ایسے ہی صاحب نظر کی نگاہوں کے سامنے جلوؤں کی ارزانی کی جاتی ہے جو ان جلوؤں کو اپنی قوت آخذہ سے شعور کی گہرائیوں میں اتارتا ہے۔ پھر ان کی بازیافت سے زندگی کی حقیقتوں کا اظہار اپنے وجدان کے بل بوتے پر کرتا ہے۔ اردو ادب کی کئی اصناف میں یہ اپنے انداز خاص میں ہوتا رہا ہے ان ہی میں ڈرامے کی صنف بھی اپنا حصہ ادا کرتی رہی ہے۔ اردو ادب میں یہ صنف کم توجہی کا شکار رہی ہے۔ حالانکہ اسے بہت زیادہ مقبول اور مروج ہونا چاہئے تھا کیوں کہ ہم میں سے ہر فرد ایک کردار بنا ہوا دنیا کے اسٹیج پر زندگی کے ڈرامے میں اپنا حصہ ادا کر رہا ہے۔ ڈرامے سے کم توجہی کی توجیہ یہی ہوسکتی ہے کہ جس فنی ذکاوت اور ذہنی مشق کا یہ فن متقاضی ہے اس سے پوری طرح عہدہ برآ ہونا بہت ہی صبر آزما ہوتا ہے۔ شاید اسی لیے سہل پسندی نے ڈرامہ کی جانب بہت ہی کم لوگوں کو راغب کیا لیکن تیشۂ آرزو لیے کہ کن جوئے شیر لاتے رہے ہیں۔ جمیل شیدائی بلا شبہ اس فہرست میں شامل ہیں۔ باریک بینی، دور رس نگاہی اور انسانی نفسیات سے آگاہی نے جمیل کے فن کو نکھارا ہے۔ اور اردو ڈرامہ نگاروں میں اسے صاحب مقام بنایا ہے۔

جمیل محتاج تعارف نہیں۔ گزشتہ پندرہ برسوں سے ہندوپاک کے موقر ادبی رسالوں میں اس کے ڈرامے شایع ہوکر نہ صرف باذوق قارئین سے بلکہ معتبر ناقدین فن سے بھی خراج تحسین وصول کر چکے ہیں۔ اس کے علاوہ اس کے ریڈیائی ڈرامے آل انڈیا ریڈیو سے بھی نشر ہوکر عوام الناس کے انشراح قلب کا باعث بھی بن چکے ہیں۔

جمیل کے پندرہ ابتدائی ڈراموں کا یہ پہلا مجموعہ ''لب گفتار'' کتابی صورت میں اقلیم

ادب پبلی کیشنز کی جانب سے صاحبان نقد ونظر کے ذوق ادبی کی تسکین کا سامان فراہم کر رہا ہے۔جمیل کے ڈراموں کے مطالعے سے یہ بات واضح ہوتی ہے کہ ان ڈراموں کی کامیابی کا حقیقی راز موضوع کی نفاست، رفعت، جامعیت اور کشش میں پوشیدہ ہے اس کے ڈراموں کے پلاٹ طبع زاد ہیں بلکہ اقتضائے وقت سے ہم آہنگ ہوکر تاریخی دستاویز بن گئے ہیں۔ اورسماج کی کھوکھلی اقدار کا مظہر ہیں۔جمیل حقیقی زندگی کی تصویر کشی میں بے حد چابک دست ہیں۔اوراس کے ساتھ ہی نفسیات انسانی سے گہری واقفیت نے اسے باطنی صداقتوں کے اظہار میں بھی کامیابی سے ہمکنار کیا ہے۔اس کے ڈراموں کے متعلق بلا خوف تردید کہا جا سکتا ہے کہ جمیل اپنے ڈراموں میں کہانی نہیں سناتا بلکہ کہانی کو وجود میں لاتا ہے۔اوران کہانیوں کا ماخذ زندگی ہے اس طرح اس کے ڈراموں میں کہانی پھر زندگی بن جاتی ہے۔

آج کی میکانیکی زندگی کی بے پناہ مصروفیت نے جمیل جیسے ذہین اورحساس فن کار کو یہ گر سکھایا ہے کہ تنگئ وقت کی شکایت یک بابی ڈرامے کی صورت میں رفع ہوسکتی ہے جمیل کا ''لب گفتار'' اس ضرورت کی تکمیل کے ساتھ قارئین اور ناظرین کے تجسس کو بیدار اور تحیر سے ہمکنار کراتے ہوئے مختصر وقت میں اختتام سے مطمئن کرتا ہوا تسکین کا سامان بہم پہنچاتا ہے۔

جمیل اپنے ڈراموں میں منتخب واقعات کی ترتیب بڑے اہتمام سے کرتا ہے کہ نقطہ عروج تک ناظر اور قاری پرشوق تشویش اور اضطراب آمیز ذہنی کیفیات سے دوچار رہتا ہے۔اپنے نفسیاتی پس منظر کی تعمیر وتشکیل میں جمیل کا ذہن اپنی برق رفتاری کے ساتھ حقیقی زندگی پر اپنی گرفت کے باعث کرداروں کو اس سلیقے سے ڈھالتا ہے کہ وہ قدرتی اور رفطری توازن لیے ہوئے سماج کے نمائندے بن جاتے ہیں۔

''لب گفتار'' کے مکالمے اپنی برجستگی، اختصار، سادگی، صفائی بیان اور صورت حال کے عین مطابق ہونے کے باعث فطرت انسانی کے غماز ہیں۔جو ڈراموں کی کامیابی کی

ضمانت بھی ہیں۔جمیل کی فن کاری کا احساس ڈراموں میں کرداروں کی پیش کشی سے ہوتا ہے۔ڈرامے کا ہر کردار اپنی فطرت اور نفسیات کا برملا اظہار اپنے مکالموں سے کرتا ہے۔اور ایک مربوط سلسلے میں اپنی رفتار عمل اور واقعات کی تیز روی کو منطقی ربط کے ساتھ تصادم اور کشمکش سے دوچار کرتا ہوا کہانی کو منزل عروج کی طرف لیے جاتا ہے۔اور اختتام پر قاری یا ناظر کی فکر کی ایک نئی سمت کی طرف رہنمائی کرتا ہے۔جمیل کے یہ ڈرامے اس بات کی نشان دہی کرتے ہیں اور وہ وہ فنی نزاکتوں' باریکیوں سے شعوری واقفیت رکھتا ہے۔اور یہ مجموعہ اس منزل کی بھی نشاندہی کرتا ہے جس پر وہ مستقبل قریب میں وہ وصف اول کا ڈرامہ نگار تسلیم کیا جائے گا۔جمیل کا ''لب گفتار'' بلاشبہ ڈراموں میں ایک قابل قدر اور قابل وقعت اضافہ ہے۔ اردو ڈرامہ کے باذوق قارئین اور ناقدین سے یہ توقع بجا طور پر کی جاتی ہے کہ وہ ''لب گفتار'' کی پذیرائی کریں گے۔ ۶ے

ڈاکٹر جہانگیر احساس

نیک دل انسان کسی بھی معاشرے کے لیے ایک سورج کے مانند ہوتے ہیں جو اپنے دوست و دشمن ہر ایک کے لیے سورج کی روشنی کی طرح مدد کے لیے ہمہ وقت تیار رہتے ہیں ۔سرزمین حیدرآباد تو ازل ہی سے ایک نیک طینت شخصیت کا گہوارہ و مسکن رہی ہے۔ بلاشبہ استاد مکرم جناب جمیل شیدائی کا شمار اب بھی ملت کے ان مخلص حضرات میں کیا جاسکتا ہے جو اپنی بساط بھر کوششوں سے مسلم معاشرے میں پھیلی ہوئی جہالت کو دور کرنے اور مسائل کو حل کرنے میں پیش پیش رہتے تھے۔

آج جمیل شیدائی صاحب کے بارے میں کچھ لکھنے بیٹھا ہوں تو میری نگاہوں کے سامنے ان کا وہ کتابی چہرہ' ستواں ناک' اونچی پیشانی' جس سے علمیت ٹپکتی ہوئی مجسم حالت

میں ہونٹوں پر ہلکی سی مسکراہٹ لیے نظر آتا ہے۔ان کے نام کے آگے مرحوم تحریر کرتے ہوئے کلیجہ منہ کو آتا ہے۔کیسی باغ و بہار شخصیت تھی کہ یکا یک ہمارے درمیان سے اٹھ گئی۔جمیل شیدائی صاحب کا تعلق خالصتاً حیدرآباد سے رہا ہے۔اسی وجہ سے آپ کے مزاج میں حیدرآباد کی تہذیبی روایات جس میں بڑوں سے حددرجہ ادب واحترام اور چھوٹوں سے مشفقانہ انداز میں پیش آنے کا جذبہ کارفرما تھا۔آپ میں یہ جذبہ کوٹ کوٹ کر بھرا ہوا تھا۔میرا جمیل صاحب سے شاگردی کا رشتہ کم وبیش تیرہ چودہ سال پر محیط ہے۔ میں گھنٹوں ان کے مکان میں بیٹھا مختلف علمی ٗادبی ٗ ثقافتی اور جغرافیائی مسائل پر سوالات کرتا اور وہ ان کے علمی دلائل کے ساتھ تشفی بخش تفصیلات عنایت فرماتے ۔ ہر ایک کے ساتھ ان کا یہی برتاؤ تادم زیست جاری وساری رہا۔

علم وادب سے آپ کو رغبت ورثے میں ملی تھی۔ کیوں کہ آپ کے والد محترم جناب شید امحمد صاحب اپنے وقت کے مشہور انگریزی داں ہونے کے ساتھ اردو عربی و فارسی کے شناور بھی تھے انہوں نے اپنے اوصاف حمیدہ بھی اولاد میں منتقل فرمائیے تھے۔باجودہ نامساعد حالات کے آپ کا گھر طالب علموں کے لیے پیچیدہ علمی مسائل کے حل کا مرکز بنا رہتا تھا۔ جہاں ان کے والد گرامی ٗ بھائی اور خود وہ مسائل کو نہ صرف دور کرتے بلکہ اپنے مفید مشوروں سے بھی نوازتے تھے۔

ادبی زندگی کے ابتدائی دنوں میں جمیل صاحب شاعری سے شغف رکھتے تھے مگر اساتذہ کے مشورے پر ڈرامہ نگاری میں دلچسپی لی اوراس صنف میں ایسا نام پیدا کیا کہ جب کبھی ڈرامہ بالخصوص ریڈیائی ڈراموں پر کوئی تحقیقی کام کیا جائے گا ان کے نام کی شمولیت کے بغیر وہ تحقیق نامکمل رہے گی۔ ڈرامہ نگاری کے علاوہ آپ نے بہ حیثیت مترجم بھی بہت نام کمایا۔ انگریزی سے اردو میں ترجمہ کرنے والے تو بہت ملیں گے۔مگر اردو شہ پاروں کو انگریزی پیراہن عطا کرنے والے انگلیوں پر گنے جاسکتے ہیں۔آپ کا ادبی سفر کم وبیش ۶۰

سال پر محیط تھا۔ جس میں نہ جانے آپ نے کتنے ہی ادبی کارنامے انجام دیئے ہوں گے مگر اپنے پاس اس کا ریکارڈ نہیں رکھا۔ ان کے مزاج میں کچھ ایسی قلندری تھی کہ ہر چیز سے بے نیاز نظر آتے تھے۔ روحانیت کے بہت قائل تھے عمر کے پندرہ سولہ سال میں آپ بحر العلوم حضرت عبد القدیر صدیقی حسرت کے دست حق پرست پر بیعت کر چکے تھے۔ اولیائے عظام سے ایک خاص انسیت تھی آپ کو۔۔ ان کی خوش قسمتی یہ رہی کہ ملازمت کے سلسلے میں ان کو مختلف علاقوں میں مختلف مذاہب کے لوگوں سے قریب رہنے کا موقع ملا۔ ان کے مسائل اور نفسیات سے آگہی حاصل ہوئی۔ ان کے ڈرامے بھی ان ہی تناظر میں لکھے ہوئے ہیں۔ جن میں معاشرتی مسائل کو بڑی چابک دستی کے ساتھ پیش کیا گیا۔ جمیل صاحب کے ڈرامے بر صغیر ہند و پاک کے موقر ادبی رسائل و جرائد میں شائع ہو کر ادبی حلقوں سے داد تحسین حاصل کر چکے ہیں۔ مختلف ریڈیو اسٹیشن مثلاً آل انڈیا ریڈیو حیدر آباد اورنگ آباد و دیگر سے آپ کے تحریر کردہ ڈرامے نشر ہو چکے ہیں۔ آپ کے رقم کردہ ڈراموں کی خصوصیات میں منظر نگاری اور برجستہ مکالموں کو فوقیت حاصل ہے۔ ڈراموں پر مبنی آپ کی دو تصانیف ''لب گفتار'' اور ''غالب خستہ کے بغیر'' منصۂ شہود پر آ چکی ہیں۔

جمیل شیدائی صاحب بنیادی طور پر انگریزی داں تھے۔ مگر گھر کے ماحول نے آپ کو اردو شعر و ادب کی جانب مائل کر دیا تھا۔ آپ نے طالب علمی کے زمانے میں اردو کو بہ طور زبان اول اختیار کیا اور انٹرمیڈیٹ میں اردو مضمون میں پوری ریاست آندھرا پردیش میں ٹاپ کیا تھا۔ بعد ازاں عثمانیہ یونیورسٹی سے بی ایس سی کی ڈگری حاصل کی۔ جہاں دوران تعلیم آپ کو کئی قابل اساتذہ کی رہنمائی و سرپرستی حاصل رہی۔ جمیل صاحب کے یوں تو کئی ادبی کارنامے رہے مگر اردو رائٹرز فورم آندھرا پردیش میں بہ حیثیت معتمد بہت کارکرد رہے۔ کیوں کہ اسی تنظیم کے زیر اہتمام ڈسمبر ۱۹۸۸ء میں ایک ایسی دستاویز منظر عام پر آئی جس میں سکندر آباد کے ادیب و شعراء ذکر رفتگاں کے علاوہ علمی، ادبی و تہذیبی اداروں کا تذکرہ شامل ہے۔ یہ

حسین مرقع سکندرآباد کی ادبی دستاویز کے زیرعنوان شائع ہوا تھا۔سکندرآباد کے ادبی منظر نامہ سے متعلق ایسی ادبی کاوش نہ اس سے پہلے کبھی کی گئی نہ اس کے بعد کسی نے کی۔ اس کارنامے کی انجام دہی میں استاذ محترم پیش پیش رہے۔

الغرض ! آپ ضرورت مندوں کی حاجت روائی کرکے بہت خوش ہوتے عجز و انکساری تو طبعیت میں ایسی تھی کہ بس کیا بڑا کیا چھوٹا ہر کوئی جمیل صاحب کا دیوانہ ہو جاتا تھا کیوں کہ آپ ہر ایک کی گفتگو اور مسائل کو بڑے انہاک سے سماعت کرتے اور اپنی ذات سے جو کچھ ہوسکتا دست تعاون دراز فرماتے۔آپ کا انداز تخاطب اتنا دل نشین ہوتا کہ گویا ہر ملنے والا یہی تاثر لیتا کہ آپ اسے ہی عزیز رکھتے ہیں۔اس طرح کا رویہ مختلف شعبہ ہائے زندگی سے وابستہ شخصیات سے بھی رہا۔کئی متحرک ادبی وثقافتی انجمنوں سے وابستہ رہے مگر غرور وتکبر مزاج میں نام کو نہ تھا۔راست پیشہ تدریس سے تعلق رکھتے نہ تھے مگر طالب علموں کے علمی مسائل اوران کی نفسیات سے بہ خوبی واقف تھے۔حیدرآباد سنٹرل یونیورسٹی میں جب پی جی ڈپلوما ان جرنلزم کا آغاز ہوا تو یہاں کورس کوآرڈینیٹر کے طور پر خدمات انجام دیں۔جرنلزم ڈپلوما کے نصاب میں ترجمہ کے مختلف اقسام اور مسائل کے علاوہ ریڈیو اور ٹی وی اسکرپٹ اوراس کی فنی باریکیوں پر مبنی آپ کے لکھے اسباق شامل رہے۔ پھر اس کے بعد مولانا آزاد نیشنل اردو یونیورسٹی میں جرنلزم ڈپلوما شروع کیا گیا تو درسی کتابوں کی تیاری میں آپ سے تعاون طلب کیا گیا۔آپ نے اپنے تبحر علمی سے مشکل سے مشکل اسباق کو آسان اور سلیس زبان میں تحریر کرنے کے ساتھ انگریزی کے صحافتی اصطلاحات کا اردو مزاج کے مطابق متبادل بھی پیش کیا۔آپ کی خدمات سے ڈاکٹر بی آر امبیڈکر اوپن یونیورسٹی نے بھی خاطر خواہ استفادہ کیا۔ اس جامعہ میں فاصلاتی تعلیم کے تحت ایم اے اردو کا جب آغاز عمل میں آیا تو نصاب میں صحافت کے ایک پرچے کو شامل رکھا گیا۔صحافت سے متعلق کتاب میں آپ کے تحریر کردہ کئی اسباق اس میں شامل کیے گئے۔علاوہ ازیں آپ نے مختلف جامعات و

اداروں کے تعلیمی و تر جمے سے متعلق پراجکٹوں میں اپنا اہم کردار ادا کیا۔

جمیل شیدائی صاحب کا آل انڈیا ریڈیو حیدرآباد سے ایک خاص تعلق رہا۔ کیوں کہ آپ نہ صرف اردو میں ڈرامے لکھا کرتے بلکہ انگریزی میں بھی طبع آزمائی کرتے تھے چنانچہ مختلف حیثیتوں سے آپ کی وابستگی ریڈیو پروگراموں سے رہی۔ مجھے افسوس ہے کہ آج تک ہمارے شہر کے کسی نقاد نے جمیل صاحب کے فکر وفن بالخصوص ڈرامہ نگاری کے حوالے سے قلم نہیں اٹھایا سوائے ڈرامے پر لکھے گئے مضامین میں سرسری ذکر درخور اعتنا نہیں سمجھا گیا۔آپ کی شہرت ہندوستان سے زیادہ پاکستان میں رہی۔آل انڈیا ریڈیو کی مشہور شخصیت رفعت سروش نے اپنی کتاب ''آل انڈیا ریڈیو اور اردو میں ریڈیائی ڈراموں'' کے باب میں ریڈیا اسٹیشن حیدرآباد کے ڈرامہ نگاروں میں مختصر ہی سہی آپ کا ذکر کیا ہے۔اس کے علاوہ سکندرآباد کی ادبی دستاویز میں آپ پر ڈاکٹر محسن جلگانوی کا لکھا مضمون اور ایک ڈرامہ ''اعتراف'' بھی شامل ہے۔مرحوم متین صدیقی نے بھی آپ کی شخصیت پر خامہ فرسائی کی تھی۔ بہرحال جمیل شیدائی صاحب کو حیدرآباد کی ادبی دنیا میں وہ مقام نہیں مل پایا۔جس کے وہ مستحق تھے۔ ے

انور سلیم

شبنم کا تصور ہی دل موہ لیتا ہے صبح کا وقت سبزہ پہ بکھرے ہوئے موتی، آنکھوں کی ٹھنڈک، نزاکت میں بے مثال کہ شعاع پڑتے ہی تحلیل۔اس کے برعکس شعلہ جس کے قریب جانا تو کجا دیکھتے ہی جسم میں حرارت پیدا ہو جاتی ہے میں ان دو متضاد کیفیت رکھنے والی اشیاء کا ذکر کیوں کر رہا ہوں شاید اس لیے کہ آپ غور کریں اگر یہ دونوں صفات کسی ایک قالب میں ڈھل جائیں تو وہ شخصیت کیسی ہوگی۔

۱۹ مارچ ۲۰۰۷ء کی بات ہے جمیل شیدائی پر لکھا ہوا قطب سرشار کا مضمون جو ''اوراق

ادب'' ایڈیشن روزنامہ ''اعتماد'' میں شائع ہوا تھا پڑھنے کو ملا۔ جمیل شیدائی سے ہوئی چند ملاقاتوں کا جائزہ لیا۔ یقین مانیے ان کی شخصیت کا میں اور بھی گرویدہ ہوگیا۔ سادگی کے پیکر میں چھپی ہوئی اتنی بڑی شخصیت کئی خوبیوں کا مالک لیکن انکساری کا جواب نہیں۔ غالباً اسی (۸۰) کے دہے کی بات ہے جب ضیا ساحری اور یوسف قادری سے ربط ضبط بڑھا تو جمیل شیدائی کا غائبانہ تعارف ان حضرات کے ذریعے ہوا۔ مگر وہ اس انداز کا تھا کہ میں عرصہ دراز تک جمیل شیدائی کو آل انڈیا ریڈیو سے وابستہ ایک ڈرامہ نگار سمجھتا رہا۔ اس درمیان میں کبھی ان سے ملنے کا اتفاق بھی نہ ہوا۔ پھر شاید بیسویں صدی کے غروب یا اکیسویں صدی کے طلوع پر ان سے ملاقات کا شرف مظہر الزماں خاں کے گھر پر ہوا۔ بے پناہ محبت کے مالک جمیل شیدائی نے یہ محسوس ہی نہ ہونے دیا کہ ہماری نئی نئی ملاقات ہے۔ ان سے ملاقات کا سلسلہ بہت کم رہا مگر جو بھی رہا بھرپور اور اثر انگیز رہا۔ ان کی یہ ادا تو اتنی دلفریب تھی کہ جب کبھی گفتگو کے دوران میں ان کے کوئی ٹیلنٹ' صلاحیت کے بارے میں اظہار خیال کیا جاتا تو بڑی چابک دستی سے میری تعریف کے پل باندھ کر میرا منہ بند کردیا جاتا۔ میں سمجھتا ہوں کہ یہ ان کی فطرت جمیلہ ہی تھی کہ وہ ہر ملنے والوں کے ساتھ ایسے ہی پیش آتے ہوں گے۔ اپنے منہ میاں مٹھو بننا تو ایک عام مرض ہے اور اس میں مبتلا تو بہت لوگ ہیں۔ مگر یہاں تو معاملہ اس کے برعکس کہ خودستائی تو دور کی بات ہے دوسروں سے بھی اپنی تعریف سننے سے گریز یہ شبنم صفت شخصیت کا مالک جب اپنے اخلاقانہ ذہن کو بروئے کار لاکر صفحۂ قرطاس پر نمودار ہوتا تو اپنی حرارت سے قارئین کے دلوں کو گرما دیتا۔ وہ ایک ڈرامہ نگاری ہی نہ تھا۔ بلکہ بہ یک وقت ایک صحافی' کہانی کار' مترجم' استاد اور گہری تنقیدی بصیرت رکھنے والا تبصرہ نگار بھی تھا۔ اس کا حلقہ وسیع تھا مگر وہ خاص تھا اور اس کے احباب بھی خواص میں سے تھے۔ اپنی صلاحیتوں کو عوام کے سامنے پیش کرنے کے لیے میں نے کبھی اس کو کسی ادبی انجمن کے جلسے یا رسم اجراء کے جشن میں نہیں دیکھا یہی وجہہ ہے کہ اس کے دار فانی سے رخصت

ہونے پر تعزیتی بیانات دیکھنے کو نہیں ملے۔ نہ ہی مختلف انجمنوں کی جانب سے تعزیتی قرارداد یں پیش کی گئیں۔ البتہ ایک مخصوص تعزیتی جلسہ منعقد کیا گیا جس میں صرف جمیل شیدائی کو جاننے والے اور چاہنے والوں نے کثرت سے شرکت کی۔ میں نے ایک مخلص دوست کو کھو دیا۔ مگر ادبی دنیا ایک شعلہ بیان مقرر سے محروم ہوگئی۔ کہ اگر اس کی زندگی اس سے وفا کرتی تو وہ اپنی مختلف جہات خوبیوں سے اور اپنے کارناموں سے ادب کو اور بھی مالا مال کرتا۔

ع۔ حق مغفرت کرے عجب آزاد مرد تھا ۸

ڈاکٹر رؤف خیر

جمیل صاحب کے شیدائی ہونے کا پہلا حوالہ یہ ہے کہ وہ اپنے والد محترم شیدا صاحب کے شیدائی تھے اسی رعایت سے انہوں نے اس عقیدت اور شناخت کو اپنے نام کا جز بنالیا وہ اپنے بھائی بہنوں کے شیدائی تھے۔ بڑے بھائی کا بڑا احترام کیا کرتے تھے اسی طرح اپنی بہنوں سے انہیں بے حد پیار تھا۔ اپنی ایک بہن انیس سے انہیں اس قدر انسیت تھی کہ جب جمیل بھائی کے ہاں پہلی لڑکی نے جنم لیا تو اپنی بہن انیس کے ابتدائی دو حروف اور اپنے نام جمیل کے ابتدائی دو حروف کو جوڑ کر انجم نام اپنی بیٹی کو دیا۔ وہ اپنی نصف بہتر کے بھی شیدائی تھے۔ اور ان کا اعزاز واکرام کیا کرتے تھے وہ ضلع محبوب نگر میں لیکچرر تھیں اور جمیل بھائی نے سکریٹریٹ میں نمائندگی کر کے ان کا تبادلہ شہر حیدرآباد کے آس پاس کروالیا تا کہ ان کی شیدائیت میں کوئی فاصلہ نہ آنے پائے۔ وہ اپنے بچوں کے شیدائی تھے چنانچہ انہیں اچھی تعلیم اور اچھا ماحول عطا کرنے کی خاطر یاقوت پورہ کے امام باڑے کو خیر باد کہہ کر تارنا کہ جیسے پاش مقام پر کرائے کے گھر میں رہنا گوارا کرلیا۔ جہاں جدید طرز تعلیم کے انگریزی میڈیم مدارس

تھے۔ جمیل بھائی کا یہ ایثار دراصل ان کے بچوں پر احسان تھا۔ جمیل بھائی کے ہاں چار یا پانچ لڑکیوں نے جنم لیا مگر انہوں نے اولاد نرینہ سے محرومی کا کبھی شکوہ نہیں کیا۔ بلکہ بچیوں کی تعلیم و تربیت پر بھرپور توجہ دی۔ ماں باپ کی ان ہی مہربانیوں کے نتیجے میں لڑکیوں نے معقول تعلیم حاصل کی اور آج ہزاروں روپے کما رہی ہیں۔ جمیل بھائی کے علاج معالجے پر بچیوں نے لاکھوں روپے خرچ کیے۔ جمیل بھائی دوست احباب کے شیدائی تھے۔ اور دوست احباب ان کے شیدائی۔ ویسے جمیل بھائی کی شیدائیت بے لوث و بے غرض ہوا کرتی تھی مگر ان کے بیشتر احباب کسی نہ کسی غرض کی وجہ سے ان کے آگے پیچھے پھرا کرتے تھے۔ جمیل بھائی شراب کی ایک بڑی کمپنی میں کیمسٹ تھے ان کی تصدیق کے بغیر شراب بازار کا منہ دیکھ نہ پاتی تھی جتنے شرابی دوست تھے سب جمیل بھائی سے بوتلیں حاصل کر کے مزے اڑایا کرتے تھے آج کے سفید پوش پروفیسر بھی جمیل بھائی کی کمپنی سے سیراب ہوا کرتے تھے۔ کچھ شاعروں کی شاعری میں اثر اور کچھ افسانہ نگاروں کے چہرہ انور پر نور بھی جمیل بھائی کے فیض کا مظہر تھا۔ کچھ تو جمیل بھائی کو اس قدر عزیز رکھتے تھے کہ امام باڑے کا طواف کرتے دیکھے گئے۔ کچھ شاعروں نے جام جم کی جگہ جام جمیل سے یائے معروف کی نسبت اختیار کی۔ جمیل کے شیدائی ہو کر کچھ لوگوں نے شاعری تو کچھ لوگوں نے ساحری اور کچھ نے یوسفی اپنائی جوان پر برق بن کر گری۔ بلا امتیاز مذہب وملت ورنگ ونسل راجہ و پرجا سب جمیل بھائی کی دریا دلی سے فیض یاب ہوتے تھے۔

یہ مئے خانہ ہے یاں کوتاہ دستی میں ہے محرومی   جو بڑھ کر ہاتھ میں لے لے یہاں مینا اسی کی ہے

جمیل بھائی کچھ لوگوں کو ہوش و ہواس کھوتے اور ہینگ اوور کا شکار ہوتے دیکھ کر زیر لب مسکرا دیتے تھے کیا پالموری اور کیا رائچوری سب جمیل بھائی کی عنایات سے سرشار تھے سب ان کے شیدائی۔

اردو ادب کے شیدائی جمیل بھائی کی ہر صنف سخن پر گہری نظر تھی۔ ان کے ڈرامے اور افسانے جہاں ماہ نامہ شاعر ممبئی میں اہتمام سے شائع ہوتے تھے وہیں جدید ادب کے نمائندہ رسالہ ''شب خون'' میں بھی اسی وقار سے چھاپے جاتے تھے۔ جمیل بھائی کے بیشتر ڈرامے میلو ڈرامے ہوا کرتے تھے اور نہ صرف آل انڈیا ریڈیو حیدر آباد بلکہ آکاش وانی دلی کے علاوہ ''ہوا محل'' میں بھی پیش کیے جاتے تھے۔ ''لب گفتار'' دیکھیے مگر جمیل بھائی کے فکر و فن پر میری نظر سے کوئی قابل ذکر مضمون کبھی نہیں گزرا بلکہ لکھا ہی نہیں گیا۔ افسوس تو اس بات کا ہے کہ لوگوں نے ''حق جام'' تک ادا نہیں کیا۔ یہ صورت حال ''جام فراموشی'' کی مظہر ہے۔ حالانکہ جمیل بھائی نے نہ صرف انہیں ''پلایا کھلایا'' بلکہ ان کی کہانیوں کا انگریزی میں ترجمہ کر کے انہیں سرفراز ہونے کا موقع دیا۔ ایسی کہانیاں جو اردو والوں ہی کے پلے نہیں پڑتیں انہیں انگریزی جامہ پہنا کر سرخ روئی عطا فرمائی۔ ان کی بے حسی سے مظہر ہے کہ وہ بے غرض شیدائی کی احسان مندی سے کس قدر معذور ہیں۔ از راہ خیر نوازی جمیل شیدائی نے میری نمائندہ نظموں کو بڑا خوبصورت انگریزی پیراہن عطا کیا۔ ساہتیہ اکیڈیمی والے ہندوستان بھر کے اہم اہم مقامات پر ہمہ لسانی آل انڈیا ملٹی لنگول کل ہند مشاعرے کرواتی رہتی ہے۔ ہمیں بھی مدعو کیا جاتا ہے۔ غیر اردو داں سامعین کے لیے اپنی تخلیقات کا انگریزی ترجمہ پیش کرنا پڑتا ہے۔ جمیل بھائی انگریزی اتنی اچھی جانتے تھے جتنی فارسی یا اردو جانتے تھے۔ میں نے ایک نظم ۱۹۶۸ء میں کہی تھی جس کا عنوان تھا ''پناہ'' جو سب سے پہلے ماہنامہ ''شمع'' دہلی میں شائع ہوئی تھی۔ اس کا ترجمہ بھی جمیل بھائی نے اچھے ردھم میں کیا۔ میری پانچوں نظموں کا جمیل شیدائی نے بڑا خوب صورت ترجمہ کر کے مجھے دیا اور میں ساہتیہ اکیڈیمی کے ہمہ لسانی مشاعروں میں اپنی اردو نظموں کے ساتھ ان کا کیا ہوا انگریزی ترجمہ سنا کر داد پاتا ہوں۔

۱۹۷۷ء میں میرا پہلا شعری ترجمہ ''اقراء'' شائع ہوا تھا۔ اس پر جمیل شیدائی نے بڑا تفصیلی جائزہ لے کر اپنی محبتوں سے نوازا۔ ان کا یہ مضمون یہ بتاتا ہے کہ رؤف خیر سے پہلے

ترائیلے اور سانیٹ کی روایت انگریزی میں کیا رہی ہے اور کس نے فارسی میں سب سے پہلے کامیاب ترائیلے لکھے۔ اس سے جمیل شیدائی کی انگریزی و فارسی ادب پر گہری نظر کا پتہ چلتا ہے۔ وہ نہ صرف اردو ادب کے شیدائی تھے بلکہ انگریزی و فارسی ادب سے بھی کما حقہ واقف تھے۔ اور مزے کی بات یہ ہے کہ وہ اردو اور انگریزی پر یکساں دسترس رکھتے تھے۔ مدیر ''عدسہ'' میر فاروق علی کے نام فارسی میں طویل خط لکھ کر یہ ثابت کیا کہ وہ فارسی میں بھی خاصہ درک رکھتے ہیں۔

ادب کے علاوہ دیگر ٹیکنیکل شعبوں میں بھی جمیل شیدائی کی معلومات حیران کرنے والی تھیں۔ انہوں نے بعض غیر ادبی اور سائنسی مضامین کا بڑا سلیس ترجمہ کر کے رکھ دیا۔ امبیڈکر یونیورسٹی اور مولانا آزاد نیشنل اردو یونیورسٹی کی نصابی ضرورتوں کی تکمیل میں جمیل شیدائی نے غالب حصہ ادا کیا۔ ان کے تعزیتی جلسے سے ڈاکٹر شوکت حیات' ڈاکٹر شجاعت علی راشد اور پروفیسر رحمت یوسف زئی نے جمیل شیدائی کی ایسی بے لوث خدمات کا اعتراف کیا۔ گریجویشن اور پوسٹ گریجویشن کی سطح پر ان کی تحریر کردہ کئی اکائیاں طلبہ و طالبات کی رہنمائی آج تک کر رہی ہیں۔ جمیل بھائی اپنے والدین' بھائی بہنوں' بیوی بچوں کے شیدائی اسی طرح ان کے افراد خاندان بھی ان کے شیدا۔ ظاہر ہے ایک اطاعت گزار بیٹا ایک چاہنے والا بھائی ایک جاں نثار شوہر اور ایک ہمدرد باپ کو کون نہ چاہے گا۔ سب ان کے لیے آنکھیں بچھائے رہتے تھے۔ دوستوں کے لیے انہوں نے بہت کچھ کیا مگر سوال یہ پیدا ہوتا ہے کہ دوستوں نے ان کے لیے کیا کیا۔ ان کی حیات میں اور نہ ان کے گزر جانے کے بعد کسی کے قلم سے بہ شمول خیر ان کے لیے کچھ نہیں نکلا۔ مدیر عدسہ میر فاروق علی کو اللہ جزائے خیر دے انہوں نے اپنے رسالے کے صفحات جمیل شیدائی کو خراج عقیدت پیش کرنے کے لیے مختص کیے۔ ان کے نام نہاد دوستوں کو فون کر کے توجہ دلائی مگر زمیں جنبد نہ جنبد گل محمد۔

بے لوث مرنے والے کو بھی کیا اس قدر جلد بھلا دینا چاہیے؟ کیا ان کی خدمات اس

قابل نہیں کہ یاد رکھی جائیں۔افسوس تو اس بات کا ہے کہ مردہ پرستی کی روایت بھی ٹوٹتی دکھائی دیتی ہے۔اللہ غفور رحیم ہے اپنے بندے کی ہر خطا معاف کرتا ہے۔اللہ تعالیٰ سے دعا ہے کہ جمیل شیدائی کو خطاؤں سے درگزر فرما اور ان کی مغفرت فرما۔آمین یا رب العالمین۔ ۹

ڈاکٹر محبوب خان اصغر

دنیا میں کئی نامور لوگ آتے ہیں گذر جاتے ہیں اور فراموش کر دیئے جاتے ہیں۔آنا اور گزر جانا تو مشیت الٰہی ہے لیکن فراموش کر دینا بیمار سوچ اور مردہ جذبات کی علامت ہے اور اکثر و بیشتر ہم اس کا ثبوت دیتے رہتے ہیں۔اوجؔ یعقوبی، مخدومؔ، جامیؔ، اریبؔ، شاذؔ، عدیلؔ، ساجدؔ سعید شہیدی، علی احمد جلیلی، متینؔ، نویدؔ، آذرؔ، طالبؔ، مضطرؔ، اظہر افسر، غلام جیلانی، رفیعہ منظور الامین، فکری بدایونی، مسیح انجم، عاتق شاہ، نجمہ نکہت، یٰسین احمد (جدید تنقید کا اہم نام) مغنی تبسم، سیدہ جعفر، قدیر زماں، اشرف مہدی، منجو قمر، مجتبیٰ حسین اور پرویز یداللہ مہدی کے علاوہ اور بے بے شمار نامور ادیب و شاعر ہیں جو مقررہ وقت تک ادب کی مختلف جہتوں میں کام کرتے رہے اور قانون الٰہی کے تحت ہر ذی نفس کا تار نفس تو ٹوٹتا ہی ہے۔حیرت تو اس بات پر ہے کہ ہم نے انہیں یکسر فراموش کر دیا۔تو کیا یہ عمل بیمار سوچ اور جذبات کے مردہ ہو جانے کی دلیل نہیں ہے بلکہ اسے عمل مکلّف کہیں تو کوئی مبالغہ بھی نہیں ہے۔اور یہ علت اردو والوں میں بالخصوص حیدرآباد کے لوگوں میں عام ہے اتر یعنی شمال کے لوگ اس معاملے میں بڑے ہی ادب نواز واقع ہوئے ہیں۔اپنی سرزمین کے ادیبوں اور شاعروں کو حین حیات ان کے معیار اور فنی قدر و قیمت کا تعین کرنے میں پس و پیش نہیں کرتے۔ان کی موت کے بعد بھی ان کے ذہن و فکر اور شخصیت کے مختلف مدارج کی افہام و تفہیم کے لیے مثبت طرز فکر کو اختیار کرتے ہوئے یوں اپنا حق ادا کرتے ہیں کہ ان کی موت کا احساس جاتا رہتا ہے۔اس حوالے سے

ہندی والے بھی اپنی زبان کے ادیبوں اور شاعروں کو وفات یا پیدائش کے موقع پر ہی سہی یاد کرلیا کرتے ہیں اور ان کی تحریروں کو ہندی رسائل یا اخبارات میں جگہ دے کر ان کی ادبی خدمات کو خراج تحسین پیش کرتے ہیں یا ان کی شخصیت فن اور کارناموں کے اظہار کے لیے اہل علم و ہنر سے مضامین لکھوا کر اسے شائع کرتے ہیں۔ یہ بھی خراج عقیدت کا ایک احسن طریقہ ہے۔ اس معاملے میں اہل اردو بالخصوص اہل قریہ حیدرآباد کو جھنجھوڑنے اور ان کے خوابیدہ ضمیر کو جگانے کی از حد ضرورت ہے۔ اور ایسے ناموافق حالات میں موافق رویہ اختیار کرنا ایسا ہے جیسے دشت میں پھول کھلانا۔ میں ''عدسہ'' کے مدیر جناب سید فاروق علی کو ہدیہ تبریک پیش کرتا ہوں کہ انہوں نے جمیل شیدائی نمبر نکالنے کا بیڑہ اٹھایا ہے جو کہ ایک قابل تقلید عمل ہے۔

جمیل شیدائی کی ذہانت' انتظامی صلاحیت' سوجھ بوجھ اور روشن خیالی سے سب ہی واقف ہیں۔ میں یہاں انہیں بہ طور تخلیق کار پیش کرتے وہئے ان کی ہمہ گیر مقبولیت یا ادبی حلقوں میں ان کے مقام و مرتبے کو موضوع نہیں بناؤں گا کہ یہ کام تو ناقدین کا ہے جو ان دنوں حقیقی اور جیوئین تخلیق کاروں کے تعین قدر کے ضمن میں کور چشم بنے ہوئے ہیں۔اس کے برخلاف مانگے کا اجالا رکھنے والوں پر اپنی ترجیحات مرکوز کرتے ہوئے تنقیدی سہل نگاری کا ثبوت پیش کرتے ہیں۔ مجھے اس بات کا بے حد دکھ ہے کہ یار لوگوں نے ان سے استفادہ کیا مگر ان کی کتابوں کو بالاستعیاب مطالعہ کی سنجیدہ اور بامعنی کوشش نہیں کی۔ نہ ہی ان کے فن پر خامہ فرسائی کی کسی کو توفیق ہوئی۔

جمیل شیدائی اردو ڈراموں کا بہت ہی ممتاز اور منفرد نام ہے۔ان کے ڈرامے فنی ہنر مندی کے ساتھ فنی شعور کی بالیدگی کے مظہر ہیں جو ڈرامے کی تاریخ پر گہرا اور راسخ اثر چھوڑتے ہیں۔

خاندان کا تعلیمی پس منظر بہت شاندار ہونے کے سبب ایک طرح کی وضع داری جمیل

بھائی میں در آئی تھی۔ وہ بے حد حساس' ذہین' ہنس مکھ' ملنسار اور حاضر دماغ تھے۔ ادبی محفلوں اور بیٹھکوں سے ذرا دور ہی رہتے مگر لکھنے پڑھنے سے کبھی جی نہیں چرایا۔ اسی عادت کے سبب ان کی تحریروں میں نفاست اور پختگی دکھائی دیتی ہے۔ سیاست کی بساط پر ہونے والے گھناؤنے کھیل اور گھریلو زندگی کی ناچاقیوں کو تخلیقی آنچ دے کر انہوں نے جو ڈرامے لکھے وہ یادگار رہیں۔ ان کے ڈرامے ہوں یا مضامین اظہار و بیان کی سطح پر ان میں نفاست اور تخلیقیت دکھائی دیتی ہے۔ تہذیبی اقدار سے وابستگی کے سبب ایک مخصوص فضاء ان کے ڈراموں کی انفرادیت ہے۔ اپنی شبانہ روز سرگرمیوں میں انہوں نے خود کو گم نہیں کیا۔ ان کے اسلاف بالخصوص والدین نے ان کی رگ و پے میں جو تربیت اور اخلاق انجیکٹ کیے تھے آخری سانسوں تک اس کا اثر زائل نہیں ہوا تھا۔ ان کے مزاج میں اسلامی تعلیمات کا اثر تھا۔ وہ بے حد صابر تھے مکارم اخلاق کے سبب ان کے افکار کا دائرہ وسیع تھا جس میں ہر مکتب فکر کے لوگ شامل تھے اور ہر کوئی انہیں عزیز رکھتا تھا۔

جمیل بھائی کا نام ذہن میں آتے ہی میرے لیے یہ مشکل بلکہ ناممکن ہو جاتا ہے کہ ان کا تارنا کہ والا گھر یاد نہ آئے۔ جہاں کی مصاحبت کے کئی مواقع ملے۔ واقعہ یہ ہے کہ اس زمانے میں ریڈیو نشریات میں ڈراما بہت مقبول تھا۔ چونکہ عصری ٹیکنالوجی ترقی پذیر نہیں تھی سوشل میڈیا کا چلن نہیں تھا اکثر لوگوں کا جھکاؤ یا تو پرنٹ میڈیا کی طرف تھا یا ریڈیو اور ٹی وی کی طرف۔ مطالعہ کرنا' ریڈیو اور ٹی وی کے پروگرام سننا دیکھنا بس۔ ان ہی دنوں آل انڈیا ریڈیو حیدرآباد کے اردو پروگراموں میں حصہ لیا کرتا تھا۔ حرف تابندہ لکھتا بھی تھا اور پڑھتا بھی تھا۔ مختلف موضوعات پر میں نے فیچرز لکھے۔ اپنی منظومات پیش کیں۔ بزم تمثیل کے تحت یوتھ ڈرامے لکھے۔ سامعین کے پسندیدہ پروگرام ''نیرنگ'' کے لیے ڈرامے لکھے۔ ڈراموں میں کردار ادا کیے۔

احمد جلیس مرحوم' شہناز صاحبہ' وٹھل راؤ' دانش اقبال' جعفر علی خان' اسلم

فرشوری، افشاں جبین، معراج الدین، شجاعت علی راشد، عابد عبدالواسع، جاوید محی الدین، گل رعنا، حمیرہ سعید، کبیر احمد (ڈائرکٹر) مقرب حسینی کے علاوہ اور بھی کئی ایسے لوگ تھے جو ریڈیو سے جڑے ہوئے تھے۔ وہ ایک عہد زریں تھا۔ اردو شعر و ادب کے کئی ستارے وہاں اترتے تھے۔ ریڈیو اسٹیشن اردو ادب کا دارالسلطنت تھا۔ ایک روز یوں ہوا کہ جناب اسلم فرشوری پروگرام اگزیکیٹو نے اسکرپٹ تھمادی اور کہا کہ فلاں کردار تمھیں ادا کرنا ہے وہ مرکزی کردار تھا۔ ڈرامے کے مصنف جمیل شیدائی تھے۔ ریکارڈنگ کے روز اسٹوڈیو میں جمیل بھائی بھی تھے۔ میرے علاوہ خود اسلم فرشوری صاحب، جعفر علی خاں صاحب، افشاں جبین صاحبہ اور عائشہ جلیل صاحبہ نے اس ڈرامے میں اہم کردار ادا کیے تھے۔ ریکارڈنگ ہوچکی تو اسٹوڈیو ہی میں جمیل بھائی نے گلے سے لگا لیا تھا۔ یہ ۱۹۹۲ء کی بات ہے۔ اس کے بعد جب بھی وہ اسکرپٹ داخل کرتے، کردار کے آگے میرا نام لکھ دیا کرتے تھے۔ پروگرام اگزیکیٹو سے ان کے دوستانہ مراسم اور میرے کرم فرما ہونے کے سبب مصنف کی خواہش کا احترام کیا جاتا تھا۔

ایک روز جمیل بھائی نے گھر بلایا۔ دن اور وقت میری صوابدید پر چھوڑ دیا تھا۔ یہ ان کے کردار کا روشن پہلو تھا۔ چنانچہ طے شدہ وقت پر ان کے گھر پہنچا۔ دروازہ کھلا چھوڑ رکھا تھا۔ یعنی کہ وہ منتظر تھے۔ ندا لگانے کی ضرورت بھی پیش نہیں آئی، مصافحہ اور معانقے کے لیے بڑے ہی تپاک سے آگے بڑھے صورت آشنا تو تھا ہی مگر ان سے مل کر صورت آئینہ حیران رہ گیا۔ کیوں کہ اس دور میں کسی سے بھی ملیے نخوت کی ہوا بھری دکھائی دیتی ہے۔ اور بہت بلندی سے گفتگو کرتے ہیں۔ جہاں سے سب انہیں بونے دکھائی دیتے ہیں۔ جمیل بھائی نے جس اخلاقی سطح پر گفتگو کی وہ ان سے مصاحبت کی یادگار رہے ان کے ہاں متنوع موضوعات تھے ادبی، علمی، سماجی اور اخلاقی موضوعات پر تادیر سلسلہ گفتگو جاری رہا۔ خوش اخلاقی اور تہذیب کے ساتھ ایک طرح کا ادبی حسن جز و گفتگو رہا۔ ایک عمر کے گونا گوں تجربات کی شیرازہ بندی میں انفرادیت تھی اس دوران کچھ نمکین اور چائے کے دو دور چلے۔ اپنی اہلیہ اور دونوں دختر ان

سے تعارف کروایا۔ کچھ تصانیف تحفتاً نذر کیں اس طرح ایک غیر معمولی شخصیت سے پہلی ملاقات کا ایک خوشگوار تاثر لے کر میں نے اجازت طلب کی۔

جمیل بھائی کے اندر قربت کے تمام راستوں کو ہموار کرنے کی ایک مستحکم روایت سانس لیتی تھی۔ ان کی ادبی خدمات کا ایک بڑا واضح ثبوت یہ ہے کہ انہوں نے ڈرامے تو لکھے مگر مغربی ممالک کے مصنفین کے کئی انگریزی ڈراموں کا اردو زبان میں کامیاب ترجمہ کیا۔ سائنسی موضوعات پر سینکڑوں مضامین اہم رسالوں اور اخباروں میں شائع کروائے۔ جامعاتی سطح کے نصاب میں بھی ان کے کئی مضامین شامل ہیں۔ ایک طرح سے جمیل بھائی کا اردو کے ساتھ یہ احسان ہے جو ناقابل فراموش ہے۔ ''لب گفتار'' اور ''غالب خستہ کے بغیر'' ڈراموں پر مشتمل ان کی دو تصانیف ہیں جو اس بات کی غماز ہیں کہ مروجہ اصناف سے اجتناب کرتے ہوئے صنف ''ڈراما'' کو وسیلہ لب کشائی بنایا اور یہ تجربہ کامیاب بھی رہا۔ اپنے اس تجربے سے انہوں نے یہ بھی ثابت کیا کہ ڈرامے کے موضوعات تہذیب اور شائستگی کے مظہر ہوں تو اخلاق کو سنوارنے میں اہم کردار ادا کر سکتے ہیں۔ ان کا خیال تھا کہ راست انداز بیان علمی نثر کے لیے بہت مناسب ہے۔ چنانچہ انہوں نے جو اسلوب اختیار کیا وہ انتہائی منفرد، مفید سلیس اور سادہ ہے۔ تہہ داری، ندرت فکر، سنجیدگی اور رکھ رکھاؤ ان کی تحریروں کا وصف ہے۔

جمیل شیدائی نے ۱۹۴۳ء میں حیدرآباد میں اپنے والد شیدا محمد کے گھر آنکھیں کھولیں اور شیدائی کو اپنے نام کا جز بنایا۔ ان کے والد کو مختلف زبانوں پر عبور تھا اور وہ ایک زبردست علمی پس منظر رکھتے تھے۔ پولیس ایکشن کی تباہ کاریوں کی کہانی انہوں نے اپنے والد سے سنی تھی۔ اس وقت وہ بہ مشکل پانچ برس کے تھے مگر پھر بھی کچھ واقعات ان کے لاشعور میں محفوظ تھے۔ اپنی کشادگی کے باوجود زمین کس طرح مسلمانوں پر تنگ ہوگئی تھی وہ اس نکتہ پر ہمیشہ سوچا کرتے تھے۔ ان کے والد نے مستقیم انداز میں ان کی پرورش کی اور انہیں انگریزی اور

فارسی ادب سے روشناس کروایا تھا۔جمیل بھائی تعلیم کے مختلف مراحل سے گزرتے ہوئے جامعہ عثمانیہ سے بی ایس سی کی سند حاصل کی اور انڈسٹریل کمسٹری میں ڈپلوما کیا اور کسی معروف فرم میں کوالٹی کنٹرول کیمسٹ کی حیثیت سے اپنے فرائض انجام دیتے رہے۔ اپنی پیشہ وارانہ مصروفیات کے ساتھ دامن ادب کو متوسل کرتے تھکتے نہیں بلکہ ''ڈرامے کی تنقید'' اور ''ڈرامہ کیسے لکھیں'' کتابیں اہل اردو کو دیں۔ انگریزی نظموں کا سلیس اور جامع ترجمہ انہیں ایک بہترین مترجم ٹھہراتا ہے۔

جمیل بھائی نے حضرت رحمٰن جامی مرحوم اور قدیر انصاری مرحوم کی وساطت سے اردو مجلس کی بنیاد رکھی تھی۔ اس سے پیشتر ''اقلیم ادب'' بھی مذکورہ شخصیتوں کے تعاون سے بہت متحرک اور فعال تھی۔ دونوں انجمنوں کے صدر حضرت رحمٰن جامی مرحوم تھے۔ پابندی سے اجلاس ہوا کرتے تھے۔جمیل بھائی ٹھہرے ٹھہرے لہجے میں اپنی معلومات آفریں تحریریں پیش کرتے تھے۔ پھر ہوا یوں کہ بنگلہ دیش کی بدنام زمانہ مصنفہ تسلیمہ نسرین جو ۱۹۹۴ء سے جلا وطنی میں زندگی گزار رہی ہے خواتین کی آزادی اور اسلام پر تنقید کے حوالے سے اس مصنفہ نے کئی کتابیں لکھی ہیں جمیل بھائی نے صدر اردو مجلس کی ایما پر ایک قرارداد منظور کی تھی جس میں کہا گیا تھا کہ مصنفہ نے شریعت میں مداخلت کی ہے جو کہ نا قابل معافی جرم ہے اس مذمتی بیان کے بعد چند ترقی پسندوں نے مجلس کے عہدیداروں سے استفسار کیا تھا اور سخت تنقید کی تھی۔ اور مجلس کے متحرک رہنے میں مانع ہو رہے تھے جمیل بھائی نے بہ شمول صدر اور معتمد استعفیٰ دے دیا۔اور مجلس متحرک نہ رہ سکی۔ بلا شبہ اردو ادب بالخصوص اردو ڈراما میں جمیل شیدائی ایک ایسی شخصیت کا نام تھا جس کے شیخ وشاب شیدائی تھے۔ جس نے اپنے مخصوص طرز ادار سے اپنے اندر ایک ایسی مقناطیسی کشش پیدا کی تھی جو شاذ و نادر ہی کسی کو نصیب ہوتی ہے۔جمیل بھائی کا ٦۔ اگسٹ ۲۰۱۵ء کو انتقال ہوا۔یعنی چھ سات برس بیت گئے۔ ماہ وسال کی گردان کی روشن شبیہ کو دھندلا نہ سکی۔ بلکہ گزرتے وقت نے ان کی تصویر کو اور روشن کیا ہے

چاہے ان کی یاد میں کوئی جلسہ ہو یا نہ ہو۔سمینار ہو یا نہ ہو وہ اپنے مکارم اخلاق کے سبب ہمارے دلوں میں زندہ رہیں گے۔

انیسہ بیگم(چھوٹی ہمشیرہ)

انیسہ بیگم جمیل شیدائی کی چھوٹی ہمشیرہ ہیں جو کہ علمی گھرانے سے تعلق رکھنے کی بدولت ایم اے انگریزی کرنے کے بعد سیفل سے پی جی ٹی ای کی تعلیم حاصل کی۔اور ڈگری کالج میں انگریزی لیکچرر کی حیثیت سے خدمات انجام دینے کے بعد وظیفہ پر سبکدوش ہوئیں۔ان کے شوہر حیدر عبدالوحید قریشی کاکتیہ یونیورسٹی کے ڈگری کالج میں زوالوجی کے لیکچرر رہ چکے ہیں۔ایک شخصی انٹرویو میں انہوں نے اپنے بھائی جمیل شیدائی کے تعلق سے تاثرات پیش کیے۔

انیسہ بیگم کے مطابق ان کے والد سید محمد صاحب اور والدہ شریفہ بیگم کی کل گیارہ اولادیں تھیں جن میں پانچ اولادیں تین لڑکے اور دو لڑکیاں ہی زندہ رہیں۔سید احمد صاحب نے سو سال عمر پائی تھی۔اور پچاسی سال کی عمر میں انہوں نے تلگو زبان سیکھی۔کافی تعلیم یافتہ اور ادبی گھرانہ تھا۔نانا تعلق دار تھے۔ان کے ہاں لڑکیوں کو پڑھانے کا ماحول نہیں تھا۔اس لیے والدہ کی تعلیم ان کے بچپن میں گھر پر ہی ہوئی۔انہوں نے اردو فارسی پڑھی تھی۔پھوپھی نے جواں سال فرزند کی موت پر مرثیہ لکھا تھا۔بھائیوں میں بڑے بھائی امیر الدین وٹرنری سرجن تھے۔وظیفہ پر سبکدوشی کے بعد نعت گوئی اور غزل گوئی کرنے لگے۔منجھلے بھائی حمید الدین ڈی ای او آفس حیدرآباد میں ملازم تھے۔تیسرے بھائی جمیل الدین المعروف جمیل شیدائی ڈسٹلری فیکٹری میں ملازم تھے۔جو ڈرامہ نگار کی حیثیت سے مشہور ہوئے۔دو بہنوں میں بڑی بہن جن کی ایس ایس سی کے بعد شادی ہوئی (35) سال کی عمر میں قرآن شریف حفظ کیا وہ ان دنوں امریکہ میں مقیم ہیں جن کے چار لڑکے اور چار لڑکیاں ہیں۔نواسہ ہارورڈ میڈیکل اسکول میں اسکالرشپ پر

تعلیم حاصل کر رہا ہے۔ وہ بھی حافظ قرآن ہے۔ جمیل شیدائی بھائیوں میں سب سے چھوٹے تھے اور انیسہ بیگم بھائیوں اور بہنوں میں سب سے چھوٹی تھیں۔ اس لیے جمیل شیدائی ان کی ہر فرمائش پوری کیا کرتے تھے۔ ایک مرتبہ انیسہ بیگم نے بکری کا بچہ خرید دینے کی فرمائش کی تو جمیل شیدائی نے وہ فرمائش بھی بہن کی خاطر پوری کی۔ وہ ہمیشہ اپنی چھوٹی بہن کی فکر کیا کرتے تھے۔ جب بہن کی ملازمت میدک میں تھی تب وہ بہن کو لینے ہمیشہ بس اسٹانڈ پر موجود رہتے تھے۔ تاہم آٹھ مہینے میں ہی انہوں نے اپنی بہن کا تبادلہ حیدرآباد کروا دیا۔ جمیل شیدائی کی اہلیہ اعزاز فاطمہ جو کہ گورنمنٹ کالج میں انگریزی کی لیکچرر تھیں انیسہ بیگم کی ایم اے میں کلاس فیلو رہ چکی تھیں۔ جمیل شیدائی کو چار لڑکیاں ہیں۔

۱۔ انجم نازنین۔ ایم بی اے۔ ہاسپٹل مینجمنٹ حال مقیم کناڈا

۲۔ منیزہ گل ناز۔ ایم کام۔ حال مقیم کناڈا

۳۔ سیما ناز۔ بی فارما ایم ایس۔ حال مقیم ڈلاس امریکہ

۴۔ نازیہ جان۔ ایم سی اے۔ مقیم ٹولی چوکی حیدرآباد۔ گوگل میں ملازم

جمیل شیدائی اور ان کی اہلیہ اعزاز فاطمہ نے اپنی چاروں لڑکیوں کو بہترین انگریزی تعلیم دلوائی۔ بچوں کی تعلیم کی خاطر اپنے گھر کو یعقوت پورہ پرانے شہر سے تارنا کے نئے شہر منتقل ہوئے۔ انیسہ بیگم کے مطابق ان کے والد سید محمد صاحب انگریزی اردو فارسی زبان میں کافی مہارت رکھتے تھے انہوں نے (22) کتابیں انگریزی سے اردو میں ترجمہ کی تھیں۔ ان کی کتاب ''ہماری نفسیات'' ٹیچرس ٹریننگ کے نصاب میں شامل تھے۔ وہ نظام کالج کے گریجویٹ تھے ان کے اساتذہ میں سر براؤن بھی شامل تھے۔ سکریٹریٹ کے روینیو بورڈ میں اسسٹنٹ سکریٹری کے عہدے پر وظیفے سے سبکدوش ہوئے۔ وہ رشوت کے سخت خلاف تھے۔

انیسہ بیگم جمیل شیدائی کے بارے میں کہتی ہیں کہ وہ چھ فٹ کے دراز قد تھے ان کا رنگ گورا تھا وہ خوبرو اور وجیہہ شخصیت کے مالک تھے۔ وہ انتہائی نرم مزاج تھے بھائی بہنوں کے علاوہ وہ

بھانجوں بھتیجوں بھانجیوں بھتیجیوں کو چاہتے تھے۔ یہاں تک کہ وہ دوستانہ انداز میں بھانجوں کو بھی بھائی صاحب کہہ کر پکارتے تھے۔ ان کے ایک بھانجے ہارون قریشی نے انہیں کمپیوٹر کے بارے میں جانکاری تھی دی تو وہ سب کے سامنے کہتے کہ ہارون بھائی نے مجھے کمپیوٹر کیا ہے بتایا اور سکھایا ہے۔ بچوں میں بچے بن کر دل بہلاتے اور خوش رہتے تھے۔ بہنوں کے علاوہ بہنوں کی لڑکیوں کے رشتوں میں دریافت کرنے میں مدد کرتے تھے۔ جب والدہ فالج کی وجہ سے بستر پر تھیں تو وہ وہ والدہ کے بال سنوارتے تھے۔ ماں کے انتقال پر چھوٹی بہن انیسہ کو افسردہ دیکھ کر ان کا دل بہلانے کی کوشش کرتے۔ اور ان کے ساتھ سارے مردانی کھیل جیسے گولیاں کھیلنا، گلی ڈنڈا اور کرکٹ وغیرہ کھیل کر ان کا دل بہلاتے تھے۔ انیسہ بیگم جب بارہ سال کی تھی ان کے ساتھ ایک مرتبہ کمہارواڑی گئی تھیں وہاں پر کمہار کی لڑکی گر کر زخمی ہوگئی تھی جمیل شیدائی نے اس دواخانہ لے جا کر مرہم پٹی کرائی۔ ایک مرتبہ جب وہ بیمار تھے تو انیسہ بیگم ان کی مزاج پرسی کرنے اسکوٹر پر نکل پڑیں۔ جب تک وہ گھر نہ پہنچیں جمیل شیدائی ٹہل ٹہل کر ان کا انتظار کرتے رہے۔ جب وہ خیر ہت سے پہنچی تو انہوں نے چین کی سانس لی۔ جمیل شیدائی لڑکیوں کی تعلیم اور گھریلو کاموں میں بھی مدد کیا کرتے تھے۔ جمیل شیدائی کے ڈراموں کے بارے میں انیسہ بیگم کا کہنا ہے ک ان کے ڈراموں میں بہت زیادہ سسپنس رہتا تھا زبان بہت صاف ستھری اور شستہ استعمال کرتے تھے افسانے لکھنے کے بارے میں وہ کہتے تھے کہ میں افسانہ لکھنے لگتا ہوں لیکن وہ تکمیل تک ڈراما بن جاتا ہے۔ ڈھولک کے گیت کی شہرت یافتہ ارجمند نذیر نے جمیل شیدائی کے ڈراموں میں صداکاری کی تھی۔ جمیل شیدائی اپنے نواسے منجھلی لڑکی کے بیٹے کو دیکھنے کے لیے بنگلور گئے ہوئے تھے وہاں پر دل کے عارضے میں مبتلا ہو گئے اور شریک دواخانہ ہوئے۔ لڑکی نے جب اطلاع دی کہ جمیل شیدائی کی بائی پاس سرجری ہونے والی ہے تو انیسہ بیگم فوری بنگلور پہنچ گئیں۔ انہیں دیکھ کر جمیل شیدائی بہت خوش ہوئے۔ ان کے چہرے پر دمک آ گئی تھی اور کہا کہ تمہارے آنے سے مجھ میں بہت ہمت بڑھ گئی ہے۔ اسی دوران کینسر جیسے موذی مرض کی تشخیص ہوئی۔ اور تین چار مہینوں

کی علالت کے بعد ان کا انتقال ہوگیا۔ آبائی قبرستان یاقوت پورہ امام باڑہ میں تدفین عمل میں آئی۔

انیسہ بیگم کے مطابق ایسے بھائی بہت کم ملتے ہیں جو اس طرح بہنوں کا خیال رکھتے تھے۔ بہت چاہنے والی اور قابل شخصیت تھی آج بھی ان کی موت کا یقین نہیں ہوتا۔ انیسہ بیگم کے شوہر ڈاکٹر حیدر عبدالوحید قریشی کا کہنا ہے کہ جمیل شیدائی سب سے بات کرنے کے لیے ہم اپنے آپ کو بہت چھوٹا محسوس کرتے تھے۔ ان کا معیار بہت اونچا تھا بات میں بات پیدا کرنا اور مزاح پیدا کرنا ان کا خاصہ تھا۔ وہ بہت ہی نرم دل ہمدرد اور نیک انسان تھے خیر خیرات میں ہاتھ کھلا رکھتے تھے۔ شکوہ گلہ کبھی کسی سے نہ کرتے تھے۔ جمیل شیدائی کی اسکولی تعلیم چنچل گوڑہ اسکول میں ہوئی تھی۔ سیف آباد سائنس کالج سے بی ایس سی کیا۔ جمیل شیدائی کے تایازاد بھائی تاج الدین انگریزی اور فارسی سے ایم اے کیے ہوئے تھے۔ جمیل انہیں فارسی میں خط لکھتے تھے۔ ان کی لکھاوٹ انگریزی اور اردو دونوں میں بہت خوبصورت تھی جیسا کہ پرنٹ کیا گیا ہو۔ جمیل شیدائی کے دوست احباب میں اسلم فرشوری، جعفر علی خان، رحمت یوسف زئی، رووف خیر، قطب سرشار، مظہر الزماں خاں، تاتار خان، رحمٰن جامی اور شاذ تمکنت شامل تھے۔ رحمٰن جامی صاحب کے مشورے پر انہوں نے شاعری ترک کردی تھی اور ڈرامے لکھنے لگے تھے۔ جمیل شیدائی مظہر الزماں خاں صاحب کے افسانوں کی بہت تعریف کیا کرتے تھے۔

نازیہ جان (دختر جمیل شیدائی)

میرے والد جمیل شیدائی اپنے بچوں کے لیے ایک شفیق باپ تھے۔ وہ اپنی لڑکیوں کی ضرورتیں ان کے مشورے کے ذریعے پورا کیا کرتے تھے۔ ان کی چاروں بیٹیاں ان کی والدہ سے زیادہ والد سے کسی بھی کام میں مشورہ کیا کرتی تھیں۔ چاروں لڑکیاں والد سے انگریزی

زبان سیکھنے میں مستفید ہوئیں۔ کیوں کہ جمیل شیدائی نے اپنی بچیوں کی اعلیٰ تعلیم کے لیے انہیں بہترین انگریزی اسکول میں تعلیم دلوائی۔ ان کی خواہش تھی کہ لڑکیوں کو بہترین تعلیم دلوا کر انہیں اس قابل بنایا جائے کہ وہ اپنے پیروں پر کھڑی ہوسکیں۔ ان کی لڑکیوں نے کبھی اپنے والدین کو بیٹے کی کمی کا احساس ہونے نہیں دیا۔ جمیل شیدائی کے خسر حمید حاصلؔ بھی شاعر تھے۔ اور تصنیف و تالیف سے دلچسپی رکھتے تھے۔ جمیل شیدائی کا پسندیدہ مشغلہ مطالعہ تھا۔ ہمیشہ کتابوں کے مطالعہ میں منہمک رہا کرتے تھے۔ ریاضی اور سائنس میں بہت دلچسپی تھی مظہرالزماں خاں صاحب کی تحریروں کو بہت پسند کیا کرتے تھے۔ اردو کے علاوہ انگریزی کہانیاں بھی بہت دلچسپی سے پڑھا کرتے تھے وہ او ہنری کی کہانیوں کو بہت پسند کرتے تھے۔ انگریزی ہارر شو اور تھرل انہیں بہت پسند تھے اپنی لڑکیوں کی تعلیم کے ساتھ دلچسپی سے خاندان کے ہر بچے سے اس کی تعلیمی پیشرفت کے بارے میں دریافت کیا کرتے تھے۔ زیادہ وقت تارنا کہ میں گزارا سوشل شخصیت کے مالک تھے جب دوست احباب میں رہتے تو ان کی زندہ دل شخصیت ابھر کر سامنے آتی تھی یار باش آدمی تھی محفل کی رونق ہوا کرتے تھے دیکھنے میں بہت خوبرو شخصیت کے مالک تھے اور جوانی کے دنوں تو کافی فیشن ایبل ہوا کرتے تھے اور اپنا خاص خیال رکھتے تھے کبھی ہار نہ ماننا ان کا وطیرہ تھا۔ اسکوٹر ویسپا چلاتے تھے اور کافی چاق و چوبند رہا کرتے تھے جب بھی وقت ملتا اپنے دوست مظہرالزماں خاں صاحب کے پاس پہنچ جاتے تھے اور گھنٹوں وہاں پر وقت گزارتے تھے ان کے ایک اور خاص دوست غلام علی صاحب تھے جو ورنگل کے ایک اسکول میں فزیکل ایجوکیشن کے ٹیچر تھے جن کا اردو سے کوئی خاص لگاؤ نہیں تھا لیکن جمیل شیدائی کے بچپن کے دوست تھے۔ جنہیں وہ بہت عزیز رکھتے تھے۔ اور بھائی کی طرح چاہتے تھے دونوں ایک دوسرے کو بہت عزیز تھے اور وہ فیملی فرینڈز میں شامل تھے۔

جمیل شیدائی کو شطرنج کے کھیل میں بہت دلچسپی تھی۔ ان کے ایک دوست اورنگ آباد سے خاص طور پر شطرنج کھیلنے کے لیے آیا کرتے تھے۔ جمیل شیدائی کی شطرنج کے کھیل سے

دلچسپی کا اندازہ اس بات سے لگایا جا سکتا ہے کہ انہوں نے خاندان کے ہر فرد کو شطرنج کھیلنا سکھا دیا تھا۔ جمیل شیدائی غزلوں کے شیدائی تھے۔ غلام علی اور منی بیگم کی غزلیں اکثر سنا کرتے تھے۔ فرصت کے اوقات میں ٹیلی ویژن پر خبریں دیکھنا کرکٹ کے میچ دیکھنا ان کا مشغلہ تھا۔ کھیلوں میں شطرنج کے علاوہ کرکٹ بہت پسند تھا۔ ان کے پسندیدہ فلمی اداکاروں میں مینا کماری اور دلیپ کمار تھے۔ شاہ رخ خان کی اداکاری کو بھی بہت پسند کرتے تھے۔ شاہ رخ خان کے سیریئل سرکس کو دیکھ کر انہوں نے کہا تھا کہ یہ لڑکا آگے بہت ترقی کرے گا۔ راحت اندوری کی شاعری بھی پسند کرتے تھے۔ جمیل شیدائی کی شخصیت کا ایک اور پہلو یہ تھا کہ وہ رشتے داروں پڑوسیوں سے بہت خلوص سے ملتے تھے جب کوئی اپنا دکھ درد سناتا تو وہ نہایت صبر سے سنتے اور اپنی طرف سے حتی المقدور اس کی مدد کیا کرتے تھے۔ طالب علموں کے ساتھ نہایت شفقت سے پیش آتے۔ اور انہیں مفت ٹیوشن دیا کرتے تھے پالتو جانوروں سے بھی بہت دلچسپی رکھتے تھے انہوں نے ایک بلی پال رکھی تھی۔ ایک مرتبہ بارش میں بھیگ جانے کی وجہ سے بیمار ہوگئی تو جمیل شیدائی نے رات بھر اس کی دیکھ بھال کی اور صبح ڈاکٹر کے پاس لے جا کر اس کا علاج کروایا۔ تو وہ ٹھیک ہوگئی۔ اور چودہ سال تک زندہ رہی۔ وہ اپنی آمدنی کا بہت سا حصہ پالتو جانوروں پر خرچ کرتے تھے ان کا بلی پالنے کا شوق ان کی بیٹی نازیہ جان میں بھی آیا جس کے پاس دو تین پرشین بلیاں ہیں۔ جمیل شیدائی نہایت ہی سادہ لوح انسان تھے ہمیشہ سادگی اختیار کرتے تھے سادہ غذا استعمال کرتے تھے انتقال سے ایک ہفتہ قبل اپنی اہلیہ سے امباڑہ گوشت پکانے کی خواہش کی اور تھوڑا ہی چکھ پائے۔ ہمیشہ مثبت انداز فکر رکھتے تھے بنگلور میں قلب کے عارضہ کی وجہ سے شریک دواخانہ ہوئے کینسر مرض کی تشخیص ہوئی اور اسی مرض کی وجہ سے انتقال ہوا بیٹیوں کو مرض کی اطلاع نہیں دینا چاہتے تھے تا کہ وہ پریشان نہ ہوں۔

حواشی

۱۔ رحمت یوسف زئی۔ مضمون۔آہ! جمیل۔مشمولہ عدسہ جمیل شیدائی نمبر۔ ص۔۴

۲۔ قطب سرشار مضمون۔جمیل شیدائی: ایک منفرد تمثیل نگار اور مترجم۔مشمولہ جہان اردو ویب سائٹ مدیر فضل اللہ مکرم مطبوعہ ۶ستمبر ۲۰۱۵

۳۔ مجید بیدار۔مضمون۔جمیل شیدائی مرحوم۔مشمولہ جہان اردو ویب سائٹ مدیر فضل اللہ مکرم مطبوعہ ۱۱۸کتوبر ۲۰۱۶

۴۔ محسن جلگانوی۔مضمون جمیل شیدائی -یادرفتگاں۔اعتماد اوراق ادب۔ ۱۸اگسٹ ۲۰۱۵

۵۔ میر فاروق علی۔اداریہ۔عدسہ جمیل شیدائی نمبر ص۔۴

۶۔ غنی نعیم۔مضمون۔ذکر جمیل۔عدسہ جمیل شیدائی نمبر ص۔۱۳

۷۔ جہاں گیر احساس۔مضمون۔اک دھوپ تھی کہ ساتھ گئی آفتاب کے۔عدسہ جمیل شیدائی نمبر ص۔۱۵

۸۔ انور سلیم۔مضمون۔جمیل شیدائی۔عدسہ جمیل شیدائی نمبر ص۔۱۷

۹۔ رؤف خیر۔مضمون۔ شیدائے علم وادب۔عدسہ جمیل شیدائی نمبر ص۔۱۸

۱۰۔ محبوب خاں اصغر۔مضمون۔مجھے یاد ہے سب ذرا ذرا۔عدسہ جمیل شیدائی نمبر ص۔۲۱

☆ آٹھواں باب

حرف آخر

جمیل شیدائی کی علمی وادبی خدمات کا احاطہ کرتے ہوئے اس تحقیقی کتاب کے گزشتہ ابواب میں حیدرآباد دکن کی نامور علمی وادبی شخصیت جمیل شیدائی کا بہ حیثیت ڈراما نگار، انشائیہ نگار، مترجم، نقاد وتبصرہ نگار ماہر تعلیم اور شاعر کے طور پر مبسوط جائزہ پیش کیا گیا ہے۔ اس جائزے سے معلوم ہوتا ہے کہ جمیل شیدائی کو اپنے گھر سے والد محترم شیدا صاحب کی تربیت سے بہت کچھ سیکھنے کو ملا تھا۔ ان کا ابتدائی تعلیم کا دور وہ دور تھا جب حیدرآباد تبدیلی کے دور سے گزر رہا تھا۔ ریاست حیدرآباد کے ہند یونین میں انضمام اور پولیس ایکشن کی خونیں وارداتیں ان کے بچپن میں ہو چکی تھیں۔ حیدرآباد ایک علمی وتہذیبی شہر رہا ہے۔ جامعہ عثمانیہ نے اس شہر کے علم کے متلاشیان کو اپنے ذخیرہ علم سے سیراب کیا۔ اوراس جامعہ سے فارغ ہونے والے ماہرین نے زندگی کے مختلف شعبوں میں مہارتیں پیدا کرتے ہوئے دنیا بھر میں اپنا اور مادر علمیہ جامعہ عثمانیہ کا نام روشن کیا۔ جمیل شیدائی کو پرانے شہر حیدرآباد کی علمی وادبی مجالس اور ذی وقار علمی وادبی شخصیات سے استفادے کا موقع ملا تھا۔ وہ خود بھی ذہین تھے ۔مطالعے اور مشاہدے کا شوق تھا یہی وجہ ہے کہ سائنس گراجویٹ ہونے اور ایک ڈسٹلری میں کام کرنے کے باوجود انہوں نے انگریزی اور اردو ادب سے اپنا دامن جوڑے رکھا۔ ڈراما نگاری ان کا شوق بن گیا اور انہوں نے اپنے شوق کو جلا دیتے ہوئے اردو ڈراموں کے دو مجموعے ''لب گفتار'' اور ''غالب خستہ'' کے بغیر دیئے۔ عام طور پر ڈرامے اسٹیج کے لیے لکھے جاتے ہیں اور عملی طور پر کردار جب اسٹیج پر کوئی کہانی پیش کرتے ہیں تو اس میں دیکھنے والوں کا تاثر پیدا ہوتا ہے۔ لیکن بعد کے دور میں ڈرامے اشاعت کی غرض سے بھی لکھے جانے لگے اور

ان میں سے کچھ ڈرامے ریڈیو پر پیش ہونے لگے۔ کچھ ریڈیو ڈرامے کے بارے میں مضمون لکھتے ہوئے جمیل شیدائی نے ریڈیو ڈرامے کے اصول اور اس کی ضرورت و اہمیت کو بیان کیا۔ انہوں نے جو ڈرامے لکھے وہ میلو ڈرامے کہلائے جن میں کم کردار ہوتے تھے کہانی واجبی ہوا کرتی تھی لیکن کرداروں کے مکالمے جاندار ہوا کرتے تھے اور ڈرامے کے مختصر کردار زندگی اور محبت کے تعلق سے اپنی نفسیات اور نظریات کو جس انداز میں پیش کرتے تھے اس سے ان کے ڈرامے اردو کے باذوق قارئین میں مقبول ہوتے گئے انہوں نے کردار نگاری سے زیادہ کرداروں کے مکالموں پر زور دیا اور اپنی علمیت اور ادب شناسی کو استعمال کرتے ہوئے کرداروں سے ادبی نوک جھونک اور بات سے بات پیدا کرنے کے ہنر سے اپنے ڈراموں میں دلچسپی پیدا کی۔ ڈراموں کے پہلے مجموعے ''لب گفتار'' کے سبھی پندرہ ڈرامے اپنے کرداروں کے مکالموں اور دلچسپ انداز بیان کے لیے مقبول ہیں۔ جمیل شیدائی کے ڈراموں کے دوسرے مجموعے ''غالب خستہ کے بغیر'' میں پانچ طویل ڈرامے ریڈیو کی ضرورت کے لیے لکھے گئے۔ ''غالب خستہ کے بغیر'' ایک دلچسپ ڈراما ہے جس میں اردو کے مشہور شاعر مرزا غالب کو عالم بالا سے زمین پر اترتے ہوئے اور شاعری کے سبب غربت کی زندگی گزار رہے کچھ خاندانوں کے احوال جاننے اور اگلی بار بچوں کی بہتر نگہداشت کی نصیحت کرنے ورنہ ان بچوں کو موت کے گھاٹ اتار دینے کی دھمکی کے زیر اثر موجودہ دور کے لوگوں میں محنت اور زندگی کو بہتر گزارنے کے جذبے کو پروان چڑھایا گیا ہے۔ اردو ڈراموں میں یہ روایت رہی ہے کہ مردہ لوگوں کی تجسیم کرتے ہوئے موضوع میں دلچسپی لانے کی کوشش کی گئی ہے۔ ڈرامہ ''رضیہ سلطانہ'' میں تاریخی واقعات کو دلچسپ انداز میں ڈرامائی شکل دی گئی ہے۔ جمیل شیدائی نے اپنی ڈراما نگاری سے یہ ثابت کیا کہ وہ فن ڈراما نگاری میں عبور رکھتے ہیں۔ ان کے ڈرامے ان کی حیات میں ہی مقبول ہوگئے تھے اور آل انڈیا ریڈیو حیدرآباد اور آل انڈیا ریڈیو کی اردو سروس اور وودھ بھارتی کے ہوامحل پروگرام میں پیش ہونے لگے تھے۔ اردو

کے نامورادیبوں اوردانشوروں نے جمیل شیدائی کی ڈراما نگاری کی ستائش کی ہے۔

ڈراما نگاری کے بعد جمیل شیدائی کا دوسرا اہم میدان ترجمہ نگاری تھا۔ جمیل شیدائی نے اردو سے انگریزی اور انگریزی سے اردو میں مثالی ترجمے کیے ہیں۔ انہوں نے انگریزی کے نامور ادیبوں کی کہانیوں اور نظموں کے اردو تراجم کیے اور اردو کے شعراء اور افسانہ نگاروں کے تراجم انگریزی میں کیے۔ جمیل شیدائی ترجمے کے دوران با محاورہ زبان لکھتے تھے اور ان کی ترجمہ شدہ تحریروں کو پڑھنے کے بعد قاری کو یہ احساس ہی نہیں ہوتا تھا کہ وہ کوئی ترجمہ شدہ تحریر پڑھ رہا ہے بلکہ ان کے تراجم پر تخلیق کا شبہ ہوتا تھا۔

جمیل شیدائی اچھے انشاء پرداز تھے۔ انہوں نے ''ماہر ازدواجیات'' کے عنوان سے ایک دلچسپ انشائیہ لکھا۔ ان کے تنقیدی مضامین اور اردو کے شعراء اور ادیبوں کی کتابوں پر لکھے گئے تبصرے دلچسپی کے حامل ہوتے تھے انہوں نے جس صنف کی کتاب پر تبصرہ کیا اس میں اس صنف شعر و ادب سے متعلق اپنی گہری معلومات اور تنقیدی شعور کا ثبوت دیا۔ جمیل شیدائی قدیم اور جدید کے درمیان ایک اہم پل کا کام کرتے تھے۔ ان کی تحریریں دلچسپی کی حامل ہوا کرتی تھیں۔ ان کے اسلوب میں روانی اور روزمرہ کی چاشنی پائی جاتی ہے۔ جمیل شیدائی کی انفرادیت یہی تھی کہ انگریزی تعلیم یافتہ اور سائنسی ذہن رکھنے کے باوجود انہوں نے اردو شعر و ادب سے اپنے تعلق کی بناء ڈراما' انشائیہ اور تنقید و تبصرہ نگاری میں جو سرمایہ چھوڑا ہے وہ انہیں حیدرآباد دکن کا ایک منفرد ادیب قرار دیتا ہے۔ جمیل شیدائی کے چاہنے والے آج بھی ہیں ۔یہی وجہہ ہے کہ ان کی یاد میں میر فاروق علی مدیر عدسہ نے جمیل شیدائی کا خاص نمبر جاری کیا۔ جس کی مشمولات کو پڑھنے سے اندازہ ہوتا ہے کہ جمیل شیدئی کس قدر اردو کے حلقوں میں مقبول تھے۔ آج وہ ہمارے درمیان نہیں ہیں لیکن ان کی تحریروں سے اپنی موجودگی کا احساس دلاتے ہیں۔ امید کی جاتی ہے کہ ان کی تحریریں پڑھ کر اردو کی نئی نسل اردو شعر و ادب کے تخلیقی میدان میں آگے بڑھے گی اور جمیل شیدائی جیسے اپنے اسلاف کے کارناموں کو آگے بڑھائے گی۔

کتابیات

سلسلہ	مصنف	تصنیف	مقام اشاعت	سنہ اشاعت
۱۔	آدم شیخ (ڈاکٹر)	انشائیہ	ممبئی	۱۹۶۵ء
۲۔	آل احمد سرور	تنقیدی اشارے	لکھنوء	۱۹۶۴ء
۳۔	احتشام حسین سید	تنقیدی نظریات	لکھنوء	۱۹۷۴ء
۴۔	اطہر پرویز	ادب کا مطالعہ	علی گڑھ	۱۹۶۴ء
۵۔	الطاف حسین حالی	مقدمہ شعر و شاعری	لکھنو	۱۹۸۸ء
۶۔	انیسہ سلطانہ	حیدرآباد میں طنز و مزاح کی نشو نما	حیدرآباد	۱۹۸۶ء
۷۔	جمیل جالبی (ڈاکٹر)	ارسطو سے ایلیٹ تک	دہلی	۱۹۸۲ء
۸۔	جمیل شیدائی	لب گفتار (ڈرامے)	اقلیم ادب حیدرآباد	۱۹۸۰ء
۹۔	جمیل شیدائی	غالب خستہ کے بغیر (ڈرامے)	اقلیم ادب حیدرآباد	۱۹۸۷ء
۱۰۔	سلیم اختر	انشائیہ کی بنیاد	دہلی	۱۹۸۸ء
۱۱۔	سیدہ جعفر (پروفیسر)	اردو مضمون کا ارتقاء ۱۹۵۰ء تک۔	حیدرآباد	۱۹۷۲ء
۱۲۔	سید حامد حسین (ڈاکٹر)	نثر اور انداز نثر	لکھنوء	۱۹۸۴ء
۱۳۔	شارب ردولوی	جدید اردو تنقید اُصول و نظریات	لکھنوء	۱۹۸۱ء
۱۴۔	عبادت بریلوی	اردو تنقید کا ارتقاء	علی گڑھ	۱۹۹۵ء
۱۵۔	عطیہ نشاط	اردو ڈراما روایت اور تجربہ	لکھنوء	۱۹۷۳ء
۱۶۔	قمر رئیس (ڈاکٹر)	ترجمہ کا فن اور روایت	دہلی	۱۹۷۶ء

۱۷۔ گوپی چند نارنگ ادبی تنقید اور اسلوبیات دہلی ۱۹۸۹ء

۱۸۔ گیان چند جین تحقیق کا فن لکھنوء ۱۹۹۰ء

۱۹۔ محمد احسن فاروقی (ڈاکٹر) اردو میں تنقید۔ ۲۰۔ نصیر احمد خاں (ڈاکٹر)

آزادی کے بعد دہلی میں اردو انشائیہ دہلی ۱۹۹۳ء

۲۱۔ نورالحسن نقوی فن تنقید اور اردو تنقید نگاری علی گڑھ ۱۹۸۱ء

۲۲۔ وقار عظیم اردو ڈراما تنقیدی اور تجزیاتی مطالعہ لاہور ۱۹۹۶ء

رسائل

۱۔ ماہنامہ عدسہ ''جمیل شیدائی نمبر'' مدیر میر فاروق علی ڈسمبر ۲۰۲۱ء

اخبارات

۱۔ اوراق ادب۔ روزنامہ اعتماد۔ مدیر ڈاکٹر محسن جلگانوی۔ ۱۸ اگسٹ 2015

انٹرنیٹ کی ویب سائٹس

۱۔ ویب سائٹ جہان اردو مدیر پروفیسر فضل اللہ مکرم

۲۔ ویب سائٹ۔ http://www.classicshorts.com/

۳۔ ویب سائٹ۔ http://www.classicshorts.com/

سوشل میڈیا گروپس

۱۔ ادبی محاذ۔ اڈمن۔ پروفیسر فضل اللہ مکرم

واٹس اپ گروپ

۱۔ اردو کلچر اڈمین پروفیسر فضل اللہ مکرم

☆☆☆

320